Gestaltungsspielräume und Anlegerschutz in der kapitalistischen KGaA

Europäische Hochschulschriften
Publications Universitaires Européennes
European University Studies

Reihe II
Rechtswissenschaft

Série II Series II
Droit
Law

Bd./Vol. 4194

PETER LANG
Frankfurt am Main · Berlin · Bern · Bruxelles · New York · Oxford · Wien

Lars Kölling

Gestaltungsspielräume und Anlegerschutz in der kapitalistischen KGaA

PETER LANG
Europäischer Verlag der Wissenschaften

Bibliografische Information Der Deutschen Bibliothek
Die Deutsche Bibliothek verzeichnet diese Publikation in der Deutschen Nationalbibliografie; detaillierte bibliografische Daten sind im Internet über <http://dnb.ddb.de> abrufbar.

Zugl.: Bielefeld, Univ., Diss., 2005

D 361
ISSN 0531-7312
ISBN 3-631-53918-5

www.peterlang.de

MEINEN ELTERN

Inhaltsübersicht

Inhaltsverzeichnis

Abkürzungsverzeichnis

a.A.	andere(r) Ansicht
Abs.	Absatz
ADHGB	Allgemeines Deutsches Handelsgesetzbuch
a.E.	am Ende
a.F.	alte Fassung
AG	Aktiengesellschaft; Die Aktiengesellschaft (Zeitschrift); Amtsgericht
AktG	Aktiengesetz
allg. M.	allgemeine Meinung
Anm.	Anmerkung
Art.	Artikel
Aufl.	Auflage
BB	Betriebs-Berater (Zeitschrift)
Bd.	Band
Begr.	Begründung
BegrRegE	Begründung des Regierungsentwurfs
Beschl.	Beschluss
betr.	betreffend
BetrVG	Betriebsverfassungsgesetz 1972
BetrVG 1952	Betriebsverfassungsgesetz 1952
BGB	Bürgerliches Gesetzbuch
BGBl.	Bundesgesetzblatt
BGH	Bundesgerichtshof
BGHZ	Entscheidungen des Bundesgerichtshof in Zivilsachen
BörsenZulVO	Börsenzulassungsverordnung
BörsG	Börsengesetz
BT-Drucks.	Bundestags-Drucksache
bzgl.	bezüglich
bzw.	beziehungsweise
ca.	cirka
DB	Der Betrieb (Zeitschrift)
DBW	Die Betriebswirtschaft (Zeitschrift)
ders.	derselbe
d.h.	das heißt
dies.	dieselben; dieselbe
DIHT	Deutscher Industrie- und Handelstag
DStR	Deutsches Steuerrecht (Zeitschrift)
DStZ	Deutsche Steuer-Zeitung (Zeitschrift)
e.V.	eingetragener Verein
Einf.	Einführung
Einl.	Einleitung
evtl.	Eventuell

f.; ff.	folgende; fortfolgende
Fußn.	Fußnote
GbR	Gesellschaft bürgerlichen Rechts
GenG	Genossenschaftsgesetz
GewStG	Gewerbesteuergesetz
GmbH	Gesellschaft mit beschränkter Haftung
GmbHG	Gesetz betreffend die Gesellschaft mit beschränkter Haftung
GmbHR	GmbH-Rundschau (Zeitschrift)
Großkomm.	Großkommentar zum Aktiengesetz
HS.	Halbsatz
HGB	Handelsgesetzbuch
h.L.	herrschende Lehre
HRefG	Handelsrechtsreformgesetz
h.M.	herrschende Meinung
Hrsg.	Herausgeber
i.d.F.	in der Fassung
i.d.R.	in der Regel
INF	Die Information über Steuer und Wirtschaft (Zeitschrift)
i.S.d.	im Sinne des
i.S.v.	im Sinne von
i.V.m.	in Verbindung mit
Jura	Juristische Ausbildung (Zeitschrift)
JuS	Juristische Schulung (Zeitschrift)
KG	Kommanditgesellschaft
KGaA	Kommanditgesellschaft auf Aktien
KölnerKomm	Kölner Kommentar zum Aktiengesetz
KonTraG	Gesetz zur Kontrolle und Transparenz im Unternehmensbereich
Lfg.	Lieferung
LG	Landgericht
MitbestG	Mitbestimmungsgesetz
MittBayNot	Mitteilungen der Bayrischen Notarkammer (Mitteilungsblatt)
MontanMitbestG	Montan-Mitbestimmungsgesetz
MünchKomm z. AktG	Münchener Kommentar zum Aktiengesetz
MünchKomm z. HGB	Münchener Kommentar zum HGB
m.w.N.	mit weiteren Nachweisen
n.F.	neue Fassung
NJW	Neue juristische Wochenzeitschrift
NotBZ	Bundes-Notarzeitung (Zeitschrift)
Nr.	Nummer
NWB	Neue Wirtschaftsbriefe (Zeitschrift), Loseblattsammlung
NZG	Neue Zeitschrift für Gesellschaftsrecht

oHG	offene Handelsgesellschaft
OLG	Oberlandesgericht
pVV	positive Vertragsverletzung
Rdn.	Randnummer(n)
RegBegr.	Regierungsbegründung
RegE	Regierungsentwurf
re. Sp.	rechte Spalte
RG	Reichsgericht
RGBl.	Reichsgesetzblatt
RGZ	Entscheidungen des Reichsgerichts in Zivilsachen
Rspr.	Rechtsprechung
sog.	sogenannte(r)
Sp.	Spalte
SpuRt	Sport und Recht (Zeitschrift)
StBJb	Steuerberater-Jahrbuch
StGB	Strafgesetzbuch
str.	Streitig
u.a.	unter andere; unter anderem
u.ä.	und ähnliche(s)
UmwG	Umwandlungsgesetz
unstr.	unstreitig
u.s.w.	und so weiter
VerkPrspVO	Verkaufprospektverordnung
VW	Versicherungswirtschaft (Zeitschrift)
vgl.	Vergleiche
Vorb.	Vorbemerkung(en)
VVaG	Versicherungsverein auf Gegenseitigkeit
WiB	Wirtschaftliche Beratung (Zeitschrift)
WM	Wertpapier-Mitteilungen (Zeitschrift)
WPg	Die Wirtschaftsprüfung (Zeitschrift)
WpHG	Wertpapierhandelsgesetz
WuB	Entscheidungssammlung zum Wirtschafts- und Bankrecht (Zeitschrift)
z.	zu; zum
z.B.	zum Beispiel
ZBB	Zeitschrift für Bankrecht und Bankwirtschaft
ZGR	Zeitschrift für Unternehmens- und Gesellschaftsrecht
ZHR	Zeitschrift für das gesamte Handels- und Wirtschaftsrecht
ZIP	Zeitschrift für Wirtschaftsrecht und Insolvenzpraxis
z.T.	zum Teil
zugl.	zugleich
z. Zt.	zur Zeit

§ 1 Zum Stand des Rechts der kapitalistischen KGaA nach dem Beschluss des BGH vom 24. Februar 1997

A. Anlass der Untersuchung

In der juristischen Wissenschaft und Praxis wurde lange Zeit die Frage diskutiert, ob auch eine juristische Person persönlich haftende Gesellschafterin einer KGaA sein kann. Der BGH hat mit seinem Beschluss vom 24. Februar 1997[1] diesem lange währenden Streit ein Ende bereitet und entschieden, dass nicht nur eine natürliche Person, sondern auch eine GmbH – und damit grundsätzlich jede Gesellschaftsform – Komplementärin einer KGaA sein kann. Der BGH erteilte damit all denjenigen Stimmen im Schrifttum eine Absage, die diese „exotische Rechtsformkonstruktion"[2] als „Unfug"[3] bezeichnet und sie für unzulässig gehalten haben[4]. Der Grundsatzentscheid des BGH wurde von den Vertretern der Gegenansicht begrüßt[5] und als „Befreiungsschlag"[6] bekundet. Der kapitalistischen KGaA wurde daraufhin eine blühende Zukunft prognostiziert, handelt es sich doch bei ihr um die gestaltungsreichste deutsche Gesellschaftsform. Die Bezeichnung „kapitalistisch"[7] dient nach dem herkömmlichen Begriffsverständnis zum einen als Hinweis auf die körperschaftliche Verfassung der Gesellschaft[8]

---

1 BGH, Urteil v. 24.2.1997 (Aktz.: II ZB 11/96 – Schuhkraft Spezialtiefbau KGaA), BGHZ 134, 392 ff. = ZIP 1997, 1027 ff. = BB 1997, 1220 ff. = DB 1997, 1219 ff. = AG 1997, 370 ff. = GmbHR 1997, 595 ff. = WM 1997, 1098 ff. = WiB 1997, 695 ff. = DZWiR 1997, 235 ff. = DStR 1997, 1012 ff. = NJW 1997, 1923 ff. = JZ 1997, 733 ff.

2 So FAZ v. 22.9.1994, S. 21; *Herfs*, Die Satzung der börsennotierten GmbH & Co. KGaA – Gestaltungsfreiheit und Grenzen, in: Gesellschaftsrechtliche Vereinigung (Hrsg.), Gesellschaftsrecht in der Diskussion, 1999, S. 23.

3 *Lutter*, DB 1980, 1326.

4 Allen voran *K. Schmidt*, ZHR 160 (1996), 265 ff.

5 *Hennerkes/Lorz*, DB 1997, 1388 („Roma locuta, causa finita").

6 *Hommelhoff*, ZHR Beiheft 67, 1998, 9.

7 Vgl. *Mayer*, Der Komplementär in der GmbH & Co. KGaA, in: RWS-Forum (Hrsg.), Gesellschaftsrecht, 1997, S. 263, 265; *Schaumburg/Schulte*, Die KGaA – Recht und Steuern in der Praxis, 2000; *Schlitt*, Die Satzung der Kommanditgesellschaft auf Aktien, 1999, S. 1 ff.; *Ihrig/ders.*, ZHR Beiheft 67, 1998, 33, 38; *Dirksen/Möhrle*, ZIP 1998, 1377 (Fußn. 5); *Haase*, GmbHR 1997, 917 ff.; *Habel/Strieder*, MittBayNot 1998, 65, 68; *dies.*, BB 1997, 1375; *Hesselmann*, BB 1989, 2344 ff.; *Jaques*, NZG 2000, 401; *Joost*, ZGR 1998, 334; *Schaumburg*, DStZ 1998, 525 ff.; *Schrick*, NZG 2000, 409.

8 Vgl. hierzu BGHZ 85, 350 ff.

und zum anderen auf die Rechtsnatur des persönlich haftenden Gesellschafters[9]. Unter der Bezeichnung „kapitalistische KGaA“ sind in der vorliegenden Untersuchung alle KGaA zu fassen, bei denen eine (oder mehrere) GmbH, GmbH (AG) & Co. KG oder AG als Komplementärgesellschaft beteiligt ist, aber nicht ausschließlich eine natürliche Person als persönlich haftende Gesellschafterin fungiert. Durch die Zulässigkeit einer GmbH & Co. KGaA eröffnet sich insbesondere mittelständischen Unternehmen die Möglichkeit, die Rechtsform der KGaA bei der Unternehmensgründung zu wählen, um neues Eigenkapital über ein Going Public aufnehmen zu können, ohne hierfür zugleich die unbeschränkte Haftung natürlicher Personen in ihrer Funktion als Komplementäre in Kauf nehmen zu müssen.

Großes öffentliches Aufsehen erlangte die Rechtsform der kapitalistischen KGaA im Jahre 2000 durch den ersten Börsengang eines deutschen Fußballvereins, der Borussia Dortmund GmbH & Co. KGaA[10]. Auf Grund der sprunghaften Zunahme von Unternehmensneugründungen in der atypischen Ausgestaltung einer kapitalistischen KGaA und weiteren Börsengängen[11] hat sich die Rechtsform der kapitalistischen KGaA in der Praxis endgültig durchgesetzt[12].

---

9 Darüber hinaus wird die kapitalistische KGaA auch als „atypische KGaA“ (vgl. MünchKommAktG/*Semler/Perlitt*, § 278 Rdn. 276; *Niedner/Kusterer*, DB 1997, 1451; *dies.*, DB 1997, 2010), „Kapitalgesellschaft & Co. KGaA“ (*Overlack*, Der Komplementär in der GmbH & Co. KGaA, in: RWS-Forum (Hrsg.), Gesellschaftsrecht 1997, S. 237, 238; *K. Schmidt*, Gesellschaftsrecht, S. 977; *ders.*, ZHR 160 (1996), S. 265 ff.; *Herfs*, WiB 1997, 688; *Kallmeyer*, DStR 1994, 977, 980; *Sethe*, AG 1996, 289, 2991), „KGaA mit beschränkter Haftung“ (*Freudenberg/Sorg*, Die KGaA mit beschränkter Haftung, 1999 und als „Unternehmer-AG“ (*Hartel*, Die Unternehmer-AG – Rechtsformoptimierung für mittelständische Unternehmen, 1996; *ders.*, WiB 1997, 298, 299) bezeichnet.

10 Neben Borussia Dortmund als Vorreiter haben bereits zahlreiche Fußballvereine der 1. und 2. Bundesliga die Umwandlung in eine KGaA vollzogen und somit der KGaA den Vorzug vor einer GmbH oder AG gegeben. So firmieren auch die Vereine SV Werder Bremen, Hertha BSC Berlin, DSC Arminia Bielefeld, Hannover 96, 1. FC Köln, TSV 1860 München, Tennis Borussia Berlin bereits in der Rechtsform der GmbH & Co. KGaA. Auf eine Eignung der Rechtsform GmbH & Co. KGaA für Fußballvereine wird nicht explizit eingegangen; vgl. hierzu *Zacharias*, Going Public einer Fußball-Kapitalgesellschaft, 2000; *Habel/Strieder*, NZG 1998, 929 ff.; *Heermann*, ZIP 1998, 1249 ff.; *Siebold/Wichert*, SpuRt 1998, 138 ff.

11 Vgl. hierzu unten § 4 A. und B.

12 Vgl. Anhang 2 – Verzeichnis der KGaA.

Mit der Rechtsform der KGaA stellt das deutsche Recht eine börsenfähige Rechtsform zur Verfügung, die durch die Strukturmerkmale einer KG und einer AG gleichermaßen geprägt ist. Diese duale Rechtsstruktur spiegelt sich auch in den anwendbaren Rechtsvorschriften wieder. Die Unternehmensführung der KGaA bestimmt sich nach den für die KG geltenden Vorschriften (§ 278 Abs. 2 AktG), während für die Kapitalstruktur das Recht der AG zur Anwendung kommt (§ 278 Abs. 3 AktG). Diese Verweisungssystematik führt im Recht der kapitalistischen KGaA zu einem Spannungsverhältnis, da, soweit die Vorschriften der für die Komplementäre geltenden Unternehmensführung betroffen sind, die Organisationsverfassung durch Gestaltungsfreiheit beherrscht wird und, soweit es um die für die Kommanditaktionäre bedeutsame Kapitalstruktur geht, der Grundsatz der aktienrechtlichen Satzungsstrenge (§ 23 Abs. 5 AktG) zur Anwendung kommt. Damit eröffnen sich für den Satzungsgeber einer kapitalistischen KGaA weit aus mehr Gestaltungsspielräume als es bei einer AG der Fall ist. Diese Flexibilität ermöglicht dem Unternehmensgründer, der in der Regel auch die Gesellschafterfunktion in der Komplementär-GmbH einnimmt, seinen Einfluss auf die Geschäftsführung dauerhaft abzusichern, ohne gleichzeitig vom Aufsichtsrat oder der Hauptversammlung abhängig zu sein oder Privilegierungen bei der Mitbestimmung hinnehmen zu müssen. Diese Vorteile machen die kapitalistische KGaA zu einer interessanten Alternative im Vergleich zur AG. Nutzt der Unternehmensgründer bzw. Komplementärgesellschafter im Wege der Satzungsgestaltung jedoch seinen Machteinfluss zulasten der Kommanditaktionäre aus, besteht die Gefahr eines Gestaltungsmissbrauchs, da die Interessen der Kommanditaktionäre als Anteilseigener der KGaA im Hinblick auf ihre wirtschaftlichen bzw. unternehmerischen Belange nicht ausreichend in die Unternehmenspolitik eingebracht werden können. Dass eine unausgewogene Kompetenzverteilung innerhalb des Gesellschaftergefüges einer GmbH & Co. KGaA zu Interessenkonflikten mit dem Anlegerschutz führen kann, liegt auf der Hand.

Die vermeintlichen Gefahren für den Anlegerschutz in einer kapitalistischen KGaA stehen auch im Vordergrund des Grundsatzentscheids des BGH vom 24. Februar 1997. So führt der BGH in diesem Zusammenhang an, dass die gesellschaftsrechtliche Treuepflicht, die der Komplementär-GmbH obliegt, ein Schutzinstrument der Kommanditaktionäre sei[13]. Zudem sei zu erwägen, so der

---

[13] Vgl. BGHZ 134, 392, 399 = ZIP 1997, 1027, 1029.

BGH, Satzungsgestaltungen zulasten der Kommanditaktionäre nur in engeren Grenzen zuzulassen als bei der gesetzestypischen KGaA. Als allgemeine Richtlinie sei in diesem Zusammenhang auf die Rechtsprechungsgrundsätze zu den Publikumspersonengesellschaften zurückzugreifen[14]. Durch diese Erwägungen hat der BGH keinen abschließenden und möglicherweise unentziehbaren Kompetenzbereich der Kommanditaktionäre einer kapitalistischen KGaA statuiert, aber zumindest rechtliche Rahmenbedingungen geschaffen, die der unternehmerischen Praxis, der juristischen Wissenschaft und letztlich auch den Gerichten den Weg weisen sollen, die Grenzen für einen angemessenen Anlegerschutz in einer GmbH & Co. KGaA – insbesondere wenn diese kapitalmarktaktiv ist – auszuloten. Diese gesellschaftsrechtlichen Rahmenbedingungen gilt es im Rahmen der vorliegenden Arbeit zu untersuchen und im Hinblick auf die Anforderungen des Anlegerschutzes in einer (börsennotierten) Publikums-GmbH & Co. KGaA weiter zu entwickeln.

B. Ziel der vorgelegten Arbeit

Im Anschluss an die höchstrichterliche Entscheidung des BGH sind vor dem Hintergrund des Anlegerschutzes in einer (börsennotierten) Publikums-GmbH & Co. KGaA eine Reihe von streitigen Fragen in den Vordergrund des gesellschaftsrechtlichen Interesses zu rücken. Die aus der Zulassung einer GmbH & Co. KGaA resultierenden Folgeprobleme erstrecken sich aber nicht nur – wie man annehmen könnte – auf rechtliche Randbereiche, sondern auch auf Grundsatzfragen zum Recht der kapitalistischen KGaA. Hierbei handelt es sich im Wesentlichen um rechtsformimmanente Probleme bei der interessengerechten Ausgestaltung der Organisationsverfassung. Angesprochen sind insbesondere die organschaftlichen Kompetenzverteilungen im Verhältnis der Komplementärgesellschaft zur Gesamtheit der Kommanditaktionäre. In Anknüpfung an die Erwägungen des BGH steht die Frage im Vordergrund, inwieweit eine Kompetenzverschiebung zulasten der Kommanditaktionäre im Hinblick auf die Ausgestaltung der Satzung einer (börsennotierten) Publikums-GmbH & Co. KGaA zulässig ist bzw. in welchem Umfang der Anlegerschutz berücksichtigt werden muss. Ziel der Untersuchung ist es, den so umrissenen Konflikt zwischen der Gestaltungsfreiheit einerseits und dem Anlegerschutz andererseits zu vermessen

---

[14] Vgl. BHGZ 134, 392, 399 f. = ZIP 1997, 1027, 1029.

und auf der Ebene der KGaA-Satzung und des Komplementärgesellschaftsvertrags Gestaltungsvorschläge zu unterbreiten, durch die ein Prinzip der Machtbalance zwischen den Gesellschaftergruppen erzeugt werden kann[15]. Insbesondere die zunehmende Verbreitung der KGaA in der Rechtsform einer GmbH & Co. KGaA zeigt, dass eine schnelle Ausgestaltung der Grenzen der organisationsrechtlichen Kompetenzverteilung im Regelungsbereich der kapitalistischen KGaA erforderlich ist, will man von einem angemessenen Interessenausgleich ausgehen und einen gesicherten Rechtsbestand für die kapitalistische KGaA vorfinden.

C. Gang der Darstellung

Mit diesem Problemaufriss ist der Gang der Untersuchung vorgezeichnet. So wird zunächst im 1. Teil die Entwicklung der kapitalistischen KGaA bis hin zu ihrer höchstrichterlichen und gesetzlichen Anerkennung aufgezeigt. Im Anschluss daran wird vor dem Hintergrund des Grundsatzentscheids des BGH vom 24. Februar 1997 der Frage nachgegangen, wie sich der Beschluss des BGH zur Zulässigkeit der GmbH & Co. KGaA in das bisherige Recht der KGaA einfügt und welche gesellschaftsrechtlichen Auswirkungen und Folgeprobleme die Anerkennung für den Anlegerschutz nach sich zieht. Der Schwerpunkt wird in diesem Zusammenhang in der Darstellung des rechtstatsächlichen Konflikts zwischen der Gestaltungsfreiheit und den Anforderungen des Anlegerschutzes in einer (börsennotierten) Publikums-GmbH & Co. KGaA liegen. Das Bedürfnis, den rechtsformimmanenten Konflikt einer interessengerechten Lösung zuzuführen, wird vor dem Hintergrund der wirtschaftlichen Bedeutung der KGaA und der rechtstatsächlichen Verbreitung der Rechtsform KGaA dargestellt.

---

[15] Zu den steuerrechtliche Aspekten der (GmbH & Co.) KGaA vgl. u.a. *Kantenwein*, in: Hoffmann-Becking (Hrsg.), Münchener Handbuch des Gesellschaftsrechts, Band 4: Aktiengesellschaft, § 80; *Schaumburg/Schulte*, Die KGaA – Recht und Steuern in der Praxis, 2000, S. 67 ff.; *Fischer*, DStR 1997, 1519 ff.; *Halasz/Kloster/Kloster*, GmbHR 2002, 77, 87 ff.; *Kusterer*, DB 2000, 250 f.; *ders.*, DStR 1997, 11 ff.; *Schaumburg*, DStZ 1998, 525, 533 ff.; ferner *Bödefeld*, Die steuerliche Behandlung von Mischformen des europäischen Gesellschaftsrechts am Beispiel der Plc. & Co. KGaA, in: Festschrift für Rädler, 1999, S. 33 ff.; zur älteren Literatur vgl. *Bacher*, DB 1985, 2117 ff.; *Graf*, DStR 1991, 1374 ff.; *Jünger*, DB 1988, 1969 ff.; *Menzel*, StuW 1971, 204 ff.; *Patt/Rasche*, DB 1993, 2400 ff.; *Schlütter*, StuW 1978, 295 ff.; *Theisen*, DB 1989, 2191 ff.

Im 2. Teil werden die rechtsformimmanenten und satzungsrelevanten Gestaltungsspielräume im Kompetenzgefüge der Organe einer GmbH & Co. KGaA aufgezeigt. Hierzu wird ein Überblick über die Strukturprinzipien und den gesellschaftsrechtlichen Typus der KGaA und seine Sonderstellung im Hinblick auf die atypische Ausgestaltung als kapitalistische KGaA vermittelt.

Im Anschluss daran werden im 3. Teil die Anforderungen des BGH im Hinblick auf die firmenrechtlichen und kapitalmarktrechtlichen Publizitäts- und Transparenzpflichten zur Absicherung des Anlegerschutzes erörtert. Angesprochen werden die firmenrechtlichen Zulassungsvoraussetzungen für die registerrechtliche Eintragung und die börsenrechtlichen Voraussetzungen und Gestaltungsfreiheiten bei der Erstellung eines Prospektes für den Börsengang.

Dem Hauptteil liegt im 4. Teil die Frage zu Grunde, welche praxisbezogenen und satzungsrelevanten Anforderungen an den Anlegerschutz nach dem Beschluss des BGH vom 24. Februar 1997 zu stellen sind. Ziel ist es, Gestaltungsvorschläge auf der Ebene der KGaA-Satzung und des Komplementärgesellschaftsvertrags zu unterbreiten, mit denen der Konflikt zwischen den satzungsrechtlichen Gestaltungsspielräumen und den Anforderungen des Anlegerschutzes, d.h. der Konflikt zwischen der Organisations- und Führungsstruktur einerseits und der Kapitalstruktur andererseits, bewältigt werden kann. Wesentlicher Untersuchungsgegenstand ist dabei die organschaftliche Abberufungs- und Bestellungskompetenz hinsichtlich des Geschäftsführers der Komplementär-GmbH. Dabei wird zu hinterfragen sein, ob die obligatorischen Organe einer GmbH & Co. KGaA in der Lage sind, diese Kompetenzen wirksam auszuüben oder ob aus Zweckmäßigkeitserwägungen auf einen fakultativen Beirat als statutarisches Organ zurückgegriffen werden muss. In diesem Zusammenhang wird ein Lösungsvorschlag vorgestellt, der die verschiedenen Interessen der Gesellschaftergruppen in Einklang bringt. Darüber hinaus werden mit dem Stimmrechtsausschluss in der Hauptversammlung (§ 285 Abs. 1 S. 2 AktG), der Reichweite des allgemeinen Auskunftsrechts der Kommanditaktionäre (§ 131 AktG), der Besetzung des Aufsichtsrats (§ 287 Abs. 3 AktG) und der Vertretungskompetenz des Aufsichtsrats (§ 112 AktG) weitere für den Anlegerschutz bedeutsame organschaftliche Kompetenzfragen innerhalb einer (börsennotierten) Publikums-GmbH & Co. KGaA untersucht. Im Zusammenhag mit dem Anlegerschutz wird schließlich der Frage nachgegangen, ob das aktienrechtliche Wettbewerbsverbot (§ 284 AktG) auch auf die einzelnen Organe einer (börsennotierten) Publikums-GmbH & Co. KGaA erstreckt werden muss.

Im 5. Teil wird das vom BGH in seinem Grundsatzentscheid vom 24. Februar 1997 angedeutete Bedürfnis nach einer richterlichen Inhaltskontrolle bei Anlegerschutz benachteiligenden Satzungsklauseln einer näheren Prüfung unterzogen. So wird der Fragestellung nachgegangen, ob das Instrument der richterlichen Inhaltskontrolle auf das Recht einer GmbH & Co. KGaA zu übertragen ist und welche Maßstäbe im Streitfall hierfür erforderlich sind. In diesem Zusammenhang werden die vom BGH ausdrücklich angesprochenen satzungsrelevanten Rechtsfragen – der Zustimmungsvorbehalt der Kommanditaktionäre bei außergewöhnlichen Geschäften (§ 278 Abs. 2 AktG i.V.m. § 164 HGB) und die Erweiterung von Rechten des Komplementärs (§ 285 Abs. 2 AktG) – einer näheren Betrachtung unterworfen. Hier gilt es zu untersuchen, wie der Unternehmensgründer bzw. Komplementärgesellschafter durch eine interessengerechte Satzungsgestaltung die Gefahr einer richterlichen Inhaltskontrolle vermeiden kann.

Zum Abschluss der Untersuchung erfolgen im 6. Teil ein Resümee und eine Zusammenfassung der wesentlichen Untersuchungsergebnisse dieser Arbeit.

1. Teil: Die Rechtsform der KGaA

§ 2 Der Weg zur gesetzlichen Anerkennung der kapitalistischen KGaA

A. Historische Entwicklung der KGaA

Durch den Grundsatzentscheid des BGH vom 24. Februar 1997[16] ist eine Rechtsform in das Blickfeld des Interesses der juristischen Öffentlichkeit und der unternehmerischen Beratungspraxis gerückt, die bereits eine sehr lange Tradition aufweist. Die KGaA hat ihren geschichtlichen Ursprung bereits im 18. Jahrhundert in Frankreich gefunden. Dort wurde 1716 die erste KGaA unter dem Namen Bank Law & Co. gegründet und nach ihrem Gründer John Law benannt. Die KGaA wurde erstmals in Art. 38 des französischen Code de Commerce von 1807 (Wortlaut : „Le capital des sociétés en commandite pourra être aussi divisé en actions, sans aucune autre dérogation aux règles établies pour ce genre de société") gesetzlich normiert[17]. Art. 38 sah in dieser Rechtsform eine „Abart" bzw. einen „Sonderfall der Kommanditgesellschaft", in der die Kommanditanteile durch Aktien verkörpert und als solche übertragbar waren[18]. Der deutsche Gesetzgeber folgte mit dem Modell der KGaA in dem zur Vereinheitlichung des Handelsrechts geschaffenen Allgemeinen Deutschen Handelsgesetz-

---

[16] BGHZ 134, 392 ff. = ZIP 1997, 1027 ff.

[17] Code de Commerce, Gesetz v. 15.7.1807, in Kraft getreten am 1.1.1808, abgedruckt bei *Sirey*, Lois annotées ou lois, décrets, ordonnances, 1e Série, 1807, S. 755. Zur Entstehungsgeschichte vgl. *Goldschmidt*, Handbuch, S. 209-211; *Erhard*, Napoleons I Handelsgesetzbuch (mit Übersetzung); *Lehmann*, Die geschichtliche Entwicklung des Aktienrechts bis zum Code de Commerce, 1895, S. 42 ff. Neben der KGaA (société en commandite) wurde auch die AG (société anonyme) erstmals im Code de Commerce kodifiziert.

[18] *Elschenbroich*, Die Kommanditgesellschaft auf Aktien, 1959, S. 23, mit umfangreichen Nachweisen der älteren Literatur; *Niederlag*, Juristische Person als persönlich haftender Gesellschafter einer Kommanditgesellschaft auf Aktien, 1973, S. 19; *Ott*, Die Kommanditgesellschaft auf Aktien, 1961, S. 7 f.

buch (ADHGB) von 1861[19] weitgehend dem französischen Vorbild und kodifizierte erste einheitliche Regelungen in Art. 173 bis 206 ADHGB[20]. Als „stille Gesellschaft auf Aktien" wurde diese Rechtsform als eine „Abart" der KG angesehen, falls das Kapital einer Kommanditgesellschaft in Aktien zerlegt war (Art. 173 ADHGB). Im Anschluss an die erste gesetzliche Normierung nahm die Verbreitung der KGaA stetig zu. Die Hauptgründe lagen zum einen im hohen Kapitalbedarf während der industriellen Revolution, zum anderen auch – im Unterschied zur AG – in der Möglichkeit, mangels Genehmigungspflicht die staatliche Konzession zu unterlaufen[21]. Nach der weitgehenden Abschaffung des Konzessionssystems im Jahre 1870 nahm die Verbreitung der KGaA wieder stark ab. In der Folgezeit wurde erst mit Einführung des HGB von 1897[22] das heutige Regelungsmodell einer weitgehend an die AG angelehnten KGaA im Gesetz nachvollzogen. Während bis dato die KGaA gesetzlich vor der AG normiert war, regelten die §§ 320 bis 334 HGB a.F. die KGaA nun erstmals im Anschluss an die AG und erklärten in § 320 HGB a.F. als Generalverweisung das Recht der AG für grundsätzlich anwendbar, so dass eine weitgehende gesetzliche Vereinheitlichung beider Rechtsformen vorlag. Im HGB von 1897 wurde

---

19 Gesetz v. 16.3.1861. Das ADHGB wurde zwischen 1861 und 1869 von vielen Ländern des deutschen Bundes auf Empfehlung der Bundesversammlung eingeführt. Der Norddeutsche Bund übernahm das ADHGB mit Gesetz v. 5.6.1869, BGBl. Ndt. Bund, S. 379; hierzu *Schubert/Schmiedel/Krampe*, Quellen zum Handelsgesetzbuch von 1897, 1986. Zur Vorgeschichte vgl. *Elschenbroich*, Die Kommanditgesellschaft auf Aktien, 1959, S. 17 mit umfangreichen Nachweisen zur älteren Literatur. Als erste deutsche KGaA gelten im Schrifttum die im Jahre 1851 gegründete Diskontgesellschaft Berlin (Vorgänger der Deutschen Bank AG), und die 1856 gegründete Berliner Handelsgesellschaft (fortgesetzt als Berliner Handels- und Frankfurter Bank, seit 1995 BHF-Bank AG); vgl. *Bundschuh*, Die wirtschaftliche Entwicklung der deutschen Kommanditgesellschaft auf Aktien, 1914, S. 13; *Elschenbroich*, Die Kommanditgesellschaft auf Aktien, 1959, S. 21; *Hergenhahn*, ZHR 42 (1894), 72.

20 *Elschenbroich*, Die Kommanditgesellschaft auf Aktien, 1959, S. 23; *Niederlag*, Juristische Person als persönlich haftender Gesellschafter einer Kommanditgesellschaft auf Aktien, 1973, S. 20; *Spalcke*, Die Kommanditgesellschaft auf Aktien, Organisationsidee und Interessenlage, 1961, S. 9 ff. Im Übrigen haben sich die Gesetzgeber aller Länder, die die Rechtsform der KGaA anerkannten, an der Regelung im Code de Commerce orientiert; vgl. hierzu *Ott*, Die Kommanditgesellschaft auf Aktien – Eine Untersuchung ihrer wirtschaftlichen Bedeutung und der Motive bei der Neugründung, 1961, S. 8 ff.

21 Vgl. *Knur*, Die Eignung der Kommanditgesellschaft auf Aktien für Familienunternehmen, in: Festschrift für Flume, Band II, 1978, S. 173.

22 Gesetz v. 10.5.1897, RGBl. I S. 219 ff. Das HGB von 1897 trat zusammen mit dem BGB am 1.1.1900 in Kraft. Zur Entwicklung vgl. *Schubert/Schmiedel/Krampe*, Quellen zum Handelsgesetzbuch von 1897, 1986.

die KGaA in Deutschland erstmals als „Abart“ der AG gesehen. Durch diese Regelung wurde die bis heute bestehende komplizierte Verweisungstechnik im Gesetz verankert. Das Aktiengesetz von 1937[23] brachte keine einschneidenden Veränderungen im Recht der KGaA. Vielmehr wurde ein Schlussstrich unter diese Entwicklung gezogen, indem auch die KGaA in § 219 AktG 1937 zur Gesellschaft mit eigener Rechtspersönlichkeit, d.h. zur juristischen Person, erklärt wurde[24]. Das Recht der AG und der KGaA wurde aus dem HGB ausgegliedert und in einem eigenständigen Gesetz kodifiziert. Auch das Aktiengesetz von 1965[25] löste keine grundlegenden Änderungen im Recht der KGaA aus[26]. Die Änderungen betrafen lediglich Randbereiche und dienten letztlich der Anpassung an die veränderten Rahmenbedingungen des Aktienrechts insgesamt. Das „Gesetz für kleine Aktiengesellschaften und zur Deregulierung des Aktienrechts“[27] vernachlässigte die Rechtsform der KGaA ebenfalls und ließ z.B. die Möglichkeit einer Ein-Personen-Gründung wie bei der AG, d.h. eine Angleichung von § 280 Abs. 1 S. 1 AktG an § 2 AktG n.F. nicht zu[28].

B. Meinungsstand zur Zulässigkeit der GmbH & Co. KGaA

Mit seinem Beschluss vom 24. Februar 1997[29] hat der BGH die Zulässigkeit einer KGaA ohne natürliche Person als Komplementär anerkannt und damit Rechtsklarheit in einer sehr lange in der Literatur und Rechtsprechung kontrovers geführten Diskussion geschaffen. Da dem historischen Gesetzgeber zufolge

---

23 Gesetz über Aktiengesellschaften und Kommanditgesellschaften auf Aktien vom 30.1.1937, verkündet am 4.2.1937, RGBl. I S. 107 ff., berichtigt S. 588, 1140, durch dass das Aktienrecht aus dem HGB von 1897 ausgegliedert wurde. Der Text des AktG von 1937 (i.d.F. von 1965) ist abgedruckt bei *Kropff*, Aktiengesetz, S. 581 ff.

24 *Hüffer*, Aktiengesetz, § 278 Rdn. 3; MünchKommAktG/*Semler/Perlitt*, Vor § 278 Rdn. 17; *Elschenbroich*, Die Kommanditgesellschaft auf Aktien, 1959, S. 30, *Niederlag*, Juristische Person als persönlich haftender Gesellschafter einer Kommanditgesellschaft auf Aktien, 1973, S. 24.

25 Gesetz v. 6.9.1965, BGBl. I S. 1089; EG AktG BGBl. I S. 1185, zuletzt geändert durch Gesetz v. 16.7.1998, BGBl. I S. 1842. Zur Vorgeschichte des AktG 1965 vgl. *Hueck*, Gesellschaftsrecht, S. 179 f.

26 Vgl. hierzu *Baumann/Kusch*, Festschrift für Boujong, 1996, S. 3 f.; *Gail*, WPg 1966, 425; zur geschichtlichen Entwicklung der Kommanditgesellschaft auf Aktien vgl. ausführlich *Sethe*, Die kapitalistische Kapitalgesellschaft mit Börsenzugang, 1996, S. 1 ff.

27 Gesetz v. 2.8.1994, BGBl. I S. 1961.

28 Vgl. *Hüffer*, Aktiengesetz, § 280 Rdn. 2.

29 BGHZ 134, 392 ff. = ZIP 1997, 1027 ff.

die Komplementärfunktion nur von einer natürlichen Person eingenommen werden konnte, hielt lange Zeit die wohl herrschende Ansicht[30] in der juristischen Literatur – darunter fast die komplette „erste Garnitur" der Gesellschaftsrechtler[31] – eine Kapitalgesellschaft als einzige Komplementärin einer KGaA für unzulässig. In den letzten Jahren wandelte sich das Meinungsbild in der Literatur zunehmend[32]. Die Stimmen für und gegen eine Zulässigkeit der Kapitalgesellschaft als Komplementärin hielten sich die Waage[33]. Die Eignung der kapitalistischen KGaA wurde in der Praxis erstmals durch den Börsengang der eff-eff Fritz Fuss GmbH & Co. KGaA im Jahre 1995 belegt[34].

---

30 Zur Bestimmung was herrschende Meinung ist vgl. allgemein *Drosdeck*, Die herrschende Meinung – autoritäre Rechtsquelle, 1989.

31 So die plakative Bezeichnung von *Binz/Sorg*, BB 1988, 2041, 2046; übernommen von *Graf*, Die Kapitalgesellschaft & Co. KG auf Aktien, 1993, S. 93; *K. Schmidt*, ZHR 160 (1996), 265, 266.

32 Der Streit zum Für und Wieder einer Zulässigkeit der kapitalistischen KGaA erreichte seinen Höhepunkt mit den kontroversen Beiträgen von *Priester*, ZHR 160 (1996), S. 250-264 und *K. Schmidt*, ZHR 160 (1996), S. 265-287; vgl. dazu *Mertens*, Die Handelsgesellschaft KGaA als Gegenstand gesellschaftsrechtlicher Diskussion und die Wissenschaft vom Gesellschaftsrecht, in: Festschrift für Ritter, 1997, S. 731 ff.

33 Für die Zulässigkeit der GmbH & Co. KGaA bis zum Beschluss des BGH v. 24.2.1997 u.a.: *Baumann/Kusch*, Die Kapitalgesellschaft & Co. KG auf Aktien – Faktizität und Recht, in: Festschrift für Boujong, 1996, S. 3 ff.; *Claussen*, Perspektiven für die Kommanditgesellschaft auf Aktien, in: Festschrift für Heinsius, 1991, S. 61, 69; *ders.*, GmbHR 1996, 73, 76 ff.; *Graf*, Die Kapitalgesellschaft und Co. KG auf Aktien, 1993, S. 7; *Grafmüller*, Die Kommanditgesellschaft auf Aktien als geeignete Rechtsform für börsenwillige Familienunternehmen, 1994, S. 253 ff.; *Sethe*, Die personalistische Kapitalgesellschaft mit Börsenzugang, 1996, S. 155 ff., 211 ff., 248; *Hahn*, DB 1994, 1659, 1665; *Hartel*, DB 1992, 2329, 2331; *Hennerkes/May*, DB 1988, 537, 539; *dies.*, BB 1988, 2393; *Hesselmann*, GmbHR 1988, 472 ff.; *Ladwig/Motte*, DStR 1996, 842; *Priester*, ZHR 160 (1996), 250, 254 ff.; *Schürmann/Groh*, BB 1995, 684, 685; *Strieder/Habel*, DB 1994, 1557, 1561; *dies.*, BB 1995, 1857, 1860. Gegen die Zulässigkeit u.a.: *Barz*, in: Großkomm. z. AktG, Anm. 9 zu § 278; *Godin/Wilhelmi*, AktG, § 278 Rdn. 6; *Elschenbroich*, Die Kommanditgesellschaft auf Aktien, 1959, S. 130; *Knur*, Die Eignung der Kommanditgesellschaft auf Aktien für Familienunternehmen, in: Festschrift für Flume, Band II, 1978, S. 173, 175 f.; zumindest zweifelnd *Mertens*, Zur Existenzberechtigung der Kommanditgesellschaft auf Aktien, in: Festschrift für Barz, S. 253 ff.; *Würdinger*, Aktienrecht, § 56 I 2 a; *Binz/Sorg*, BB 1988, 2041, 2044; *Kallmeyer*, DStR 1994, 977 ff.; *Pflug*, NJW 1971, 345; *Reuter/Körnig*, ZHR 140 (1976), 517; *K. Schmidt*, ZHR 160 (1996), 265 ff.; *Wiesner*, ZHR 148 (1984), 60 f.

34 Diesem Beispiel sind in letzter Zeit eine Reihe weiterer Unternehmen in der Rechtsform der KGaA gefolgt; vgl. hierzu unten § 4 A. und Anhang 2 – Verzeichnis der KGaA.

Von der Rechtsprechung wurde die kapitalistische KGaA erstmals am 5. Dezember 1968 durch das Hanseatische OLG in der „Eurokai"-Entscheidung[35] für zulässig gehalten, als zu entscheiden war, ob eine GmbH & Co. KG neben einer natürlichen Person als Komplementärin der KGaA im Handelsregister eingetragen werden darf. Die zweite gerichtliche Überprüfung dieser Rechtsfrage wurde erst viele Jahre später vom OLG Karlsruhe mit Beschluss vom 29. Juli 1996 vorgenommen[36]. Das OLG Karlsruhe hielt die Eintragung der neu gegründeten Schuhkraft Spezialtiefbau KGaA mit der Schuhkraft Beteiligung GmbH als einzige persönlich haftende Gesellschafterin für unzulässig. Mit Rücksicht auf den Beschluss des Hanseatischen OLG legte das OLG Karlsruhe die Sache am 29. Juli 1996 gemäß § 28 Abs. 2 FGG dem II. Zivilsenat des BGH zur Entscheidung vor.

C. Beschluss des BGH vom 24. Februar 1997 – II ZB 11/96

Der II. Zivilsenat des BGH hat in einem Grundsatzentscheid vom 24. Februar 1997 entschieden, dass eine GmbH grundsätzlich persönlich haftende Gesellschafterin einer KGaA sein kann und sich damit für die Zulässigkeit einer GmbH & Co. KGaA ausgesprochen. Gleichzeitig sei jedoch unabdingbar erforderlich, dass das Fehlen einer natürlichen Person in der Eigenschaft des Komplementärs in der Firma der Gesellschaft kenntlich gemacht werde. § 19 Abs. 5 HGB fände insoweit sinngemäße Anwendung. Der BGH setzte sich in dem Beschluss ausführlich mit den in den Jahren zuvor vorgebrachten Argumenten der Wissenschaft und Rechtsprechung auseinander und stellte seiner Entscheidung vor allem rechtmethodische, rechtsgrundsätzliche und rechtsdogmatische Gründe voran.

Der BGH begründete seine Entscheidung damit, dass es kein ausdrückliches gesetzliches Verbot der GmbH & Co. KGaA gäbe, auch wenn die GmbH & Co. KGaA gemäß §§ 278 ff. AktG nicht dem gesetzlichen Leitbild des historischen

---

[35] OLG Hamburg, Beschluss vom 5.12.1969 – 2 W 34/68, AG 1969, 259 ff. mit zust. Anm. *Hesselmann*; GmbHR 1969, 135 ff.; NJW 1969, 1030 im Anschluss an LG Hamburg, AG 1968, 193 f.

[36] OLG Karlsruhe, Beschluss v. 29.7.1996, ZIP 1996, 1787 ff.; vgl. dazu die Besprechung von *Sethe*, ZIP 1996, 2053 ff.

Gesetzgebers entspreche[37]. Vielmehr seien im GewStG[38] und UmwG[39] Tendenzen zu finden, die auf das Nicht-Entgegenstehen des gesetzgeberischen Willens schließen ließen[40]. Mit dem Argument, die Vorschrift des § 76 Abs. 3 S. 1 AktG könne bei einer KGaA mangels Vorstand weder direkt noch analog herangezogen werden, verwarf der BGH das Hauptargument derjenigen, die § 76 Abs. 3 S. 1 AktG als Begründung für die Unzulässigkeit einer GmbH & Co. KGaA herangezogen hatten[41]. Vielmehr sei das Recht der KG, deren Komplementärin nach dem Gesetz auch eine juristische Person sein könne, anzuwenden. Auch wegen dem Wettbewerbsverbot aus § 284 AktG ergäben sich keine Bedenken, da es sich wie bei der GmbH & Co. KG (vgl. §§ 161 Abs. 2, 112, 113 HGB) auch gegen die GmbH als Komplementärin richte[42]. Daneben ließe sich weder aus der Struktur der KGaA noch aus dem Grundsatz der aktienrechtlichen Satzungsstrenge (§ 23 Abs. 5 AktG) ein zwingendes Organisationsmodell entnehmen, das die Führung der KGaA durch eine natürliche Person vorsehe. Das Aktienrecht und damit auch der Grundsatz der Satzungsstrenge gelten gemäß § 278 Abs. 3 AktG ausdrücklich nur für die Kapitalstruktur der Gesellschaft, während für die Führungsstruktur gemäß § 278 Abs. 2 AktG das Recht der Personenhandelsgesellschaften zur Anwendung komme. Im Weiteren sei auf Grund des eingeschränkten Einflusses der Kommanditaktionäre auf die Bestellung und Abberufung der Geschäftsführung auch keine unzulässige Minderheitenherrschaft zu befürchten, da die Komplementär-GmbH bei der Auswahl der Geschäftsführer durch die gesellschaftsrechtliche Treuepflicht verpflichtet sei, auf die Belange der Kommanditaktionäre Rücksicht zu nehmen[43]. Einschränkend zieht der BGH zudem zur Absicherung des Anlegerschutzes in Erwägung, Satzungsgestaltungen zulasten der Kommanditaktionäre nur in engeren Grenzen als bei der gesetzestypischen KGaA zuzulassen. Als Beispiele führt der BGH eine Einschränkung der den Kommanditaktionären nach dem Gesetz (§ 278 Abs. 2 AktG

---

37 BGHZ 134, 392, 393 = ZIP 1997, 1027.

38 Siehe § 9 Nr. 2b GewStG (BGBl. I 1990, S. 2775) und § 12 Abs. 3 Nr. 2b GewStG (BGBl. I 1991, S. 1322).

39 Siehe § 218 Abs. 2 UmwG (BGBl. I S. 3210).

40 BGHZ 134, 392, 393 f. = ZIP 1997, 1027 f.

41 Vgl. *Barz*, in: Großkomm. z. AktG, Anm. 9 zu § 278 AktG; *Semler*, in: Geßler/Hefermehl/Eckardt/Kropff, Aktiengesetz, § 278 Rdn. 16 ff.; *Binz/Sorg*, BB 1988, 2041, 2048, hierzu auch *K. Schmidt*, ZHR 160 (1996), 265, 269 f.

42 BGHZ 134, 392 ff. = ZIP 1997, 1027 ff.

43 BGHZ 134, 392, 399 f. = ZIP 1997, 1027, 1029.

i.V.m. §§ 163 ff. HGB) zustehenden Mitwirkungsbefugnisse bei außergewöhnlichen Geschäften und eine Erweiterung der Rechte des Komplementärs (etwa § 285 Abs. 2 S. 1 AktG) an[44].

D. Gesetzliche Anerkennung der kapitalistischen KGaA

Rund ein Jahr nach dem Grundsatzentscheid des 2. Senats des BGH hat der Gesetzgeber im Zuge des Handelsrechtsreformgesetzes vom 22. Juni 1998 (HRefG)[45] die vom BGH aufgezeigte gesetzliche Regelungslücke bei der Firmierung einer kapitalistischen KGaA geschlossen und die Vorschrift des § 279 Abs. 2 AktG dem Vorbild des § 19 Abs. 2 HGB n.F. nach neu gefasst. Gemäß § 279 Abs. 2 AktG muss die Firma einer KGaA, auch wenn sie nach § 22 HGB oder nach anderen gesetzlichen Vorschriften fortgeführt wird, eine Bezeichnung enthalten, welche die Haftungsbeschränkung kennzeichnet, wenn in der Gesellschaft keine natürliche Person persönlich haftet. Durch diese Kodifizierung ist die Rechtsform der kapitalistischen KGaA nunmehr auch gesetzlich anerkannt.

---

[44] Mit dieser Forderung im Hinblick auf den Anlegerschutz im Rahmen einer GmbH & Co. KGaA knüpft der BGH ausdrücklich an die Auffassung von *Priester*, ZHR 160 (1996) 250, 262, an; vgl. BGHZ 134, 392, 399 f. = ZIP 1997, 1027, 1029.

[45] Gesetz v. 22.6.1998, BGBl. I S. 1474 ff.

§ 3 Gesellschaftsrechtliche Auswirkungen des BGH-Beschlusses für den Anlegerschutz

A. Gefahr des Gestaltungsmissbrauchs in der Organisationsverfassung

Auch wenn sich der BGH in seinem Grundsatzentscheid ausführlich mit allen in den Jahren zuvor aufgeworfenen Argumenten der Wissenschaft und Rechtsprechung auseinandergesetzt und der Gesetzgeber die Rechtsform der kapitalistischen KGaA durch Neufassung des § 279 Abs. 2 AktG anerkannt hat, wurde der Kautelarpraxis eine Rechtsform hinterlassen, die zahlreiche rechtliche Folgeprobleme aufwirft. Im Vordergrund stehen hierbei insbesondere Fragen im Zusammenhang mit den Anforderungen des Anlegerschutzes in einer (börsengängigen) Publikums-GmbH & Co. KGaA, die im Anschluss an den Grundsatzentscheid des BGH in der Wissenschaft und der Beratungspraxis bisher nur ansatzweise beantwortet worden sind[46].

I. Problemaufbereitung

Das Problem des Anlegerschutzes in einer kapitalistischen KGaA schlägt sich dem Grundsatzentscheid des BGH zufolge in drei wesentlichen Kernbereichen nieder: Zunächst hat der BGH den Aspekt der Publizität und Transparenz der Gesellschaftsverhältnisse in den Vordergrund gerückt und eine entsprechende Anwendung des § 19 Abs. 5 HGB gefordert[47]. Diese Anforderungen des BGH an die firmenrechtliche Publizität hat der Gesetzgeber bereits im Zuge des HRefG aufgegriffen. § 279 Abs. 2 AktG wurde neu gefasst und die vom BGH aufgezeigte gesetzliche Regelungslücke geschlossen. Trotz des nunmehr erforderlichen Haftungsbeschränkungszusatzes im Rahmen der Firmierung einer kapitalistischen KGaA bleibt vor dem Hintergrund der unterschiedlichsten Firmierungen in der Praxis Erörterungsbedarf, wie der Zusatz im Einzelfall auszusehen hat[48]. Zudem stellt sich vor dem Hintergrund der uneingeschränkten Börsenfähigkeit der kapitalistischen KGaA die Frage, inwieweit die Transparenz- und

---

[46] Vgl. auch die Hinweise von MünchKommAktG/*Semler/Perlitt*, § 278 Rdn. 326, und *Assmann/Sethe*, in: Großkomm. z. AktG, § 278 Rdn. 39.

[47] BGHZ 134, 392, 400 f. = ZIP 1997, 1027, 1029.

[48] So auch *Assmann/Sethe*, in: Großkomm. z. AktG, § 279 Rdn. 17.

Publizitätsanforderungen des BGH im Vorfeld eines Börsenganges – so z.B. bei der Gestaltung des Verkaufsprospektes – weiterentwickelt werden müssen. Hiermit ist ein Regelungsbereich angesprochen, der aus kapitalmarktrechtlicher Sicht der Absicherung der Anforderungen des Anlegerschutzes in einer (börsennotierten) Publikums-GmbH & Co. KGaA dient.

Im Hinblick auf den Anlegerschutz ist im Anschluss an die Rechtsprechung des BGH insbesondere eine Frage in den Vordergrund des gesellschaftsrechtlichen Interesses gerückt: Wie kann der Anlegerschutz der Kommanditaktionäre durch die Wahrnehmung satzungsrechtlicher Gestaltungsspielräume erweitert und gestärkt werden? Bei dieser Frage, die die Reichweite der Satzungsautonomie betrifft, kommt der Abgrenzung von § 278 Abs. 2 und 3 AktG besondere Bedeutung zu. Während durch die Verweisung des § 278 Abs. 2 AktG das Recht der KG auch bei der KGaA zur Anwendung kommt und somit die von Absatz 2 erfasste Organisations- und Führungsstruktur der weitgehenden satzungsrechtlichen Gestaltungsfreiheit unterliegt, kommt über den Verweis des § 278 Abs. 3 AktG die Vorschrift des § 23 Abs. 5 AktG nur eingeschränkt zur Anwendung. Der in § 23 Abs. 5 AktG normierte Grundsatz der aktienrechtlichen Satzungsstrenge gilt im Recht der KGaA nur, soweit § 278 Abs. 3 AktG auf die Vorschriften über die AG verweist. Gerade dieser Grundsatz verankert im Recht der AG den Anlegerschutz, da durch § 23 Abs. 5 AktG die Satzungsautonomie zum Schutz der künftigen Anleger weitgehend ausgeschlossen wird. Betroffen sind hiervon insbesondere Bestimmungen, die den Zuständigkeitsbereich der Organe, ihre Zusammensetzung, die innere Ordnung und Minderheitsrechte betreffen[49]. Infolgedessen besteht für den Satzungsgeber einer KGaA weitaus mehr Gestaltungsfreiheit als für den Satzungsgeber einer AG. Dieser Umstand hat zur Folge, dass trotz der kapitalaufbringenden Funktion der Kommanditaktionäre die Kompetenzverteilung in der Organisationsverfassung der GmbH & Co. KGaA einseitig zu Gunsten der Komplementärgesellschaft ausgerichtet werden kann, ohne dass eine nach der idealtypischen Vorstellung des Gesetzgebers maßgebliche Steuerungsfunktion der persönlichen unbeschränkten Haftung als Komplementär mehr vorhanden zu sein braucht[50]. Gerade die persönliche Haftung des Komplementärs sollte aber nach der Vorstellung des historischen Gesetzgebers für

---

49 *Hüffer*, Aktiengesetz, § 23 Rdn. 34 ff.; *Kraft*, in: KölnerKomm z. AktG, § 23 Rdn. 84.
50 Vgl. *Ihrig/Schlitt*, ZHR Beiheft 67, 1998, 33, 35.

ein Gleichgewicht zwischen den weit reichenden Einwirkungsmöglichkeiten des Komplementärs bei der Geschäftsführung und den nur beschränkten Kontroll- und Einflussmöglichkeiten des Aufsichtsrats und der Hauptversammlung sorgen[51]. Die gesteigerte Haftungsverantwortung der Komplementäre sollte den notwendigen Schutz der Kommanditaktionäre als Anleger stärken und rechtfertigte ihrerseits das Machtungleichgewicht innerhalb der Gesellschafterverhältnisse einer KGaA.

Dieses Rechtsverständnis stellt der BGH in seinem Beschluss vom 24. Februar 1997 dadurch in Frage, dass er die persönliche Haftung des Komplementärs nicht als taugliches Steuerungsmittel für Entscheidungen der Geschäftsführung ansieht[52]. Denn der gesetzliche Sicherungszweck der persönlichen Haftung entfällt bei einer kapitalistischen KGaA insoweit, als die persönliche Haftung nur die Komplementärgesellschaft mit ihrem Gesellschaftsvermögen, nicht jedoch die für die Unternehmensführung allein verantwortlichen Geschäftsführer bzw. geschäftsführungsbefugten Gesellschafter der Komplementär-GmbH trifft. Infolgedessen kann eine GmbH & Co. KGaA so organisiert werden, dass durch die Trennung von Kapital und Unternehmensführung die Position der Kommanditaktionäre auf eine kapitalgebende Funktion beschränkt wird, ohne dass sie an der Komplementärgesellschaft beteiligt sind oder Einfluss auf die Komplementärgeschäftsführung haben. Die vorhandene Gestaltungsfreiheit kann also der Gesellschafterminderheit ermöglichen, die Geschäfte der kapitalistischen KGaA mit dem über den Kapitalmarkt aufgenommenen Vermögen ohne eigenes persönliches Haftungsrisiko zu führen. Damit besteht die Gefahr, dass die Kommanditaktionäre als Kapitalgeber der Beherrschung eines anderen Unternehmens, nämlich der Beherrschung durch die Komplementärgesellschaft, unterliegen. Dass die satzungsrechtliche Gestaltungsfreiheit in einer kapitalistischen KGaA in Konflikt mit den Anforderungen an den aktienrechtlichen Anlegerschutz geraten kann, ist nicht von der Hand zu weisen, jedenfalls immer dann, wenn die GmbH & Co. KGaA kapitalmarktaktiv ist.

---

[51] Vgl. OLG Karlsruhe, DB 1996, 1767, 1768; *Mertens*, in KölnerKomm z. AktG, § 278 Rdn. 13; MünchKommAktG/*Semler/Perlitt*, Vor § 278 Rdn. 30; *Wiesner*, ZHR 148 (1984), 56, 62 f.

[52] BGHZ 134, 392, 398 = ZIP 1997, 1027, 1029; so im Ergebnis auch *Halasz/Kloster/Kloster*, GmbHR 2002, 77, 83.

Das in Bezug auf den Anlegerschutz vorhandene Konfliktpotential betrifft im Wesentlichen die binnenorganisationsrechtliche Schutzbedürftigkeit der Kommanditaktionäre. So können die Kommanditaktionäre trotz ihrer kapitalaufbringenden Funktion dem Gesetz nach weder auf die Geschäftsführung innerhalb der KGaA, noch mittelbar über den Aufsichtsrat auf die Auswahl der Geschäftsführer oder auf die Zusammensetzung des Gesellschafterkreises der Komplementärgesellschaft Einfluss nehmen. Dies gilt sogar für einen Mehrheitsaktionär, der in einer AG auf Grund seiner Stimmenmehrheit faktisch allein über die Bestellung des Vorstands entscheiden könnte. Neben der Beteiligung der Kommanditaktionäre bei der Geschäftsführung und bei personalpolitischen Besetzungsfragen sind insbesondere Stimmrechtsausschlüsse in der Hauptversammlung (§ 285 Abs. 1 AktG), der Umfang der Inkompatibilitätsregelung (§ 287 Abs. 3 AktG), die Vertretungskompetenzen des Aufsichtsrats (§§ 278 Abs. 3, 112 AktG), die organschaftlichen Wettbewerbsverbote (§ 284 AktG), die Reichweite des Auskunftsrechts der Hauptversammlung (§§ 278 Abs. 3, 131 AktG), das Zustimmungsrecht der Kommanditaktionäre zu außergewöhnlichen Geschäftsführungsmaßnahmen (§ 278 Abs. 2 AktG, § 164 HGB) und die mögliche Erweiterung der Zustimmungsvorbehalte (§ 285 Abs. 2 AktG) als Rechtsanwendungsprobleme bei der Frage nach den Anforderungen des Anlegerschutzes angesprochen.

Im Zusammenhang mit dem Anlegerschutz hat der BGH in seinem Grundsatzentscheid in einer scheinbar nur beiläufigen Bemerkung ausgeführt, dass Satzungsgestaltungen zulasten der Kommanditaktionäre nur in engeren Grenzen als bei der gesetzestypischen KGaA zuzulassen seien[53]. Mit dieser Aussage hat der BGH ausdrücklich auf einen Beitrag von *Priester* Bezug genommen, dem zufolge einer möglichen Benachteiligung der Kommanditaktionäre durch satzungsrechtlichen Gestaltungsmissbrauch durch entsprechende Anwendung der von der Rechtsprechung zur Satzungskontrolle bei Publikumspersonengesellschaften entwickelten Grundsätze entgegenzutreten sei[54]. Der BGH hat jedoch mit Hinweis auf die fehlende Entscheidungserheblichkeit keine konkreten rechtlichen

---

53 BGHZ 134, 392, 399 f. = ZIP 1997, 1027, 1029.

54 *Priester*, ZHR 160 (1996), 250, 262; vgl. auch *Claussen*, Perspektiven für die Kommanditgesellschaft auf Aktien, in: Festschrift für Heinsius, 1991, S. 61, 71. Zu den Rechtsprechungsgrundsätzen bei Publikumspersonengesellschaften vgl. *Baumbach/Hopt*, HGB, Anh. § 177a Rdn. 52 ff.; *Brandes*, WM 1998, 261 ff.; *ders.*, WM 1994, 569, 578 ff.

Maßstäbe für den verbleibenden Umfang der Satzungsautonomie aufgestellt, an denen sich die Satzung einer kapitalistischen KGaA messen lassen muss. Als Beispiele für Gestaltungsmissbrauch weist er lediglich auf die Einschränkung der den Kommanditaktionären nach dem Gesetz zustehenden Mitwirkungsbefugnisse bei außergewöhnlichen Geschäften hin (§ 278 Abs. 2 AktG i.V.m. §§ 163 ff. HGB). Entsprechendes gelte auch für die Rechte des Komplementärs (etwa § 285 Abs. 2 S. 1 AktG). Diese allgemein gehaltenen Äußerungen machen deutlich, dass der BGH die Ausarbeitung der Maßstäbe für ein „Check & Balance-System" zwischen den widerstreitenden Interessen der Komplementärgesellschaft und den Kapitalanlegern im Hinblick auf die personale Organisations- und Führungsstruktur und den Haftungsverhältnissen der Rechtswissenschaft und Beratungspraxis überlassen will. Dass der BGH mit dieser Aussage eine gewisse Rechtsunsicherheit in der Praxis erzeugt hat, verwundert nicht. So wird im Anschluss an die Rechtsprechung bei der Publikums-GmbH & Co. KGaA und insbesondere bei der börsennotierten GmbH & Co. KGaA die Frage gestellt werden müssen, wo die Grenzen zulässiger Satzungsgestaltung im Hinblick auf eine Verschiebung des Kompetenzgefüges zu Gunsten der Komplementärgesellschaft und zulasten der Kommanditaktionäre liegen und welche Rechte zum unentziehbaren und unverzichtbaren Kompetenzbestand der Gesamtheit der Kommanditaktionäre gehören müssen.

II. Auswirkungen des Grundsatzentscheids des BGH in der Praxis?

Vor dem Hintergrund der im Beschluss des BGH zum Ausdruck gekommenen Einschränkung der Gestaltungsfreiheit verwundert es, dass die Anforderungen der höchstrichterlichen Rechtsprechung an den Anlegerschutz in den Satzungen in der Praxis bisher nur in Ausnahmefällen umgesetzt wurden[55]. Der Grund hierfür lässt sich nur vermuten. So wurde bis dato die Rechtsprechung des BGH im Hinblick auf die Grenzen der satzungsrechtlichen Gestaltungsfreiheit nicht durch weitere wegweisende Rechtsprechung konkretisiert. Hält man sich die Tragweite der BGH-Entscheidung vor Augen, muss man aber davon ausgehen,

[55] Ein generelles Absehen von Einschränkungen der Gestaltungsfreiheit trotz der eindeutigen Aussage des BGH fordert *Wichert*, AG 2000, 268, 276.

dass bei einer richterlichen Überprüfung ein Ausnutzen der satzungsrechtlichen Gestaltungsspielräume zulasten der Kommanditaktionäre nicht toleriert werden wird.

B. Der weitere Untersuchungsgang

Durch diesen Problemaufriss ist der weitere Verlauf der Untersuchung vorgezeichnet. Im Folgenden soll vor dem Hintergrund der wirtschaftlichen und rechtstatsächlichen Bedeutung der KGaA zunächst die Reichweite der Gestaltungsfreiheit in der Organisationsverfassung anhand der Strukturprinzipien und dem Typus der kapitalistischen KGaA dargestellt werden. Sodann wird der rechtstatsächliche Konflikt zwischen der satzungsrechtlichen Gestaltungsfreiheit und dem Anlegerschutz in einer börsengängigen GmbH & Co. KGaA anhand der aufgezeigten Rechtsanwendungsprobleme näher untersucht. Im Anschluss wird auf die vom BGH angedeutete richterliche Inhaltskontrolle der Satzung einer GmbH & Co. KGaA im Hinblick auf den Zustimmungsvorbehalt der Kommanditaktionäre bei außergewöhnlichen Geschäften (§ 278 Abs. 2 AktG i.V.m. § 164 HGB) und die mögliche Erweiterung der Komplementärrechte (§ 285 Abs. 2 S. 1 AktG) eingegangen. Ziel der Untersuchung wird es sein, Gestaltungsvorschläge zur Bewältigung des Konflikts zwischen der Gestaltungsfreiheit einerseits und dem Anlegerschutz andererseits auf der Ebene der KGaA-Satzung und des Gesellschaftsvertrages der Komplementärgesellschaft zu unterbreiten.

§ 4 Wirtschaftliche und rechtstatsächliche Bedeutung der KGaA

A. Wirtschaftliche Bedeutung der KGaA

Die Rechtsform der KGaA hat auf Grund ihrer satzungsrechtlichen Gestaltungsfreiheit insbesondere für mittelständische Unternehmen im Hinblick auf die Eigenkapitalaufnahme über den Kapitalmarkt große Bedeutung. Die Verbreiterung der Eigenkapitalbasis ist für die Expansion eines Unternehmens gerade in der Zeit der Internationalisierung und Globalisierung der Märkte besonders wichtig. Wesentliche Faktoren für erhöhten Finanzierungsbedarf sind die objektiv veränderten wirtschaftlichen und (börsen-)rechtlichen Rahmenbedingungen, soziale Veränderungen, der immer raschere ökonomische Wandel und im Besonderen die Entwicklung neuer zukunftsfähiger Technologien. Ausreichende Solvibilität und die Stärkung der Eigenkapitalbasis werden dabei mehr und mehr zu einer Schlüsselfrage für die Wettbewerbsposition eines jeden Unternehmens. Hiervon sind aber nicht nur große Gesellschaften, sondern insbesondere auch kleinere, mittelständische Unternehmen betroffen. Denn die wirtschaftliche Stärke und die damit verbundene Konkurrenzfähigkeit eines Unternehmens hängen entscheidend von der Höhe der Eigenkapitalquote bzw. der Liquiditätsbasis des Unternehmens ab. Doch sind gerade jüngere, kleinere und mittelständische Unternehmen häufig durch eine zu geringe Eigenkapitalausstattung gekennzeichnet[56]. Das hat zur Folge, dass die Unternehmen bei Finanzierungsvorhaben häufig auf Fremdkapital angewiesen sind. Eine Kreditvergabe erreicht jedoch dort ihre Grenzen, wo die Banken mangels ausreichender Risikoabsicherung kein weiteres Kapital zur Verfügung stellen. In der Folge würde der wirtschaftliche Wachstumsprozess des Unternehmens unfreiwillig abgebremst. Dieses Problem stellt sich vor allem jungen und mittelständischen Unternehmen, sobald die ohnehin geringe Anzahl von Gesellschaftern keine finanziellen Mittel mehr

---

[56] Nach Deutsche Bundesbank (Hrsg.), Jahresabschlüsse, 1999, S. 18, liegt die durchschnittliche Eigenkapitalquote deutscher Unternehmen nur bei ca. 20 %. Vgl. auch *Fritsch*, Die Eigenkapitallücke in der Bundesrepublik Deutschland, 1981; *Grafmüller*, Die Kommanditgesellschaft auf Aktien als geeignete Rechtsform für börsenwillige Familienunternehmen, 1994, S. 1 ff.; *Lorz*, Die GmbH & Co. KGaA und ihr Weg an die Börse, in: Gesellschaftsrechtliche Vereinigung (Hrsg.), Gesellschaftsrecht in der Diskussion, 1999, S. 57; *Baums*, ZIP 1997, 1942 ff.; *Claussen*, GmbHR 1996, 73 f.; *Haase*, GmbHR 1997, 917, 918 f.; *Hansen*, GmbHR 1996, 327; *Hartel*, WiB 1997, 298 f.; *Hennerkes/May*, BB 1988, 2393 ff. m.w.N.; *Ladwig/Motte*, DStR 1996, 800 f.

aufbringen kann, da der größte Teil des eigenen Vermögens bereits in das Unternehmen investiert ist. Die Zufuhr von neuem Eigenkapital durch eine Öffnung zum Kapitalmarkt ist für die Optimierung der Finanzstruktur und für ein dynamisches und erfolgreiches Wachstum also von primärer Bedeutung. So verwundert es nicht, dass in den vergangenen Jahren immer mehr Unternehmen den Sprung an die deutschen Börsen gewagt haben[57]. Nicht zuletzt durch Schaffung innovativer und interessanter Marktsegmente stellt die Kapitalbeschaffung durch ein Going Public häufig den betriebswirtschaftlich sinnvollsten Weg dar, expansionsbedingte Finanzierungsvorhaben durch neues Eigenkapital in den Griff zu bekommen. Vor diesem gesamtwirtschaftlichen Hintergrund ist bereits bei der Unternehmensgründung die Wahl der richtigen Unternehmensform für eine verbesserte Marktposition eine bedeutende und weit reichende Entscheidung[58]. Die Eigenkapitalzuführung über einen Börsengang in Deutschland setzt dem Gesetz nach zwingend die Rechtsform der AG oder der KGaA voraus. Nur die Aktien dieser beiden Gesellschaftsformen sind an den Börsen frei handelbar. Die Aktien der KGaA sind wie die der AG unbeschränkt börsenfähig. Weder das Börsengesetz noch das sonstige Kapitalmarktrecht kennen Sondervorschriften, die die Kommanditaktien einer KGaA von den Aktien einer AG unterscheiden[59]. Die Rechtsform der KGaA stellt also bei der Wahl der Unternehmensform für einen Börsengang die einzige Alternative zur AG dar.

Neben dem freien und schnell verfügbaren Kapital ist die Gestaltungsfreiheit in der Unternehmensführung ein weiterer zentraler Eckpunkt für ein konkurrenz-

---

[57] 1995 entschieden sich 20 Unternehmen, 1996 14 Unternehmen, 1997 35 Unternehmen (vgl. *Schieber*, in: DAI (Hrsg.), Der Gang an die Börse: Chancen für ihr Unternehmen, S. 69 f.), 1998 78 Unternehmen (vgl. *v. Rosen*, Frankfurter Neue Presse v. 12.6.1999), 1999 175 Unternehmen (vgl. *v. Rosen*, Börsen-Zeitung v. 10.6.2000) und im Jahr 2000 insgesamt 159 Unternehmen für einen Börsengang. Auf Grund der anhaltenden Börsenschwäche wagten 2001 nur 21 Unternehmen, 2002 sogar nur 8 Unternehmen den Börsengang (vgl. *Ahlers/Schiffmacher*, GoingPublic 12/2002, 8).

[58] Vgl. hierzu *Grafmüller*, Die Kommanditgesellschaft auf Aktien als geeignete Rechtsform für börsenwillige Familienunternehmen, 1994, S. 40 ff. (m.w.N.).

[59] Zur rechtspolitischen Frage der Zulassung von GmbH- und KG-Anteilen zur Börse vgl. Bericht der Kommission „Zweiter Börsenmarkt", Börsenzugang für kleinere und mittlere Unternehmen, Stuttgart 1987; *Heindl*, Die Börseneinführung von GmbH-Anteilen, 1987; *Semler*, Die GmbH auf Aktien als Ausprägung der GmbH für das Publikum, in: Festschrift für Stimpel, 1985, S. 507 ff.; *Claussen*, GmbHR 1988, 417 ff.; *Hennerkes/May*, BB 1988, 2396 ff.; *Hommelhoff*, ZHR 1989, S. 181 ff.; *Meyer-Cording*, BB 1982, 896; *Vollmer*, GmbHR 1984, 329 ff.

und wettbewerbsfähiges Wirtschaften des Unternehmens. Je freier ein Unternehmen im Rahmen seiner Rechtsform ist, desto effizienter können wirtschaftlich wichtige Entscheidungen getroffen werden. Je schneller und kostengünstiger ein Unternehmen freies Kapital einsetzen kann, desto schneller und erfolgreicher können die wirtschaftlich bedeutsamen Entscheidungen umgesetzt werden. Die Eigenkapitalaufnahme und die Gestaltungsfreiheit in der Unternehmensführung unterstützen somit zwei zentrale Erfolgsfaktoren im globalen Wettbewerb der Unternehmen: die Innovationsgeschwindigkeit und die Anpassungsgeschwindigkeit an die sich rasant ändernden Märkte und Marktbedingungen. Diesen Faktoren kann eine kapitalistische KGaA besonders Rechnung tragen, da die Deckung des Eigenkapitalbedarfs durch ein Going Public mit der Erhaltung einer personalistisch geprägten Führungsstruktur verbunden werden kann, ohne dass das aktienrechtliche Prinzip der Satzungsstrenge gemäß § 23 Abs. 5 AktG beachtet werden muss.

Die wirtschaftliche Bedeutung der kapitalistischen KGaA hat auch in der Praxis ihren Niederschlag gefunden. So notier(t)en mit den Gesellschaften 1&1 AG & Co. KGaA (seit 1.3.2000 United Internet AG; TecDAX), Advantec Wagniskapital AG & Co. KGaA (Freiverkehr), Cobracrest AG & Co. KGaA (ehemals Advantec Biotech AG & Co. KGaA; Freiverkehr), AIG International Real Estate GmbH & Co. KGaA (Amtlicher Handel), Christian Adalberg Kupferberg & Compagnie KGaA (Amtlicher Handel), eff-eff Fritz Fuss GmbH & Co. KGaA (Amtlicher Handel), Eurokai KGaA (Geregelter Markt), Glasauer Wagniskapital KGaA (Freiverkehr), Heliad Equity Partners GmbH & Co. KGaA (Geregelter Markt/Freiverkehr), Henkel KGaA (DAX), HSBC Trinkaus & Burkhardt KGaA (Amtlicher Handel), Jupiter Technologie GmbH & Co. KGaA (Freiverkehr), Lindner KGaA (Amtlicher Handel), Merck KGaA (Amtlicher Handel), Merkur Bank KGaA (Freiverkehr), Mühlbauer Holding AG & Co. KGaA (TecDAX), Oceanica GmbH & Cie. KGaA (seit 15.11.2002 Oceanica AG; Freiverkehr), Gabriel Sedlmayr Spaten-Franziskaner-Bräu KGaA (Freiverkehr), TFG Venture Capital AG & Co. KGaA (SMAX), VCH-Best-of-VC GmbH & Co. KGaA (Geregelter Markt) und der Borussia Dortmund GmbH & Co. KGaA (Amtlicher Handel) als erster Fußballverein in der deutschen Geschichte bereits die Aktien von insgesamt 21 KGaA an den deutschen Börsen[60]. Bei den 8 Börsengängen im

[60] Vgl. hierzu auch Anhang 2 - Verzeichnis der KGaA.

Jahr 2002 war mit der AIG International Real Estate GmbH & Co. KGaA immerhin eine Gesellschaft in der Rechtsform einer kapitalistischen KGaA dabei[61]. Ob die neu entdeckte Attraktivität der kapitalistischen KGaA als Rechtsform für einen Börsengang auch in Zukunft erhalten bleibt, wird im Wesentlichen davon abhängen, wie der umrissene Konflikt zwischen der satzungsrechtlichen Gestaltungsfreiheit einerseits und den Anforderungen des Anlegerschutzes andererseits in der Praxis bewältigt wird.

B. Rechtstatsächliche Bedeutung der KGaA

Trotz der wirtschaftlichen Bedeutung verwundert es, dass die KGaA in den letzten Jahrzehnten neben der AG nur ein Schattendasein fristete und die Verbreitung der KGaA in Deutschland im Vergleich zur AG im Laufe dieses Jahrhunderts zunächst sehr gering war. Die wesentlichen Ursachen für den fehlenden Zuspruch lagen zum einen in der komplexen Rechtsstruktur der Gesellschaftsform[62], den Problemen der Nachfolgesicherung, sowie in der persönlichen und unbeschränkten Haftung einer natürlichen Person als Gesellschafterin[63]. Gerade die unbeschränkte Haftung war für die praktische Umsetzung abschreckend. Auch eine Haftungsbegrenzung durch die Bildung einer Holding, die durch Ausgliederung des operativen Geschäfts auf eine oder mehrere Tochtergesellschaften entsteht, war auf Grund der Komplexität des Modells unattraktiv[64]. Auch mag die mangelnde Bekanntheit und ihr Vertrautheitsdefizit im Hinblick auf den erhöhten Beratungsbedarf in der Praxis eine durchaus gewichtige Rolle

---

[61] Bemerkenswerterweise nahm das IPO der AIG International Real Estate GmbH & Co. KGaA mit einem Emissionsvolumen von 107 Mio. Euro fast die Hälfte des gesamten Emissionsvolumen von 252 Mio. Euro ein; vgl. *Ahlers/Schiffmacher*, Going Public 12/2002, 8; vgl. auch Fußn. 57.

[62] Vgl. hierzu die empirische Untersuchung bei *Beyer*, Die Kommanditgesellschaft auf Aktien, in: Albach/Corte, Die private Aktiengesellschaft, 1988, S. 431, 505; *Hüffer*, Aktiengesetz, § 278 Rdn. 2; *Ladwig/Motte*, DStR 1997, 1539.

[63] *Overlack*, Der Komplementär in der GmbH & Co. KGaA, in: RWS-Forum (Hrsg.), Gesellschaftsrecht 1997, S. 237, 238; *Sethe*, Die personalistische Kapitalgesellschaft, 1996, S. 211 ff.; *Hennerkes/Binz*, StbJb 1988/1989, 303, 310 f.; *ders./Lorz*, DB 1997, 1388, 1389; *ders./May*, DB 1988, 537, 540; *Hesselmann*, BB 1989, 2344; *Schürmann/Groh*, BB 1994, 684; *Siebold/Wichert*, SpuRt 1998, 138, 140.

[64] Vgl. hierzu *Claussen*, Perspektiven für die Kommanditgesellschaft auf Aktien, in: Festschrift für Heinsius, 1991, S. 61, 72; *Binz/Sorg*, BB 1988, 2041, 2050; *Ladwig/Motte*, DStR 1996, 842, 845 f.

gespielt haben[65]. Abgesehen von einer recht kurzen Blütezeit um die Jahrhundertwende sowie während der Inflationszeit nach dem ersten Weltkrieg[66], war die Rechtsform der KGaA bei den Unternehmensgründern nie erste Wahl. Statistische Zahlen belegen eine durchschnittliche Anzahl von 25 bis 30 Gesellschaften dieser Rechtsform seit Mitte der 50er Jahre[67]. Zum 31. Dezember 1993 existierten lediglich 30 Gesellschaften dieser Art[68]. In den darauf folgenden Jahren nahm die Zahl leicht, aber stetig zu. So waren im Jahr 1994 insgesamt 59, im Jahr 1996[69] insgesamt 61 und im Jahr 1997 insgesamt 62 KGaA in Deutschland eingetragen[70]. Der Stellenwert der KGaA hat in den letzten fünf Jahren nach dem Grundsatzentscheid des BGH erheblich zugenommen. So existierten zum 1. Januar 1999 insgesamt 178 KGaA (einschließlich Zweigniederlassungen)[71] in Deutschland. Zum 1. Januar 2000 bezifferte sich die Anzahl der KGaA auf 94

65 *Hüffer*, Aktiengesetz, § 278 Rdn. 2; *Herfs*, in: Hoffmann-Becking (Hrsg.), Münchener Handbuch des Gesellschaftsrechts, Band 4: Aktiengesellschaft, § 74 Rdn. 4; *Claussen*, Perspektiven für die Kommanditgesellschaft auf Aktien, in: Festschrift für Heinsius, 1991, S. 61 f.; *Bayreuther*, JuS 1999, 652; *Habel/Strieder*, MittBayNot 1998, 65; *Hundertmark*, BB 1968, 1285.

66 Zwischen 1922 und 1924 stieg die Zahl der KGaA von 62 über 154 auf ca. 200; vgl. *Elschenbroich*, Die Kommanditgesellschaft auf Aktien, 1959, S. 29; *Grafmüller*, Die Kommanditgesellschaft auf Aktien als geeignete Rechtsform für börsenwillige Familienunternehmen, 1994, S. 52 f.; *Spalcke*, Die Kommanditgesellschaft auf Aktien, 1961, S. 58.

67 Vgl. Statistische Angaben bis 1992 u.a. bei *Elschenbroich*, Die Kommanditgesellschaft auf Aktien, 1959, S. 35; *Grafmüller*, Die Kommanditgesellschaft auf Aktien als geeignete Rechtsform für börsenwillige Familienunternehmen, 1993, S. 54 f.; *Knur*, Die Eignung der Kommanditgesellschaft auf Aktien für Familienunternehmen, in: Festschrift für Flume, Band II, 1978, S. 173; *Schreiber*, Die Kommanditgesellschaft auf Aktien, 1925, S. 244; *Sethe*, Die personalistische Kapitalgesellschaft mit Börsenzugang, 1996, Tabelle 1, S. 561.

68 Wenngleich keineswegs unbedeutende Unternehmen, so z.B. Henkel KGaA, Flick KGaA, Michelin KGaA, Klöckner KGaA, Hettlage KGaA, Merck KGaA.

69 Für das Jahr 1995 sind sowohl beim Statistischen Bundesamt als auch bei der IHK keine statistischen Zahlen erhoben worden.

70 Vgl. Statistisches Bundesamt VII B, Deutschland 1994, 1996, 1997 nach zweistelligem Rechtsformschlüssel. Nach IHK Gesellschaft für Informationsverarbeitung mbH, IHK-zugehörige Unternehmen der Bundesrepublik Deutschland, Februar 1998, März 1999, Tabelle II: HR-Unternehmen – Rechtsform, Stand 1.1.1997 bzw. 1.1.1998, waren insgesamt 160 bzw. 167 KGaA (einschließlich Zweigniederlassungen) eingetragen.

71 Vgl. IHK Gesellschaft für Informationsverarbeitung mbH, IHK-zugehörige Unternehmen der Bundesrepublik Deutschland, März 1999, Tabelle II: HR-Unternehmen – Rechtsform, Stand 1.1.1999, ohne Differenzierung zwischen Haupt- und Zweigniederlassungen.

(ohne Zweigniederlassungen)[72]. Die Anzahl der AG lag zu diesem Zeitpunkt vergleichsweise bei 8.268[73]. Zum 1. Mai 2001 existierten bereits 119 KGaA (ohne Zweigniederlassungen)[74]. Ende 2004 ist die Zahl der in der Rechtsform der KGaA eingetragenen Gesellschaften mittlerweile auf über 180 angestiegen[75]. Auch für die kommenden Jahre ist eine stark zunehmende Verbreitung der Rechtsform KGaA zu prognostizieren. Gerade die zahlreichen zu verzeichnenden Neugründungen und Börsengänge sind ein unwiderlegbarer Beleg für die wieder entdeckte Attraktivität dieser Gesellschaftsform[76]. Spätestens mit dem Grundsatzentscheid des BGH vom 24. Februar 1997 gilt die Frage nach der Rechtfertigung der Existenz der KGaA als positiv beantwortet.

Trotz der zunehmenden Verbreitung spielt die KGaA im heutigen Wirtschaftsleben bei 1.061.760 eingetragenen Unternehmen, darunter 12.182 AG, 731.407 GmbH, 137.547 KG (davon 106.255 GmbH & Co. KG), 24.333 oHG und 152.885 Einzelfirmen (e.K.) der Anzahl nach bisher nur eine sehr kleine und durchweg untergeordnete Rolle[77]. So liegt die prozentuale Verbreitung der KGaA im Verhältnis zu allen eingetragenen Unternehmen nur bei ca. 0,017 %.

---

72 Einschließlich aller Zweigniederlassungen beziffert sich die Anzahl der KGaA dagegen auf 184; vgl. IHK Gesellschaft für Informationsverarbeitung mbH, IHK-zugehörige Unternehmen der Bundesrepublik Deutschland, März 2000, Tabelle II: HR-Unternehmen – Rechtsform, Stand 1.1.2000.

73 Einschließlich aller Zweigniederlassungen beziffert sich die Anzahl der AG dagegen auf 10295. Vgl. IHK Gesellschaft für Informationsverarbeitung mbH, IHK-zugehörige Unternehmen der Bundesrepublik Deutschland, März 2000, Tabelle II: HR-Unternehmen – Rechtsform, Stand 1.1.2000.

74 Vgl. IHK Gesellschaft für Informationsverarbeitung mbH, IHK-zugehörige Unternehmen der Bundesrepublik Deutschland, April 2001, Tabelle II: HR-Unternehmen – Rechtsform, Stand 1.1.2001.

75 Vgl. Anhang 2 - Verzeichnis der KGaA.

76 Die Rechtsform der GmbH (AG) & Co. KGaA wird in der Praxis häufig als Beteiligungs- oder Fondgesellschaft (u.a. Cobracrest AG & Co. KGaA; Advantec Wagniskapital AG & Co. KGaA; Best Practise. Venture Capital GmbH & Co. KGaA; Leonardo venture GmbH & Co. KGaA; Media Venture Capital AG & Co. KGaA; Micro Venture GmbH & Co. KGaA; TFG Venture Capital AG & Co. KGaA; VCH-Best-of-VC GmbH & Co. KGaA) oder von Fußballvereinen (u.a. Borussia Dortmund, Hannover 96, Hertha BSC Berlin, DSC Arminia Bielefeld, SV Werder Bremen, 1.FC Köln; MSV Duisburg; Tennis Borussia Berlin) genutzt wird.

77 Vgl. IHK Gesellschaft für Informationsverarbeitung mbH, IHK-zugehörige Unternehmen der Bundesrepublik Deutschland, April 2001, Tabelle II: HR-Unternehmen – Rechtsform, Stand 1.1.2001.

Auf eine KGaA kommen zahlenmäßig ca. 66 AG, ca. 3.954 GmbH, ca. 744 KG, ca. 132 oHG und ca. 826 Einzelfirmen. Im Vergleich zur AG liegt die prozentuale Verbreitung der KGaA damit bei ca. 1,52 % -Tendenz steigend!

2. Teil: Strukturprinzipien und Typus der kapitalistischen KGaA

§ 5 Rechtliche Struktur und Erscheinungsformen der KGaA

A. Gestaltungsfreiheit in der Binnenorganisation

Die Reichweite der Gestaltungsfreiheit in der Organisationsverfassung einer KGaA beruht auf den zur Anwendung kommenden Vorschriften aus dem Recht der KG. So richtet sich die Binnenorganisation einer KGaA mit ihren Rechtsbeziehungen zwischen den persönlich haftenden Gesellschaftern untereinander und gegenüber der Gesamtheit der Kommanditaktionäre, sowie gegenüber Dritten, namentlich die Befugnis zur Geschäftsführung und zur Vertretung der Gesellschaft, gemäß § 278 Abs. 2 AktG grundsätzlich nach den Vorschriften des Personengesellschaftsrechts (§§ 161 bis 177a HGB). Daneben kommen gemäß § 161 Abs. 2 HGB die Vorschriften der §§ 105 bis 160 HGB subsidiär und über § 105 Abs. 3 HGB die Vorschriften der §§ 705 bis 740 BGB ergänzend zur Anwendung. Damit ist für den Unternehmensgründer die Möglichkeit einer individuellen Ausgestaltung der Satzung eröffnet. Daneben gelten für die KGaA gemäß § 278 Abs. 3 AktG die Vorschriften des AktG, sofern sich aus den besonderen Vorschriften der §§ 278 bis 290 AktG oder aus dem Fehlen eines Vorstands nichts anderes ergibt[78]. Vereinfacht gesagt bestimmt sich die Organisations- und Führungsstruktur der KGaA nach Personengesellschaftsrecht, die Kapitalstruktur nach Aktienrecht. Folge dieser gesetzlichen Differenzierung ist ein bedeutender Unterschied zwischen KGaA und AG: Das aktienrechtliche Prinzip der Satzungsstrenge (§ 23 Abs. 5 AktG) gilt im Recht der KGaA nur, soweit § 278 Abs. 3 AktG auf die Vorschriften über die AG verweist[79]. Damit besteht für den Satzungsgeber einer KGaA weitaus mehr Gestaltungsfreiheit in der personalen Organisations- und Führungsstruktur. Die KGaA bildet also eine Mischform zwischen der anonymen AG als Kapitalgesellschaft und der personenbezogenen

---

[78] Zum Geltungsbereich des Aktienrechts vgl. *Mertens*, in: KölnerKomm z. AktG, Vorb. § 278 Rdn. 2; MünchKommAktG/*Semler/Perlitt*, § 278 Rdn. 264.

[79] Vgl. hierzu bereits § 3 A. I.

KG als Personenhandelsgesellschaft[80]. Sie verbindet den persönlichen Kredit und die Selbstorganschaft der Komplementäre mit der Kapitalausstattung der AG und der Börsengängigkeit ihrer Anteile[81]. Die Verbindung dieser rechtlich unterschiedlichen Strukturmerkmale lässt die KGaA in ihrer Gesamtheit jedoch weder als „Abart“ einer KG[82], als „Abart“ einer AG[83] noch als Zwittergesellschaft[84] erscheinen. Vielmehr ist sie zwar als hybride, im Ganzen aber als eigenständige Rechtsform zu bezeichnen[85].

B. Erscheinungsformen der KGaA in der gesellschaftsrechtlichen Praxis

Auf Grund der personengesellschaftsrechtlichen und aktienrechtlichen Struktur der KGaA können durch die Ausnutzung der Gestaltungsfreiheit ganz unterschiedliche Erscheinungsformen einer KGaA eingesetzt werden. Die Typenfreiheit ermöglicht, die KGaA in der Grundform als gesetzestypische bzw. klassische KGaA oder als kapitalistische KGaA und in ihrer konkreten Ausgestaltung als personalistisch geprägte KGaA oder als Publikums-KGaA zu strukturieren.

I. Gesetzestypische bzw. klassische KGaA

Die gesetzestypische bzw. klassische KGaA wird nach dem gesetzlichen Leitbild durch das Vorhandensein einer natürlichen Person als Komplementärin gekennzeichnet. In der Praxis muss hierbei zwischen verschiedenen Ausformun-

---

80 *Barz*, in: Großkomm. z. AktG, Anm. 3 zu § 278; *Godin-Wilhelmi*, Aktiengesetz, § 278 Rdn. 2; *Elschenbroich*, Die Kommanditgesellschaft auf Aktien, 1959, S. 57, 180; *Henn*, Handbuch des Aktienrechts, S. 66; *K. Schmidt*, Gesellschaftsrecht, S. 972; *Kallmeyer*, ZGR 1983, 57.

81 *K. Schmidt*, Gesellschaftsrecht, S. 972.

82 So wurde die KGaA im ADHGB 1861 als bloße „Abart“ der KG angesehen.

83 *Baumbach/Hueck*, Aktiengesetz, Vorb. § 278 Rdn. 2; *Wiesner*, ZHR 148 (1984), S. 56.

84 Vgl. *Herfs*, Die Satzung der börsennotierten GmbH & Co. KGaA – Gestaltungsfreiheit und Grenzen, in: Gesellschaftsrechtliche Vereinigung (Hrsg.), Gesellschaftsrecht in der Diskussion, 1999, S. 26 f.; *Lorz*, Die GmbH & Co. KGaA und ihr Weg an die Börse, in: Gesellschaftsrechtliche Vereinigung (Hrsg.), Gesellschaftsrecht in der Diskussion, 1999, S. 59.

85 BGHZ 134, 392, 398 = ZIP 1997, 1027, 1029; RGZ 82, 360; 129, 267; *Barz*, in: Großkomm. z. AktG, Anm. 3 zu § 278; MünchKommAktG/*Semler/Perlitt*, § 278 Rdn. 29; *Henn*, Handbuch des Aktienrechts, S. 74; *Würdinger*, Aktienrecht, S. 251; *Heermann*, ZGR 2000, 61, 81; *Schaumburg*, DStR 1998, 525; *Veil*, NZG 2000, 72; die Frage offengelassen hat *Mertens*, in: KölnerKomm z. AktG, Vorb. § 278 Rdn. 2.

gen der gesetzestypischen bzw. klassischen KGaA unterschieden werden: Zum einen kann die Komplementärbeteiligung als echte unternehmerische Beteiligung gehalten werden (sog. unternehmergeprägte KGaA). Der geschäftsführende Unternehmer als persönlich haftender Gesellschafter bringt in diesem Fall sein eigenes Vermögen als Komplementäreinlage oder als Beteiligung am Grundkapital ein. Die Stellung des Komplementärs kann aber auch der eines Vorstandsmitglieds einer AG angenähert sein (sog. vorstandsgeprägte KGaA). In diesem Fall ist das Management in die Unternehmensführung als persönlich haftender Gesellschafter nur für eine bestimmte Zeit oder zumindest kündbar in ihre Stellung berufen und nicht direkt am Kapital der Gesellschaft beteiligt. Die persönlich haftenden Gesellschafter sind dann in der Regel nicht am Gewinn der Gesellschaft beteiligt, sondern erhalten lediglich eine gewinnabhängige Vergütung (sog. Tantieme). Auf diese Weise kann außenstehendes und qualifiziertes Management in die Unternehmensführung eingebunden werden, ohne in Konflikt mit dem Grundsatz der Selbstorganschaft zu geraten. Daneben treten in der Praxis z.T. noch weitere juristische Personen als Komplementäre auf, die allerdings zumeist von der Geschäftsführung und Vertretung der Gesellschaft ausgeschlossen sind.

II. Kapitalistische KGaA

Neben der Möglichkeit, die KGaA als gesetzestypische bzw. klassische KGaA einzusetzen, kann die KGaA in der Form einer kapitalistischen KGaA strukturiert werden. In diesem Fall wird eine Kapitalgesellschaft als persönlich haftende Gesellschafterin eingesetzt[86]. Die kapitalistische KGaA stellt eine besondere Ausgestaltung der gesetzestypischen bzw. klassischen KGaA dar[87]. Ihre realtypische Ausgestaltung unterscheidet sich nur durch die Person des persönlich haftenden Gesellschafters. Im Übrigen ergeben sich in der Organisationsverfassung keine Unterschiede[88]. In einer GmbH & Co. KGaA haftet die Komplementär-GmbH in ihrer Eigenschaft als persönlich haftende Gesellschafterin für die Verbindlichkeiten der KGaA neben dieser unbeschränkt, jedoch begrenzt auf ihr

---

86 Zu verfassungsrechtlichen Aspekten der Zulässigkeit der GmbH & Co. KGaA *Baumann*, BB 1997, 2281 ff.

87 *Assmann/Sethe*, in: Großkomm. z. AktG, Vor § 278 Rdn. 119.

88 Vgl. hierzu bereits oben § 5 A.

Gesellschaftsvermögen (vgl. § 13 Abs. 2 GmbHG). Die Besonderheit in der Führungsorganisation der GmbH & Co. KGaA liegt darin, dass die GmbH als persönlich haftende Gesellschafterin und somit als eigentliches Geschäftsführungs- und Vertretungsorgan eine nicht handlungsfähige juristische Person ist. Damit kommt dem Geschäftsführer der Komplementär-GmbH die Unternehmensführung in der GmbH & Co. KGaA zu, allerdings beschränkt durch das GmbH-rechtliche Weisungsrecht der Komplementärgesellschafter. Die GmbH & Co. KGaA wird in personalistischer Sicht allein durch die Haftungs- und Führungsstruktur der Komplementärgesellschaft geprägt, ohne dass diese zugleich Kommanditaktionäre sein muss. Im Unterschied zum engen Gestaltungsspielraum bei der AG (vgl. § 23 Abs. 5 AktG) können also bei der kapitalistischen KGaA die aktienrechtlichen Sicherungsmechanismen durch eine unternehmerfreundliche Gestaltung der Führungsstruktur flexibel bestimmt werden. Infolge der gesetzlichen Anerkennung beschränkt sich die kapitalistische KGaA nicht nur auf eine GmbH als persönlich haftende Gesellschafterin einer KGaA. Vielmehr kann die Komplementärstellung anstatt von einer natürlichen Person von jeder anderen beteiligungsfähigen Rechtform übernommen werden kann[89]. So kommen neben der GmbH folgende Rechtsformen als Komplementärgesellschaften in Betracht:

- AG[90]
- AG & Co. KG
- KG
- GmbH & Co. KG
- doppelstöckige GmbH & Co. KG[91]
- KGaA
- GmbH & Co. KGaA
- oHG[92]

---

89 Eine stille Gesellschaft, ein nicht rechtsfähiger Verein oder eine ungeteilte Erbengemeinschaft können hingegen nicht Komplementärin einer KGaA sein; vgl. hierzu MünchKommAktG/*Semler/Perlitt*, § 278 Rdn. 36 ff.

90 Vgl. hierzu aber *K. Schmidt* ZHR 160 (1996), 265, 284; *Arnold*, Die GmbH & Co. KGaA, S. 23

91 *Herfs*, WiB 1997, 688, 691.

92 Vgl. *Overlack*, Der Komplementär in der GmbH & Co. KGaA, in: RWS-Forum (Hrsg.), Gesellschaftsrecht 1997, S. 223, 242. Ablehnend dagegen *K. Schmidt*, Gesellschaftsrecht, S. 977 ff; *Pflug*, NJW 1971, 345, 351.

- GbR [93]
- eingetragene Genossenschaft[94]
- Stiftung[95]
- eingetragener, wirtschaftlicher Verein[96]
- VVaG[97]
- Auslandsgesellschaft (z.B. Plc. & Co. KGaA)[98],

wobei in der Praxis die GmbH, die GmbH & Co. KG und die AG am häufigsten als Komplementärgesellschaft eingesetzt werden[99].

---

93 Mit Urteil v. 29.01.2001 – II ZR 331/00 hat der BGH die GbR für rechts- und parteifähig erklärt. Damit kann die GbR auch Komplementärin einer KGaA sein. Zulässig ist auch eine GbR & Co. KG; vgl. BayObLG, Urteil v. 18.10.2000, 3Z BR 164/00; ZIP 2000, 2165; a.A. OLG Zweibrücken, OLGZ 1982, 155.

94 *Herfs*, in: Hoffmann-Becking (Hrsg.), Münchener Handbuch des Gesellschaftsrechts, Band 4: Aktiengesellschaft, § 76 Rdn. 12; *ders.*, Die Satzung der börsennotierten GmbH & Co. KGaA – Gestaltungsfreiheit und Grenzen, in: Gesellschaftsrechtliche Vereinigung (Hrsg.), Gesellschaftsrecht in der Diskussion, 1999, S. 41; *Lorz*, Die GmbH & Co. KGaA und ihr Weg an die Börse, in: Gesellschaftsrechtliche Vereinigung (Hrsg.), Gesellschaftsrecht in der Diskussion, 1999, S. 59 (Fußn. 9); *Hennerkes/ders.*, DB 1997, 1388, 1393; *Dirksen/Möhrle*, ZIP 1998, 1377, 1381; *Schaumburg*, DStZ 1998, 525, 530; *Strieder*, BB 1998, 2276; *ders.*, DB 1996, 2065; *ders./Habel*, BB 1995, 1857; *dies.*, DB 1994, 1557.

95 In der Praxis firmiert seit dem 15.2.2000 die Schenkelberg Stiftung & Co. KGaA mit einer Stiftung als persönlich haftende Gesellschafterin; vgl. auch *Hüffer*, Aktiengesetz, § 278 Rdn. 9a; *Freudenberg/Sorg*, Die KGaA mit beschränkter Haftung, 1999, S. 6; *Herfs*, in: Hoffmann-Becking (Hrsg.), Münchener Handbuch des Gesellschaftsrechts, Band 4: Aktiengesellschaft, § 76 Rdn. 12; *ders.*, Die Satzung der börsennotierten GmbH & Co. KGaA – Gestaltungsfreiheit und Grenzen, in: Gesellschaftsrechtliche Vereinigung (Hrsg.), Gesellschaftsrecht in der Diskussion, 1999, S. 41; *Hennerkes/Lorz*, DB 1997, 1388, 1393; *Schaumburg*, DStZ 1998, 525, 530; ablehnend *K. Schmidt*, ZHR 160 (1996), 265, 284.

96 *Herfs*, in: Hoffmann-Becking (Hrsg.), Münchener Handbuch des Gesellschaftsrechts, Band 4: Aktiengesellschaft, § 76 Rdn. 12; *ders.*, Die Satzung der börsennotierten GmbH & Co. KGaA - Gestaltungsfreiheit und Grenzen, in: Gesellschaftsrechtliche Vereinigung (Hrsg.), Gesellschaftsrecht in der Diskussion, 1999, S. 41; *Dirksen/Möhrle*, ZIP 1998, 1377, 1381; *Schaumburg*, DStZ 1998, 525, 530.

97 *Baumann*, VW 2000, 1117 ff.; *Diehl*, VW 2000, 110 ff.; *Schloßmacher*, VW 1999, 1758 ff.

98 Sog. public company limited by shares; vgl. dazu *Bödefeld*, Die steuerliche Behandlung von Mischformen des europäischen Gesellschaftsrechts am Beispiel der Plc. & Co. KGaA, in: Festschrift für Rädler, 1999, S. 33 ff.; skeptisch dagegen *K. Schmidt*, ZHR 160 (1996), 265, 284. Vgl. in der Praxis Barclays GmbH & Co. Vermögensverwaltung Kommanditgesellschaft auf Aktien mit einer GmbH und einer Plc. als Komplementärgesellschaften; vgl. hierzu Anhang 2 – Verzeichnis der KGaA.

99 Vgl. Anhang 2 - Verzeichnis der KGaA - und Anhang 3 - Struktur der KGaA.

Im Hinblick auf die Struktur lassen sich auch bei der kapitalistischen KGaA die sog. unternehmergeprägte sowie die sog. vorstandsgeprägte KGaA unterscheiden. Bei der unternehmergeprägten kapitalistischen KGaA erbringt die Komplementärgesellschaft, deren Anteile sich in der Hand des Unternehmensgründers und seiner Familie befinden, eine Sondervermögenseinlage[100]. Bei der vorstandsgeprägten kapitalistischen KGaA wird das Kapital im Wesentlichen auf das Grundkapital geleistet und die Komplementärgesellschaft übernimmt in erster Linie die geschäftsführende Funktion[101]. Durch die faktisch mögliche Fremdgeschäftsführung können qualifizierte Führungskräfte in das Unternehmen eingebunden werden. Dies ist vor allem bei den Familiengesellschaften von Bedeutung, bei denen sich der Unternehmensgründer aus der Geschäftsleitung zurückziehen möchte, qualifizierter Familiennachwuchs aber nicht oder noch nicht vorhanden ist.

III. Personalistisch strukturierte KGaA

Sowohl die gesetzestypische bzw. klassische KGaA als auch die kapitalistische KGaA können ihrer Erscheinungsform nach als personalistisch strukturierte KGaA ausgestaltet sein[102]. In Anlehnung an die durch das „Gesetz für kleine Aktiengesellschaften und zur Deregulierung des Aktienrechts“ vom 2. August 1994[103] neu eingefügten §§ 121 Abs. 4, 130 AktG ist eine personalistisch strukturierte KGaA dann anzunehmen, wenn die Aktien der Gesellschaft nicht börsennotiert sind und die Kommanditaktionäre der Gesellschaft namentlich bekannt sind[104]. Eine solche Ausgestaltung ist für Gesellschaften charakteristisch, bei denen sich die Kapitalanteile fast vollständig in Familienhand befinden. Damit ist die personalistisch strukturierte KGaA die geeignete Rechtsform für

---

[100] Vgl. hierzu unten § 5 C. I. 4) b).

[101] Vgl. nur *Schlitt*, Die Satzung der Kommanditgesellschaft auf Aktien, 1999, S. 3 f.

[102] Vgl. auch *Schlitt*, Die Satzung der Kommanditgesellschaft auf Aktien, 1999, S. 5. Zur Typenbestimmung im Allgemeinen und zur Unterscheidung von personalistischer und kapitalistischer KGaA vgl. *Assmann/Sethe*, in: Großkomm. z. AktG, Vor § 278 Rdn. 119 ff.

[103] Gesetz v. 2.8.1994, BGBl. I S. 1961.

[104] Vgl. *Schlitt*, Die Satzung der Kommanditgesellschaft auf Aktien, 1999, S. 4 f.; *Claussen*, Perspektiven für die Kommanditgesellschaft auf Aktien, in: Festschrift für Heinsius, 1991, S. 61, 65 ff.

einen Unternehmensgründer, der eine starke Rechtsstellung innerhalb des Unternehmens sucht und seine Rechtsposition auf einen vorbestimmten Nachfolger übertragen möchte. Der Schwerpunkt im Bereich der Geschäftsführungs- und Vertretungsbefugnisse liegt beim persönlich haftenden Gesellschafter.

IV. (Börsennotierte) Publikums-KGaA

Daneben können die gesetzestypische bzw. klassische KGaA und die kapitalistische KGaA auch als (börsennotierte) Publikumsgesellschaft organisiert werden. Dies ist Voraussetzung, wenn sich das Unternehmen zur Eigenkapitalaufnahme für einen Gang an den Kapitalmarkt entscheidet, seine Aktien also im freien Handel verkaufen will oder eine Börsennotierung anstrebt. Kennzeichen für eine (börsennotierte) Publikums-KGaA ist in der Regel, dass sich die Gesellschaft einem breiten, unbestimmten und anonymen Anlegerkreis öffnet.

C. Organe der kapitalistischen KGaA

Die kapitalistische KGaA hat genau wie die gesetzestypische bzw. klassische KGaA drei gesetzlich vorgeschriebene Organe: Einen oder mehrere persönlich haftende Gesellschafter, einen Aufsichtsrat und eine Hauptversammlung. Der weitaus größte Teil der auf die Organe anwendbaren Vorschriften bestimmt sich nach dem Recht der Personengesellschaften. Dazu gehören die Organisation des persönlich haftenden Gesellschafters sowie das Rechtsverhältnis der persönlich haftenden Gesellschafter untereinander und gegenüber der Gesamtheit der Kommanditaktionäre sowie gegenüber Dritten. Lediglich die Rechte und Pflichten der Kommanditaktionäre in der Gesellschaft richten sich nach dem Recht der AG. Die Organ- und Führungsstruktur einer KGaA unterscheidet sich damit wesentlich von der einer AG, angesprochen ist hierbei insbesondere die organschaftliche Aufgaben- und Kompetenzverteilung[105].

Im Folgenden soll zunächst ein Überblick über die Unterschiede der Gesellschaftsorgane der kapitalistischen KGaA im Vergleich zur gesetzestypischen bzw. klassischen KGaA und zur AG vermittelt werden, wobei vor allem auf die Rechtsstellung und die verschiedenen Kompetenzen der einzelnen Organe ein-

---

[105] Vgl. *Hüffer*, Aktiengesetz, § 278 Rdn. 6.

gegangen wird. In diesem Zusammenhang werden die rechtsformimmanenten Gestaltungsspielräume innerhalb der Organisationsverfassung einer GmbH & Co. KGaA dargestellt, anhand derer im Anschluss der rechtstatsächliche Konflikt im Verhältnis zu den Anforderungen des Anlegerschutzes zu lösen versucht wird.

I. Persönlich haftende Gesellschafter, §§ 278 ff. AktG

Im Rahmen der kapitalistischen KGaA wird die Komplementärstellung in der Regel durch eine GmbH, GmbH & Co. KG oder AG ausgefüllt[106]. Die Zahl der persönlich haftenden Gesellschafter ist nach oben theoretisch unbegrenzt. Praktisch wird die Anzahl – zumindest der geschäftsführungsbefugten Komplementäre – dort ihre Grenze finden, wo eine gemeinsame Führung durch die einzelnen Komplementärgesellschaften nicht mehr möglich ist[107].

1) Geschäftsführungs- und Vertretungsbefugnis

Die Rechte und Pflichten zur Führung der Geschäfte und zur Vertretung des Unternehmens richten sich gemäß § 278 Abs. 2 AktG i.V.m. §§ 114 bis 118, 164 Abs. 2 HGB grundsätzlich nach dem Recht der Personenhandelsgesellschaften. Danach obliegt den persönlich haftenden Gesellschaftern die Geschäftsführung und Vertretung der Gesellschaft. Die persönlich haftenden, geschäftsführungsbefugten und vertretungsberechtigten Gesellschafter stellen das Leitungsorgan der KGaA dar und haben die Aufgaben, die der Vorstand einer AG hat[108]. Die Geschäftsführungs- und Vertretungsaufgaben fallen im Rahmen der kapitalistischen KGaA der GmbH oder der GmbH & Co. KG als Komplementärgesellschafterin zu. Dazu bedarf es keines aktienrechtlichen Gestaltungsakts wie der Bestellung. Die Komplementärgesellschaft der kapitalistischen KGaA ist „gebo-

---

[106] Wie bereits angeführt (vgl. § 5 B. II.), kann die Komplementärstellung einer kapitalistischen KGaA auch durch eine AG, oHG, KG, GmbH & Co. KG, AG & Co. KG, e.G., Stiftung, VVaG oder einen eingetragenen, wirtschaftlichen Verein übernommen werden; vgl. hierzu auch Anhang 2 - Verzeichnis der KGaA.

[107] Vgl. *Mertens*, in: KölnerKomm z. AktG, § 278 Rdn. 8; MünchKommAktG/*Semler/Perlitt*, § 278 Rdn. 8; *Henn*, Handbuch des Aktienrechts, S. 70.

[108] Vgl. *Schlitt*, Die Satzung der Kommanditgesellschaft auf Aktien, 1999, S. 6.

renes“ und nicht „gekorenes“ Geschäftsführungs- bzw. Vertretungsorgan[109]. Die Komplementäre erhalten mit der Feststellung der Satzung neben ihrer Gesellschafterstellung auch ihre Leitungsbefugnisse und die KGaA damit automatisch ihr Leitungsorgan. Die Organstellung kommt der Gesamtheit der vertretungsberechtigten und geschäftsführungsbefugten persönlich haftenden Gesellschafter in ihrer jeweiligen Zusammensetzung, nicht aber einem einzelnen Gesellschafter zu[110]. Jeder Komplementär ist zur Alleinvertretung der Gesellschaft berechtigt (§ 278 Abs. 2 AktG i.V.m. §§ 161 Abs. 2, 125 Abs. 1 HGB). Der Komplementär ist vom Wohlwollen des Aufsichtsrats der Gesellschaft unabhängig[111] und ohne zeitliche Begrenzung kraft Gesetzes zur Leitung der Gesellschaft berufenes Geschäftsführungs- und Vertretungsorgan[112]. Diese Rechtsstellung ist grundsätzlich weder durch die Hauptversammlung noch durch den Aufsichtsrat entziehbar. Damit kann zwar ein externes Management in die Gesellschaft eingebunden werden, es muss aber entweder die Stellung eines Komplementärgesellschafters oder aber das des Geschäftsführungsorgans innerhalb der Komplementär-GmbH (& Co. KG) einnehmen. Ist die persönlich haftende Gesellschafterin eine GmbH oder GmbH & Co. KG, wird deren Vertretungsorgan durch das für die jeweilige Gesellschaftsform geltende Verfahren bestellt. In beiden Fällen ist dies der geschäftsführende Gesellschafter oder Geschäftsführer der GmbH (vgl. § 35 GmbHG, § 161 Abs. 1 HGB). Dieser vertritt unmittelbar die GmbH bzw. GmbH & Co. KG und mittelbar die kapitalistische KGaA. Die Bestellung bzw. Abberufung der Geschäftsführer ist jedoch nicht zwingend der Gesellschafterversammlung der Komplementärgesellschaft überlassen. Insoweit besteht in der Satzung der GmbH & Co. KGaA Gestaltungsfreiheit.

Die Geschäftsführungsbefugnis und die organschaftliche Vertretungsmacht können nicht auf Kommanditaktionäre oder Dritte übertragen werden. Für eine solche Übertragung besteht auch innerhalb der kapitalistischen KGaA keine sat-

---

[109] *Herfs*, in: Hoffmann-Becking (Hrsg.), Münchener Handbuch des Gesellschaftsrechts, Band 4: Aktiengesellschaft, § 76 Rdn. 15, § 77 Rdn. 2; *Hennerkes/Lorz*, DB 1997, 1388, 1389; *Haase*, GmbHR 1997, 917, 920.

[110] Zum Erwerb der Gesellschafterstellung der persönlich haftenden Gesellschafter vgl. *Grafmüller*, Die Kommanditgesellschaft auf Aktien als geeignete Rechtsform für börsenwillige Familienunternehmen, 1994, S. 68 ff.; *Habel/Strieder*, MittBayNot 1998, 65, 66.

[111] BGHZ 134, 392, 393 = ZIP 1997, 1027; vgl. *Geck*, NZG 1998, 586, 587; *Hennerkes/Lorz*, DB 1997, 1388, 1389.

[112] Vgl. BGHZ 134, 392, 393 = ZIP 1997, 1027.

zungsrechtliche Gestaltungsfreiheit, es gilt der Grundsatz der Selbstorganschaft[113]. Durch privatautonome Sonderregelungen können aber einzelne persönlich haftende Gesellschafter von der Geschäftsführung und Vertretung ausgeschlossen (§ 114 Abs. 2 HGB bzw. § 125 Abs. 1 HGB)[114] oder Geschäftsführungskompetenzen auf ein anderes Organ übertragen werden. Damit kann bei mehreren GmbH oder GmbH & Co. KG als Komplementärgesellschaften die Geschäftsführungsbefugnis allein auf geschäftsführungsbefugte Personen einer Komplementärgesellschaft beschränkt werden. Zugleich können die anderen von der Geschäftsführungsbefugnis ausgeschlossen werden. Es muss jedoch sichergestellt werden, dass eines der vertretungsberechtigten Organe der Komplementäre auch geschäftsführungsberechtigt ist[115]. Die von der Geschäftsführung oder der Vertretung ausgeschlossenen Komplementärgesellschaften behalten ihre Rechte als persönlich haftende Gesellschafter, sie gehören aber nicht dem Geschäftsführungsorgan der juristischen Person an.

Der Umfang der Geschäfts- und Vertretungsbefugnis weist im Recht der KGaA Besonderheiten auf. Grundsätzlich erstreckt sich die Geschäftsführungsbefugnis des persönlich haftenden Gesellschafters auf alle Handlungen, die der gewöhnliche Geschäftsbetrieb des Handelsgewerbes der Gesellschaft mit sich bringt (vgl. §§ 161 Abs. 2, 116 Abs. 1 HGB). Im Gegensatz zum Vorstand einer AG bedürfen jedoch Maßnahmen der Geschäftsführung dann einer Zustimmung der Hauptversammlung, wenn es sich um die Vornahme von außergewöhnlichen Geschäften handelt (§ 278 Abs. 2 AktG i.V.m. § 164 HGB)[116]. Da die Vorschrift des § 164 HGB dispositiv ist, kann der Einfluss der Kommanditaktionäre über die Zustimmungskompetenz bei außergewöhnlichen Geschäften durch eine ent-

---

[113] *Hüffer*, Aktiengesetz, § 278 Rdn. 19; MünchKommAktG/*Semler/Perlitt*, § 278 Rdn. 33; *Schaumburg*, DStZ 1998, 525, 526, 528.

[114] Vgl. RGZ 74, 297, 298 ff.

[115] MünchKommAktG/*Semler/Perlitt*, § 278 Rdn. 33.

[116] Vgl. hierzu unten § 16.

sprechende Satzungsregelung ausgeschlossen werden[117]. Von dieser Gestaltungsfreiheit wird in der Praxis regelmäßig Gebrauch gemacht[118].

Für die Vornahme von wesentlichen und strukturändernden Maßnahmen oder Vereinbarungen i.S.d. „Holzmüller"-Entscheidung[119] (sog. Grundlagengeschäfte) haben die Komplementäre keine ausschließliche Geschäftsführungsbefugnis. Hierbei handelt es sich um Maßnahmen wie Satzungsänderungen, Entziehung der Geschäftsführungs- und Vertretungsmacht, Aufnahme und Ausschließung von Komplementären, Auflösung der Gesellschaft, Änderung der Firma, Einstellung des Gewerbebetriebs, Veräußerung und Verpachtung des Unternehmens, sowie Geschäfte, durch die die rechtliche Selbständigkeit der Gesellschaft oder die unabhängige Beschlussfassung rechtlich oder faktisch beeinträchtigt werden (vgl. § 83 Abs. 1 AktG)[120]. Für diese Grundlagengeschäfte gelten die vom BGH in der „Holzmüller"-Entscheidung für die AG aufgestellten Grundsätze auch in der KGaA uneingeschränkt. Derartige Beschlüsse können nur mit entsprechender Zustimmung der Hauptversammlung beschlossen werden[121]. Das Mitwirkungsrecht der Hauptversammlung unterliegt bei solchen Geschäften also nicht der Satzungsautonomie. Andererseits sind die persönlich haftenden Gesellschafter nicht verpflichtet, Hauptversammlungsbeschlüsse über derartige wesentliche und strukturverändernde Maßnahmen oder Vereinbarungen vorzubereiten oder durchzuführen. Vielmehr bedarf es hier einer Zustimmung der persönlich haftenden Gesellschafter (§ 285 Abs. 2 AktG). Auch insoweit besteht kein Gestaltungsspielraum in der Satzung der Gesellschaft.

---

[117] *Hüffer*, Aktiengesetz, § 278 Rdn. 19.

[118] Vgl. u.a. Satzungen der Dräger Safety AG & Co. KGaA (§ 13 Abs. 2); eff-eff Fritz Fuss GmbH & Co. KGaA (§ 11 Abs. 2 S. 1); Merck KGaA (§ 13 Abs. 4 S. 2); Lindner Holding KGaA (§ 12 Abs. 4 S. 1); TFG Venture Capital AG & Co. KGaA (§ 9 Abs. 2) und agens Consulting GmbH & Co. KGaA (§ 9 S. 2); Docpharm GmbH & Co. KGaA (§ 8 Abs. 1 S. 3); Janox GmbH & Co. KGaA (§ 11 Abs. 2 S. 2); Merkur Bank KGaA (§ 15 Abs. 3); pro-beam KGaA (§ 9 S. 3); Tyczka GmbH & Co. KGaA (§ 9 S. 3); kein Ausschluss dagegen u.a. bei Henkel KGaA; HSBC Trinkaus & Burkhardt KGaA; Eurokai KGaA und altera pars KGaA; vgl. hierzu unten § 16.

[119] BGHZ 83, 122 ff. = NJW 1982, 1703 ff.

[120] Vgl. MünchKommAktG/*Semler/Perlitt*, § 278 Rdn. 180; *Sethe*, Die personalistische Kapitalgesellschaft mit Börsenzugang, 1996, S. 109 f.

[121] Vgl. auch MünchKommAktG/*Semler/Perlitt*, § 278 Rdn. 180; *Schlitt*, Die Satzung der Kommanditgesellschaft auf Aktien, 1999, S. 6.

Relevant für die Praxis ist, dass die Gesellschafter der Komplementärgesellschaft nicht zugleich Kommanditaktionäre und damit nicht an der KGaA beteiligt sein müssen. Durch diese strukturelle Gestaltungsfreiheit können kleine und gesellschaftsfremde Personengruppen in der Komplementärgesellschaft entscheiden, wer faktisch die Geschäfte der kapitalistischen KGaA führt. Hierdurch kann eine finanzschwache Gesellschaft die Kapitalaufbringung strikt von der Herrschaft bei der Geschäftsführung trennen. Eine solche für die gesetzestypische bzw. klassische KGaA unbekannte Fremdorganschaft kann auch ermöglicht werden, wenn innerhalb der Komplementär-GmbH ein Nichtgesellschafter zum Geschäftsführer bestellt werden. In diesem Fall können die GmbH-Gesellschafter ihre Herrschaft im Unternehmen über das GmbH-rechtliche Weisungsrecht beibehalten, ohne selbst am Kommanditkapital beteiligt sein zu müssen.

2) Pflichten und Rechte aus § 283 AktG

Daneben wird dem persönlich haftenden Gesellschafter der KGaA durch § 283 AktG ein Katalog von Rechten und Pflichten auferlegt, der auch für den Vorstand einer AG gilt. Hierbei handelt es sich im Einzelnen um die Anmeldung zum Handelsregister, die Gründungsprüfung, die Einhaltung der aktienrechtlichen Sorgfaltspflichten, Pflichten gegenüber dem Aufsichtsrat, Kreditgewährung, Einberufung der Hauptversammlung, die Sonderprüfung, die Geltendmachung von Ersatzansprüchen, die Aufstellung, Vorlage und Prüfung des Jahresabschlusses, die Rechnungslegung im Konzern, die Ausgabe von Aktien und den Antrag auf Eröffnung des Insolvenzverfahrens. Soweit diese Vorstandsfunktionen die Geschäftsführung oder Vertretung betreffen, verbleibt es bei den §§ 161 Abs. 2, 114 ff., 125 ff. HGB. Die Satzung kann also anderweitige Regelungen vorsehen.

Der Jahresabschluss der Gesellschaft wird bei der KGaA vom persönlich haftenden Gesellschafter aufgestellt. Ist eine GmbH bzw. eine GmbH & Co. KG Komplementärgesellschafterin einer kapitalistischen KGaA, sind die Geschäftsführer oder die geschäftsführenden Gesellschafter der GmbH bzw. der Komplementär-GmbH zuständig. Über die Feststellung des Jahresabschlusses beschließt die Hauptversammlung (§ 286 Abs. 1 AktG). Gemäß § 286 Abs. 1 S. 2 AktG bedarf der Beschluss grundsätzlich der Zustimmung der persönlich haftenden Gesellschafter, sofern die Satzung nichts anderes bestimmt[122].

3) Stimmrecht in der Hauptversammlung, § 285 Abs. 1 S. 2 AktG

Den persönlich haftenden Gesellschaftern kommt in der Hauptversammlung gemäß § 285 Abs. 1 S. 1 AktG nur dann ein Stimmrecht zu, wenn sie selbst Kommanditaktien halten. Daraus folgt eine pro rata Beteiligung bei der Willensbildung in der Hauptversammlung. Das Stimmrecht des persönlich haftenden Gesellschafters ist jedoch bei Beschlussfassungen über die Wahl und Abberufung des Aufsichtsrats, die Entlastung des persönlich haftenden Gesellschafters und der Mitglieder des Aufsichtsrats, die Bestellung von Sonderprüfern, die Geltendmachung von Ersatzansprüchen und die Wahl des Abschlussprüfers dem Gesetz nach zwingend ausgeschlossen (§ 285 Abs. 1 S. 2 AktG)[123] und kann nicht in der Satzung angeordnet werden[124]. Durch diese Stimmrechtsbeschränkung soll einem möglichen Interessengegensatz zwischen den Komplementären und den Kommanditaktionären und einer Beeinträchtigung des Überwachungsinteresses der Kommanditaktionäre vorgebeugt werden[125]. § 285 Abs. 1 AktG unterliegt insofern der aktienrechtlichen Satzungsstrenge gemäß § 278 Abs. 3 AktG i.V.m. § 23 Abs. 5 AktG.

Auch wenn im Gesetz eine ausdrückliche Regelung fehlt, haben in der GmbH & Co. KGaA nicht nur die Kommanditaktionäre, sondern auch der Geschäftsführer bzw. die geschäftsführenden Gesellschafter der Komplementär-GmbH ein Teilnahmerecht an der Hauptversammlung[126]. Insoweit setzt der Wortlaut des § 285 Abs. 1 S. 1 AktG, nach dem die Komplementäre in der Hauptversammlung nur für ihre Aktien ein Stimmrecht haben, ein solches Teilnahmerecht zwingend voraus. Zudem spricht auch die Vorstandsfunktion des persönlich haftenden Gesellschafters gemäß § 278 Abs. 3 AktG i.V.m. § 118 Abs. 2 AktG für ein Teil-

---

[122] *Hüffer*, Aktiengesetz, § 286 Rdn. 1.
[123] Zur Reichweite des Stimmrechtsausschlusses bei der GmbH & Co. KGaA vgl. unten § 10.
[124] *Hüffer*, Aktiengesetz, § 285 Rdn. 1; MünchKommAktG/*Semler/Perlitt*, § 285 Rdn. 23 ff.
[125] *Hüffer*, Aktiengesetz, § 285 Rdn. 1; MünchKommAktG/*Semler/Perlitt*, § 285 Rdn. 21.
[126] *Assmann/Sethe*, in: Großkomm. z. AktG, § 285 Rdn. 7 f.; *Hüffer*, Aktiengesetz, § 285 Rdn. 1; MünchKommAktG/*Semler/Perlitt*, § 285 Rdn. 5.

nahmerecht, da dieser der Hauptversammlung den Jahresabschluss vorlegen muss und auch Adressat des Auskunftsrechts der Kommanditaktionäre aus § 278 Abs. 3 AktG i.V.m. § 131 AktG ist[127]. Darüber hinaus beschließt die Hauptversammlung in der Regel nicht nur über Angelegenheiten der Kommanditaktionäre selbst, sondern auch über Angelegenheiten der Gesellschaft, die der Zustimmung des persönlich haftenden Gesellschafters unterliegen[128].

Neben den Geschäftsführern bzw. geschäftsführungsbefugten Gesellschaftern der Komplementär-GmbH wird auch den nicht-geschäftsführungsbefugten Gesellschaftern der Komplementär-GmbH ein Teilnahme- und Stellungnahmerecht in der Hauptversammlung zuzubilligen sein, wenn sie nicht schon ohnehin selbst Kommanditaktionär sind und aus diesem Grund ein Teilnahmerecht besitzen. Denn nur auf diesem Wege kann eine gleichmäßige Information beider Gesellschaftergruppen gewährleistet werden[129]. Die Kommanditaktionäre haben ihrerseits die Möglichkeit, die Komplementäre durch Beschluss von der Hauptversammlung auszuschließen. Dies gilt jedoch nur, sofern keine Teilnahmeverpflichtung des Komplementärs besteht und der Komplementär nicht zugleich Kommanditaktionär ist[130].

4) Haftungsverfassung

Auch die Haftungsverfassung einer kapitalistischen KGaA weist Besonderheiten auf. Die (kapitalistische) KGaA haftet für ihre Verbindlichkeiten den Gesellschaftsgläubigern mit ihrem gesamten Gesellschaftsvermögen (§ 278 Abs. 3 AktG i.V.m. § 1 Abs. 1 S. 2 AktG). Das Gesellschaftsvermögen der KGaA setzt sich aus dem in Kommanditaktien zerlegten Grundkapital (§ 278 Abs. 1 AktG) und den nicht auf das Grundkapital geleisteten Sondervermögenseinlagen der persönlich haftenden Gesellschafter (§ 281 Abs. 2 AktG) zusammen. Neben dem Gesellschaftsvermögen haftet der Komplementär einer KGaA den Gläubi-

---

[127] *Assmann/Sethe*, in: Großkomm. z. AktG, § 285 Rdn. 7 f.; MünchKomm-AktG/*Semler/Perlitt*, § 285 Rdn. 5.

[128] Vgl. *Herfs*, in: Hoffmann-Becking (Hrsg.), Münchener Handbuch des Gesellschaftsrechts, Band 4: Aktiengesellschaft, § 77 Rdn. 28.

[129] So auch *Assmann/Sethe*, in: Großkomm. z. AktG, § 285 Rdn. 8.

[130] *Assmann/Sethe*, in: Großkomm. z. AktG, § 285 Rdn. 9; MünchKommAktG/*Semler/Perlitt*, § 285 Rdn. 8; *Herfs*, in: Hoffmann-Becking (Hrsg.), Münchener Handbuch des Gesellschaftsrechts, Band 4: Aktiengesellschaft, § 77 Rdn 28.

gern der Gesellschaft gemäß § 278 Abs. 2 AktG i.V.m. §§ 128 ff., 161 Abs. 2 HGB unmittelbar, unbeschränkt und persönlich[131]. Die persönliche Haftung des Komplementärs im Außenverhältnis ist eine rechtsformimmanente Besonderheit gegenüber anderen Kapitalgesellschaften und gesetzliches Leitmotiv einer KGaA. Die Haftung ist zwingend und daher einer abweichenden Satzungsregelung nicht zugänglich. Das Gesellschaftsvermögen der KGaA selbst ist dem Zugriff der Gläubiger für Privatverbindlichkeiten des persönlich haftenden Gesellschafters entzogen[132].

a) Haftung der Komplementärgesellschaft

Bei den Haftungsverhältnissen ergibt sich eine rechtsformimmanente Besonderheit, die insbesondere der gesetzestypischen bzw. klassischen KGaA fremd ist. Ist eine GmbH (& Co. KG) persönlich haftende Gesellschafterin, erstreckt sich die unbeschränkte persönliche Haftung des Komplementärs für Verbindlichkeiten der Gesellschaft nur auf das Gesellschaftsvermögen der GmbH (vgl. § 13 Abs. 2 GmbHG)[133]. Damit kann die unbeschränkte persönliche Haftung einer natürlichen Person vermieden werden. Scheiden Komplementäre aus der Gesellschaft aus, haften diese gemäß den Nachhaftungsvorschriften des § 278 Abs. 2 AktG i.V.m. § 160 HGB[134] für die Dauer von fünf Jahren nach Eintragung des Ausscheidens in das Handelsregister fort[135]. Die Komplementärgesellschaft muss neben der auf das Gesellschaftsvermögen begrenzten Haftung keine weitere Beteiligung am Unternehmensrisiko eingehen. Insbesondere muss sie sich weder durch die Übernahme von Aktien am Grundkapital der KGaA beteiligen, noch eine Vermögenseinlage (§ 281 Abs. 2 AktG) erbringen oder Nebenleistungsverpflichtungen i.S.d. § 55 AktG übernehmen[136]. Demnach könnten die

---

[131] LAG München, ZIP 1990, 1219 f.; *Hüffer*, Aktiengesetz, § 278 Rdn. 10; MünchKommAktG/*Semler/Perlitt*, Vor § 278 Rdn. 53; § 278 Rdn. 40, 160 ff.

[132] *Henn*, Handbuch des Aktienrechts, S. 75.

[133] Auch bei einer AG & Co. KGaA und e.G. & Co. KGaA haftet für Verbindlichkeiten der Gesellschaft gemäß § 1 Abs. 1 S. 2 AktG bzw. § 2 GenG nur das Gesellschafts- bzw. Genossenschaftsvermögen der Komplementärgesellschaft. Bei einer Stiftung (§§ 80 ff. BGB) als persönlich haftende Gesellschafterin beschränkt sich die Haftung auf das Stiftungsvermögen. Die Haftung eines eingetragenen Vereins bestimmt sich nach § 31 BGB.

[134] § 160 HGB i.d.F. durch das NachhBG vom 18.3.1994, BGBl. I S. 560, siehe auch *K. Schmidt*, ZIP 1994, 243 ff.; kritisch hierzu *Wiesner*, ZHR 148 (1984), 56, 76 ff.

[135] *Hüffer*, Aktiengesetz, § 278 Rdn. 10.

[136] Vgl. MünchKommAktG/*Semler/Perlitt*, § 278 Rdn. 42 ff.

Aktien der Kommanditaktionäre 100 % des Grundkapitals bzw. des Gesellschaftsvermögens ausmachen. Die Komplementär-GmbH (& Co. KG) wäre dann nicht am Kapital der Gesellschaft beteiligt. Der Beitrag des Komplementärgesellschafters bestünde dann ausschließlich in seiner Tätigkeit als Organ der (kapitalistischen) KGaA sowie in der Übernahme des allgemeinen Haftungsrisikos durch Einzahlung des Stammkapitals in die Komplementär-GmbH[137]. Es könnte also eine strikte Trennung von Führung und Kapitalaufbringung vorgenommen werden. Eine solche Kapitalsituation ist in der Praxis jedoch nur in Ausnahmefällen anzutreffen. Gerade bei Familiengesellschaften hält der persönlich haftende Gesellschafter in der Regel einen Großteil der Aktien und nimmt somit zugleich die Rechtsstellung eines Kommanditaktionärs ein (vgl. § 285 Abs. 1 S. 1 AktG). Mit dem Erwerb von Kommanditaktien kann der Komplementär drei strikt voneinander zu unterscheidende Funktionen innerhalb der Gesellschaft übernehmen: Er kann persönlich haftender Gesellschafter, damit Geschäftsführungs- und Vertretungsorgan der KGaA und zugleich Kommanditaktionär eines einheitlichen Unternehmens sein.

b) Sondervermögenseinlage, § 281 Abs. 2 AktG

Der Komplementär einer KGaA kann sich am Gesellschaftsvermögen der KGaA beteiligen, indem er eine Sondervermögenseinlage erbringt, sofern dies in der Satzung vorgesehen ist (§ 281 Abs. 2 AktG).

aa) Sondervermögenseinlage als zusätzliche Haftungsmasse

Bei der Sondervermögenseinlage erfolgt die Einlageleistung gegen die Übernahme eines Kapitalanteils (§§ 705 f. BGB i.V.m. §§ 105 Abs. 3, 161 Abs. 2 HGB). Die Sondervermögenseinlage geht in das Gesellschaftsvermögen der KGaA als Haftungsmasse über und gehört zum Eigenkapital, erhöht aber nicht das Grundkapital der Gesellschaft[138]. Möglich als Sondervermögenseinlage sind

---

[137] *K. Schmidt*, Gesellschaftsrecht, S. 975.

[138] Vgl. *Assmann/Sethe*, in: Großkomm. z. AktG, Vor § 278 Rdn. 68, § 278 Rdn. 183; *Mertens*, in: KölnerKomm z. AktG, § 281 Rdn. 14; MünchKommAktG/*Semler/Perlitt*, Vor § 278 Rdn. 69, § 278 Rdn. 14, § 281 Rdn. 17; *Schlitt*, Die Satzung der Kommanditgesellschaft auf Aktien, 1999, S. 123 f.

Sach- und Bareinlagen[139]. Gegenstand der Sacheinlage kann wie bei der Sachgründung der Kommanditaktionäre alles das sein, was nach den Vorschriften des BGB einlagefähig ist. Dazu zählen bewegliche und unbewegliche Sachen, beschränkt dingliche Rechte an Sachen, Forderungen gegen Dritte, sonstige Rechte wie Patente, Urheberrechte und Warenzeichen[140]. Daneben können auch Gesellschaftsanteile an anderen Unternehmen als Sacheinlage in die kapitalistische KGaA eingebracht werden[141]. Dies geschieht in der Praxis regelmäßig dann, wenn die kapitalistische KGaA durch Umwandlung eines zuvor in einer anderen Rechtsform (etwa GmbH oder GmbH & Co. KG) geführten Unternehmens (Formwechsel, §§ 190 ff., 214 ff., 226, 238 ff. UmwG)[142] oder durch Verschmelzung (§§ 2 ff., 40 ff. UmwG)[143] entstanden ist. Werden Einlagen durch die Komplementärgesellschaft geleistet, müssen diese nach Art und Höhe in der Satzung der Gesellschaft festgesetzt, auf einem besonderen Kapitalkonto verbucht und neben dem gezeichneten Kapital besonders ausgezeichnet werden (§§ 281 Abs. 2 AktG, 286 Abs. 2 S. 1 AktG)[144]. Hinsichtlich der Höhe der

---

139 Zur steuerlichen Beurteilung von Vermögenseinlagen vgl. *Schaumburg/Schulte*, Die KGaA - Recht und Steuern in der Praxis, 2000, S. 106 f.

140 Vgl. *Hüffer*, Aktiengesetz, § 27 Rdn. 24; *Röhricht*, in: Großkomm. z. AktG, § 27 Rdn. 36 ff.; zur erforderlichen Bilanzierungsfähigkeit der Einlage *K. Schmidt*, Gesellschaftsrecht, S. 572 ff.; *Wichert*, Die Finanzen der Kommanditgesellschaft auf Aktien, 1999, S. 106; a.A.: *Barz*, in: Großkomm. z. AktG, Anm. 5 zu § 281; *Hüffer*, Aktiengesetz, § 281 Rdn. 1; *Mertens*, in: KölnerKomm z. AktG, § 281 Rdn. 10; MünchKommAktG/*Semler/Perlitt*, § 281 Rdn. 21; *Happ*, Aktienrecht, 1.04 Rdn. 5; *Herfs*, in: Hoffmann-Becking (Hrsg.), Münchener Handbuch des Gesellschaftsrechts, Band 4: Aktiengesellschaft, § 75 Rdn. 23; *Schlitt*, Die Satzung der Kommanditgesellschaft auf Aktien, 1999, S. 123.

141 Vgl. u.a. Satzung der Janox GmbH & Co. KGaA (§ 6 Abs. 1).

142 Vgl. hierzu *Farnschläder/Dörschmidt*, DB 1999, 1923 ff.; *Haritz*, DStR 1996, 1192 f.; *Hartel*, DB 1992, 2329, 2333; *Mayer*, Der Komplementär in der GmbH & Co. KGaA, in: RWS-Forum (Hrsg.), Gesellschaftsrecht 1997, S. 263, 270; *Niedner/Kusterer*, GmbHR 1998, 584, 586 f.; *dies.*, DB 1998, 2405, 2406; *Schaumburg*, DStZ 1998, 525, 539 ff.; durch formwechselnde Umwandlung entstanden u.a. Docpharm GmbH & Co. KGaA; Dräger Safety AG & Co. KGaA; Engelhorn KGaA; Janox GmbH & Co. KGaA; Konditorei Junge GmbH & Co. KGaA; Merkur Bank KGaA, Sixt Allgemeine Leasing GmbH & Co. KGaA und Weidemann Fashion AG & Co. KGaA.

143 Durch Verschmelzung entstand Bankhaus Partin GmbH & Co. KGaA.

144 Zum Kapitalanteil und Kapitalkonto vgl. *Wichert*, Die Finanzen der Kommanditgesellschaft auf Aktien, 1999, S. 92 ff.

Vermögenseinlage ist bei einer Bareinlage der konkrete Geldbetrag anzugeben, bei einer Sacheinlage ist deren umgerechneter Wert zu bezeichnen[145]. Sondervermögenseinlagen werden nicht im Handelsregister eingetragen[146].

bb) Gestaltungsfreiheit und Finanzierungsverantwortung

Da die Leistung der Sondervermögenseinlage Teil des Rechtsverhältnisses der persönlich haftenden Gesellschafter untereinander und ihres Verhältnisses gegenüber der Gesamtheit der Kommanditaktionäre ist, bestimmt sie sich sowie ihre Erhöhung oder Herabsetzung durch den Verweis des § 278 Abs. 2 AktG nach dem Recht der KG. Satzungsgestaltungen, die eine Eigenkapitaleinbringung durch eine Sondervermögenseinlage vorsehen, können jedoch nicht nur das Recht, sondern auch die Pflicht begründen, Sondervermögenseinlagen zu leisten[147]. Insoweit besteht weitgehender Gestaltungsspielraum in der Finanzverfassung einer KGaA. In der Praxis ist die Komplementärgesellschaft im Regelfall wesentlich durch Sondervermögenseinlagen am Grundkapital der Gesellschaft beteiligt[148]. Die Erhöhung der Haftungsmasse der Gesellschaft durch Erbringung einer im Verhältnis zum Grundkapital hohen Sondervermögenseinlage soll in der Regel als Verlustausgleich in den ersten Geschäftsjahren nach

---

[145] *Godin/Wilhelmi*, AktG, § 281 Rdn. 3; *Mertens*, in: KölnerKomm z. AktG, § 281 Rdn. 13; *Barz*, in: Großkomm. z. AktG, Anm. 6 zu § 281, hält im Hinblick auf die zu erstellende Eröffnungsbilanz die satzungsgemäße Umrechnung einer Sacheinlage nicht für notwendig. Diese Ansicht widerspricht dem eindeutigen Wortlaut des § 281 Abs. 2 AktG.

[146] Im Schrifttum unstreitig; vgl. nur MünchKommAktG/*Semler/Perlitt*, § 281 Rdn. 19.

[147] Vgl. *Assmann/Sethe*, in: Großkomm. z. AktG, § 281 Rdn. 14.

[148] Vgl. u.a. Satzungen der Düker AG & Co. KGaA mit einem Grundkapital von 0,8 Mio. Euro und einem Kapitalanteil der Düker Beteiligungs AG & Co. KG i.H.v. 7,2 Mio. Euro (§§ 4 Abs. 1 und 2, 7 Abs. 2); eff-eff Fritz Fuss GmbH & Co. KGaA mit einem Grundkapital von 6,4 Mio. Euro und einem Kapitalanteil der eff-eff Fritz Fuss GmbH & Co. Holding KG i.H.v. 10,23 Mio. Euro (§§ 4 Abs. 2, 7 Abs. 1); Janox GmbH & Co. KGaA mit einem Grundkapital von 10 Mio. DM und einer Vermögenseinlage der Janox GmbH & Co. KG i.H.v. 14 Mio. DM (§§ 4, 6 Nr. 1); Metanomics GmbH & Co. KGaA mit einem Grundkapital von 51.129 DM und einem Kapitalanteil der MV-GmbH i.H.v. 50 Mio. DM (§§ 4, 5); Mühlbauer Holding AG & Co. KGaA mit einem Grundkapital von 4,97 Mio. Euro und einem Kapitalanteil der Mühlbauer Holding AG & Co. Verwaltungs-KG i.H.v. 13,82 Mio. Euro (§§ 4 Abs. 1 und 2, 7 Abs. 2); Tyczka GmbH & Co. KGaA mit einem Grundkapital von 1 Mio. DM und einem Kapitalanteil der Tyczka GmbH & Co. Verwaltungs-KG i.H.v. 16 Mio. DM (§§ 4, 7 Abs. 1); Weidmüller Holding AG & Co. KGaA mit einem Grundkapital von 4,35 Mio. Euro und einem Kapitalanteil der Peter Gläsel GmbH & Co. KG i.H.v. 39,15 Mio. Euro (§§ 5 Abs. 2, 6).

Gründung dienen und beim künftigen Anleger den Eindruck erwecken, dass die Geschäftsführung in besonderem Maße auf die Belange der Gesellschaft Rücksicht nehmen und die Geschäfte mit besonderer Sorgfalt und im Interesse der Anleger führen wird. Die Leistung einer Sondervermögenseinlage dient also auch zur Absicherung des Anlegerschutzes. Das Finanzierungsinstrument der Sondervermögenseinlage erweist sich in der Praxis jedoch insgesamt als starr und unflexibel, da jede Änderung der Einlagebestimmungen in der Satzung der Gesellschaft festgehalten werden muss und die Übertragung einen Gesellschafterbeschluss erfordert.

II. Hauptversammlung, §§ 118 ff. AktG

Gemäß § 278 Abs. 3 AktG i.V.m. §§ 118 ff. AktG ist die Hauptversammlung das zweite gesetzlich vorgeschriebene Organ der (kapitalistischen) KGaA. Sie stellt die Versammlung aller Kommanditaktionäre dar, in der diese den Willen der Gesamtheit der Kommanditaktionäre bilden und durch Mehrheitsbeschluss zum Ausdruck bringen. Die Kommanditaktionäre selbst sind in der Wahrnehmung ihrer Rechte ebenso wie die Aktionäre einer AG auf die Hauptversammlung beschränkt. Die Hauptversammlung wird von den persönlich haftenden Gesellschaftern (§ 283 Nr. 6 AktG i.V.m. §§ 121 ff., 175, 92 Abs. 1 AktG) oder vom Aufsichtsrat einberufen (§ 278 Abs. 3 AktG i.V.m. § 111 Abs. 3 AktG). Jedem Kommanditaktionär steht entsprechend der §§ 119 Abs. 1, 131 AktG ein Recht zur Teilnahme an den Hauptversammlungen zu[149]. Das Teilnahmerecht erstreckt sich hierbei im Wesentlichen auf das Recht auf Anwesenheit, das Rederecht, das Recht, Anträge zur Tagesordnung zu stellen, das Recht, Widerspruch gegen Hauptversammlungsbeschlüsse zu Protokoll zu erklären oder die Beschlüsse im Klageweg anzufechten sowie auf das Auskunftsrecht gemäß § 131 AktG[150]. Die Kommanditaktionäre sind im Recht der KGaA neben der Komplementärgesellschaft der zweite Gesellschaftertypus und erwerben ihre Rechtsstellung im Rahmen der Gründung durch Übernahme, Übertragung oder

---

[149] Zum Teilnahmerecht der Geschäftsführer und der (geschäftsführungsbefugten) Gesellschafter der Komplementärgesellschaft vgl. oben § 5 C. I. 3).

[150] *Herfs*, in: Hoffmann-Becking (Hrsg.), Münchener Handbuch des Gesellschaftsrechts, Band 4: Aktiengesellschaft, § 77 Rdn. 28; vgl. *Mertens*, in: KölnerKomm z. AktG, § 285 Rdn. 4; MünchKommAktG/*Semler/Perlitt*, § 285 Rdn. 18. Zur Reichweite des Auskunftsrechts der Kommanditaktionäre in einer kapitalistischen KGaA vgl. unten § 14.

durch Erwerb von Aktien am freien Markt oder über die Börse. Mit dem Erwerb einer Aktie erlangen sie ihr Mitgliedschaftsrecht an der KGaA, das sowohl vermögensrechtliche, als auch verwaltungsrechtliche Bestandteile hat[151]. Etwaiger Einfluss auf die Komplementärgesellschaft ist mit einem Aktienerwerb nicht verbunden. Als zwingende Befugnisse hat die Hauptversammlung das Recht zur Wahl und zur Abberufung der Aufsichtsratsmitglieder (§§ 285 Abs. 1 Nr. 1, 101, 103 AktG), das Recht, über die Entlastung des persönlich haftenden Gesellschafters und der Mitglieder des Aufsichtsrats zu beschließen (§§ 285 Abs. 1 Nr. 2, 120 AktG) und das Recht, die Sonder- und Abschlussprüfer zu bestellen und zu wählen (§ 285 Abs. 1 Nr. 3, 6 AktG). Ferner kann sie Ansprüche der Gesellschaft aus der Gründung oder aus der Geschäftsführung geltend machen (§ 285 Abs. 1 Nr. 4 AktG) oder auf sie verzichten (§ 285 Abs. 1 Nr. 5 AktG). Im Rahmen der Hauptversammlung beschließen die Kommanditaktionäre über die Feststellung des Jahresabschlusses, wobei sie allerdings der Zustimmung der Komplementäre bedürfen (§ 286 Abs. 1 AktG). Dieses Feststellungsrecht verleiht der Hauptversammlung eine nicht unerhebliche Bedeutung. Denn im Gegensatz zur AG ist der Aufsichtsrat neben dem persönlich haftenden Gesellschafter an der Feststellung des Jahresabschlusses nicht zu beteiligen. Darüber hinaus steht den Kommanditaktionären das Widerspruchsrecht bei außergewöhnlichen Geschäftsführungsmaßnahmen zu (§ 278 Abs. 2 AktG i.V.m. § 164 S. 1 HS. 2 HGB). Das Widerspruchsrecht der Kommanditaktionäre ist jedoch satzungsdisponibel und wird in der Praxis regelmäßig ausgeschlossen[152]. Im Übrigen bestimmen sich die Kompetenzen der Hauptversammlung sinngemäß nach dem Beschlusskatalog des § 119 AktG und den weiteren kompetenzbegründenden Vorschriften des AktG[153]. Weitergehende Beschlüsse der Hauptversammlung bedürfen dann der Zustimmung des persönlich haftenden Gesellschafters, wenn es sich nicht um Angelegenheiten handelt, die allein in den Zuständigkeitsbereich der Kommanditaktionäre fallen (§ 285 Abs. 2 AktG). Es handelt sich hierbei im Besonderen um Beschlüsse über Satzungsänderungen und sons-

---

[151] *Würdinger*, Aktienrecht, S. 48 ff.

[152] Vgl. zum Ausschluss des Zustimmungsrechts der Kommanditaktionäre in einer kapitalistischen KGaA unten § 16.

[153] Hüffer, Aktiengesetz, § 278 Rdn. 17.

tige Grundlagenbeschlüsse[154], wie z.B. die Zustimmung zu Abschlüssen von Unternehmensverträgen und Beschlüsse über Formwechsel, Ausgliederung, Verschmelzung und Auflösung der Gesellschaft[155]. Hierbei kann das Mehrheitsprinzip durch die Komplementärgesellschaft statutarisch eingeführt werden[156]. Die Zustimmung der persönlich haftenden Gesellschafter kann auch außerhalb der Hauptversammlung erfolgen. Bei der Frage, ob der Katalog der zustimmungsbedürftigen Geschäfte in der Satzung zu Gunsten der Komplementärgesellschaft erweitert werden kann, besteht nach geltendem Recht Gestaltungsspielraum. Andererseits können aber auch Maßnahmen, die im alleinigen Zuständigkeitsbereich der persönlich haftenden Gesellschafter liegen, durch entsprechende Satzungsregelung an die Zustimmung der Kommanditaktionäre gebunden werden[157].

III. Aufsichtsrat, § 287 AktG

Drittes Pflichtorgan im Recht der (kapitalistischen) KGaA ist der Aufsichtsrat. Für den Aufsichtsrat einer KGaA gelten gemäß § 278 Abs. 3 AktG die Vorschriften der §§ 95 ff. AktG, soweit sich aus den speziellen Normen der KGaA oder aus dem Fehlen eines Vorstands nichts anderes ergibt. Gemäß § 278 Abs. 3 AktG i.V.m. §§ 101 Abs. 1, 119 Abs. 1 Nr. 1, 133 Abs. 1 AktG wird der Aufsichtsrat einer KGaA grundsätzlich mit einfacher Mehrheit der Stimmen durch die Hauptversammlung der Gesellschaft gewählt und abberufen, sofern sie nicht in den Aufsichtsrat zu entsenden sind oder als Aufsichtsratsmitglieder der Arbeitnehmer nach dem MitbestG oder dem BetrVG 1952 zu wählen sind[158]. Zur Aufrechterhaltung einer Machtbalance und zur Vermeidung von Interessenkonflikten sieht § 287 Abs. 3 AktG vor, dass persönlich haftende Gesellschafter

---

[154] Ob das Zustimmungserfordernis der persönlich haftenden Gesellschafter hinsichtlich der Grundlagengeschäfte statutarisch ausgeschlossen werden kann, wird im Schrifttum allerdings zu Recht bezweifelt; vgl. MünchKommAktG/*Semler/Perlitt*, § 285 Rdn. 60; dagegen für einen möglichen Ausschluss: *Barz*, in: Großkomm. z. AktG, Anm. 8 zu § 285; *Mertens*, in: KölnerKomm z. AktG, § 285 Rdn. 17.

[155] Vgl. zur Erweiterung von Zustimmungsrechten der Komplementärgesellschaft unten § 17.

[156] *Hüffer*, Aktiengesetz, § 285 Rdn. 2. Zur Verschärfung von Mehrheitserfordernissen vgl. *Ihrig/Schlitt*, ZHR Beiheft 67, 1998, 33, 70 f.

[157] Vgl. *Schlitt*, Die Satzung der Kommanditgesellschaft auf Aktien, 1999, S. 7.

[158] Zur Zusammensetzung vgl. i.E. *Assmann/Sethe*, in: Großkomm. z. AktG, § 287 Rdn. 19 ff.; MünchKommAktG/*Semler/Perlitt*, § 287 Rdn. 17 ff.

nicht Aufsichtsratsmitglieder werden können (sog. Inkompatibilität)[159]. Diese Vorschrift ist dem Gesetz nach zwingend und kann in der Satzung nicht abbedungen werden. Selbst Entsendungsrechte gemäß § 101 Abs. 2 AktG zu Gunsten der Komplementäre bestehen nicht. Die persönlich haftenden Gesellschafter haben gemäß § 285 Abs. 1 S. 2 AktG selbst dann keinen Einfluss auf die Wahl und Abberufung des Aufsichtsrats, wenn sie mit Aktien am Grundkapital der KGaA beteiligt sind. Im Übrigen gelten über § 278 Abs. 3 AktG die Vorschriften aus dem Recht der AG. Diese regeln die innere Ordnung, die Amtszeit des Aufsichtsrats und die persönlichen Voraussetzungen des Aufsichtratsmitglieds sowie dessen Verantwortung.

1) Aufgaben und Befugnisse des Aufsichtsrats

Der Aufsichtsrat einer KGaA hat im Vergleich zum Aufsichtsrat einer AG deutlich weniger Rechte. Während in einer AG der Vorstand vom Aufsichtsrat bestellt und abberufen wird (vgl. § 84 AktG), kommt dem Aufsichtsrat einer KGaA keine Personalkompetenz zu[160]. Das Geschäftsführungsorgan ist gemäß § 278 Abs. 2 AktG der persönlich haftende Gesellschafter kraft seiner Gesellschafterstellung aus dem Gesellschaftsvertrag. In der kapitalistischen KGaA erfolgt die Bestellung des Geschäftsführers der Komplementärgesellschaft durch deren Gesellschafterversammlung (§ 46 Nr. 5 GmbHG). Des Weiteren fehlt dem Aufsichtsrat auch die sog. Mitbestimmungskompetenz, wonach dem Aufsichtsrat der AG das Recht zusteht, einen dem Geschäftsführungsorgan gleichberechtigten Arbeitsdirektor zu bestellen (§ 33 Abs. 1 S. 2 MitbestG). Daneben kann sich der Aufsichtsrat einer KGaA auch keine Zustimmungsvorbehalte vorbehalten, da die sog. Zustimmungskompetenz, d.h. das Recht, Zustimmungserfordernisse für die Vornahme bestimmter Geschäftsführungsmaßnahmen zu

[159] Zur Reichweite der Inkompatibilitätsregelung (§ 287 Abs. 3 AktG) bei der kapitalistischen KGaA vgl. unten § 11.

[160] *Herfs*, in: Hoffmann-Becking (Hrsg.), Münchener Handbuch des Gesellschaftsrechts, Band 4: Aktiengesellschaft, § 77 Rdn. 47; *Hoffmann/Preu*, Der Aufsichtsrat, Rdn. 810 f.

begründen (§ 111 Abs. 4 S. 2 AktG), auf die KGaA nicht übertragbar ist[161]. Infolgedessen hat der Aufsichtsrat – sofern die Satzung nicht abweichendes vorsieht – keine Mitwirkungsbefugnisse bei Geschäftsführungsmaßnahmen.

Darüber hinaus hat der Aufsichtsrat der KGaA im Unterschied zur AG (§ 172 AktG) nur die Kompetenz zur Prüfung (§ 278 Abs. 3 AktG i.V.m. § 171 AktG), nicht aber auch zur Feststellung des Jahresabschlusses (§ 286 Abs. 1 AktG)[162]. Der Aufsichtsrat einer (kapitalistischen) KGaA kann entgegen § 77 Abs. 2 S. 1 AktG auch keine Geschäftsordnung für das Geschäftsführungsorgan erlassen. Die Entscheidung über die Unternehmens- bzw. Finanzpolitik ist allein Sache des persönlich haftenden Gesellschafters und in begrenztem Umfang der Kommanditaktionäre. In diesem Regelungsbereich kann der Aufsichtsrat einer (kapitalistischen) KGaA keine eigenen Kompetenzen begründen. Er kann nur seine eigene innere Ordnung durch Erlass einer Geschäftsordnung regeln. Die Zulässigkeit der Selbstorganisation folgt aus § 278 Abs. 3 AktG i.V.m. § 82 Abs. 2 AktG und ist in der Praxis der Regelfall. Diese Regelungen sind bezeichnend für die von der Mitwirkung des Aufsichtsrats losgelöste und daher besondere Struktur der (kapitalistischen) KGaA und begründen den rechtsformimmanenten Funktionsverlust des Aufsichtsrats einer (kapitalistischen) KGaA im Vergleich zum Aufsichtsrat einer AG.

2) Überwachungs-, Ausführungs- und Vertretungskompetenz

Der Aufgabenbereich des Aufsichtsrats der (kapitalistischen) KGaA beschränkt sich daher allein auf den Bereich der Überwachung der Geschäftsführung (§ 278 Abs. 3 AktG i.V.m. § 111 Abs. 1 AktG)[163], das Einsichts- und Prüfungsrecht (§ 278 Abs. 3 AktG i.V.m. § 111 Abs. 2 AktG) und das Informationsrecht (§ 278 Abs. 3 AktG i.V.m. § 90 AktG), durch das der persönlich haftende Ge-

---

161 *Barz*, in: Großkomm. z. AktG, Anm. 21 zu § 278; *Hüffer*, Aktiengesetz, § 278 Rdn. 15; MünchKommAktG/*Semler/Perlitt*, Vor § 278 Rdn. 58, § 287 Rdn. 43; *Fischer*, Die KGaA nach dem Mitbestimmungsgesetz, S. 69 f. m.w.N.; *Hennerkes/May*, DB 1988, 540; *Joost*, ZGR 1998, 334, 339 f.; *Kallmeyer*, ZGR 1983, 57, 69 f.; *Sethe*, AG 1996, 289, 291.

162 *Hoffmann/Preu*, Der Aufsichtsrat, Rdn. 810; *Potthoff/Trescher*, Das Aufsichtsratsmitglied, S. 8; *Joost*, ZGR 1998, 334, 336.

163 *Hüffer*, Aktiengesetz, § 111 Rdn. 2 ff.; *Kallmeyer*, ZGR 1983, 57 ff.; zur Überwachungsfunktion des Aufsichtsrats im Allgemeinen vgl. *Potthoff/Trescher*, Das Aufsichtsratsmitglied, S. 61 ff.; *Henze*, NJW 1998, 3309 ff.; *Schulze-Osterloh*, ZIP 1998, 2129.

sellschafter zur regelmäßigen Berichterstattung verpflichtet wird[164]. Diese Kompetenzen des Aufsichtsrats unterliegen der Satzungsstrenge des § 23 Abs. 5 AktG und stehen damit nicht zur Disposition.

Neben der Überwachungskompetenz hat der Aufsichtsrat gemäß § 287 Abs. 1 AktG auch die Beschlüsse der Kommanditaktionäre auszuführen (sog. Ausführungskompetenz). Von dieser Kompetenzzuweisung sind alle Beschlüsse der Hauptversammlung betroffen, mit denen die Hauptversammlung Rechte gegenüber der Gesellschaft oder den persönlich haftenden Gesellschaftern geltend macht. Die Zuweisung der Ausführungskompetenz an den Aufsichtsrat ist dispositiv. Die Satzung kann also – wenn Interessenkollisionen zu befürchten sind – die Kompetenz auf andere Organe, wie z.B. auf einen Beirat, übertragen, nicht jedoch an den persönlich haftenden Gesellschafter selbst[165]. Nicht unter die Ausführungskompetenz fallen solche Beschlüsse, die die Gesamtheit der Kommanditaktionäre in sonstigen Gesellschaftsangelegenheiten betrifft. Diese Ausführungszuständigkeit obliegt allein den Komplementären[166]. Anstelle des Kontrollrechts aus § 166 HGB gelten die aktienrechtlichen Kontrollvorschriften. Ferner obliegt dem Aufsichtsrat gemäß § 287 Abs. 2 AktG die Vertretung der Kommanditaktionäre in Rechtsstreitigkeiten gegen die persönlich haftenden Gesellschafter, sofern die Hauptversammlung keine besonderen Vertreter gewählt hat oder die Satzung abweichende Regelungen enthält (sog. Vertretungskompetenz)[167]. Zudem hat der Aufsichtsrat die durch Satzung oder Beschluss der Hauptversammlung übertragenen Rechte und Pflichten auszuüben.

---

[164] *Schaumburg*, DStR 1998, 525, 528.

[165] *Hüffer*, Aktiengesetz, § 287 Rdn. 1; *Mertens*, in KölnerKomm z. AktG, § 287 Rdn. 3, 10.

[166] *Barz*; in: Großkomm. z. AktG, Anm. 7 zu § 287; *Hüffer*, Aktiengesetz, § 287 Rdn. 1; MünchKommAktG/*Semler/Perlitt*, § 287 Rdn. 58 f. Zur Frage, ob der Aufsichtsrat in den Fällen des § 287 Abs. 1 AktG als Organ der Gesamtheit der Kommanditaktionäre oder als Gesellschaftsorgan tätig wird, vgl. *Hüffer*, Aktiengesetz, § 287 Rdn. 1; *Schlitt*, Die Satzung der Kommanditgesellschaft auf Aktien, 1999, S. 162; *Wichert*, Die Finanzen der Kommanditgesellschaft auf Aktien, 1999, S. 51 f. m.w.N.

[167] Zur Reichweite der Vertretungskompetenz des Aufsichtsrats in einer kapitalistischen KGaA bei Rechtsgeschäften mit der Gesellschaft vgl. unten § 12.

D. Resümee und Folgerungen für den weiteren Untersuchungsgang

Es ist bereits aus dem Rechtsbereich der personengesellschaftsrechtlich organisierten Publikumsgesellschaften bekannt, dass sich die Ausgestaltung des Anlegerschutzes als problematisch erweist. Dieses Problem stellt sich auch bei der kapitalistischen KGaA, da sie in ihrer Ausgestaltung für die Kapitalgeber mit der Rechtsform einer reinen Publikumsgesellschaft vergleichbar ist[168]. Der Anlegerschutz nimmt bei der kapitalistischen KGaA eine besondere Stellung ein, da er mit den weit reichenden satzungsrechtlichen Gestaltungsspielräumen in der Organisationsverfassung in einen rechtstatsächlichen Konflikt gerät[169]. Die Probleme, die im Bereich des Anlegerschutzes auftreten können, finden ihren Ursprung in der Gesellschaftsstruktur der GmbH & Co. KGaA und in dem auch in einer (börsennotierten) Publikums-GmbH & Co. KGaA zur Anwendung kommenden Personengesellschaftsrecht, durch das eine strikte personale Trennung von Geschäftsführung und Kapitalaufbringung möglich ist.

I. Anlegerschutz contra Gestaltungsfreiheit

Bei näherer Betrachtung der Organisationsverfassung und der Strukturprinzipien einer (kapitalistischen) KGaA wird deutlich, dass allein der persönlich haftende Gesellschafter kraft seiner starken gesellschaftsrechtlichen Stellung die Unternehmensleitung in seinen Händen hält. Die Hauptversammlung hat hingegen keinen unmittelbaren oder mittelbaren Einfluss auf die Besetzung der geschäftsleitenden Positionen und die Geschäftsführung im Unternehmen selbst. Darüber hinaus bedürfen nicht nur wesentliche Beschlüsse der Hauptversammlung gemäß § 285 Abs. 2 S. 1 AktG der Zustimmung der persönlich haftenden Gesellschafter, auch das Zustimmungsrecht aus § 164 HGB ist zulasten der Kommanditaktionäre abdingbar. So verbleibt den Kommanditaktionären nur das Teilnahme- und Auskunftsrecht in der Hauptversammlung und die gesetzlichen angeordneten Kompetenzen aus § 285 Abs. 1 AktG. Auf Grund dieser Rahmenbedingungen können die Einflussmöglichkeiten der Kommanditaktionäre also trotz

---

168 Vgl. *Ihrig/Schlitt*, ZHR Beiheft 67, 1998, 33, 57.

169 Zu den mitbestimmungsrechtlichen, steuerrechtlichen und umwandlungsrechtlichen Probleme vgl. *Arnold*, Die GmbH & Co. KGaA, S. 109 ff., und zuletzt *Halasz/Kloster/Kloster*, GmbHR 2002, 77, 87 ff.; *dies.* GmbHR 2002, 359 ff.; *Krug*, AG 2000, 510 ff.

ihrer kapitalaufbringenden Funktion gering gehalten werden. Die Entscheidungsmacht in Geschäftsführungsangelegenheiten kann einseitig zu Gunsten der Komplementärgesellschaft gewichtet sein. Dass die Kommanditaktionäre im Vergleich zur Hauptversammlung einer AG mit der Befugnis zur Feststellung des Jahresabschlusses z.T. mehr Kompetenzen haben, ändert daran nichts, da der Aufsichtsrat einer (kapitalistischen) KGaA im Vergleich zum Aufsichtsrat einer AG nur eingeschränkte Kompetenzen aufweist[170]. So hat selbst der Aufsichtsrat keinen inhaltlichen Einfluss auf die Unternehmensleitung durch die Komplementär-GmbH, da ihm kein Bestellungs- bzw. Abberufungsrecht zugewiesen ist. Dem Aufsichtsrat kommt lediglich die Überwachungs-, Ausführungs- und Vertretungskompetenz zu.

Die sich möglicherweise ergebende Konfliktsituation zwischen der unabhängigen Geschäftleitung auf der einen und den Kommanditaktionären als Kapitalanleger auf der anderen Seite wird umso bedeutsamer, wenn man bedenkt, dass durch die Installierung einer GmbH oder GmbH & Co. KG als Komplementärin das Risiko einer persönlichen Haftung des an ihr beteiligten Unternehmers beseitigt wird und die Haftungsmasse nicht durch eine freiwillige Sondervermögenseinlage des Komplementärs erhöht zu werden braucht. Vor diesem Hintergrund und der zugleich entmachteten Stellung der Kommanditaktionäre in ihrer Funktion als Kapitalgeber rückt die Frage nach einem möglichen Schutz der Anleger in das Blickfeld des gesellschaftsrechtlichen Interesses. Vor dem Hintergrund des Anlegerschutzes besteht das Bedürfnis, die Position der Kommanditaktionäre trotz der satzungsrechtlichen Gestaltungsfreiheit so zu festigen, dass die Belange der Kapitalanleger in der Gesellschaft eine angemessene Berücksichtigung finden, gleichzeitig aber auch im Einklang mit dem Unternehmerinteresse stehen[171]. Damit ist zugleich ein Regelungsauftrag vorgegeben: Die vom Gesetzgeber ermöglichte „ungerechtfertigte" Minderheitenherrschaft in einer kapitalistischen KGaA muss im Wege einer nach Sinn und Zweck orientierten Auslegung der Normen und somit durch eine erweiterte bzw. ergänzende Gesetzesanwendung korrigiert werden, wodurch die Interessengegensätzen zwischen

---

[170] Vgl. hierzu bereits § 5 C. III.

[171] Vgl. zu diesem Ansatz auch *Ihrig/Schlitt*, ZHR Beiheft 67, 1998, 33, 42 f.; *Schlitt*, Die Satzung der Kommanditgesellschaft auf Aktien, 1999, S. 16 f.; *Wichert*, AG 2000, 268, 273.

den Gesellschaftergruppen aufeinander abgestimmt werden und möglichen Missbrauchsgefahren durch die beherrschende Stellung der Komplementär-GmbH vorgebeugt wird.

II. Der weitere Untersuchungsgang

In Anknüpfung an die Erwägungen des BGH in seinem Grundsatzentscheid vom 24. Februar 1997 wird im Folgenden zunächst der Frage nachgegangen, welche Anforderungen im Hinblick auf die Publizität und Transparenz der gesellschaftsrechtlichen Verhältnisse bei der Firmierung gestellt werden müssen, soll dem Gläubiger- und Anlegerschutz ausreichend Rechnung getragen werden. Daneben gilt es vor dem Hintergrund des § 18 Nr. 3 BörsZulVO zu untersuchen, welche gesetzlichen Anforderungen an die Prospekterstellung für einen möglichen Börsengang in der Rechtsform der GmbH & Co. KGaA bestehen. Da das Verkaufsprospekt für die Börsenzulassung ein wichtiges Informationsmedium darstellt, ist zu klären, ob die börsenrechtlichen Voraussetzungen Gestaltungsfreiheit bei der Erstellung zulassen oder ob die Anforderungen zur Gewährleistung von Anlegerschutz nicht sogar möglicherweise ergänzt werden müssen.

3. Teil: Anlegerschutz durch Publizität und Transparenz

§ 6 Anlegerschutz durch Firmenpublizität

A. Publizitätsanforderungen bei der Firmierung

Als ersten formellen Ansatzpunkt für die Schutzbedürftigkeit der Kommanditaktionäre als Kapitalanleger hat der BGH in seinem Grundsatzentscheid vom 24. Februar 1997[172] die Firmierung der kapitalistischen KGaA angesprochen. So sei es im Interesse des Rechtsverkehrs unabdingbar geboten, den atypischen Charakter und die abweichenden Haftungs- und Herrschaftsverhältnisse der kapitalistischen KGaA durch eine entsprechende Anwendung des § 19 Abs. 5 HGB a.F. offen zu legen, da der notwendigen Publizität durch die bloße handelsregisterrechtliche Eintragung der entsprechenden Satzungsangaben nicht ausreichend Rechnung getragen werden könne[173].

Der Gesetzgeber hat sich im Zuge des Handelsrechtsreformgesetzes vom 1. Juli 1998 (HRefG)[174] der vom BGH befürworteten Analogie zu § 19 Abs. 5 HGB angeschlossen und die Vorschrift des § 279 Abs. 2 AktG neu gefasst. § 279 Abs. 2 AktG bestimmt nunmehr, dass eine Gesellschaft, in der keine natürliche Person persönlich haftet, auch wenn sie nach § 22 HGB oder nach anderen gesetzlichen Vorschriften fortgeführt wird, eine Bezeichnung enthalten muss, welche die Haftungsbeschränkung kennzeichnet. Damit ist Zulässigkeit der kapitalistischen KGaA auch gesetzgeberisch verankert. Im Interesse des Rechtsver-

---

[172] BGHZ 134, 392 ff. = ZIP 1997, 1027 ff.

[173] So BGHZ 134, 392, 401 = ZIP 1997, 1027, 1029 im Anschluss an *Priester*, ZHR 160 (1996), 250, 258 f.; vgl. auch *Hennerkes/May*, BB 1988, 318 (Fußn. 18); *Hesselmann*, GmbHR 1988, 472, 474; a.A. *Strieder/Habel*, BB 1997, 1375, 1376, nach denen es an einer vergleichbaren Interessenlage für eine analoge Anwendung des § 19 Abs. 5 HGB a.F. fehlt, da aus der Sachfirma einer KGaA kein Rückschluss auf das Haftungspotential gezogen werden könne.

[174] Gesetz zur Neuregelung des Kaufmanns- und Firmenrechts und zur Änderung anderer handels- und gesellschaftsrechtlicher Vorschriften (Handelsrechtsreformgesetz - HRefG) v. 22.6.1998, BGBl. I S. 1474; ZIP 1997, 942, 997 (Regierungsentwurf); dazu *K. Schmidt*, ZIP 1997, 909 f.; ZIP 1998, 712, 715 (Beschlussempfehlung des BT-Rechtsausschusses); ZIP 1997, 2025 (Stellungnahme des Bundesrates und Gegenäußerung der Bundesregierung); weiterhin auch *Lamprecht*, ZIP 1997, 919 ff.; *Schaefer*, Handelsrechtsreformgesetz, 1999; *Bydlinski*, ZIP 1998, 1169 ff.; *K. Schmidt*, NJW 1998, 2161 ff.

kehrs und des Anlegerschutzes gelten also auch für die Rechtsform der kapitalistischen KGaA gesetzliche Offenkundigkeits- bzw. Publizitätspflichten. Für die kapitalistische KGaA gilt damit – wie für alle anderen Gesellschaftsformen auch (vgl. § 4 AktG, § 4 GmbHG, § 18 HGB und § 3 GenG) – der Grundsatz der freien Firmenbildung. Die Firmenbildung ist mangels aktienrechtlicher Sondervorschriften in § 18 HGB geregelt, der gemäß § 278 Abs. 3 AktG i.V.m. § 3 AktG i.V.m. § 6 HGB zur Anwendung kommt. Die Firmierung bezweckt eine Primärwarnung und muss für die (potentiellen) Anleger einen deutlich sichtbaren und warnenden Hinweis auf die Atypik dieser Rechtsform erhalten[175]. Sie dient im Rechtsleben zur Identifizierbarkeit des Unternehmensträgers[176] und ist notwendiger Satzungsbestandteil (§ 278 Abs. 3 AktG i.V.m. § 23 Abs. 3 Nr. 1 AktG).

I. Rechtsformzusatz, § 279 Abs. 1 AktG

Gemäß § 279 Abs. 1 AktG muss die Firma der KGaA als Rechtsformzusatz die Bezeichnung „Kommanditgesellschaft auf Aktien" oder eine allgemein verständliche Abkürzung enthalten[177]. Registerrechtlich zulässig sind Abkürzungen wie „KGaA", „KG a.A.", „Kommanditgesellschaft a.A." oder „KG auf Aktien"[178]. Andere Abkürzungen wie z.B. „KGA", „KGAG", „KoAG", „KommAG", „KommAA" oder „KAG" haben sich in der Praxis nicht durchgesetzt und dürfen auf Grund der Unklarheit und Verwechselungsgefahr nicht verwendet werden[179].

---

175 *Dirksen/Möhrle*, ZIP 1998, 1377, 1379; *Hommelhoff*, ZHR Beiheft 67, 1998, 9, 10 f.

176 Vgl. ausführlich *K. Schmidt*, Handelsrecht, S. 84 f., 338 ff., 343.

177 Entgegen dem Wortlaut des § 279 Abs. 1 AktG a.F. und der früher h.M muss heute nicht mehr die ausgeschriebene Bezeichnung „Kommanditgesellschaft auf Aktien" verwendet werden; vgl. zur früheren h.M. noch *Mertens*, in: KölnerKomm z. AktG, § 279 Rdn. 2; *Semler*, in: Geßler/Hefermehl/Eckardt/Kropff, Aktiengesetz, § 279 Rdn. 3.

178 Vgl. *Assmann/Sethe*, in: Großkomm. z. AktG, § 279 Rdn. 12.

179 Vgl. auch *Assmann/Sethe*, in: Großkomm. z. AktG, § 279 Rdn. 13.; *Hüffer*, Aktiengesetz, § 279 Rdn. 2; MünchKommAktG/*Semler/Perlitt*, § 279 Rdn. 4; vgl. zur früheren h.M. *Barz*, in: Großkomm. z. AktG, Anm. zu § 279; *Mertens*, in: KölnerKomm z. AktG, § 279 Rdn. 2.

II. Haftungsbeschränkungszusatz, § 279 Abs. 2 AktG

Neben der Neufassung des § 279 Abs. 2 AktG muss die Firma, auch wenn sie nach § 22 HGB oder nach anderen Vorschriften fortgeführt wird, eine Bezeichnung enthalten, welche die Haftungsbeschränkung in der kapitalistischen KGaA eindeutig kennzeichnet, sofern in der Gesellschaft keine natürliche Person persönlich haftet. Die Vorschrift bezweckt Gläubiger- und Anlegerschutz durch Publizität der Gesellschaftsverhältnisse. Die in der Praxis anzutreffenden Firmierungen zeigen, dass bis heute noch keine Einigkeit darüber besteht, in welchen Gestaltungsvarianten der Haftungsbeschränkungszusatz zulässigerweise aufgenommen werden kann. Einigkeit besteht nur darüber, dass ein warnender Hinweis auf die Atypik der Gesellschaft in der Firmierung hinreichend deutlich und ersichtlich werden muss.

1) „XY GmbH (AG) & Co. KGaA"

Eine kapitalistische KGaA sollte immer dann als „XY GmbH (AG) & Co. KGaA" firmieren, wenn eine GmbH (AG) als Komplementärgesellschaft einer kapitalistischen KGaA eingesetzt ist[180]. Durch die Einfügung des Zusatzes „& Co." wird deutlich, dass die Komplementärstellung durch eine GmbH ausgefüllt wird[181]. Hier steht der Gesichtspunkt der Rechtssicherheit im Vordergrund, da auch der Laie erkennen können muss, dass der Zusatz auf eine Gesellschaft hinweist, in der keine natürliche Person persönlich haftet. Will man einer unzulässigen Firmierung entgehen, kann die für den Rechtsverkehr erforderliche Klarheit und Bestimmtheit nur erreicht werden, wenn die Firmenbezeichnung von der für Gesellschaften dieser Rechtsform üblich gewordenen nicht auffällig

---

[180] So auch u.a. *Hartel*, Die Unternehmer-AG, 1996, S. 104; *Bayreuther*, JuS 1999, 651, 655; *Dirksen/Möhrle*, ZIP 1998, 1377, 1379 f.; *Hein*, WuB II B. § 278 AktG 1.97, 765, 768. Vgl. in der Praxis u.a. Borussia Dortmund GmbH & Co. KGaA, Docpharm GmbH & Co. KGaA, Hannover 96 GmbH & Co. KGaA, Schwartau GmbH & Co. KGaA, SunGene GmbH & Co. KGaA oder auch TFG Venture Capital AG & Co. KGaA und Advantec Wagniskapital AG & Co. KGaA, vgl. im Weiteren Anhang 2 – Verzeichnis der KGaA.

[181] Nicht zulässig sind dagegen die Firmierungen der Dr. Neuhaus KGaA, FIDA Holding Kommanditgesellschaft auf Aktien, Hettlage Kommanditgesellschaft auf Aktien und Pfefferberg-Grundstücke Kommanditgesellschaft auf Aktien mit jeweils nur einer GmbH als Komplementärin, da bei einer solchen Firmierung verständlicherweise davon ausgegangen wird, dass zumindest eine natürliche Person persönlich haftet; vgl. Anhang 2 – Verzeichnis der KGaA.

abweicht oder zumindest einen gleichwertigen Ersatz bietet. Durch die Verbindung „& Co.“ ist für jedermann erkennbar, dass eine Rechtsformenverbindung vorliegt. Die Gefahr einer möglichen Irreführung oder Verwechselung besteht bei einer Firmierung in Form einer „XY GmbH (AG) & Co. KGaA“, „XY GmbH (AG) & Co. KG auf Aktien“ oder „XY GmbH (AG) & Co. Kommanditgesellschaft auf Aktien“ nicht. Die Haftungsbeschränkung wird deutlich. Die Firmierung „XY GmbH (AG) & Co. KGaA“ hat sich heute bereits umgangssprachlich in Wissenschaft und Praxis durchgesetzt[182].

2) GmbH (AG) & Co. KG als Komplementärgesellschaft

Fraglich erscheint die Firmierung hingegen, wenn eine GmbH (AG) & Co. KG als Komplementärin bei der KGaA eingesetzt wird. In diesem Fall würde die Einführung des „& Co.“ eine Verdoppelung des Zusatzes bewirken („XY GmbH & Co. KG & Co. KGaA“ bzw. “XY AG & Co. KG & Co. KGaA“). Eine solche Verdoppelung führt zu einer Verwirrung im Rechtsverkehr, die die eigentliche Rechtsform kaum noch erkennen lässt[183]. Eine Verdoppelung des Zusatzes „& Co.“ wird für den vergleichbaren Fall der doppelstöckigen GmbH & Co. KG, bei der eine GmbH & Co. KG als Komplementärin einer KG eingesetzt wird, zutreffenderweise für überflüssig – wenn nicht sogar für unzulässig – gehalten[184]. Dem Gläubiger- und Anlegerschutz werde durch den einfachen Zusatz „& Co.“ ausreichend Rechnung getragen. Zudem müsse eine Häufung von Rechtsformzusätzen möglichst vermieden werden[185]. Diese Grundsätze sind auch auf die kapitalistische KGaA zu übertragen. Da neben der Haftung der Komplementär-GmbH zusätzlich auch die Kommanditisten im Verhältnis zur GmbH & Co. KG bis zur Höhe ihrer Kommanditeinlage haften (§§ 171 ff. HGB), wird der Rechtsverkehr auch ohne den entsprechenden Zusatz nicht

---

[182] Vgl. hierzu i.E. Anhang 2 – Verzeichnis der KGaA.

[183] *Assmann/Sethe*, in: Großkomm. z. AktG, § 279 Rdn. 20; *Arnold*, Die GmbH & Co. KGaA, S. 37; *Schlitt*, Die Satzung der Kommanditgesellschaft auf Aktien, 1999, S. 92 f.

[184] *Binz*, GmbH & Co., 1992, § 13 Rdn. 13; *Bokelmann*, Das Recht der Firmen- und Geschäftsbezeichnungen, 1997 Rdn. 623a; *Dirksen/Möhrle*, ZIP 1998, 1377, 1380; vgl. auch BGH, NJW 1981, 342, 343; a.A. *Skibbe*, WM 1978, 891.

[185] MünchKommHGB-Ergänzungsband/*Bokelmann*, § 19 Rdn. 57.

schlechter gestellt[186]. Nimmt also eine GmbH & Co. KG die Komplementärstellung innerhalb der kapitalistischen KGaA ein, ist eine Firmierung in Form einer „XY GmbH & Co. KGaA" registerrechtlich ausreichend[187]. Diese Grundsätze gelten auch für eine AG & Co. KG als Komplementärin einer KGaA. In diesem Fall ist eine Firmierung als „XY AG & Co. KGaA" registerrechtlich zu empfehlen[188].

3) Mehrere persönlich haftende Gesellschafter

Unklar ist der Haftungsbeschränkungszusatz hingegen, wenn die KGaA mehrere GmbH (& Co. KG) oder mehrere AG (& Co. KG) als Komplementärgesellschaften hat (sog. doppelstöckige bzw. mehrstöckige KGaA)[189]. Ebenso sind Konstellationen aufzufinden, in denen die KGaA neben einer Komplementärgesellschaft in der Rechtsform einer GmbH (AG) oder GmbH (AG) & Co. KG auch eine oder mehrere natürliche Personen als persönlich haftende Gesellschaf-

---

186 *Binz*, GmbH & Co., 1992, § 13 Rdn. 13; *Herfs*, Die Satzung der börsennotierten GmbH & Co. KGaA – Gestaltungsfreiheit und Grenzen, in: Gesellschaftsrechtliche Vereinigung (Hrsg.), Gesellschaftsrecht in der Diskussion, 1999, S. 42; *Dirksen/Möhrle*, ZIP 1998, 1377, 1380.

187 *Herfs*, in: Hoffmann-Becking (Hrsg.), Münchener Handbuch des Gesellschaftsrechts, Band 4: Aktiengesellschaft, § 75 Rdn. 9; *Overlack*, Der Komplementär in der GmbH & Co. KGaA, in: RWS-Forum (Hrsg.), Gesellschaftsrecht 1997, S. 237, 243 ff.; *Dirksen/Möhrle*, ZIP 1998, 1377, 1380. Vgl. in der Praxis u.a. agens Consulting GmbH & Co. KGaA, eff-eff Fritz Fuss GmbH & Co. KGaA, Janox GmbH & Co. KGaA, Kirch Media GmbH & Co. KGaA; Nolte möbel-industrie Holding GmbH & Co. KGaA, Oceanica GmbH & Cie. KGaA, Tyczka GmbH & Co. KGaA, Willy Bogner GmbH & Co. KGaA mit jeweils einer GmbH & Co. KG als persönlich haftende Gesellschafterin. Nicht zulässig sind dagegen die Firmierungen der Engelhorn KGaA und Eurokai KGaA jeweils nur mit einer GmbH & Co. KG als persönlich haftende Gesellschafterin, da bei einer solchen Firmierung verständlicherweise davon ausgegangen wird, dass zumindest eine natürliche Person persönlich haftet; vgl. hierzu Anhang 2 – Verzeichnis der KGaA.

188 Vgl. in der Praxis u.a. 1&1 AG & Co. KGaA (seit 1.3.2000 United Internet AG), Häring Service Company AG & Co. KGaA und Mühlbauer Holding AG & Co. KGaA mit jeweils einer AG & Co. KG als persönlich haftende Gesellschafterin; vgl. hierzu Anhang 2 - Verzeichnis der KGaA.

189 Vgl. *Korts/Korts*, Der Weg zur börsennotierten Aktiengesellschaft, 1999, S. 50. So z.B. Equita GmbH & Co. Beteiligungen KGaA mit einer GmbH und einer GmbH & Co. KG als Komplementärgesellschaften; Kirch Media GmbH & Co. Kommanditgesellschaft auf Aktien mit zwei GmbH & Co. KG als Komplementärgesellschaften und Weidmüller Holding AG & Co. KGaA mit einer AG und einer GmbH & Co. KG als Komplementärgesellschaften; vgl. hierzu Anhang 2 - Verzeichnis der KGaA.

terinnen aufgenommen hat[190]. Fraglich ist, ob in diesen Fällen auch die weiteren Komplementäre bei der Firmierung der Gesellschaft zu berücksichtigen sind. Dies ist zu verneinen. Im Hinblick auf das der Gesellschaft zukommende zusätzliche Haftkapital – eine weitere mit dem Gesellschaftsvermögen haftende GmbH (& Co. KG), AG (& Co. KG) oder mit dem Privatvermögen haftende natürliche Person – bedarf der Gläubiger keines weiteren firmenrechtlichen Schutzes. Hier muss auf den Einblick in das Handelsregister verwiesen werden, durch den eine umfassende Information über die tatsächlichen Gesellschaftsverhältnisse erfolgen kann. Sollte also neben einer GmbH (AG) eine weitere GmbH (AG) (& Co. KG) als persönlich haftende Gesellschafterin eingesetzt sein, ist die Firmierung in Form der „XY GmbH (AG) & Co. KGaA" empfehlenswert[191]. Sollte hingegen eine natürliche Person neben einer GmbH (& Co. KG) oder AG (& Co. KG) als Komplementärin vorhanden sein, ist eine Firmierung in Form der klassischen „XY KGaA" zu befürworten, da aus dieser Firmierung in Anknüpfung an das gesetzliche Leitbild des § 278 Abs. 1 AktG erkennbar wird, dass mindestens eine natürliche Person persönlich haftet[192]. Eine solche Firmierung ist sinnvoll, wenn dem Gesellschaftsgläubiger und dem Kapitalanleger von vornherein ersichtlich werden soll, dass nicht „nur" eine GmbH (& Co. KG), sondern auch eine natürliche Person als Haftungssubjekt zur Verfügung steht. Auch die Firmierung als „XY GmbH & Co. KGaA" wäre in einem solchen Fall ohne weiteres zulässig, da der Gläubiger durch die persönliche Haftung der natürlichen Person haftungsrechtlich besser gestellt und firmenrechtlich ausreichend geschützt ist.

4) Zulässigkeit anderer Haftungsbeschränkungszusätze

Zweifel bestehen in Wissenschaft und Praxis über die registergerichtliche Zulässigkeit anderer Haftungsbeschränkungszusätze.

---

190 So z.B. Merkur Bank KGaA, Lindner Holding KGaA mit jeweils einer GmbH und einer natürlichen Person als persönlich haftende Gesellschafterinnen, Engelhorn KGaA mit einer GmbH & Co. KG und mehreren natürlichen Personen als persönlich haftende Gesellschafterinnen oder Merck KGaA mit einer oHG und mehreren natürlichen Personen als persönlich haftende Gesellschafterinnen; vgl. hierzu Anhang 2 - Verzeichnis der KGaA.

191 Vgl. Nachweise in Fußn. 189 und Anhang 2 – Verzeichnis der KGaA.

192 Vgl. Nachweise in Fußn. 190 und Anhang 2 – Verzeichnis der KGaA.

a) „XY GmbH (AG) KGaA“ oder „XY GmbH (AG) & Co. KG KGaA“

Zunächst sind solche Haftungsbeschränkungszusätze zu nennen, bei denen verschiedene Rechtsformzusätze unmittelbar aufeinander treffen. Im Vordergrund stehen hier Firmierungen wie „XY GmbH (AG) KGaA“ oder „XY GmbH (AG) & Co. KG KGaA“. Zwar soll durch die Firmierungen kenntlich gemacht werden, dass eine GmbH (AG) oder eine GmbH (AG) & Co. KG die Komplementärfunktion im Rahmen der kapitalistischen KGaA einnehmen soll. Trotzdem muss die Frage nach der registerrechtlichen Zulässigkeit solcher Rechtsformzusätze gestellt werden. Zur Beantwortung brauchen keine neuen Rechtsgrundsätze für die kapitalistische KGaA entwickelt zu werden. Vielmehr können die für die GmbH & Co. KG entwickelten Rechtsgrundsätze herangezogen werden. Die entsprechende Anwendung liegt nahe, da auch bei der GmbH & Co. KG die gleiche Firmierungsproblematik auf Grund der möglichen Typenvermischung von zwei verschiedenen Gesellschaften auftreten kann[193]. Unmittelbar aufeinander treffende Rechtsformzusätze, wie z.B. „XY GmbH KG“, werden im Rahmen der GmbH & Co. KG nach dem Grundsatz der Firmenklarheit für unzulässig erklärt. Diese seien im Rechtsverkehr irreführend i.S.d. § 18 Abs. 2 HGB und weichen vom allgemeinen, dem Laien vertrauten Sprachgebrauch ab. In diesen Fällen werde für den Rechtsverkehr nicht hinreichend klar, ob es sich bei der vorliegenden Gesellschaft um eine GmbH oder aber um eine KG handelt oder inwieweit die beiden Rechtsformtypen gesellschaftsrechtlich miteinander verbunden sind[194]. Nach Ansicht des BGH wird die Gefahr der Irreführung auch nicht dadurch beseitigt, dass die Rechtsformzusätze durch einen sachlichen Firmenbestandteil, der auf die Tätigkeit des Unternehmens hinweist, voneinander getrennt würden. Die notwendige Klarheit im Rechtsverkehr könne nur erreicht werden, wenn ein die Gesellschaft kennzeichnender Zusatz in Form von „& Co.“ eingefügt werde[195].

---

[193] MünchKommHGB-Ergänzungsband/*Bokelmann*, § 19 Rdn. 15 ff.; *Dirksen/Möhrle*, ZIP 1998, 1377, 1380.

[194] Für die GmbH & Co. KG vgl. BGH, NJW 1980, 2084; BGH, NJW 1985, 736; BayOLG, GmbHR 1978, 40; OLG Stuttgart, BB 1977, 711, 712 = MDR 1977, 758; MünchKommHGB-Ergänzungsband/*Bokelmann*, § 19 Rdn. 52; *ders.*, GmbHR 1979, 265, 266; *Hüffer*, in: Großkomm z. HGB, § 19 Rdn. 68.; *Binz*, GmbH & Co., § 11 Rdn. 17; *Hennerkes/Binz*, Die GmbH & Co., S. 164; *Hesselmann/Tillmann*, Handbuch der GmbH & Co., Rz. 227.

[195] Vgl. BGH NJW 1980, 2084 (für den Fall der Johann H-GmbH Holzbau KG).

Diese Grundsätze müssen auf die kapitalistische KGaA übertragen werden. Bei Firmierungen wie „XY GmbH (AG) KGaA“ oder „XY GmbH (AG) & Co. KG KGaA“ wird für den Rechtsverkehr nicht hinreichend klar, ob es sich um eine Gesellschaft in Form der GmbH (AG), GmbH (AG) & Co. KG, KGaA oder um eine wie auch immer geartete Typenverbindung handelt[196]. Auch die Trennung durch Bindestrich, z.B. „XY KGaA-GmbH (AG) & Co“, „XY GmbH (AG)-KGaA“ oder „XY GmbH (AG) & Co. KG-KGaA“, Klammer, z.B. „XY KGaA (GmbH & Co. KG)“, oder Komma, z.B. „XY KGaA, GmbH (AG) & Co. KG“ ändert an der Unzulässigkeit nichts[197]. Immerhin konkurrieren bei der kapitalistischen KGaA mit der KGaA, GmbH (AG) und KG bis zu drei Rechtsformen mit durchweg unterschiedlichen Haftungs- und Herrschaftsverhältnissen in der Firmierung eines einheitlichen Unternehmens. Für einen handels- bzw. gesellschaftsrechtlichen Laien wird kaum ersichtlich, was sich hinter der Firmierung verbirgt. Diese Publizitätsanforderungen werden auch im Hinblick auf die im Schrifttum und der Praxis immer noch beklagte mangelnde Bekanntheit der KGaA mit ihren unterschiedlichen Erscheinungsformen bestärkt. Es überwiegt die Gefahr einer Verwechselung und einer Irreführung. Firmierungen wie „XY GmbH (AG) KGaA“ oder „XY GmbH (AG) & Co. KG KGaA“ o.ä. sind daher auf Grund der unmittelbar aufeinander treffenden Rechtsformzusätze registerrechtlich unzulässig. Daran vermag auch die Einfügung eines sachlichen Firmenbestandteils, eines Bindestrichs, einer Klammer oder eines Kommas nichts zu ändern.

b) „XY beschränkt haftende KGaA” oder „XY KGaA mbH“

Infolge der Änderungen durch das HRefG vom 1. Juli 1998 wird nicht mehr verlangt, dass die Firma der KG den Namen wenigstens eines persönlich haftenden Gesellschafters enthalten muss (§ 19 Abs. 2 HGB a.F.). Daher wird im Rahmen

---

[196] Insoweit ist auch die von *Grafmüller*, Die Kommanditgesellschaft auf Aktien als geeignete Rechtsform für börsenwillige Familienunternehmen, 1994, S. 253 ff. und *Korts/Korts*, Der Weg zur börsennotierten Aktiengesellschaft, 1999, S. 30, 34, gewählte Firmierung „GmbH KGaA“, „AG KGaA“ nicht zulässig. Auch die von *Joost*, ZGR 1998, 334, 349 gewählte Firmierung „GmbH & Co. KG KGaA“ ist in dieser Form nicht zulässig.

[197] Für die GmbH & Co. KG vgl. BayOLG, BB 1978, 219; BGH, NJW 1978, 1986; OLG Oldenburg, WM 1990, 1784; *Baumbach/Hopt*, HGB, § 19 Rdn. 34; MünchKommHGB-Ergänzungsband/*Bokelmann*, § 19 Rdn. 85; *Binz*, GmbH & Co., § 11 Rdn. 18.

der Firmierung von Personenhandelsgesellschaften in der Rechtsprechung und im Schrifttum z.T. vertreten, dass den Anforderungen des § 19 Abs. 2 HGB bei einer Sach- oder Phantasiefirma der KG auch dann genüge getan sei, wenn die Haftungsbeschränkung in anderer Weise als durch den Zusatz „GmbH & Co. (KG)“ deutlich werde. Zulässig könne etwa eine „XY beschränkt haftende KG“[198], „XY KG mit beschränkter Haftung“[199] oder „XY KG mbH“[200] sein, wenn Komplementärin eine „AB-GmbH sei[201]. Die Firma der GmbH müsse demgemäß nicht in die KG-Firma mit aufgenommen werden[202]. Fraglich ist, ob derartige Lockerungen des Publizitäts- und Informationsgrundsatzes registerrechtlich zulässig sind und sich auf das Recht der kapitalistischen KGaA übertragen lassen. So werden auch in der Praxis und im Schrifttum zur KGaA Firmierungen in Form von „XY beschränkt haftende KGaA“[203] oder „XY KGaA mit beschränkter Haftung“ oder in der abgekürzten Form „XY KGaA m.b.H.“ bzw. „XY KGaA mbH“[204] für zulässig angesehen. Auch im Regelungsbereich der KGaA muss geklärt werden, ob hierdurch nicht eine Verwechselungs- oder Irreführungsgefahr i.S.d. § 18 Abs. 2 HGB zwischen den Rechtsformen der GmbH und der KGaA entsteht. Der Zusatz „beschränkt haftend/mit beschränkter Haftung“ bzw. die Abkürzung „mbH/m.b.H.“ kennzeichnet grundsätzlich in typischer Weise die Haftungsverhältnisse einer GmbH und wird von den Verkehrskreisen eigentümlich mit einer juristischen Person in der Rechtsform der GmbH verbunden[205]. Dies ist bei der kapitalistischen KGaA insofern unproble-

---

198 Vgl. *Hachenburg/Heinrich*, GmbHG, § 4 Rdn. 128; *Binz*, GmbH & Co., § 11 Rdn. 16; *Hopt*, Handelsrecht, Rdn. 256; *Wiesner*, in: Münchener Handbuch des Gesellschaftsrechts, Band 4: Aktiengesellschaft, S. 51; *Kögel*, BB 1998, 1645, 1646; für „beschränkt haftende oHG“, OLG Hamm, DB 1987, 1245, 1246; a.A. MünchKommHGB-Ergänzungsband/*Bokelmann*, § 19 Rdn. 79, 87, 88.

199 A.A. MünchKommHGB-Ergänzungsband/*Bokelmann*, § 19 Rdn. 79.

200 Vgl. OLG Köln, Rechtspfleger 1978, 2121; a.A. *Baumbach/Hopt*, HGB, § 19 Rdn. 28; *Hachenburg/Heinrichs*, GmbHG, § 4 Rdn. 128. Zur Unzulässigkeit einer „oHG mbH“ vgl. OLG Hamm, DB 1987, 1245 f.

201 Insoweit müsste auch „XY beschränkt haftende Kommanditgesellschaft“, XY Kommanditgesellschaft mit beschränkter Haftung“ oder „XY Kommanditgesellschaft mbH“ u.ä. zulässig sein.

202 Vgl. ferner MünchKommHGB-Ergänzungsband/*Bokelmann*, § 19 Rdn. 51; *K. Schmidt*, DB 1998, 61, 63.

203 So *Freudenberg/Sorg*, Die KGaA mit beschränkter Haftung, 1999, S. 11 (Fußn. 1).

204 So in der Praxis Claas KGaA mbH; *Hoffmann/Preu*, Der Aufsichtsrat, S. 183.

205 Zur Ansicht, dass keine andere Rechtsform als die GmbH mit dem Zusatz „mit beschränkter Haftung“ oder „mbH“ firmieren könne, vgl. *Hachenburg/Heinrich*, GmbHG, § 4 Rdn. 57.

matisch, da bei einer KGaA mit einer GmbH als persönlich haftende Gesellschafterin eine GmbH in ihrer vollständigen Rechtform vorhanden ist. Doch ist Hauptrechtsform die KGaA. Gerade für den Rechtsverkehr ist es daher von besonderer Bedeutung, ob eine GmbH (AG) oder aber eine KGaA vom Grundtyp her rechtsgeschäftlich auftreten will. Durch eine GmbH-typische Firmierung kann den Anlegern und den Gesellschaftsgläubigern nicht eindeutig offen gelegt werden, um welche Art von Rechtsformkonstruktion bzw. Typenverbindung es sich handelt[206]. Es kommt also zu einem Informationsdefizit, wenn weder die Haftungs- noch die Herrschaftsstruktur innerhalb der KGaA eindeutig bestimmbar sind. Auch die noch mangelnde Bekanntheit dieser Gesellschaftsform kann letztlich die Gefahr einer Rechtsformverwechselung hervorrufen[207]. Nur ein mit dem Firmenrecht Vertrauter kann im Einzelfall erkennen, dass die Rechtsform einer KGaA mit einer GmbH als persönlich haftende Gesellschafterin vorliegt und der Zusatz nur gewisse haftungsrechtliche Besonderheiten kennzeichnen soll. Der räumlichen Trennung von verschiedenen Gesellschaftsbezeichnungen kommt in dieser Form im Geschäftsverkehr keine prägende und eindeutig unterscheidbare Wirkung zu. Zwar wird durch den Rechtsformzusatz „beschränkt haftend/mit beschränkter Haftung“ oder in der abgekürzten Fassung „mbH/m.b.H.“ nach dem allgemeinen Sprachgebrauchs eine faktische Haftungsbeschränkung deutlich. Daher mag die Firmierung „XY beschränkt haftende KGaA“ bzw. „XY KGaA mbH“ wohl nur in geringem Maße Gefahr laufen, nicht als Bezeichnung einer KGaA mit Haftungsbeschränkung, sondern als neue Gesellschaftsform verstanden zu werden. Eine spezifische Offenlegung der für die Gläubiger bzw. Anleger wichtigen Rechtsverhältnisse wird jedoch nicht erreicht, da nicht ausreichend transparent wird, dass eine GmbH die Komplementärfunktion als beschränkt haftende Gesellschaftsform innerhalb der KGaA einnehmen soll. Zudem werden allein aus dem Zusatz „beschränkt haftend/mit beschränkter Haftung“ bzw. „mbH/m.b.H“ die Herrschaftsverhältnisse innerhalb der Gesellschaft nicht deutlich. Gerade wegen der Vielzahl der möglichen per-

---

206 Anders dagegen *Freudenberg/Sorg*, Die KGaA mit beschränkter Haftung, 1999, S. 6, 11 (Fußn. 1).

207 Ähnliche Probleme stellen sich auch im Bereich der GbR. Auch hier ist streitig, ob firmenrechtliche Bezeichnungen in Form von „XY GbR mbH“ zulässig sind. Zum unzulässigen Namensgebrauch der „XY GbR mbH“ vgl. BayOLG, DStR 1998, 2024; OLG Jena, DStR 1998, 2024 ff.; ZIP 1998, 1797 ff. m. Anm. *Mutter*; OLG München, DStR 1998, 2026 = GmbHR 1998, 1130; LG München, GmbHR 1998, 983 f. = ZIP 1998, 1800 f.

sönlich haftenden Gesellschafter[208] sind also Bezeichnungen zu wählen, die eindeutig auf den (oder die) jeweiligen Komplementär(e) schließen lassen. Es entsteht sonst der Eindruck, dass es sich bei dieser verbundenen Rechtsform insgesamt um „die" Gesellschaft mit beschränkter Haftung (mbH), sprich eine GmbH handelt. Eine Firmierung als „XY KGaA mbH" kann also über geschäftliche Verhältnisse, die für die Verkehrskreise und die Anleger wesentlich sind, i.S.d. § 18 Abs. 2 HGB irreführen[209]. Derartige Firmierungen sind unzulässig und beim Registergericht nicht eintragungsfähig[210].

5) Firmenunterscheidbarkeit

Wird die Gesellschaft als Personenfirma begründet, können in Anlehnung an die für die GmbH & Co. KG entwickelten Rechtsgrundsätze[211], auch in einer GmbH & Co. KGaA nicht prägende Zusätze der Firma wie z.B. „Besitz-", „Beteiligungs-", „Betriebs-", „Geschäftsführungs-", „Vermögens-", „Verwaltungs-" ohne weiteres entfallen[212]. Einen solchen Zusatz sollte die Komplementärgesellschaft allerdings führen, um nicht mit dem Gebot der Firmenunterscheidbarkeit des § 30 HGB in Konflikt zu geraten[213]. Da es allen Unternehmensträgern frei steht, neben einer Personen-, auch eine Sachfirma oder Phantasiebezeichnung zu wählen (vgl. § 279 AktG), besteht keine Verpflichtung, die Firma der Komplementärgesellschaft zu übernehmen[214].

B. Allgemeine Rechtsscheinshaftung

Soweit ersichtlich haben alle nach dem In-Kraft-Treten des HRefG neu gegründeten KGaA die gesetzlichen Vorgaben des § 279 Abs. 2 AktG eingehalten.

---

[208] Vgl. hierzu oben § 5 B. II.

[209] Vgl. in diesem Zusammenhang auch BayOLG, Urteil v. 24.9.1998, ZIP 1998, 1959 = NZG 1999, 21 zur Unzulässigkeit der Firmierung „GbR mbH".

[210] So im Ergebnis auch *Assmann/Sethe*, in: Großkomm. z. AktG, § 279 Rdn. 18; *Arnold*, Die GmbH & Co. KGaA, S. 37; *Wichert*, Die Finanzen der Kommanditgesellschaft auf Aktien, 1999, S. 92; a.A. *Freudenberg/Sorg*, Die KGaA mit beschränkter Haftung, 1999, S. 6, 11 (Fußn. 1).

[211] BGH, NJW 1980, 2084; vgl. hierzu auch *Ammon*, in: Röhricht/Graf v. Westphalen (Hrsg.), HGB, § 19 Rdn. 51; *Baumbach/Hopt*, HGB, § 19 Rdn. 6.

[212] *Assmann/Sethe*, in: Großkomm. z. AktG, § 279 Rdn. 20.

[213] *Arnold*, Die GmbH & Co. KGaA, S. 38; *Schrick*, NZG 2000, 409, 410.

[214] Vgl. *Dirksen/Möhrle*, ZIP 1998, 1377, 1379.

Doch gibt es auch nach der Übergangsfrist des § 38 EGHGB (31. März 2003) noch Unternehmen, die als „XY KGaA" firmieren, obwohl nur eine GmbH oder GmbH & Co. KG und gerade keine natürliche Person als Komplementärin eingesetzt ist[215]. Daneben gibt es auch Unternehmen die bis dato eine der oben aufgezeigten unzulässigen Firmierungen gewählt haben[216]. Mangels Einhaltung der registerrechtlichen Publizitätspflichten stellt sich in diesen Fällen die Frage nach einer Rechtsscheinshaftung. Die Haftung nach Rechtsscheinsgrundsätzen ist bereits aus dem Recht der GmbH und der GmbH & Co. KG[217] bekannt und muss entsprechend auf das Recht der kapitalistischen KGaA übertragen werden[218]. Demnach unterliegen nach dem Rechtsgedanken des § 179 BGB alle geschäftsführenden Organmitglieder der Komplementärgesellschaft der persönlichen Rechtsscheinshaftung, sofern sie ohne den notwendigen Haftungsbeschränkungszusatz für ihre Gesellschaft handeln[219]. Damit können neben dem Geschäftsführer auch andere Personen, die für die KGaA nach außen geschäftsführend tätig werden, so z.B. auch ein Gesellschafter, unter dem Gesichtspunkt der Vertrauenshaftung gesamtschuldnerisch neben dem Unternehmen für dessen Verbindlichkeiten in Anspruch genommen werden[220]. Eine Haftung des Gesellschafters wird aber nur dann angemessen sein, wenn die unzureichende Firmierung nachweislich auf seinem Einfluss auf die Geschäftsführung beruht[221].

C. Notwendige Angaben auf den Geschäftsbriefen

Der BGH hat in seinem Beschluss vom 24. Februar 1997[222] lediglich dargelegt, dass dem atypischen Charakter der kapitalistischen KGaA und ihren vom Regeltypus abweichenden Haftungs- und Herrschaftsverhältnissen mit den Mitteln der Publizität Rechnung getragen werden müsse[223]. Die notwendigen Angaben auf

---

215 Vgl. hierzu Anhang 2 - Verzeichnis der KGaA.

216 Vgl. hierzu Anhang 2 - Verzeichnis der KGaA.

217 Zur GmbH bzw. GmbH & Co. KG vgl. BGHZ 64, 11, 17 f.; BGHZ 71, 354, 356; BGH, NJW 1990, 2678 f.; *Baumbach/Hopt*, HGB, § 19 Rdn. 30; *K. Schmidt*, Handelsrecht, S. 31 ff.

218 MünchKommAktG/*Semler/Perlitt*, § 279 Rdn. 8; *Arnold*, Die GmbH & Co. KGaA, S. 38; *Dirksen/Möhrle*, ZIP 1998, 1377, 1382 f.; *Sethe*, ZIP 1996, 2053, 2055 (Fußn. 23).

219 *Assmann/Sethe*, in: Großkomm. z. AktG, § 279 Rdn. 22.

220 Vgl. BGH, DB 1991, 1284; BGH, NJW 1991, 2627.

221 So auch *Arnold*, Die GmbH & Co. KGaA, S. 39.

222 BGHZ 134, 392 ff. = ZIP 1997, 1027 ff.

223 BGHZ 134, 392, 401 = ZIP 1997, 1027, 1030.

den Geschäftsbriefen der Gesellschaften als Teilbereich der unternehmerischen Publizität und Information hat der BGH nicht ausdrücklich angesprochen. Gleichwohl ergeben sich auch im Hinblick auf die notwendigen Angaben auf den Geschäftsbriefen einer kapitalistischen KGaA Besonderheiten für den Anlegerschutz. Geschäftsbriefe sind alle schriftlichen Mitteilungen der Gesellschaft gegenüber Dritten unabhängig von ihrer äußeren Form oder der Art und Weise ihrer Übermittlung[224]. Die Angaben auf den Geschäftsbriefen sollen jeden, der mit der Gesellschaft in Verbindung steht, ohne zeitraubende Nachforschungen über die Leitungsorgane informieren. Darüber hinaus sollen die Geschäftspartner schon im Stadium der Vertragsanbahnung Aufschluss über die wesentlichen Haftungs- und Herrschaftsverhältnisse erhalten. Die Angaben auf den Geschäftsbriefen der Gesellschaft sind für den Anleger gegenüber den z.T. nur unzulänglichen Angaben auf der Homepage, der Einsichtnahme in das örtliche Handelsregister und dem Blick in das zu veröffentlichende Verkaufsprospekt im Falle eines Börsenganges die einfachste und schnellste Möglichkeit, sich einen Überblick über die gesellschaftsrechtlichen Beteiligungsverhältnisse und die einzelnen Geschäftsführungsorgane verschaffen zu können. Zur Einhaltung des Publizitätsgrundsatzes müssen die wesentlichen Gesellschaftsverhältnisse auf den Geschäftsbriefen, die an einen bestimmten Empfänger gerichtet werden, aufgeführt werden.

I. Gesetzliche Grundlage des Formerfordernisses

Entsprechend den Vorgaben des § 80 Abs. 1 S. 1 AktG für die AG, des § 35a Abs. 1 S. 1 GmbHG für die GmbH und der §§ 177a, 125a HGB für die Personengesellschaften müssen die Rechtsform, der Sitz der Gesellschaft, das Registergericht des Sitzes und die Nummer, unter der die Gesellschaft in das Handelsregister eingetragen ist, vermerkt werden. Im Falle einer GmbH & Co. KG ist auch der Name des persönlich haftenden Gesellschafters aufzuführen. Das GmbHG erfordert zusätzlich noch Angaben über die Vor- und Zunamen der Geschäftsführer sowie – bei Vorhandensein[225] – des Aufsichtsratsvorsitzenden

---

[224] Vgl. *Lutter/Hommelhoff*, GmbHG, § 35a Rdn. 2; *Mertens*, in: KölnerKomm z. AktG, § 80 Rdn. 9.

[225] Ist ein Aufsichtsrat in der GmbH bestellt, so sind die Angaben über den Vorsitzenden zwingend; vgl. *Hachenburg/Mertens*, GmbHG, § 35a Rdn. 9; *Lutter/Hommelhoff*, GmbHG, § 35a Rdn. 5; *Scholz/Schneider*, GmbHG, § 35a Rdn. 11.

(§ 35a Abs. 1 S. 1 GmbHG). Im Rahmen der Vorschriften über die AG müssen die Familiennamen und mindestens ein ausgeschriebener Vorname der Vorstandsmitglieder und des Vorsitzenden des Aufsichtsrats einer AG verzeichnet sein (§ 80 Abs. 1 S. 1 AktG). Der Vorsitzende des Vorstands ist als solcher zu bezeichnen (§ 80 Abs. 1 S. 2 AktG). Für das Recht der KGaA sieht das AktG weder eine eigenständige Regelung noch einen ausdrücklichen Verweis auf andere Vorschriften vor. Demzufolge kann nur eine entsprechende Anwendung der für die anderen Gesellschaftsformen geltenden Bestimmungen in Betracht kommen, sofern auf die Verweisungsnorm des § 278 Abs. 2 oder 3 AktG zurückgegriffen werden kann.

II. Ansichten im Schrifttum

Im Schrifttum ist die Frage, welche Vorschriften zur Einhaltung des Formerfordernisses auf Geschäftsbriefen entsprechend zur Anwendung kommen, nicht geklärt. *Dirksen/Möhrle* halten eine Gesamtanalogie zu §§ 177a, 125a HGB und § 35a GmbHG für erforderlich, da mangels Vorhandenseins eines Vorstands in der KGaA § 80 AktG nicht zur Anwendung kommen könne[226]. Nach der Ansicht von *Herfs* müssen §§ 177a, 125a HGB, § 35a GmbHG und § 80 AktG analog angewendet werden, wenn keine natürliche Person persönlich haftende Gesellschafterin ist[227]. *Schlitt* dagegen hält nur eine entsprechende Anwendung von § 80 AktG für notwendig. Vor- und Familiennamen der Komplementärgesellschafter seien lediglich „vorsorglich“ zu nennen[228].

III. Stellungnahme

Die Suche nach einer direkten gesetzlichen Grundlage kann sich ausschließlich nach dem Verweis des § 278 Abs. 2 AktG in das KG-Recht, also §§ 177a, 125a HGB i.V.m. § 35a GmbHG, oder nach dem Verweis des § 278 Abs. 3 AktG in das Recht über die AG, also § 80 AktG, richten. Damit das Recht über die KG (§§ 177a, 125a HGB) Anwendung finden kann, muss das Rechtsverhältnis der

---

226 *Dirksen/Möhrle*, ZIP 1998, 1377, 1380; ihnen folgend *Wachter*, NotBZ 1999, 36, 37.

227 *Herfs*, in: Hoffmann-Becking (Hrsg.), Münchener Handbuch des Gesellschaftsrechts, Band 4: Aktiengesellschaft, § 75 Rdn. 10.

228 *Schlitt*, Die Satzung der Kommanditgesellschaft auf Aktien, 1999, S. 93 f.

persönlich haftenden Gesellschafter gegenüber Dritten betroffen sein (vgl. § 278 Abs. 2 AktG), da die Vorschrift des § 125a im HGB innerhalb der Vorschriften über das Vertretungsrecht der KG zu finden ist (§§ 125 bis 127 HGB i.V.m. § 161 Abs. 2 HGB). Der Sinn und Zweck der Vorschriften, die für eine entsprechende Anwendung in Betracht kommen, liegt in der Erleichterung des Geschäftsverkehrs mit Dritten. Dabei sollen Dritte vor irreführenden Angaben geschützt werden[229] und es soll ihnen bei fehlenden Angaben die Möglichkeit einer Rechtsscheinshaftung eröffnet werden[230]. Die Angaben auf den Geschäftsbriefen einer Gesellschaft betreffen zwar in gewisser Weise das Außenverhältnis zu Dritten, da hier Aussagen über die Gesellschaftsverhältnisse getätigt werden, sie betreffen aber nicht die eigentliche Vertretung oder Geschäftsführung der Gesellschaft. Die bloßen Angaben haben keinerlei rechtliche Gestaltungswirkung, so dass das Rechtsverhältnis zwischen dem persönlich haftenden Gesellschafter und einem Dritten nicht betroffen ist. Auf den Verweis des § 278 Abs. 2 AktG kann demnach nicht direkt zurückgegriffen werden. Im Ergebnis kann also nur § 80 AktG über den Verweis des § 278 Abs. 3 AktG zur Anwendung kommen, sofern sich aus dem Fehlen eines Vorstands nichts anderes ergibt. Zwar hat die KGaA kein dem Vorstand der AG entsprechendes Organ, doch allein aus dem Fehlen desselben auf eine Unanwendbarkeit des § 80 AktG zu schließen, erscheint im Hinblick auf die Anforderungen des Anlegerschutzes im Rahmen der kapitalistischen KGaA als verfehlt[231]. Vielmehr muss der Besonderheit Rechnung getragen werden, dass eine GmbH als Komplementärgesellschaft und somit als Geschäftsführungsorgan der KGaA eingesetzt werden kann. Für eine Anwendbarkeit des § 80 AktG spricht zum einen die eindeutige Absicht des Gesetzgebers, bei allen Gesellschaften die handelnden Personen kenntlich machen zu wollen. Darüber hinaus kann mit einer entsprechenden Anwendbarkeit des § 80 AktG auch den Publizitätsanforderungen des BGH im Hinblick auf den atypischen Charakter einer kapitalistischen KGaA Rechnung getragen werden[232]. Dabei bleibt zu beachten, dass § 80 AktG insbesondere Angaben über die geschäftsführenden Personen verlangt. Dieser Rechtsgedanke ist auch auf die

---

229 *Hüffer*, Aktiengesetz, § 80 Rdn. 8; *Scholz/Schneider*, GmbHG, § 35a Rdn. 2.

230 Zur Rechtsscheinhaftung bei einem Verstoß gegen § 35a GmbHG vgl. *Lutter/Hommelhoff*, GmbHG, § 35a Rdn. 6.

231 So im Ergebnis auch *Assmann/Sethe*, in: Großkomm. z. AktG, § 279 Rdn. 29; *Arnold*, Die GmbH & Co. KGaA, S. 41.

232 BGHZ 134, 392 f. = ZIP 1997, 1027.

kapitalistische KGaA ohne weiteres zu übertragen. Demzufolge müssen auf den Geschäftsbriefen auch Angaben über die Komplementärgesellschaft als Geschäftsführungsgesellschaft gemacht werden. Zur Konkretisierung der notwendigen Angaben muss hierzu jedoch auf die Vorschrift des § 35a Abs. 1 S. 1 GmbHG im Falle einer Komplementär-GmbH bzw. auf die Vorschriften der §§ 177a, 125a HGB i.V.m. § 35 a Abs. 1 S. 1 GmbHG im Falle einer Komplementär-KG zurückgegriffen werden. Damit können die von § 35a Abs. 1 S. 1 GmbHG vorausgesetzten Angaben auch auf die Komplementär-GmbH oder Komplementär-KG einer kapitalistischen KGaA übertragen werden[233].

Danach sind bei der kapitalistischen KGaA neben den für die gesetzestypische bzw. klassische KGaA erforderlichen Angaben auch die Firma, die Rechtsform und der Sitz der Komplementärgesellschaft, das zuständige Registergericht und die HRB-Nummer (bei einer GmbH & Co. KG als persönlich haftende Gesellschafterin die HRA-Nummer) anzugeben. Darüber hinaus ist auch der Vor- und Familienname des Geschäftsführers der Komplementärgesellschaft zu nennen[234]. Gemäß § 80 AktG sind auch Angaben über den Aufsichtsratsvorsitzenden des obligatorischen Aufsichtsrats der KGaA erforderlich[235].

D. Ergebnis

Wird in einer KGaA die Stellung der Komplementärin von einer Kapitalgesellschaft (GmbH oder AG) oder einer Personengesellschaft (GmbH & Co. KG) eingenommen, ohne das zugleich eine natürliche Person als persönlich haftend Gesellschafterin fungiert, muss die Haftungsbeschränkung in der Firmierung gemäß § 279 Abs. 2 AktG deutlich gemacht werden. Unmittelbar aufeinander folgende Haftungsbeschränkungszusätze oder Rechtsformverdoppellungen sind

---

233 Dies gilt ebenso für eine GmbH & Co. KG als Komplementärin, da insoweit § 125a HGB auf § 35a GmbHG verweist. So im Ergebnis auch *Arnold*, Die GmbH & Co. KGaA, S. 40; *Schlitt*, Die Satzung der Kommanditgesellschaft auf Aktien, 1999, S. 93, der allerdings § 35a GmbHG außer Betracht lässt.

234 MünchKommAktG/*Semler/Perlitt*, § 279 Rdn. 343; *Herfs*, in: Hoffmann-Becking (Hrsg.), Münchener Handbuch des Gesellschaftsrechts, Band 4: Aktiengesellschaft, § 75 Rdn. 10; *Arnold*, Die GmbH & Co. KGaA, S. 41; *Dirksen/Möhrle*, ZIP 1998, 1377, 1380; zumindest für sinnvoll erachtend *Assmann/Sethe*, in: Großkomm. z. AktG, § 279 Rdn. 29.

235 A.A. MünchKommAktG/*Semler/Perlitt*, § 278 Rdn. 343, die auch Angaben über den Aufsichtsratsvorsitzenden der GmbH – soweit vorhanden – fordern.

zu vermeiden. Auf Grund der Typenmischung und der damit einher gehenden Gefahr der Irreführung muss die Firmierung ausreichend klar auf die tatsächlichen Gesellschaftsverhältnisse hinweisen. Damit sind Firmierungen, die den Eindruck entdecken können, es handele sich um eine GmbH (z.B. „XY KGaA mbH“ o.ä.) nicht zulässig. Die Firmierung einer KGaA sollte, wenn Komplementärin eine GmbH oder eine GmbH & Co. KG ist, „XY GmbH & Co. KGaA” lauten. Übernimmt in der KGaA eine AG oder eine AG & Co. KG die Komplementärrolle, lautet die Firma „XY AG & Co. KGaA“. Nur wenn eine natürliche Person als persönlich haftende Gesellschafterin fungiert, ist die klassische Firmierung „XY KGaA“ zulässig. Unterbleibt die Aufnahme eines zulässigen Haftungsbeschränkungszusatzes droht eine persönliche Rechtsscheinshaftung der Personen, die für das Unternehmen nach außen auftreten.

Auf den Geschäftsbriefen einer kapitalistischen KGaA müssen zu den allgemeinen Angaben gemäß § 80 AktG auch umfassende Angaben über die Komplementärgesellschaft aufgenommen werden. Welche Angaben dies sind, richtet sich nach den Voraussetzungen des § 35a Abs. 1 GmbHG im Falle einer Komplementär-GmbH und der §§ 177a, 125a HGB i.V.m. § 35a Abs. 1 GmbHG im Falle einer Komplementär-GmbH & Co. KG.

§ 7 Börseneinführungspublizität bzw. -transparenz

A. Problemstellung

Weiteres zentrales Problem bei der Frage nach den Anforderungen an den Anlegerschutz ist die Börseneinführungspublizität bzw. -transparenz, wenn die GmbH & Co. KGaA kapitalmarktaktiv ist. Diesem Problem kommt besondere Bedeutung zu, da die Rechtsform der GmbH & Co. KGaA bzw. der AG & Co. KGaA infolge des Beschlusses des BGH vom 24. Februar 1997 insbesondere unter dem Gesichtspunkt des Börsengangs eines mittelständischen Unternehmens an Attraktivität gewonnen hat[236]. Die Börseneinführungspublizität bzw. -transparenz soll im Falle des Going Public eine umfassende Transparenz des börsenwilligen Unternehmens bewirken, durch die die typischen Anlagerisiken aufgedeckt werden sollen. Sie erstreckt sich im Wesentlichen auf zwei eng miteinander verbundene Wirkungskreise. Zum einen ist die Börsentransparenz als Informationsmedium oftmals Hauptbestandteil der Anlageentscheidung und dient daher bei der Markteinführung des Unternehmens dem kapitalmarktrechtlichen Anlegerschutz[237]. Zum anderen besteht durch die gesetzlich angeordnete Transparenz und Publizität die Möglichkeit, eine gesteigerte Funktionsfähigkeit der Kapitalmärkte zu schaffen[238].

Der kapitalistischen KGaA wird oftmals entgegengehalten, dass sie auf Grund ihrer undurchsichtigen gesellschaftsrechtlichen Strukturierung eine solche Transparenz weitgehend vermissen lasse. Daher reagiere der Kapitalmarkt mit Vorbehalten bei Anteilskäufen einer Neuemission einer KGaA[239]. Kommanditaktien würden ähnlich wie Vorzugsaktien häufig mit einem Bewertungsabschlag gehandelt, weil die Rechtsform unbekannt sei und die rechtliche Position der Kommanditaktionäre als wertmindernd angesehen würde[240]. Ob diese Vermutungen tatsächlich zutreffen, ist empirisch nicht nachgewiesen und zumindest

---

236 Vgl. *Assmann/Sethe*, in: Großkomm. z. AktG, Vor § 278 Rdn. 50; zweifelnd *Claussen*, Bank- und Börsenrecht, S. 509; *Winterstetter/Paukstadt/Hegmann/Wonnemann*, DStR 2000, 1322, 1324. Vgl. hierzu bereits § 3 A.

237 *Claussen*, Bank- und Börsenrecht, S. 396.

238 Vgl. *Schwark*, Börsengesetz, § 36 Rdn. 3; *Ziegenhain/Helms*, WM 1998, 1417, 1422 f.

239 *Zacharias*, Börseneinführung mittelständischer Unternehmen, S. 115, 118.

240 Vgl. *Assmann/Sethe*, in: Großkomm. z. AktG, Vor § 278 Rdn. 52; *Schanz*, Börseneinführung, S. 95; *Winterstetter/Paukstadt/Hegmann/Wonnemann*, DStR 2000, 1322, 1324.

vor dem Hintergrund zweifelhaft[241], dass Neuemissionen wie Eff-Eff Fritz Fuss GmbH & Co. KGaA, 1 & 1 AG & Co. KGaA, TFG Venture Capital AG & Co. KGaA und zuletzt Borussia Dortmund GmbH & Co. KGaA erfolgreich am Markt platziert werden konnten[242]. Doch zeigen diese Vorbehalte, dass der für ein erfolgreiches Going Public notwendige Vermarktungsprozess eines emittierenden Unternehmens in der Rechtsform der kapitalistischen KGaA ein besonders hohes Maß an Aufklärungsarbeit erfordert. Diesen Anforderungen muss insbesondere Rechnung getragen werden, wenn die Aktien auf Grund der Emissionsgröße im Ausland platziert werden sollen. Denn bei der KGaA handelt es sich um eine Rechtsform, die zwar in den meisten europäischen Staaten kodifiziert[243], im US-amerikanischen bzw. asiatischen Raum aber weitgehend unbekannt ist[244]. Auf Grund der gesellschaftsrechtlichen Besonderheiten und den im Vergleich zur AG atypischen Rechten besteht die Gefahr, dass ausländische Investoren einer börsennotierten GmbH & Co. KGaA oder AG & Co. KGaA Misstrauen entgegenbringen. Will das Unternehmen seine Marktakzeptanz beim Börsengang also nicht gefährden, kommt ihm eine besondere präventive Erklärungsverantwortung zu, da die erforderliche Informationsaufklärung nach Börseneinführung nicht mehr oder nur noch sehr umständlich erfolgen kann. In jedem Fall wäre die Fungibilität der Aktien beeinträchtigt, da die Firmierung der börsennotierten Gesellschaft auch nicht auf dem Kurszettel des Anlegers erscheint[245].

Der BGH ist in seinem Grundsatzentscheid vom 24. Februar 1997 mangels Entscheidungserheblichkeit neben den firmenrechtlichen Publizitäts- bzw. Transpa-

---

241 Ebenfalls zumindest zweifelnd *Schanz*, Börseneinführung, S. 95.

242 Das beim IPO der AIG International Real Estate GmbH & Co. KGaA im Juli 2002 lediglich ein Fünftel des Emissionsvolumens platziert werden konnte, lag nicht an der für einen Börsengang noch atypischen Rechtsform, sondern vielmehr am insgesamt schwachen Börsenumfeld im Jahre 2002; vgl. *Ahlers/Schiffmacher*, GoingPublic 12/2002, S. 8.

243 So ist die KGaA in Europa u.a. in Frankreich, Belgien, Luxemburg, Niederlande, Österreich, Liechtenstein, Portugal, Norwegen, Dänemark, Großbritannien, Schweiz, Italien, Spanien, Griechenland und der Türkei als Rechtsform anerkannt. Zu einer rechtsvergleichenden Bestandsaufnahme in den einzelnen Ländern vgl. ausführlich *Sethe*, Die personalistische Kapitalgesellschaft mit Börsenzugang, 1996, S. 287 ff.

244 In den USA und in Kanada ist die Rechtsform der KGaA weitgehend unbekannt; dagegen ist die KGaA in fast allen Staaten Mittel- und Südamerikas kodifiziert; vgl. hierzu ausführlich *Sethe*, Die personalistische Kapitalgesellschaft mit Börsenzugang, 1996, S. 477 ff.

245 Vgl. hierzu auch *Kallmeyer*, DZWiR 1998, 239.

renzpflichten nicht auf die speziellen Anforderungen an die Börseneinführungspublizität und -transparenz eingegangen. Der Gesetzgeber ging jedoch im Zuge des Dritten Finanzmarktförderungsgesetzes vom 24. März 1998 einen Schritt weiter und hat auf die Reformbedürftigkeit des kapitalmarktrechtlichen Anlegerschutzes bei einer börsengängigen GmbH & Co. KGaA reagiert. Die Vorschriften der § 18 Nr. 3 BörsZulVO, § 5 Abs. 1 S. 1 VerkProspG und § 5 Nr. 3 VerkProspVO wurden ergänzt und das bis dato geltende Recht an die Anforderungen des Anlegerschutzes in einer kapitalistische KGaA angepasst[246]. Danach sind im Börsenzulassungsprospekt bzw. Verkaufsprospekt neben Angaben des Emittenten über die maßgebliche Rechtsordnung und die Rechtsform seines Unternehmens zusätzliche Angaben über die Struktur des persönlich haftenden Gesellschafters, d.h. ob eine Kapital- oder Personengesellschaft und/oder eine natürliche Person die Komplementärfunktion innerhalb der Gesellschaft einnimmt, notwendig. Daneben sind auch die von der gesetzlichen Regelung abweichenden Bestimmungen der Satzung oder des Gesellschaftsvertrags im Hinblick auf die Rechtsstellung der Aktionäre und die Kompetenzen der Hauptversammlung und des Aufsichtsrats aufzunehmen, wenn der Emittent eine KGaA ist[247]. Demzufolge erstreckt sich die Gestaltungsfreiheit im Recht der kapitalistischen KGaA nicht nur in der Satzungsflexibilität, sondern in gewissem Umfang auch in der Gestaltung des Börsenprospektes.

B. Anlegerschutz durch Prospektangaben bei der Börsenzulassung

Die Veröffentlichung eines Prospekts ist Voraussetzung, wenn die Wertpapiere zum Börsenhandel zugelassen oder öffentlich angeboten werden sollen. Das Börsenzulassungs- bzw. Emissionsprospekt muss alle für die Beurteilung der Wertpapiere wichtige Angaben enthalten (vgl. § 45 BörsG) und stellt für den (potentiellen) Anleger die wichtigste Quelle dar, um sich ausreichende Informationen über die Qualität des Emittenten zu verschaffen. Durch die gesetzliche Verpflichtung der Emittenten, den Kommanditaktionären einen umfassenden

---

[246] Vgl. Art. 8 Nr. 5 des Handelsrechtsreformgesetzes v. 22.6.1998, BGBl. I 1474. Zum Dritten Finanzmarktförderungsgesetz vgl. *Meixner*, NJW 1998, 1896; *Pötzsch*, AG 1997, 193 ff.; *ders.*, WM 1998, 949 ff.

[247] BT-Drucks. 13/8933, S. 154; vgl. auch *Schilling*, BB 1998, 1905, 1906; dazu auch *Bundesministerium der Finanzen*, Diskussionsentwurf für das Dritte FinanzmarktförderungsG, S. 5.

und detaillierten Einblick in die rechtsformimmanente „Atypik" der kapitalistischen KGaA zu ermöglichen, soll eine Transparenz als Mittel des Selbstschutzes der Anleger geschaffen werden, durch die das Bedürfnis des Anlegers nach Sicherheit und Ertrag seiner Geldanlage auf Grund einer hinreichend breiten und aktuellen Tatsachenbasis befriedigt werden kann. Im Zuge des Dritten Finanzmarktförderungsgesetzes vereinigte der Gesetzgeber für die kapitalistische KGaA die kapitalmarktrechtlichen Prospektpflichten mit den gesellschaftsrechtlichen Publizitäts- und Transparenzgedanken des BGH[248]. Dies ist folgerichtig, da der Anlegerschutz vor dem Hintergrund der möglicherweise risikobehafteten Anlageentscheidung besonders zu gewichten ist und die künftigen Kapitalanleger nur mittels besonderer Aufklärung über die rechtsformimmanenten Besonderheiten einer kapitalistischen KGaA geschützt werden können[249]. Die Anforderungen des Anlegerschutzes werden also im Hinblick auf die Transparenz- und Publizitätsanforderungen nicht nur durch handels- bzw. gesellschaftsrechtliche Verbandspflichten einer Gesellschaft, sondern im Falle eines Going Public auch durch kapitalmarktrechtliche, insbesondere börsenrechtliche Gesichtspunkte geprägt.

C. Ausweitung der Börseneinführungspublizität bzw. -transparenz?

Mit dem Thema des kapitalmarktbezogenen Anlegerschutzes beim Börsengang einer GmbH & Co. KGaA hat sich die Wissenschaft bereits im Vorfeld des Dritten Finanzmarktförderungsgesetzes[250] auseinandergesetzt. So wurde namentlich von *Hommelhoff* gefordert, dass der Anleger die Texte beider Gesellschaftsstatute, d.h. die Satzung der KGaA und den Gesellschaftsvertrag der GmbH, über den Emissionsprospekt erhalten müsse. Diese gesellschaftsrechtlichen Angaben benötige der künftige Anleger, um informatorisch über die rechtsformspezifischen

---

[248] Vgl. auch *Hennerkes/Lorz*, DB 1997, 1388, 1392 f.

[249] Vgl. *Herfs*, WiB 1997, 688, 690; *Priester*, ZHR 160 (1996), 250, 264; *Hennerkes/May*, BB 1988, 2393, 2401.

[250] Gesetz zur weiteren Fortentwicklung des Finanzplatzes Deutschland (Drittes Finanzmarktförderungsgesetz) v. 1.4.1998, BGBl. I S. 529 ff.; siehe auch BT- Drucks. 13/8933, S. 154. Diesem Gesetz waren die Börsengesetznovelle 1986 (BGBl. I S. 2478 ff.), die Börsengesetznovelle 1989 (BGBl. I S. 1412 ff.), das Erste Finanzmarktförderungsgesetz (BGBl. I 1990, S. 266 ff.) sowie das Zweite Finanzmarktförderungsgesetz (BGBl. I 1994, S. 1749 ff.) vorausgegangen.

Besonderheiten der GmbH & Co. KGaA aufgeklärt zu werden[251]. Das Dritte Finanzmarktförderungsgesetz hat die in der Wissenschaft befürworteten Transparenzforderungen bei der Kodifizierung im Jahre 1998 nicht berücksichtigt, sondern durch § 18 Nr. 3 BörsZulVO gezielte Angaben über die Atypik der GmbH & Co. KGaA für ausreichend erachtet. Die Voraussetzungen des § 18 Nr. 3 BörsZulVO sind im Anschluss an das Dritte Finanzmarktförderungsgesetz als Schutzmaßnahmen zu Gunsten der Anleger z.T. für ausreichend erachtet worden. Wird der Anleger über die Besonderheiten der Führungsstruktur einer kapitalistischen KGaA aufgeklärt, könne er selbst entscheiden, ob er sich an einer Gesellschaft dieser Art beteilige. Im Übrigen würden die im Vergleich zur AG eingeschränkten Mitwirkungsrechte der Anleger am effektivsten über die Preisbildung im Kapitalmarkt ausgeglichen[252]. Bedenkt man, dass dem Gesichtspunkt der Transparenz durch die Einführung des KonTraG, des TransPuG und insbesondere durch den Corporate Governance Kodex ein immer größerer Stellenwert in Deutschland beigemessen wird, bleibt die Frage, ob die bisher getroffene gesetzliche Regelung den Anforderungen des Anlegerschutzes innerhalb einer kapitalistischen KGaA genügt, oder ob – in Anknüpfung an *Hommelhoff* – auch der zusätzliche Abdruck beider Gesellschaftsstatute der GmbH & Co. KGaA in ihrer vollständigen Fassung im Prospekt verlangt werden muss.

Um diese Frage interessengerecht zu beantworten, muss zwischen zwei Gruppen von Anlegern unterschieden werden. Zum einen handelt es sich um die unerfahrenen Durchschnittsanleger und zum anderen um die mit Sachkunde ausgestatteten (Groß-)Anleger. Insbesondere juristisch nicht vorgebildeten (Privat-)Anlegern wird es regelmäßig nicht möglich sein, transparente Informationen aus den Gesellschaftsstatuten der KGaA und der Komplementär-GmbH über die Risiken einer möglichen Anlage und den rechtsformimmanenten aber atypischen Abweichungen einer kapitalistischen KGaA gegenüber einer AG zu ziehen.

[251] *Hommelhoff*, ZHR Beiheft 67, 1998, 9, 11; vgl. aber auch bereits *Sethe*, Die personalistische Kapitalgesellschaft mit Börsenzugang, 1996, S. 184 (Fußn. 36); ferner *Hennerkes/Lorz*, DB 1997, 1388, 1393;.

[252] *Herfs*, in: Hoffmann-Becking (Hrsg.), Münchener Handbuch des Gesellschaftsrechts, Band 4: Aktiengesellschaft, § 76 Rdn. 49; *ders.*, Die Satzung der börsennotierten GmbH & Co. KGaA – Gestaltungsfreiheit und Grenzen, in Gesellschaftsrechtliche Vereinigung (Hrsg.), Gesellschaftsrecht in der Diskussion, 1999, S. 23, 39 f.; *Mertens*, Die Handelsgesellschaft KGaA als Gegenstand gesellschaftsrechtlicher Diskussion und die Wissenschaft vom Gesellschaftsrecht, in: Festschrift für Ritter, 1997, S. 731, 742 f.

Aber insbesondere dieser schutzbedürftigen Anlegergruppe müssen viele Informationen über die komplexe und daher z.T. nicht einfach zu überblickende Struktur der Rechtsform zur Verfügung gestellt werden. Diesem Anlegerkreis werden in der Regel aber – wie von § 18 Nr. 3 BörsZulVO gefordert – gezielte Informationen des Emittenten gerechter, durch die die atypische gesellschaftsrechtliche Struktur und mögliche Abweichungen vom Leitbild einer gesetzestypischen KGaA, etwa im Hinblick auf die Mitwirkungsrechte der Aktionäre in der Hauptversammlung, dargestellt werden. Dies gilt zumindest immer dann, wenn den gesetzlichen Anforderungen des § 18 Nr. 3 BörsZulVO umfassend Rechnung getragen wird. Dafür ist erforderlich, dass es sich bei den Angaben nicht nur um die bloße Wiedergabe von Satzungsbestimmungen handelt. Vielmehr bedarf es einer allgemeinverständlichen Darstellung, aus der die von der gesetzlichen Regelung abweichende Rechtsstellung der Aktionäre und die Kompetenzen der Hauptversammlung und des Aufsichtsrats deutlich hervorgeht. Hier besteht nur geringe Gestaltungsfreiheit.

Dass den gesetzlichen Anforderungen des § 18 Nr. 3 BörsZulVO in der Praxis ausreichend Rechnung getragen werden kann, zeigt der Verkaufsprospekt der Borussia Dortmund GmbH & Co. KGaA vom 20.10.2000. In dem Verkaufsprospekt werden den Anlageinteressierten unter den Punkten „Anlageerwägungen“ und „Allgemeine Informationen über die Gesellschaft“ umfassende Informationen über die wesentlichen strukturellen Unterschiede zur Rechtsform einer AG, ihre Rechtsstellung als Kommanditaktionäre und über die eingeschränkten Kompetenzen der Hauptversammlung und des Aufsichtsrats mitgeteilt. Neben den Strukturunterschieden werden die Kommanditaktionäre auf die fehlende Abberufungs- oder Bestellkompetenzen des Aufsichtsrats und der Hauptversammlung, auf fehlende Zustimmungsvorbehalte des Aufsichtsrats, auf Vetorechte der Komplementär-GmbH bei Satzungsänderungen, Kapitalerhöhungen und sonstigen Grundlagenbeschlüsse hingewiesen. Darüber hinaus wird klargestellt, dass die Gesellschaft über die persönlich haftende Gesellschafterin kontrolliert wird, ohne dass diese mehrheitlich am Grundkapital beteiligt ist. Zuletzt führt die Emittentin an, dass die erheblich eingeschränkten Rechte der Kommanditaktionäre und die fehlende Bekanntheit der Rechtsform insbesondere bei ausländischen Investoren das Anlageinteresse beeinflussen und auch zu einem

Wertabschlag der Aktien führen können[253]. Durch solche umfangreichen Informationen über die wirtschaftlichen Risiken und die mit der Anlage verbundenen gesellschaftsrechtlichen Besonderheiten wird nicht nur dem Schutzinteresse des Durchschnittsanlegers, sondern auch den Anforderungen des § 18 Nr. 3 BörsZulVO hinreichend Rechnung getragen. Damit ist der Anleger in der Lage, eine eigenständige Anlageentscheidung zu treffen; die Anforderungen des kapitalmarktrechtlichen Anlegerschutzes werden gewahrt. Doch zeigt die Praxis, dass eine solche umfangreiche Darstellung nicht immer zu finden ist. In anderen Prospekten sind z.T. nur wenige Angaben vorhanden, die auf die rechtsformimmanenten Besonderheiten hinweisen. So wird z.B. nur auf die besondere Geschäftsführungsmacht der Komplementärgesellschaft bzw. ihrer Geschäftsführer ohne entsprechende Abberufungs- und Bestellungsrechte für den Aufsichtsrat oder die Hauptversammlung[254] und auf die mögliche Beeinflussung des Aktienwertes auf Grund der strukturellen Besonderheiten dieser Rechtsform hingewiesen[255]. Da die Atypik der GmbH & Co. KGaA in diesen Fällen nicht offenkundig gemacht wird, wird ein solcher Prospekt den Anforderungen des § 18 Nr. 3 BörsZulVO nicht gerecht.

Für den sachkundigen (Groß-)Anleger sind hingegen auch die Informationen über die tatsächlichen Haftungs- und Herrschaftsverhältnisse in der Gesellschaft in der Regel für eine sachgerechte Anlageentscheidung von Bedeutung[256]. Diesem Informationsbedarf kann Rechnung getragen werden, wenn die Gesellschaftsstatute der Komplementärgesellschaft und der GmbH & Co. KGaA selbst mit in das Börsenprospekt aufgenommen werden. Ob mit einer Aufnahme der Satzung und des Gesellschaftsvertrags kapitalmarktrechtlicher Anlegerschutz bewirkt wird, muss hingegen bezweifelt werden. In jedem Fall kann aber dem Bedürfnis nach Transparenz Rechnung getragen werden. Vereinzelt sind Unternehmen dem über § 18 Nr. 3 BörsZulVO hinausgehenden Gedanken der Transparenz in der Praxis bereits nachgekommen und haben beide Gesellschaftsstatu-

253 Vgl. unvollständigen Verkaufsprospekt der Borussia Dortmund GmbH & Co. KGaA v. 20.10.2000, S. 14 f., 51 f.
254 Vgl. Verkaufsprospekt der TFG Venture Capital GmbH & Co. KGaA v. Mai 2000, S. 9 f.
255 Vgl. Verkaufsprospekt der Advantec Biotech AG & Co. KGaA v. 01.12.2000, S. 8.
256 *Hommelhoff*, ZHR Beiheft 67, 1998, 9, 12.

te mit in das Verkaufsprospekt aufgenommen[257]. Dass durch die Aufnahme der Gesellschaftsstatute in den Prospekt die Transparenz zugleich wieder durch eine mögliche Unübersichtlichkeit beeinträchtigt wird[258], ist nicht zu befürchten, da sich diese durch eine entsprechende Gestaltung des Prospekts leicht vermeiden lässt. So kann die Satzung der KGaA und der Gesellschaftsvertrag der GmbH am Ende des Prospekts im Abschnitt „Allgemeine Angaben über die Gesellschaft" abgedruckt werden. Die nach § 18 Nr. 3 BörsZulVO erforderlichen Angaben sollten hingegen im Abschnitt „Risikofaktoren und Anlageerwägungen" aufgenommen werden.

Werden die Emittenten mit ihren Informationen – wie im Beispiel der Borussia Dortmund GmbH & Co. KGaA – den gezielten Anforderungen des § 18 Nr. 3 BörsZulVO in umfassender und allgemeinverständlicher Weise gerecht, wird eine Erweiterung des § 18 Nr. 3 BörsZulVO – in Anknüpfung an *Hommelhoff* – entbehrlich sein, da auf diesem Wege für ausreichende Aufklärung bei den schutzbedürftigen Anlegern Sorge getragen wird. Im Interesse der Transparenz und eines erfolgreichen Going Public ist den börsenwilligen Unternehmen jedoch zu empfehlen, auch die Gesellschaftsstatute der GmbH & Co. KGaA und ihrer Komplementärgesellschaft mit in den Prospekt aufzunehmen.

D. Ergebnis

Festzuhalten bleibt, dass der Anlegerschutz in der kapitalistischen KGaA auch über die Eigeninformation der Anleger abgesichert werden muss. Entsprechend den börsenrechtlichen Vorgaben müssen die Kapitalanleger im Börsenprospekt einer GmbH & Co. KGaA umfassend über die Atypik der Gesellschaftsform und über die Abweichungen bei der Ausgestaltung der Satzung, die sich von dem in §§ 278 ff. AktG normierten Leitbild einer gesetzestypischen bzw. klassischen KGaA unterscheiden, aufgeklärt werden. Hierbei muss es sich um umfassende und allgemeinverständliche Angaben des Emittenten handeln, also nicht nur um die bloße Wiedergabe von Satzungsbestimmungen. Gestaltungsfreiheit bei der Prospekterstellung ist wegen den Anforderungen des § 18 Nr. 3 BörsZulVO nur

---

[257] Vgl. Verkaufsprospekt der Leonardo Venture GmbH & Co. KGaA v. 24.11.2000, S. 41, 48.

[258] So *Wichert*, AG 2000, 268 (Fußn. 6).

sehr beschränkt vorhanden. Der zusätzliche Abdruck von den Gesellschaftsstatuten der GmbH & Co. KGaA und der Komplementärgesellschaft ist aus Gründen der gesellschaftsrechtlichen Transparenz ratsam.

E. Der weitere Untersuchungsgang

Neben den begrenzten Gestaltungsmöglichkeiten bei der Prospekterstellung im Falle einer Börsenzulassung muss die Art und Weise der Wahrnehmung der satzungsrechtlichen Gestaltungsfreiheiten in Bezug auf den Anlegerschutz in einer (börsennotierten) Publikums-GmbH & Co. KGaA besondere Beachtung finden. Im Mittelpunkt der weiteren Untersuchung steht daher die Frage nach den Grenzen der satzungsrechtlichen Gestaltungsfreiheit im Recht einer (börsennotierten) Publikums-GmbH & Co. KGaA. In Anknüpfung an die gesetzlichen Besonderheiten und an den Grundsatzentscheid des BGH vom 24. Februar 1997 erstreckt sich die Untersuchung zum einen auf die Einwirkungsmöglichkeiten der Kommanditaktionäre auf die Unternehmensführung der kapitalistischen KGaA und zum anderen auf die Frage, inwieweit die Vorschriften des Aktienrechts für den persönlich haftenden Gesellschafter auf die Gesellschafter der Komplementärgesellschaft und auf deren Geschäftsführer zu erstrecken sind. Im Einzelnen handelt es sich hierbei um die personalpolitischen Abberufungs- und Bestellungskompetenzen im Hinblick auf die Geschäftsführung (§§ 8 und 9), den Stimmrechtsausschluss in der Hauptversammlung (§ 10), den Umfang der Inkompatibilitätsregelung und die Zulässigkeit von Entsendungsrechten (§ 11), die Vertretungskompetenzen des Aufsichtsrats (§ 12), die Reichweite des Wettbewerbsverbots (§ 13) und zuletzt die allgemeinen Auskunftsrechte der Hauptversammlung gegenüber der Geschäftsführung (§ 14).

Vor dem Hintergrund der Anforderungen an den Anlegerschutz nach Zulassung einer (börsennotierten) Publikums-GmbH & Co. KGaA ist es notwendig, die satzungsrechtlichen Gestaltungsfreiheiten im Hinblick auf die vorerwähnten Rechtsanwendungsprobleme zu untersuchen und die Art und Weise ihrer Wahrnehmung in Form einer erweiternden Auslegung und Anwendung der fragmentarischen Gesetzesregelungen an den Belangen der verschiedenen Gesellschaftergruppen auszurichten. Durch eine entsprechende Ausfüllung der satzungsrelevanten Freiräume werden interessengerechte Gestaltungsvorschläge auf der

Ebene der KGaA-Satzung und des Gesellschaftsvertrags der Komplementärgesellschaft unterbreitet. Ziel dieser Gestaltungsvorschläge ist es, dass Risiko einer Störung der internen Machtverhältnisse zwischen der Komplementärgesellschaft und den Kommanditaktionären einer (börsengängigen) Publikums-GmbH & Co. KGaA und die Verfehlung gesetzlicher Zwecke zu vermeiden.

4. Teil: Anlegerschutz durch Wahrnehmung satzungsrelevanter Gestaltungsspielräume

§ 8 Personalpolitische Kompetenzverlagerung bei der Abberufung des Geschäftsführers der Komplementärgesellschaft

A. Gesetzliches Leitbild der Abberufung

Bei der Vermessung des Konflikts zwischen den Anforderungen des Anlegerschutzes und der satzungsrechtlichen Gestaltungsfreiheit muss dem Einfluss der Kommanditaktionäre auf die Person des Geschäftsführers der Komplementärgesellschaft besondere Beachtung zukommen. Die Anlageentscheidung eines Kommanditaktionärs hängt in der Regel maßgeblich von der Qualität der Geschäftsführung innerhalb der Gesellschaft ab, da eine kompetente und sorgfältige Ausübung der Geschäftsleitungsfunktion entscheidenden Einfluss auf die Wertsteigerung seiner Kapitalanlage hat. Vor diesem Hintergrund stellt die personalpolitische Kompetenzverteilung zur Abberufung des Geschäftsführers der Komplementärgesellschaft einen wichtigen satzungsrechtlichen Regelungsbereich innerhalb der GmbH & Co. KGaA dar. Da die KGaA und die GmbH trotz der gesellschaftsrechtlichen Typenverbindung zwei rechtlich selbständige Gesellschaften sind, ist der Geschäftsführer der Komplementär-GmbH unternehmerisches Leitungsorgan der GmbH. Daran knüpft auch das gesetzliche Leitbild im Hinblick auf unmittelbare Maßnahmen gegen den Geschäftsführer an. Die Abberufung des Geschäftsführers richtet sich allein nach den Vorschriften über die GmbH (§§ 6 Abs. 3, 45 GmbHG i.V.m. §§ 46 Nr. 5, 47 Abs. 1 GmbHG)[259]. Danach bestimmen die Gesellschafter der Komplementär-GmbH durch Gesellschafterbeschluss, soweit die Satzung keine besonderen Bestimmungen enthält. Die Abberufung ist ein einseitiges Rechtsgeschäft, an dem der betroffene Geschäftsführer selbst nicht mitwirkt[260]. Sie ist jederzeit frei möglich und steht allein im Ermessen der Gesellschafterversammlung (§ 46 Nr. 5 GmbHG). Einer Begründung bedarf die Abberufung nicht. Vorbehaltlich abweichender Rege-

---

[259] Allgemein hierzu *Westermann/Pöllath*, Abberufung und Ausschließung von Gesellschaftern/Geschäftsführern in Personengesellschaften und GmbH, S. 42 ff.; *Lunk*, ZIP 1999, 1777 ff.

[260] *Lutter/Hommelhoff*, GmbH-Gesetz, § 38 Rdn. 1; *Axhausen*, in: Müller/Hense (Hrsg.), Beck'sches Handbuch der GmbH, § 5 Rdn. 94.

lungen im Gesellschaftsvertrag entscheiden die Gesellschafter mit einfacher Mehrheit der abgegebenen Stimmen (§ 47 Abs. 1 GmbHG). Im Gesellschaftsvertrag kann die Abberufung auf den Fall beschränkt werden, dass wichtige Gründe vorliegen müssen, insbesondere eine grobe Pflichtverletzung oder die Unfähigkeit zur ordnungsgemäßen Geschäftsführung (§ 38 Abs. 2 S. 2 GmbHG). Damit haben die Anteilseigner einer kapitalistischen KGaA nach dem gesetzlichen Leitbild keinen Einfluss auf die Unternehmensführung. Dies gilt sogar für einen Mehrheitsaktionär, der trotz seines Mehrheitsbesitzes an Aktien keinen Einfluss auf die Person des Geschäftsführers nehmen kann. Das Geschäftsleitungsorgan der Komplementärgesellschaft hat kraft des zwischen der GmbH (& Co. KG) und der KGaA bestehenden Vertragsverhältnisses über die Gesellschafterstellung und die Geschäftsführungsbefugnis einen bestimmenden und damit übergeordneten Einfluss auf die KGaA. Der Geschäftsführer kann also aufgrund der Trennung von Kapital- und Führungsstruktur über fremdes Kapital wirtschaften. Zugleich ist sein Haftungsrisiko auf das Gesellschaftsvermögen der Komplementärgesellschaft beschränkt. Innerhalb einer kapitalistischen KGaA besteht also das Risiko, dass die Interessen der Anleger infolge einer Beherrschung durch eine gesellschaftliche Minderheit beeinträchtigt werden[261]. Denn die Kommanditaktionäre haben als Gesellschafter nur Mitwirkungsrechte in der KGaA selbst. Die personalpolitische Kompetenz zur Abberufung des Geschäftsführers obliegt nach dem gesetzlichen Leitbild allein den Gesellschaftern der Komplementär-GmbH.

Dieses Machtungleichgewicht zwischen der Geschäftsführungsverantwortung einerseits und den kapitalanlegenden Kommanditaktionären andererseits rückt die Frage nach den Anforderungen des Anlegerschutzes in den Vordergrund. Denn der gesetzliche Gestaltungsspielraum im Hinblick auf die Möglichkeit einer vollständigen Absicherung des Einflusses der Komplementärgesellschaft kann zur Folge haben, dass einer inkompetenten Geschäftsführung gravierende unternehmerische Fehler unterlaufen und die Gesellschaft dadurch finanziell geschädigt wird, ohne dass die Aktionäre hier frühzeitig gegensteuern können. Auch der Aufsichtsrat müsste mangels entsprechender Befugnisse untätig blei-

---

[261] So schon *Steindorff*, Kommanditgesellschaft auf Aktien und Mitbestimmung, in: Festschrift für Ballerstedt, 1975, S. 130, 137; *K. Schmidt*, ZHR 160 (1996), 256, 281; vgl. auch *Arnold*, Die GmbH & Co. KGaA, S. 75.

ben. Bestärkt wird dieses Machtungleichgewicht dadurch, dass die Geschäftsführung im Unterschied zur gesetzestypischen bzw. klassischen KGaA nicht für ihre Misswirtschaft haftbar gemacht werden kann. Folgerichtig muss den Kommanditaktionären, die direkt vom unternehmerischen Misserfolg und mangelnden Zuspruch der Anleger am Kapitalmarkt betroffen sind, ein gewisser Einfluss auf die Geschäftsführung der Komplementärgesellschaft ermöglicht werden. Für die Abberufung der Geschäftsführung bedeutet dies, dass den Kommanditaktionären entweder ein Vorgehen gegen die Komplementärgesellschaft und damit mittelbar gegen den Geschäftsführer, oder aber unmittelbare Maßnahmen gegen den Geschäftsführer möglich sein müssen, durch das eine gesellschaftsinterne Machtbalance bei der Personalkompetenz erreicht wird.

B. Rechtsbehelfe der Kommanditaktionäre

Die Kommanditaktionäre sind im Hinblick auf die Geschäftsführung und Vertretung durch die Geschäftsführer der Komplementärgesellschaft nicht schutzlos gestellt. Das Gesetz stellt den Kommanditaktionären zwei Rechtsbehelfe zur Verfügung, die sich ausschließlich nach Personengesellschaftsrecht bestimmen. Es handelt sich zum einen um die Entziehung der Geschäftsführungs- bzw. Vertretungsbefugnis der Komplementärin nach § 278 Abs. 2 AktG i.V.m. §§ 161 Abs. 2, 117, 127 HGB und zum anderen um den Antrag auf Ausschließung der Komplementärgesellschaft nach § 278 Abs. 2 AktG i.V.m. §§ 161 Abs. 2, 140 HGB. Diese Rechtsbehelfe stehen den Kommanditaktionären unabhängig von der Rechtsform des persönlich haftenden Gesellschafters – also auch bei einer GmbH oder einer GmbH & Co. KG als Komplementärgesellschaft – zur Verfügung.

I. Entziehung der Geschäftsführungsbefugnis bzw. Vertretungsmacht

Gemäß § 278 Abs. 2 AktG i.V.m. §§ 161 Abs. 2, 117 HGB haben die Kommanditaktionäre die Möglichkeit, dem Komplementär auf Antrag durch gerichtliche Entscheidung die Geschäftsführungsbefugnis entziehen zu lassen. Wird der

GmbH oder der GmbH & Co. KG als einzige Komplementärgesellschaft die Geschäftsführungsbefugnis entzogen, so geht diese auf alle übrigen Gesellschafter über, mithin auf die Gesamtheit der Kommanditaktionäre in ihrer Funktion als weitere Gesellschafter der KGaA[262].

Des Weiteren können die Kommanditaktionäre dem persönlich haftenden Gesellschafter gemäß § 278 Abs. 2 AktG i.V.m. §§ 161 Abs. 2, 127 HGB auf gerichtlichen Antrag die Vertretungsmacht entziehen lassen. Selbst dem einzigen Komplementär kann die Vertretungsmacht entzogen werden, da für den Fortbestand des Unternehmens durch gerichtliche Ersatzbestellung ein Notvorstand auf Zeit bestellt werden kann[263]. Erforderlich ist in beiden Fällen das Vorliegen eines wichtigen Grundes in der Person des Komplementärs, so z.B. die Unzumutbarkeit der unveränderten Belassung des Geschäftsführers in seinem Amt. Dafür ist eine umfassende Abwägung der Belange aller Beteiligten notwendig[264]. Die Unzumutbarkeit kann nach §§ 117 HS. 2, 127 HS. 2 HGB insbesondere dann erfüllt sein, wenn der persönlich haftende Gesellschafter eine grobe Pflichtverletzung begangen hat oder sich dessen Unfähigkeit zur ordnungsgemäßen Geschäftsführung herausstellt. Die Hauptversammlung muss dann einen Beschluss auf Antrag einer gerichtlichen Entscheidung in dieser Sache fassen. Auf Grund der Ausführungskompetenz für Hauptversammlungsbeschlüsse gemäß § 287 Abs. 1, 2 AktG ist es Aufgabe des Aufsichtsrats, den Antrag beim zuständigen Gericht einzureichen.

---

262 Vgl. RGZ 74, 297, 299 ff.; *Hüffer*, Aktiengesetz, § 278 Rdn. 12; vgl. auch *Ihrig/Schlitt*, ZHR Beiheft 67, 1998, 32, 52. Zur GmbH & Co. KG vgl. BGHZ 51, 198, 201 ff.; BGH, WM 1983, 750 ff.

263 *Hüffer*, Aktiengesetz, § 278 Rdn. 13; *Mertens*, in: KölnerKomm z. AktG, § 278 Rdn. 78; MünchKommAktG/*Semler/Perlitt*, § 278 Rdn. 255, 257; *Arnold*, Die GmbH & Co. KGaA, S. 76 f.; *Sethe*, Die personalistische Kapitalgesellschaft mit Börsenzugang, 1996, S. 152; ablehnend dagegen BGHZ 51, 198 ff.; *v. Godin/Wilhelmi*, AktG, § 278 Rdn. 13. Streitig ist, auf welchen Normen die Bestellung gestützt wird. Zum Streit und zur Anwendung von § 85 AktG und/oder § 29 BGB (analog) vgl. ausführlich *Sethe*, Die personalistische Kapitalgesellschaft mit Börsenzugang, 1996, S. 133 ff., 155 m.w.N.; hierzu auch *Hüffer*, Aktiengesetz, § 289 Rdn. 9; *Arnold*, Die GmbH & Co. KGaA, S. 76 f.; *Schrick*, NZG 2000, 409, 412.

264 *Baumbach/Hopt*, HGB, § 117 Rdn. 4.

II. Ausschlussklage

Darüber hinaus steht den Kommanditaktionären als ultima ratio der Antrag auf Ausschluss des Komplementärs im Wege der Ausschlussklage gemäß § 278 Abs. 2 AktG i.V.m. §§ 161 Abs. 2, 140 HGB zur Verfügung. Diese kann sich auch gegen den einzigen persönlich haftenden Gesellschafter richten. In diesem Fall müssen die Kommanditaktionäre einen neuen Komplementär in die Gesellschaft aufnehmen, soll die KGaA fortgesetzt werden. Ist die GmbH oder GmbH & Co. KG nicht einzige Komplementärgesellschaft der KGaA, müssen die übrigen persönlich haftenden Gesellschafter zusammen mit dem Aufsichtsrat oder den gewählten Vertretern die Entziehung der Geschäftsführungs- oder Vertretungsbefugnis oder die Ausschlussklage beschließen und beantragen[265]. Liegt in der Person des Geschäftsführers der GmbH oder GmbH & Co. KG ein wichtiger Grund vor, muss sich die Komplementärgesellschaft das Verhalten ihres organschaftlichen Vertreters gemäß § 31 BGB (analog) zurechnen lassen[266].

III. Anlegerschutz durch personengesellschaftsrechtliche Rechtsbehelfe?

Dem Anlegerschutz kann durch die gesetzlichen Rechtsbehelfe aber nur wenig gedient werden. Die Praxis zeigt, dass sich ein Hauptversammlungsbeschluss über die Entziehung von Geschäftsführungsbefugnis und Vertretungsmacht wegen der notwendigen Beschlussmehrheit in einer börsennotierten GmbH & Co. KGaA nur selten fassen lässt[267]. Das gilt umso mehr für den Beschluss über eine Ausschlussklage gemäß § 140 HGB, da ein solcher einem qualifizierten Mehrheitserfordernis unterliegt[268]. Für ein qualifiziertes Mehrheitserfordernis sprechen zwei Gründe. Zum einen handelt es sich um einen Beschluss, der die Grundstruktur hinsichtlich der Gesellschafterbesetzung des gesamten Unternehmens betrifft, da der Komplementär neben Organkompetenzen auch die unternehmerische Leistungsmacht in der Gesellschaft besitzt. Zum anderen zielt der Beschluss mittelbar auf eine Satzungsänderung (arg. ex § 281 Abs. 1 AktG).

---

[265] Vgl. auch *Hüffer*, Aktiengesetz, § 278 Rdn. 13; MünchKommAktG/*Semler/Perlitt*, § 278 Rdn. 188.

[266] Vgl. BGH, WM 1977, 502; BGH, ZIP 1983, 1066; BGH, NJW 1984, 173; *Schaumburg*, DStZ 1998, 525, 531.

[267] Vgl. *Hommelhoff*, ZHR Beiheft 67, 1998, 9, 23.

[268] So im Ergebnis auch *Hommelhoff*, ZHR Beiheft 67, 1998, 9, 23 (Fußn. 81).

Ein solcher Beschluss über Satzungsänderungen bedarf aber nach dem gesetzlichen Leitbild gemäß § 278 Abs. 3 AktG i.V.m. §§ 133, 179 Abs. 2 S. 1 AktG einer Mehrheit von drei Viertel des bei der Beschlussfassung vertretenen Grundkapitals sowie einfache Stimmenmehrheit[269]. Darüber hinaus müssen sämtliche Gesellschafter mit Ausnahme des Betroffenen, gegen den sich die Klage richtet, als Kläger und notwendige Streitgenossen aus materiellrechtlichen Gründen auftreten. Dass solche Verfahren bei einer (börsennotierten) Publikums-GmbH & Co. KGaA mit einer großen Anzahl von Gesellschaftern unpraktikabel ist, liegt auf der Hand. Die mit einer Anwendung der §§ 117, 127, 140 HGB verbundenen Anforderungen sind in der Praxis kaum zu überwinden.

In vielen Fällen entspricht es zudem nicht dem Interesse der Kommanditaktionäre, der Komplementärgesellschaft die Geschäftsführungs- oder Vertretungskompetenz zu entziehen oder sie im Ernstfall sogar aus der kapitalistischen KGaA auszuschließen, wenn allein gegen einen (oder mehrere) Geschäftsführer der Komplementärgesellschaft ein Abberufungsgrund vorliegt[270]. Ein Interesse an der Rechtsentziehung der Komplementärgesellschaft durch die Hauptversammlung wird zumeist dann fehlen, wenn die kapitalistische KGaA nur eine GmbH oder GmbH & Co. KG als Komplementärgesellschaft aufweist. In diesem Fall wäre die kapitalistische KGaA in ihrer Handlungsfähigkeit beschränkt, sollte dem einzigen Komplementär die Geschäftsführungsbefugnis oder die Vertretungsmacht entzogen werden. Durch einen Ausschluss der einzigen Komplementärgesellschaft im Klagewege ist die Gesellschaft führungslos und auflösungsbedroht, da sie ohne Komplementär nicht bestehen kann. Das gilt zumindest so lange, bis ein Ersatzvertreter gerichtlich bestellt ist oder ein neuer Komplementär in die Gesellschaft aufgenommen und eine Rückumwandlung in eine werbende Gesellschaft möglich wird[271]. Beim Ausscheiden des einzigen Komplementärs wird die KGaA nicht automatisch in eine AG umgewandelt. Viel-

---

[269] Vgl. RGZ 125, 356, 359; BGH, NJW 1975, 212; *Hüffer*, Aktiengesetz, § 179 Rdn. 14.

[270] Den gleichen Ansatzpunkt für eine notwendige Verlagerung der personellen Abberufungskompetenz verfolgen: *Overlack*, Der Komplementär in der GmbH & Co. KGaA, in: RWS-Forum (Hrsg.), Gesellschaftsrecht 1997, S. 237, 251; *Ihrig/Schlitt*, ZHR Beiheft 67, 1998, 33, 53.

[271] Vgl. *Hüffer*, Aktiengesetz, § 289 Rdn. 9; MünchKommAktG/*Semler/Perlitt*, § 289 Rdn. 147 ff.

mehr erfolgt die Auflösung, da die KGaA – wie auch die KG – nicht ohne persönlich haftenden Gesellschafter bestehen kann. Allerdings kann die Satzung der KGaA vorsehen, dass im Fall des Ausscheidens des einzigen Komplementärs eine Umwandlung in eine AG erfolgt[272]. Berücksichtigt man ferner, dass auch die Suche nach einem neuen persönlich haftenden Gesellschafter in der Regel schwierig und zeitintensiv ist, wird deutlich, dass eine solche Unternehmenssituation nicht im Sinne einer ordnungsgemäßen und kontinuierlichen Geschäftsführung liegt. Auch eine freiwillige Abberufung des Geschäftsführers durch die Gesellschafterversammlung der Komplementär-GmbH kommt in der Regel nicht vor. Gleichzeitig besteht für die Gesellschaft das Risiko erheblicher Abfindungsansprüche, wenn die ehemalige Komplementärgesellschaft mit einem wesentlichen Kapitalanteil an der KGaA beteiligt war[273].

IV. Resümee

Im Ergebnis bleibt festzuhalten, dass die Kommanditaktionäre von gesetzlicher Seite nur eine minimierte Rückanbindung ihrer Interessen im Zusammenhang mit der Abberufung des Geschäftsleitungsorgans der Komplementärgesellschaft erfahren. Die personengesellschaftsrechtlichen Rechtsbehelfe richten sich nicht unmittelbar gegen den Geschäftsführer der Komplementär-GmbH (& Co. KG), sondern haben lediglich Auswirkungen auf die Komplementärgesellschaft als solche. Einem untreuen, unfähigen oder unerwünschten Geschäftsführer kann nur mittelbar, d.h. über die gesamte Komplementärgesellschaft, die Geschäftsführungs- bzw. Vertretungsmacht entzogen werden. Ebenso kann er nur mittelbar, d.h. zusammen mit der Komplementärgesellschaft, aus der kapitalistischen KGaA ausgeschlossen werden, sofern die Komplementärgesellschafter ihn nicht von sich aus abberufen. Da sich die personengesellschaftsrechtlichen Rechtsbehelfe insgesamt als zu starr und als nicht interessengerecht erweisen, kann kein effektiver Anlegerschutz vermittelt werden.

---

[272] Fehlt eine solche Satzungsklausel, kann auch die Liquidationsgesellschaft unter der Voraussetzung, dass noch keine Verteilung des Gesellschaftsvermögens unter den Kommanditaktionären erfolgt ist, die Umwandlung in eine AG beschließen; vgl. hierzu *Hüffer*, Aktiengesetz, § 289 Rdn. 9; MünchKommAktG/*Semler/Perlitt*, § 278 Rdn. 257 f.; a.A. *Meister/Klöcker*, in: Kallmeyer, UmwG, § 190 Rdn. 14; *Kallmeyer*, ZIP 1994, 1746, 1751.

[273] *Overlack*, Der Komplementär in der GmbH & Co. KGaA, in: RWS-Forum (Hrsg.), Gesellschaftsrecht 1997, S. 237, 251.

C. Kompensation des mangelnden Einflusses durch Satzungsgestaltung

I. Zur Möglichkeit statutarischer Absicherung

Wenn der Anlegerschutz im Hinblick auf die Abberufung des Geschäftsführers an seine gesetzlichen Grenzen stößt, bedeutet dies nicht zwangsläufig, dass er auch innerhalb einer (börsengängigen) Publikums-GmbH & Co. KGaA insgesamt an seinen Grenzen angelangt ist. Zwar erscheint die Frage, ob die Gesellschafter der GmbH - mangels gesetzlicher Regelungen - ihre eigenen Interessen überhaupt hinter diejenigen der mit ihnen gesellschaftsrechtlich nicht verbundenen Kommanditaktionäre stellen müssen[274], durchaus legitim. Doch müssen letztlich zur Etablierung eines ausgewogenen Anlegerschutzes durch korrigierende Anwendung des bestehenden Rechts statutarische Regeln entwickelt werden[275]. Gerade vor dem Hintergrund der weiten Gestaltungsfreiheit im Verhältnis zwischen dem persönlich haftenden Gesellschafter und den Kommanditaktionären ist dies uneingeschränkt möglich[276]. Diese Rechtsauffassung entspricht der des BGH, wenn dieser in seinem Beschluss vom 24. Februar 1997 davon spricht, Satzungsgestaltungen zulasten der Kommanditaktionäre in Zukunft nur noch in engeren Grenzen zuzulassen[277]. Die Satzung muss daher für die Macht- und Rechtsverhältnisse auf den Einzelfall zugeschnittene Regeln aufstellen, in denen sowohl die Interessen der Kommanditaktionäre als Kapitalgeber einerseits als auch die Interessen der Komplementärgesellschaft andererseits gleichermaßen berücksichtigt werden.

---

[274] Diesen Ansatz wählen *Gonnella/Mikic*, AG 1998, 508, 509; ihnen folgend *Jaques*, NZG 2000, 401, 406.

[275] So auch *Hommelhoff*, ZHR Beiheft 67, 1998, 9, 23 f.; *Ihrig/Schlitt*, ZHR Beiheft 67, 1998, 33, 52.

[276] So auch *Hommelhoff*, ZHR Beiheft 67, 1998, 9, 24; vgl. *Diezel/Hein*, KGaA macht Familienunternehmen börsenfähig, in: Dr. Wieselhuber & Partner (Hrsg.), Börseneinführung mit Erfolg, 1996, 35, 38; *Deutsche Schutzvereinigung für Wertpapierbesitz (DSW)*, Das Wertpapier, 10/96, 70.

[277] BGHZ 134, 392, 399 = ZIP 1997, 1027, 1029.

II. Gründe für eine Erweiterung des Anlegerschutzes

Eine statutarische Erweiterung des Anlegerschutzes wäre allerdings nur dann notwendig, wenn überwiegende Gründe eine Verlagerung der personellen Abberufungskompetenz der Geschäftsführer innerhalb der kapitalistischen KGaA erfordern.

1) Ausgleich der fehlenden gesetzlichen Regelungen

Die bestehende Gesetzeslage hilft in diesem Zusammenhang nicht weiter, da für eine statutarische Verlagerung der personalpolitischen Abberufungskompetenz kein ausdrücklicher Regelungsauftrag zu finden ist. Dem gesetzlichen Normalstatut nach fällt die personelle Herrschaft in der GmbH & Co. KGaA, verteilt auf die GmbH und die KGaA, rechtsformbedingt auseinander. Der Gesetzgeber hat bei der Kodifizierung des HGB, des GmbHG und des AktG seinerzeit nicht an die Möglichkeit einer Rechtsformverbindung zur GmbH & Co. KGaA gedacht bzw. diese nicht für zulässig gehalten. Doch lässt sich eine zumindest mittelbare Pflicht zur Verlagerung der Personalkompetenz bzw. eine Rückanbindung an die Interessen der Kommanditaktionäre aus der Zuständigkeit der Hauptversammlung für die Entlastung des persönlich haftenden Gesellschafters (§ 285 Abs. 1 Nr. 2 AktG) bzw. aus dem Wettbewerbsverbot (§ 284 AktG) herleiten[278]. Demnach dürfen die Kommanditaktionäre im Hinblick auf einen notwendigen Anlegerschutz nicht den Machenschaften des Geschäftsführers schutzlos gegenüber stehen[279]. Die personengesellschaftsrechtlichen Rechtsbehelfe als Anlegerschutzinstrumente reichen hierfür wie gezeigt nicht aus, da sie in der Regel interessenkonträr ausgerichtet und unzureichend sind, wenn dem persönlich haftenden Gesellschafter die Kompetenz für die Aufnahme und den Ausschluss weiterer Komplementäre als Ausdruck der gesetzlichen Vertragsfreiheit satzungsmäßig zugewiesen ist[280]. In diesem Fall kann ohne besondere statutarische Regelungen kein Anlegerschutz gewährleistet werden.

---

[278] Vgl. auch *Schilling*, BB 1998, 1905, 1907.

[279] Für eine korrigierende Gesetzesanwendung auch *Hommelhoff*, ZHR Beiheft, 67, 1998, 9, 23 f.; *Ihrig/Schlitt*, ZHR Beiheft 67, 1998, 33, 52.

[280] MünchKommAktG/*Semler/Perlitt*, § 278 Rdn. 67 f.; *Schaumburg*, DStZ 1998, 525, 531.

2) Wegfall der persönlichen Haftung

Für die Verlagerung der personellen Abberufungskompetenz auf die Kommanditaktionäre spricht zudem, dass die für eine KGaA-freundliche Geschäftsführung angesehene Steuerungsfunktion der persönlichen Haftung der Gesellschafter nach dem Beschluss des BGH vom 24. Februar 1997[281] bei der kapitalistischen KGaA nicht vorhanden ist und daher ihre gesellschaftsinterne Wirkung verliert[282]. Durch die Einsetzung einer GmbH (& Co. KG) als Komplementärgesellschaft wird eine auf das Gesellschaftsvermögen beschränkte Haftung des Komplementärs erreicht. Die verantwortlichen natürlichen Personen können allenfalls ihren GmbH-Geschäftsanteil verlieren. Es besteht also die Gefahr, dass die Gesellschafter der Komplementär-GmbH rechtzeitig vor der Insolvenz alle liquiden Mittel aus der Gesellschaft herausziehen, ohne dass die Anleger rechtzeitig Kenntnis erlangen und entsprechende Gegenmaßnahmen ergreifen können. Demgegenüber steht den Gesellschaftern der Komplementär-GmbH das volle Weisungsrecht gegenüber dem Geschäftsführer zu oder sie können selbst die Position eines Gesellschafter-Geschäftsführers einnehmen. Entscheidungen, die für die Gesellschaft insgesamt von besonderer Bedeutung sind, können somit von einzelnen, ggf. nur die eigenen Gesellschaftsinteressen vertretenden Personen getroffen werden. Eine Minderheitenherrschaft in der GmbH & Co. KGaA kann nicht vermieden werden. Dieses Ungleichgewicht muss durch einen Gegenpol in Form einer Verlagerung der Abberufungskompetenz ausgeglichen werden.

3) Kapitalaufbringung

Für das Erfordernis einer personellen Rückanbindung spricht auch, dass der Machtbereich des Geschäftsführers innerhalb der GmbH & Co. KGaA in der Regel weitaus größer ist als in einer GmbH. Dies gilt insbesondere vor dem Hintergrund der Kapitalaufbringung durch die Kommanditaktionäre und der davon unabhängigen Geschäftsführungsmacht der Komplementär-GmbH. Durch die

---

281 BGHZ 134, 392 ff. = ZIP 1997, 1027 ff.

282 Vgl. *Wiesner*, ZHR 148 (1984), 56, 63 f.; *Ihrig/Schlitt*, ZHR Beiheft 67, 1998, 32, 83; vgl. auch *Priester*, ZHR 160 (1996), 250, 259, der aus diesem Argument zumindest nicht die Unzulässigkeit der GmbH & Co. KGaA als Rechtsform ableiten will; dazu ferner *K. Schmidt*, ZHR 160 (1996), 265, 278 f.

gesetzlich angeordnete Personalkompetenz der Gesellschafter der Komplementär-GmbH wird das Abhängigkeitsverhältnis zwischen der Geschäftsführung und den Aktionären und deren Anlageerwartungen nicht hinreichend beachtet. Hier zeigt sich ein wichtiger Aspekt der gesellschaftlichen Kapitaleinbringung: Wer finanziell an einer Gesellschaft beteiligt ist, will in der Regel auch an der Geschäftsführung der Gesellschaft beteiligt sein oder zumindest Kontrollrechte haben. Das gilt jedenfalls für institutionelle Anleger und Großaktionäre einer Gesellschaft. Da die Kommanditaktionäre nach dem gesetzlichen Leitbild keine direkten Einflussmöglichkeiten auf die Geschäftsführung haben, muss es ihnen zumindest auf statutarischem Weg ermöglicht werden, auf die Inkompetenz oder Unerwünschtheit des Geschäftsführers der Komplementär-GmbH reagieren zu können.

4) Umfang der unternehmerischen Tätigkeit der Komplementär-GmbH

Der Umfang der unternehmerischen Tätigkeit der Komplementär-GmbH ist in der Regel beschränkt, da die GmbH (& Co. KG) als reine Geschäftsführungsgesellschaft innerhalb der GmbH & Co. KGaA gegründet wird und nur in diesem Verhältnis tätig werden soll. Eine gesellschaftsübergreifende Tätigkeit der GmbH ist in diesen Fällen nicht vorgesehen. Das zwischen dem Geschäftsführer der GmbH bestehende Dienstverhältnis kann in diesem Fall als Vertrag mit Schutzwirkung zu Gunsten der KGaA gewertet werden, wenn die Aufgabe der GmbH allein die Führung der Geschäfte der KGaA umfasst. Der Geschäftsführer haftet der KGaA dann unmittelbar. Dieses enge Verhältnis von Komplementär-GmbH und KGaA erfordert jedoch eine personelle Rückanbindung der Abberufungskompetenz an die Interessen der Kommanditaktionäre[283]. Dies gilt insbesondere dann, wenn die Komplementär-GmbH nicht über das Halten von Aktien oder durch eine Vermögenseinlage am Gesamtkapital der KGaA beteiligt ist, so dass das Kapital ausschließlich durch die Kommanditaktionäre aufgebracht wird. In diesem Fall ist eine Erweiterung des Anlegerschutzes nicht nur gerechtfertigt, sondern notwendig, um der engen Verbundenheit der Gesellschaftergruppen nachhaltig Rechnung tragen zu können.

---

283 Vgl. hierzu auch *Overlack*, Der Komplementär in der GmbH & Co. KGaA, in: RWS-Forum (Hrsg.), Gesellschaftsrecht 1997, S. 237, 253.

Weitaus größerer Anlass für eine interessengerechte Verteilung der Abberufungskompetenz besteht dann, wenn die Komplementär-GmbH noch anderweitig unternehmerisch tätig wird. Dieser Fall liegt vor, wenn die GmbH in ihrer Rechtsform eigenständig tätig wird, in einer zweiten kapitalistischen KGaA die Komplementärstellung einnimmt oder persönlich haftende Gesellschafterin einer weiteren GmbH & Co. KG ist. Soweit in diesen Fällen das unternehmerische Interesse der GmbH nicht auf die Geschäftsführung der GmbH & Co. KGaA ausgerichtet ist, erweist sich die Komplementärstellung in der kapitalistischen KGaA nur als unternehmerischer Nebenzweck. Eine solche Verflechtung erfordert eine interessengerechte Verteilung der Abberufungskompetenz zwischen der Komplementärgesellschaft und den Kommanditaktionären.

III. Zwischenergebnis

Diese Gründe zeigen, warum der Geschäftsführer der Komplementär-GmbH im Hinblick auf die personelle Abberufungskompetenz nicht als vollkommen von der KGaA losgelöstes Organ betrachtet werden kann. Vielmehr liegt eine enge Interessenverknüpfung zwischen den beiden Gesellschaftsformen und den jeweiligen Gesellschaftergruppen vor. Über die Abberufung kann jedenfalls im Hinblick auf eine interessengerechte Geschäftsführungsbesetzung nicht allein innerhalb der Komplementär-GmbH entschieden werden. Nach dem Grundsatzentscheid des BGH vom 24. Februar 1997 besteht im Regelungsbereich der GmbH & Co. KGaA erheblicher Bedarf, die Gestaltungsspielräume innerhalb der kapitalistischen KGaA auszuloten und nach internen, frei bestimmbaren statutarischen Regelungen zu suchen. Diese Satzungsregelungen müssen die gesetzliche Fehllage ergänzen und für einen ausgewogenen Anlegerschutz sorgen.

D. Aussage des BGH im Beschluss vom 24. Februar 1997

Der Frage nach einer Erweiterung des Anlegerschutzes durch Einflussmöglichkeiten auf die Abberufung der Geschäftsführung hat sich auch der BGH in seinem Beschluss vom 24. Februar 1997 nicht verschlossen. Vielmehr hat er festgestellt, dass die Kommanditaktionäre bei der klassischen bzw. gesetzestypischen KGaA Einfluss auf die Auswahl des Komplementärs haben, indem sie ihn bei der Gründung der Gesellschaft im Rahmen des einstimmigen Gründungsakts billigen müssen (§ 280 Abs. 2 AktG) und bei der im Fall einer späteren Aufnahme grundsätzlich erforderlichen Satzungsänderung mitwirken müssen. Ein derartiger Einfluss auf die Bestellung und Abberufung der Geschäftsführer der Komplementär-GmbH könne den Kommanditaktionären einer kapitalistischen KGaA aber nicht zukommen, da dies allein Sache der Gesellschafter der GmbH sei[284]. Dieses Kompetenzdefizit wird vom BGH ausdrücklich in Kauf genommen. Der BGH beschränkt sich in seinem Grundsatzentscheid vielmehr – unter ausdrücklichem Verweis auf *Priester*[285] – auf den Hinweis, dass die gesellschaftsrechtliche Treuepflicht der Komplementär-GmbH, die bei der Auswahl der Geschäftsführer auf die Belange der Kommanditaktionäre Rücksicht zu nehmen habe, ein ausreichendes Schutzinstrument sei[286]. Da der Komplementär der Gesellschaft gegenüber zur ordnungsgemäßen Geschäftsführung verpflichtet ist (§ 278 Abs. 2 AktG i.V.m. § 114 HGB), ist die Aussage des BGH in Bezug auf die gesellschaftsrechtliche Treuepflicht dahingehend zu verallgemeinern, dass auch bei einer Abberufung der Geschäftsführer die Interessen der Kommanditaktionäre angemessen zu berücksichtigen sind[287]. So soll nach Ansicht des BGH die gesellschaftsrechtliche Treuepflicht das notwendige Korrektiv für die unzureichende Gesetzeslage in Bezug auf die Abberufung des Geschäftsführers der Komplementärgesellschaft sein. Damit schließt sich die Frage an, inwieweit die Anlegerschutz bewirkenden Rechte der Kommanditaktionäre durch die gesellschaftsrechtliche Treuepflicht nachhaltig gestärkt werden können.

E. Die gesellschaftsrechtliche Treuepflicht als Gestaltungsspielraum

Die gesellschaftsrechtliche Treuepflicht ist ein zentraler, durch Richterrecht ausgeformter und gewohnheitsrechtlich anerkannter Rechtssatz des Gesellschaftsrechts, der den persönlich haftenden Gesellschaftern Unterlassungs- und

---

[284] BGHZ 134, 392, 399 = ZIP 1997, 1027, 1029.

[285] *Priester*, ZHR 160 (1996), 250, 261.

[286] BGHZ 134, 392, 399 = ZIP 1997, 1027,1029 unter Berufung auf *Priester*, ZHR 160 (1996), 250, 261. Diese Auffassung wird bereits zur GmbH & Co. KG vertreten; vgl. *Wirth*, in: Riegger/Weipert (Hrsg.), Münchener Handbuch zum Gesellschaftsrecht, Band 2: Kommanditgesellschaft, 1991, S. 169; *Hennerkes/Binz*, Die GmbH & Co., S. 137.

[287] So auch *Hennerkes/Lorz*, DB 1997, 1388, 1391; dies übersieht *Mayer*, Der Komplementär in der GmbH & Co. KGaA, in: RWS-Forum (Hrsg.), Gesellschaftsrecht 1997, S. 263, 267 f.

Handlungspflichten auferlegt[288]. Die gesellschaftsrechtliche Treuepflicht wurde bereits im Recht der GmbH & Co. KG bei Fragen zur Abberufung und Bestellung der Geschäftsführer der Komplementär-GmbH herangezogen. Danach muss der Geschäftsführer im Streitfall von den Gesellschaftern der Komplementär-GmbH abberufen werden, wenn aus Sicht der Gesellschaft ein wichtiger Grund in der Person des Geschäftsführers besteht, so z.B. wenn der Geschäftsführer sich als ungeeignet zur ordnungsgemäßen Wahrnehmung seiner Geschäftsführungsaufgaben erweist[289]. In diesem Fall können die Kommanditisten eine Abberufung des Geschäftsführers von der Komplementär-GmbH verlangen. Auf Grund der ihr obliegenden Treuepflicht ist die Komplementär-GmbH gehalten, einen entsprechenden Abberufungsbeschluss zu fassen und für die Bestellung eines neuen Geschäftsführers zu sorgen. Die gesellschaftsrechtliche Treupflicht begrenzt dabei nicht nur die Rechtsausübung einzelner Gesellschafter, sondern auch die Einflussnahme der Gesellschaftermehrheit auf die Gesellschaft oder ihr Unternehmen. Die gesellschaftsrechtliche Treuepflicht kann also immer dann als Gegengewicht fruchtbar gemacht werden, wenn auf Interessen der Gegenseite angemessen Rücksicht zu nehmen ist[290].

I. Anwendbarkeit der gesellschaftsrechtlichen Treuepflicht

Die im Recht der GmbH & Co. KG entwickelten Grundsätze der gesellschaftsrechtlichen Treuepflicht sind auf Grund der identischen Interessenlage auch auf die kapitalistische KGaA zu übertragen[291]. Im Recht der KGaA unterliegen die Komplementäre untereinander und gegenüber der Gesamtheit der Kommanditaktionäre einer gesellschaftsrechtlichen Treupflicht. Die Treuepflicht erstreckt sich dabei auch auf die Auswahl und Abberufung der Geschäftsführer der Komplementärgesellschaft[292]. Denn die Möglichkeit, durch Einflussnahme auf die Geschäftsführung die gesellschaftsbezogenen Interessen der übrigen Mitglieder

---

[288] Vgl. *Henze*, BB 1996, 489, 491 ff.; *Timm*, WM 1991, 481, 482 ff.

[289] *Wirth*, in: Riegger/Weipert (Hrsg.), Münchener Handbuch des Gesellschaftsrechts, Band 2: Kommanditgesellschaft, 1991, § 3 Rdn. 82; *Binz*, GmbH & Co., § 9 Rdn. 2 ff; *Hesselmann/Tillmann*, GmbH & Co., Rz. 270.

[290] BGH, ZIP 1995, 899 („Girmes"). Zur Pflichtenbindung der Minderheit gegenüber der Mehrheit vgl. allgemein *Timm*, WM 1991, 481 ff.; *Henze*, BB 1996, 489 f.

[291] Vgl. *Priester*, ZHR 160 (1996), 250, 261 f.; *Dirksen/Möhrle*, ZIP 1998, 1377, 1383 f.; vgl. auch *Arnold*, Die GmbH & Co. KGaA, S. 77 f.

[292] *Assmann/Sethe*, in: Großkomm. z. AktG, § 278 Rdn. 63.

zu beeinträchtigen, erfordert auch im Recht der KGaA als Gegengewicht die gesellschaftsrechtliche Pflicht, auf die anderweitigen Interessen in gebührendem Maße Rücksicht zu nehmen. Sofern ein wichtiger Abberufungsgrund in der Person des Geschäftsführers gegeben ist, können die Kommanditaktionäre also von der Komplementärgesellschaft die Abberufung des Geschäftsführers verlangen. In diesem Fall haben die Gesellschafter der Komplementär-GmbH einen entsprechenden Abberufungsbeschluss zu fassen, wollen sie eine Verletzung der gesellschaftsrechtlichen Treuepflicht vermeiden. Doch ist das Instrument der Treuepflicht in der Regel nur wenig hilfreich, da sie keinen angemessenen Ausgleich der ggf. unterschiedlichen Interessen gewährleisten kann und keine konkreten Einwirkungsmöglichkeiten für die Kommanditaktionäre begründet[293]. Zum einen greift die gesellschaftsrechtliche Treuepflicht nur im Fall eines sorgfaltswidrigen bzw. schuldhaft schädigenden Verhaltens eines Gesellschafters. Nicht gehaftet wird dagegen für falsches oder schlichtweg erfolgloses Geschäftsführerverhalten[294]. Mit der gesellschaftsrechtlichen Treuepflicht können daher nur evidente Pflichtverletzungen und Fehlleistungen in der Gesellschaft geahndet werden. Ein ausgeprägtes Potential zu einer positiven Verhaltenssteuerung der Geschäftsführung ist ihr jedoch nicht zu entnehmen[295]. Zum anderen können durch die gesellschaftsrechtliche Treuepflicht auch keine direkten Befugnisse der Kommanditaktionäre auf die Person des Geschäftsführers gewonnen werden[296]. Denn die Kommanditaktionäre können bei einer Verletzung der Treuepflicht durch die Komplementärgesellschaft nur die personengesellschaftsrechtlichen Rechtsbehelfe, d.h. die Ausschlussklage (§ 289 Abs. 1 AktG, §§ 161 Abs. 2, 140 HGB) geltend machen oder der Komplementärgesellschaft durch gerichtliche Entscheidung die Geschäftsführungs- und Vertretungsbefugnis gemäß § 278 Abs. 2 AktG i.V.m. §§ 161 Abs. 2, 117, 127 HGB entziehen lassen. Wie bereits gezeigt[297], ist mit den Rechtsbehelfen kein unmittelbarer Einfluss auf den unliebsamen Geschäftsführer verbunden.

---

[293] Vgl. auch *Dirksen/Möhrle*, ZIP 1998, 1377, 1383 f.; *Gonella/Mikic*, AG 1998, 508, 509 f.

[294] Vgl. *Bayreuther*, JuS 1999, 651, 655.

[295] So *Hommelhoff*, ZHR Beiheft 67, 1998, 9, 22; vgl. auch die zurückhaltende Einschätzung von *K. Schmidt*, ZHR 160 (1996), 265, 281.

[296] Vgl. auch *Arnold*, Die GmbH & Co. KGaA, S. 76.

[297] Vgl. oben unter § 8 B.

Die gesellschaftsrechtliche Treuepflicht kann also lediglich eine Schranke zur Begrenzung der Einflussmöglichkeiten der Gesellschafter der Komplementär-GmbH begründen[298]. Da sich der BGH in seinem Grundsatzentscheid nicht veranlasst sah, die Anforderungen an die gesellschaftsrechtliche Treuepflicht der Komplementär-GmbH als maßgebliches Schutzinstrument der Kommanditaktionäre bei der Auswahl und besonders bei der Abberufung der Geschäftsführer näher darzulegen, muss im Folgenden der Frage nachgegangen werden, ob die Durchsetzung der gesellschaftsrechtlichen Treuepflicht über die wenig hilfreichen personengesellschaftsrechtlichen Rechtsgrundsätze hinaus anderweitig zu konkretisieren und den Kommanditaktionären auf anderem Wege ein effektives Druckmittel zuzubilligen ist[299]. Hierfür sind rechtliche Gestaltungsspielräume im Satzungsrecht der GmbH & Co. KGaA zu suchen.[300].

II. Durchsetzung der gesellschaftsrechtlichen Treuepflicht

Im Anschluss an den Grundsatzentscheid des BGH vom 24. Februar 1997[301] ist die Frage, wie die gesellschaftsrechtliche Treuepflicht im Hinblick auf die Abberufung des Geschäftsführers der Komplementär-GmbH zu konkretisieren ist, mehrfach Gegenstand wissenschaftlicher Auseinandersetzung geworden. Zur Beantwortung der Durchsetzungsproblematik sind verschiedene Lösungsansätze entwickelt worden.

1) Gesetzlicher Abberufungsdurchgriff

Im Schrifttum werden z.T. die Grundsätze des gesetzlichen Abberufungsdurchgriffs herangezogen, wie er bereits im Rahmen der GmbH & Co. KG ent-

[298] So im Ergebnis auch *Arnold*, Die GmbH & Co. KGaA, S. 78.

[299] In diesem Sinne auch *Overlack*, Der Komplementär in der GmbH & Co. KGaA, in: RWS-Forum (Hrsg.), Gesellschaftsrecht 1997, S. 237, 253 f.; *Ihrig/Schlitt*, ZHR Beiheft 67, 1998, 33, 36; *Geck*, NZG 1998, 586, 588; *Kallmeyer*, DZWir 1998, 235, 239; *Ladwig/Motte*, DStR 1997, 1539, 1540; vgl. auch *Gonnella/Mikic*, AG 1998, 508, 509.

[300] So auch *Habel/Strieder*, MittBayNot 1998, 65, 69. Ablehnend *Arnold*, Die GmbH & Co. KGaA, S. 85, der über die gesetzlichen Regelungen hinaus den Kommanditaktionären keine Kompetenzen hinsichtlich der Besetzung der Geschäftsführung zubilligen will.

[301] BGHZ 134, 392 ff. = ZIP 1997, 1027 ff.

wickelt und diskutiert worden ist[302]. Inhalt des gesetzlichen Abberufungsdurchgriffs ist das Recht der Kommanditaktionäre, dem Geschäftsführer der Komplementär-GmbH direkt die Geschäftsführungsbefugnis oder die Vertretungsmacht zu entziehen. Als mögliche Rechtsgrundlage werden §§ 130a Abs. 3, 177 HGB[303], §§ 130a Abs. 1 S. 2, Abs. 2, 3, 130b, 177a HGB[304] oder §§ 117, 127 HGB analog[305] herangezogen.

Auch *Overlack* hält den Gedanken des Abberufungsdurchgriffs im Grundsatz für übertragbar[306]. Einschränkend habe die praktische Anwendung des Durchgriffs auf das anzuwendende Gesellschaftsrecht einer jeden betroffenen Komplementärgesellschaft Rücksicht zu nehmen. Dabei sei das jeweils schonendste Mittel einzusetzen. Seiner Ansicht nach scheide in der GmbH, die den Grundsatz der Unbeschränkbarkeit der Vertretungsmacht des Geschäftsführers kennt (§ 37 Abs. 2 GmbHG), ein Durchgriff im Wege der Entziehung der Vertretungsmacht aus. In Betracht komme nur ein Abberufungsbeschluss, wolle man den Kommanditaktionären ein griffiges Instrument in die Hand geben. Praktisch sähe dies so aus, dass die Kommanditaktionäre einen Abberufungsbeschluss fassen, dieser Beschluss als ein solcher der GmbH-Gesellschafter angesehen werde und der Aufsichtsrat daraus die entsprechenden Konsequenzen zu ziehen habe[307]. Im Einzelfall genüge es, dass die Kommanditaktionäre das Weisungsrecht der GmbH-Gesellschafter ersetzen und dem Geschäftsführer die Weisung erteil-

---

302 *Overlack*, Der Komplementär in der GmbH & Co. KGaA, in: RWS-Forum (Hrsg.), Gesellschaftsrecht 1997, S. 237, 255; *Sethe*, Die personalistische Kapitalgesellschaft mit Börsenzugang, 1996, S. 170; *Hennerkes/Lorz*, DB 1997, 1388, 1391; *Ladwig/Motte*, DStR 1997, 1539, 1540; *Schaumburg*, DStR 1998, 525, 531 f.; *Schilling*, BB 1998, 1905, 1906 f.; zur die Zulässigkeit eines Abberufungsdurchgriffs bei der GmbH & Co. vgl. u.a. *Koller/Roth/Morck*, HGB, § 170 Rdn. 2; *Stimpel*, Anlegerschutz durch Gesellschaftsrecht in der Publikums-Kommanditgesellschaft, in: Lutter/Stimpel/Wiedemann (Hrsg.), Festschrift für Fischer, 1979, S. 781; *Hopt*, ZGR 1979, 1 ff., 16; *Hüffer*, ZGR 1981, 348 ff.; *Hesselmann/Tillmann*, GmbH & Co., Rz. 270 ff.; gegen die Zulässigkeit vgl. u.a. *Wirth*, in: Münchener Handbuch des Gesellschaftsrechts, Band 2: Kommanditgesellschaft, 1991, S. 189; *Schlegelberger/Martens*, HGB, § 164 Rdn. 6.

303 *Sethe*, Die personalistische Kapitalgesellschaft mit Börsenzugang, 1996, S. 170.

304 *Hennerkes/Lorz*, DB 1997. 1388, 1391.

305 Vgl. *Sethe*, Die personalistische Kapitalgesellschaft mit Börsenzugang, 1996, S. 170; *Schaumburg*, DStZ 1998, 525, 531 (Fußn. 77).

306 *Overlack*, Der Komplementär in der GmbH & Co. KGaA, in: RWS-Forum (Hrsg.), Gesellschaftsrecht 1997, S. 237, 255.

307 *Overlack*, Der Komplementär in der GmbH & Co. KGaA, in: RWS-Forum (Hrsg.), Gesellschaftsrecht 1997, S. 237, 276.

ten, sich jeglicher Tätigkeit für die Gesellschaft zu enthalten[308]. Diese Mittel stünden den Kommanditaktionären der kapitalistischen KGaA auch dann zu, wenn eine GmbH & Co. KG als Komplementärgesellschaft eingesetzt ist[309].

2) Abberufungspflicht bei Verweigerung der Entlastung

Nach der Ansicht von *Hommelhoff* ist der Anknüpfungspunkt für einen Ausgleich des beschränkten gesellschaftsrechtlichen Anlegerschutzes die Entlastung der geschäftsführenden Komplementär-GmbH durch die Hauptversammlung (§ 285 Abs. 1 S. 2 Nr. 2 AktG). Der Gesetzgeber ließe sich auch in der KGaA, wie die Möglichkeit der Entlastung zeige, von der Erwägung leiten, dass diejenigen des fortwährenden Vertrauens der Kommanditaktionäre bedürfen, die die Geschäfte führen und dabei auch mit deren Einlagen wirtschaften[310]. *Hommelhoff* schlägt vor, privatautonome Regelungen in der Satzung der KGaA und im Gesellschaftsvertrag der GmbH unter Berücksichtigung ihrer rechtsformspezifischen Besonderheiten aufzunehmen, durch die der KGaA-Aufsichtsrat in der Satzung verpflichtet wird, über die Abberufung aller oder bestimmter GmbH-Geschäftsführer (§ 38 Abs. 1 GmbHG) nach pflichtgemäßem Ermessen zu befinden, falls die Hauptversammlung die Entlastung verweigert[311]. Für die Praxis bedeutet dies, dass ein Hauptversammlungsbeschluss, der auf Abberufung zielt, im GmbH-Vertrag als wichtiger Abberufungsgrund bezeichnet werden muss[312]. Zugleich muss der Gesellschaftsvertrag der GmbH eine korrespondierende Abberufungskompetenz zu Gunsten des KGaA-Aufsichtsrats begründen. Hierbei soll es sich nicht um einen gesetzlichen, sondern um einen privatautonom in den Statuten der GmbH & Co. KGaA begründeten Abberufungsdurchgriff handeln, der den GmbH-Geschäftsführer in seinem Wirken auch an die Kommanditaktionäre und deren Interessen bindet. Der Anlegerschutz werde also nicht durch gesetzliches, sondern durch statutarisches Gesellschaftsrecht

---

[308] *Overlack*, Der Komplementär in der GmbH & Co. KGaA, in: RWS-Forum (Hrsg.), Gesellschaftsrecht 1997, S. 237, 261; ihm folgend *Schaumburg*, DStZ 1998, 525, 532.

[309] *Overlack*, Der Komplementär in der GmbH & Co. KGaA, in: RWS-Forum (Hrsg.), Gesellschaftsrecht 1997, S. 237, 255.

[310] *Hommelhoff*, ZHR Beiheft 67, 1998, 9, 24.

[311] *Hommelhoff*, ZHR Beiheft 67, 1998, 9, 24 f., 30; so im Ergebnis auch *Schilling*, BB 1998, 1905, 1907.

[312] Vgl. *Schäfer/Casper*, in: Diskussionsbericht zu Ulmer (Hrsg.), Die GmbH & Co. KGaA nach dem Beschluss BGHZ 134, 392, ZHR Beiheft 67, 1998, 87.

erweitert[313]. *Hommelhoff* geht sogar so weit, einer GmbH & Co. KGaA den Zutritt zum amtlichen und geregelten Markt zu verweigern, solange die Satzung keine Regeln zur personalpolitischen Rückkoppelung enthält[314].

3) Abberufungskompetenz bei wichtigem Grund

Auch *Ihrig/Schlitt* halten die Notwendigkeit einer korrigierenden Anwendung des bestehenden Rechts für erforderlich, wenn in der Person des Geschäftsführers der Komplementärgesellschaft ein seine Abberufung berechtigender wichtiger Grund vorliegt. Die Kommanditaktionäre müssten selbst unmittelbaren Einfluss auf die Abberufung haben, da die Gesellschafter der Komplementär-GmbH häufig nicht zu einer freiwilligen Abberufung bereit seien[315]. *Ihrig/Schlitt* schlagen deshalb vor, einen Anspruch der Kommanditaktionäre gegenüber der Komplementär-GmbH auf Abberufung zu konstruieren. Die Kommanditaktionäre könnten in der Hauptversammlung der kapitalistischen KGaA einen Beschlussantrag auf Abmahnung des Geschäftsführers stellen[316]. Gleichzeitig könnte die Entziehung der Geschäftsführungsbefugnis zulasten des persönlich haftenden Gesellschafters mit der Maßgabe beschlossen werden, dass die Entziehung dann wirksam werde, wenn die Komplementärgesellschaft nicht binnen einer bestimmten Frist den inkompetenten bzw. missliebigen Geschäftsführer abberufe. Somit hätten die Kommanditaktionäre einen Anspruch gegen die Komplementärgesellschaft, der zur Abberufungspflicht auf der GmbH-Ebene führe. Auf diese Weise könnten die Kommanditaktionäre den Komplementär anhalten, den gebotenen Geschäftsführerwechsel vorzunehmen, was vornehmlich durch die Drohung mit dem Entzug der Geschäftsführungsbefugnis der Komplementär-GmbH unterstützt werden könnte[317].

---

313 Vgl. *Hommelhoff*, ZHR Beiheft 67, 1998, 9, 25.
314 *Hommelhoff*, ZHR Beiheft, 67, 1998, 9, 27 f.
315 *Ihrig/Schlitt*, ZHR Beiheft 67, 1998, 32, 52 ff.
316 Vgl. *Schäfer/Casper*, in: Diskussionsbericht zu Ulmer (Hrsg.), Die GmbH & Co. KGaA nach dem Beschluss BGHZ 134, 392, ZHR Beiheft 67, 1998, 86.
317 Vgl. *Schäfer/Casper*, in: Diskussionsbericht zu Ulmer (Hrsg.), Die GmbH & Co. KGaA nach dem Beschluss BGHZ 134, 392, ZHR Beiheft 67, 1998, 86; vgl. hierzu auch *Wachter*, NotBZ 1999, 36, 38.

4) Verankerung der Personalkompetenz im Gesellschaftsvertrag

Nach Auffassung von *Dirksen/Möhrle* empfiehlt es sich, durch entsprechende Regelungen im Gesellschaftsvertrag der Komplementär-GmbH und der Satzung der KGaA dafür Sorge zu tragen, dass die Personalhoheit auch von den Kommanditaktionären der kapitalistischen KGaA ausgeübt werden könne. Anknüpfungspunkt soll hierbei das Anstellungsverhältnis des Geschäftsführers sein. *Dirksen/Möhrle* befürworten, dass die Satzung der kapitalistischen KGaA das Anstellungsverhältnis der Geschäftsführer unmittelbar mit der KGaA regelt. Die Festlegung der Anstellungskonditionen des Geschäftsführers solle einem von den Kommanditaktionären bestellten Ausschuss (Beirat) bei der KGaA übertragen werden, der nicht mitbestimmt ist. Möglich sei auch, dass die Hauptversammlung selbst die Festlegung der Anstellungskonditionen beschließt. Tritt der Fall ein, dass der Aufsichtsrat oder Beirat die Beendigung des Anstellungsverhältnisses beschließt, würde es der Treuepflicht der Gesellschafter der Komplementär-GmbH entsprechen, die erforderlichen Schritte zur Beendigung des Anstellungsverhältnisses mit der KGaA und die Abberufung der Geschäftsführer vorzunehmen[318].

5) Treuepflicht bzw. personengesellschaftsrechtliche Rechtsbehelfe

Auch *Herfs* sieht den fehlenden Einfluss der Kommanditaktionäre als Kernproblem des Anlegerschutzes in der GmbH & Co. KGaA an. Im Unterschied zu den vorangestellten Lösungsvorschlägen sieht er jedoch kein Bedürfnis, besondere gesetzliche oder statutarische Schutzinstrumente zu entwickeln. So seien die gesellschaftsrechtliche Treuepflicht und die personengesellschaftsrechtlichen Rechtsbehelfe der Kommanditaktionäre[319] zur Lösung des Interessenkonflikts ausreichend, um die Interessen der Anleger zu wahren[320]. Ein Verbot von Satzungsregeln, die keine Abberufungsmöglichkeit für die Kommanditaktionäre vorsehen, sei nicht erforderlich. Vielmehr könne auf die Wirkungsmechanismen

---

318 Zum Ganzen vgl. *Dirksen/Möhrle*, ZIP 1998, 1377, 1384.

319 Zu den personengesellschaftsrechtlichen Rechtsbehelfen vgl. § 8 B.

320 *Herfs*, in: Hoffmann-Becking (Hrsg.), Münchener Handbuch des Gesellschaftsrechts, Band 4: Aktiengesellschaft, § 77 Rdn. 9; *ders.*, Die Satzung der börsennotierten GmbH & Co. KGaA – Gestaltungsfreiheit und Grenzen, in: Gesellschaftsrechtliche Vereinigung (Hrsg.), Gesellschaftsrecht in der Diskussion, 1999, S. 23, 45 f.

und Einflüsse des Kapitalmarktes abgestellt werden, die dafür sorgen würden, dass sich angemessene Regelungen in den jeweiligen Satzungen der kapitalistischen KGaA herausbilden würden[321]. Insoweit sei ein Schutz des Anlegers über die Preisbildung am Kapitalmarkt ausreichend[322].

F. Stellungnahme

Die z.T. komplexen gesellschaftsrechtlichen Lösungsansätze zeigen, dass es nicht nur bei der Art und Weise der Durchsetzung der Abberufungskompetenz verschiedene Möglichkeiten gibt, sondern bereits die Frage nach dem zuständigen Gesellschaftsorgan für Abberufung des GmbH-Geschäftsführers in der Wissenschaft und Praxis bislang nicht geklärt ist.

I. Organzuständigkeit für die Abberufungskompetenz

Ausgangspunkt ist also zunächst die Frage, welchem Organ unter Berücksichtigung der widerstreitenden Interessen die Entscheidungsmacht für die Abberufung übertragen werden muss.

1) Hauptversammlung als Entscheidungsorgan

Overlack und *Ihrig/Schlitt* halten die Hauptversammlung als maßgebliche Entscheidungsträgerin für die Abberufungskompetenz der Geschäftsführer der Komplementär-GmbH für sinnvoll. Diesem Organ die Abberufungskompetenz zukommen zu lassen, erscheint bei näherer Betrachtung jedoch zweifelhaft.

a) Organisatorische Nachteile

Als entscheidender Nachteil ist der außerordentlich hohe personelle und materielle Aufwand einer in der Regel nur einmal im Geschäftsjahr stattfindenden Hauptversammlung zu nennen[323]. Die Einberufung der Hauptversammlung der

---

[321] *Herfs*, Die Satzung der börsennotierten GmbH & Co. KGaA – Gestaltungsfreiheit und Grenzen, in: Gesellschaftsrechtliche Vereinigung (Hrsg.), Gesellschaftsrecht in der Diskussion, 1999, S. 23, 46; *ders.*, WiB 1997, 588, 590.

[322] *Herfs*, WiB 1997, 588, 590.

[323] Vgl. *Martens*, AG 1982, 113.

Gesellschaft ist zeitaufwendig, umständlich und kostenintensiv[324]. Zu beachten sind die aktienrechtlichen Einladungsfristen (vgl. § 123 AktG), die fristgemäße Versendung von Unterrichtungsmaterial und die vom Gesetz geforderte Veröffentlichung der Einladung im Bundesanzeiger und den anderen Pflichtblättern (vgl. § 125 AktG). Dies bedarf in der Regel einer Vorlaufzeit von einem halben Jahr. Die Kosten für die Einberufung belaufen sich zudem je nach Größe der Hauptversammlung auf mehrere Tausend Euro. Auch das zwingende Teilnahmerecht aller Gesellschafter sowie die mangelnde Flexibilität dieses Gesellschaftsorgans können sich als Nachteil erweisen. Durch die Schwerfälligkeit bei der Bildung von Entscheidungsprozessen bestehen keine schnellen Reaktionsmöglichkeiten, die bei eilbedürftigen Entscheidungen aber Voraussetzung sind. Zudem fehlt es häufig, sollte sich das Kapital im Streubesitz befinden, am erforderlichen Sachverstand der Stimmberechtigten in der Hauptversammlung, was einer schnellen Entscheidungsfindung hinderlich ist. Auch die oftmals unerwünschte vorschnelle Publizität und die mangelnde Diskretion gegenüber gesellschaftsfremden Dritten bei unternehmenswichtigen Angelegenheiten sprechen gegen die Hauptversammlung. Entscheidungen, die die unternehmerische Führung betreffen, sind auf Grund ihrer unternehmenspolitischen Bedeutung erfahrungsgemäß nicht geeignet, innerhalb eines vielgliedrigen Organs verhandelt zu werden[325].

b) Gefahr einer materiellen Inhaltskontrolle

Darüber hinaus kann der jeweilige Hauptversammlungsbeschluss einer materiellen Inhaltskontrolle unterliegen. Jeder Kommanditaktionär hat unabhängig von der Höhe seiner Beteiligung die Möglichkeit, den Hauptversammlungsbeschluss gemäß § 278 Abs. 2 AktG i.V.m. § 243 Abs. 1 AktG anzufechten, um dessen Rechtmäßigkeit überprüfen zu lassen. Folge einer Anfechtung wäre die Nichtigkeit des Hauptversammlungsbeschlusses (§ 241 AktG). Eine Vermeidung von Anfechtungsklagen ist aber für die Aufrechterhaltung der Unternehmenskontinuität und die Umsetzung der maßgeblichen geschäftlichen Entscheidung von besonderer Bedeutung. In letzter Zeit ist es häufig anzutreffen, dass Aktionäre gegen für die Gesellschaft wichtige Hauptversammlungsbeschlüsse Anfech-

---

324 Ablehnend *Hommelhoff*, ZHR Beiheft 67, 1998, 9, 14 ff.; *Jaques*, NZG 2000, 401, 408.
325 Vgl. *Martens*, AG 1982, 113.

tungsklage erheben. Hierdurch kommen die Geschäftsführer der Komplementärgesellschaft bei der Frage der Durchführung des gefassten, aber angefochtenen Beschlusses in Abwägungsunsicherheiten, ob der Beschluss ausgeführt werden soll oder nicht[326]. Gerade bei wichtigen Unternehmensentscheidungen wie die Abberufung des Geschäftsführers würde eine solche Anfechtungssituation zu großer Rechtsunsicherheit führen.

c) Berücksichtigung der Unternehmerinteressen

Des Weiteren müssen auch die Unternehmerinteressen berücksichtigt werden. In der Praxis wird die Rechtsform der kapitalistischen KGaA gewählt, um eine Trennung der Führungs- und Kapitalstruktur zu erreichen. Würde der Hauptversammlung die Abberufungskompetenz übertragen, hätte dies zugleich Auswirkungen auf die gewünschte Machtstellung des Unternehmensgründers bzw. Komplementärgesellschafters und somit auf das Unternehmerinteresse selbst. In diesem Zusammenhang ist an zwei verschiedene Fallkonstellationen zu denken: Hat der Unternehmensgründer neben seiner Gesellschafterstellung in der Komplementärgesellschaft auch die Mehrheit an Kommanditaktien und somit die Stimmenmehrheit in der Hauptversammlung, würde sich sein Stimmeinfluss auf die Entscheidungsabläufe in der Hauptversammlung zulasten der übrigen Kommanditaktionäre auswirken. Der Unternehmensgründer als Mehrheitsaktionär hätte in diesem Fall den entscheidenden Einfluss auf die Abstimmung hinsichtlich einer Abberufung des GmbH-Geschäftsführers. Dadurch würde der Schutz der übrigen Aktionäre im Ergebnis wieder eingeschränkt, was vor dem Hintergrund der kapitalmäßigen Mehrheitsbeteiligung des Unternehmensgründers jedoch gerechtfertigt ist.

Problematisch wäre die Entscheidungskompetenz der Hauptversammlung aber dann, wenn der Unternehmensgründer bzw. Komplementärgesellschafter selbst nicht am Gesamtkapital der kapitalistischen KGaA beteiligt ist. Er wäre gezwungen, sich durch Zeichnung oder Ankauf von Kommanditaktien die Mehrheit in der Hauptversammlung zu sichern, um wenigstens den Ausgang des Abstimmungsverfahrens kontrollieren zu können. Die Mehrheit in der Hauptversammlung ist aber in vielen Fällen aus steuerlichen Gründen nicht gewollt bzw.

---

[326] Vgl. auch *Hommelhoff*, ZHR Beiheft 67, 1998, 9, 14.

aus finanzieller Sicht auch gar nicht möglich. Die Entscheidungsfindung wäre also völlig losgelöst von den Belangen der Komplementärgesellschaft. Daneben kann sich auch eine anderweitige unternehmerische Tätigkeit der Komplementärgesellschaft und ihres Geschäftsführers als Nachteil erweisen. Sollte eine unternehmensübergreifende Tätigkeit vorliegen, ist ein entsprechender Ausgleich der Interessen notwendig. Würde die Entscheidung letztlich allein von der Hauptversammlung der kapitalistischen KGaA abhängig gemacht, würden die eventuell abweichenden unternehmerischen Interessen der Komplementärgesellschafter nicht berücksichtigt werden können.

d) Vergleich mit der AG

Auch ein Blick auf die Rechtsform der AG zeigt, dass die Hauptversammlung der KGaA nicht das richtige Organ für die Abberufungskompetenz ist. Bei der AG wird die Abberufungskompetenz gegenüber dem Geschäftsführungsorgan nach dem gesetzlichen Leitbild nicht an die Hauptversammlung, sondern an den Aufsichtsrat als kleingliedriges und kompetent besetztes Organ geknüpft (vgl. § 84 AktG). Würde der Hauptversammlung auch die direkte Kompetenz zur Abberufung des GmbH-Geschäftsführers zugestanden, wäre die ohnehin schon vergleichsweise einflussreiche Hauptversammlung der kapitalistischen KGaA mit einer zusätzlichen Kompetenz ausgestattet, wie es von der AG her unbekannt ist[327].

e) Zwischenergebnis

Festzuhalten bleibt, dass die überwiegenden Argumente dafür sprechen, für die Unternehmenspolitik wichtige Kernkompetenzen nicht auf ein vielgliedriges Organ wie die Hauptversammlung zu verlagern. Die Hauptversammlung der Kommanditaktionäre ist kein geeignetes Organ für die Übertragung von unternehmenspolitischen Entscheidungskompetenzen, sondern erweist sich in der Praxis in der Regel als schwer überwindbares Hindernis.

---

[327] Vgl. hierzu bereits § 5 B. II.

2) Aufsichtsrat als Entscheidungsorgan

Hommelhoff[328] schlägt vor, dem Aufsichtsrat der kapitalistischen KGaA die Entscheidungsmacht bezüglich der Abberufungskompetenz zu übertragen. Dazu will er die aktienrechtlichen Grundsätze der AG im Ansatz auch auf die kapitalistische KGaA übertragen.

a) Widerspruch zum gesetzlichen Leitbild

Die Anknüpfung der Abberufungskompetenz an den Aufsichtsrat über die Verweigerung der Entlastung gemäß § 285 Abs. 1 S. 2 Nr. 2 AktG wäre neben den personengesellschaftsrechtlichen Rechtsbehelfen eine weitere Möglichkeit, den mittelbaren Einflusses der Kommanditaktionäre auf die Geschäftsführung der Komplementärgesellschaft zu stärken. Fraglich ist aber, ob dem Aufsichtsrat als Entscheidungsorgan die von *Hommelhoff* geforderte korrespondierende Abberufungskompetenz nach pflichtgemäßem Ermessen bei Verweigerung der Entlastung auf statutarischem Wege zuerkannt werden kann. Dem Grundsatz nach ist der Aufsichtsrat ein Überwachungs- bzw. Kontrollorgan im Hinblick auf die Geschäftsführung[329]. Hier liegt der Unterschied zum Recht der AG, bei der der Aufsichtsrat das zentrale Organ zur Rückanbindung des Vorstands innerhalb der AG ist. Er besitzt das Recht, die Mitglieder des Vorstands zu bestellen bzw. abzuberufen, wenn ein wichtiger Grund für die Abberufung oder ein Vertrauensentzug durch die Hauptversammlung vorliegt (§ 84 Abs. 1 und 3 AktG)[330]. Durch das Recht der Hauptversammlung, die Mitglieder des Aufsichtsrats zu berufen (§ 101 Abs. 1 AktG), zeichnet sich im Verhältnis zwischen Hauptversammlung und Vorstand mittelbar über den Aufsichtsrat eine durchgehende per-

---

[328] ZHR Beiheft, 67, 1998, 9, 24 f.

[329] *Hüffer*, Aktiengesetz, § 287 Rdn. 1 f.; MünchKommAktG/*Semler/Perlitt*, § 287 Rdn. 5; vgl. hierzu bereits § 5 B II.

[330] Dabei fällt die Beurteilung, ob der für die Abberufung erforderliche wichtige Grund vorliegt, und insbesondere, ob der Vertrauensentzug durch die Hauptversammlung aus offenbar unsachlichen Gründen erfolgt ist, in die uneingeschränkte Kompetenz des Aufsichtsrats (§ 84 Abs. 3 S. 2 AktG); vgl. dazu auch BGH, DB 1978, 481, 482.

sonelle Rückanbindung an die Belange der Aktionäre einer AG ab[331]. Es kann somit ein interessengerechter und weitgehender Anlegerschutz gewährleistet werden, der bei der kapitalistischen KGaA so nicht existiert[332]. Denn dem Aufsichtsrat der KGaA steht nach dem gesetzlichen Leitbild die Kompetenz zur Abberufung der Geschäftsführer der Komplementärgesellschaft nicht zu. Grund hierfür ist, dass die KGaA, unabhängig von der Ausgestaltung der Rechtstellung des persönlich haftenden Gesellschafters, kein dem Vorstand der AG vergleichbares Führungsorgan hat[333]. Dies ergibt sich aus dem gemäß § 278 Abs. 2 AktG geltenden KG-Recht und begründet sich in der Rechtsstellung des persönlich haftenden Gesellschafters als „geborener" Geschäftsführer der Gesellschaft[334]. Vergleicht man den Rechtsformverbund einer GmbH & Co. KGaA mit der Rechtsform der AG, ist ein struktureller Unterschied auszumachen, der eine Gleichstellung beider Organe im Hinblick auf die Kompetenzverteilung nur schwer rechtfertigen lässt[335]. Die Übertragung der Abberufungskompetenz auf den KGaA-Aufsichtsrat würde die kapitalistische KGaA strukturell der AG gleichstellen. Die rechtsformspezifischen Besonderheiten würden damit aber, wenn auch nur auf statutarischem Wege, außer Acht gelassen.

Insoweit kommt auch keine analoge Anwendung des § 84 AktG in Betracht. Selbst wenn eine gesetzliche Regelunglücke bestünde[336], spricht die gesellschaftsrechtliche Ausgestaltung der GmbH & Co. KGaA mit ihrer das KGaA-Recht typischerweise kennzeichnenden Trennung von handelsrechtlicher Führungsstruktur und aktienrechtlicher Kapitalstruktur gegen eine Übernahme der

---

331 Von *Hommelhoff*, ZHR Beiheft 67, 1998, 9, 22, zutreffend als „Corporate Governance nach deutschem Aktienrecht" bezeichnet. Im internationalen Sprachgebrauch versteht man unter Corporate Governance die verantwortliche, auf langfristige Wertschöpfung ausgerichtete Unternehmensleitung und Unternehmenskontrolle; vgl. hierzu *v. Rosen*, Bank Magazin 7/2000, S. 27. Vgl. auch den Deutschen Corporate Governance Kodex in der Fassung v. 7.11.2002, Amtl. Teil des Bundesanzeigers v. 26.11.2002.

332 Vgl. auch *Hommelhoff*, ZHR Beiheft 67, 1998, 9, 30.

333 Vgl. *Sethe*, AG 1996, 289, 290 f.; vgl. auch *Kallmeyer*, ZGR 1983, 57, 66.

334 *Hüffer*, Aktiengesetz, § 278 Rdn. 14; *Kallmeyer*, ZGR 1983, 57, 69 ff.

335 Vgl. hierzu auch *Hüffer*, Aktiengesetz, § 278 Rdn. 12, 15; *Herfs*, in: Hoffmann-Becking (Hrsg.), Münchener Handbuch des Gesellschaftsrechts, Band 4: Aktiengesellschaft, § 77 Rdn. 47 f.; *Sethe*, AG 1996, 289, 290 f.; *Joost*, ZGR 1998, 334, 336.

336 Vgl. *Mertens*, in: KölnerKomm z. AktG, § 278 Rdn. 11; *Binz/Sorg*, BB 1988, 2041, 2047 ff.

aktienrechtlichen Vorschriften[337]. Wie bereits angeführt, hat die kapitalistische KGaA gerade keinen mit der Gesellschaft unmittelbar verknüpften – und daher abhängigen – Vorstand als Geschäftsleitungsorgan, sondern einen in gewisser Weise von der KGaA losgelösten Geschäftsführer als Geschäftsleitungsorgan der Komplementär-GmbH (& Co. KG). Im Ergebnis stehen sich somit mit der AG und der kapitalistischen KGaA zwei Rechtsformtypen gegenüber, die sich nicht nur in der Gesellschaftsstruktur, sondern gerade wegen § 23 Abs. 5 AktG auch im Ausmaß und in der Intensität des gesetzlich geregelten Anlegerschutzes unterscheiden[338]. So hat auch der Gesetzgeber in Kenntnis dieser Regelungslücke bei der kapitalistischen KGaA keine ausschließliche Personalkompetenz des Aufsichtsrats im Wege einer positiv-rechtlichen Regelung begründet, obwohl er u.a. im Zuge des KonTraG vom 27. April 1997[339] die Möglichkeit hatte, entsprechende Vorschriften in das Gesetz aufzunehmen. Er hat also die im Ergebnis verminderten Rechte des Aufsichtsrats einer kapitalistischen KGaA im Vergleich zu den Rechten eines Aufsichtsrats einer AG grundsätzlich gebilligt. Das hat zur Folge, dass der Anlegerschutz in der GmbH & Co. KGaA dem Gesetz nach grundsätzlich mit den Bestimmungen auskommen muss, die für die gesetzestypische bzw. klassische KGaA vorgesehen sind.

Hierfür sprechen auch die Regeln des MitbestG. Die Kernregelung des § 31 Abs. 1 S. 2 MitbestG 1976, nach der § 84 AktG auch für den mitbestimmten Aufsichtsart einer AG gilt, kommt bei der gesetzestypischen KGaA nicht zur Anwendung. Das Geschäftsführungsorgan ist gemäß § 278 Abs. 2 AktG der persönlich haftende Gesellschafter kraft seiner Gesellschafterstellung. Der mitbestimmte Aufsichtsrat übt insoweit keine Funktionen aus[340]. Müsste nun dem Aufsichtsrat die Personalkompetenz übertragen werden, hätte dies eine unternehmerfeindliche Umgehung der gesetzlichen Mitbestimmungsprivilegien zur Folge. In diesem Zusammenhang hat der BGH in seinem Beschluss vom 24. Februar 1997 darauf hingewiesen, dass die bedeutsamsten Regelungen des

337 Vgl. hierzu auch *Hommelhoff*, ZHR Beiheft 67, 1998, 9, 24.
338 *Hommelhoff*, ZHR Beiheft 67, 1998, 9, 23 f.
339 BGBl. I 1998, S. 786.
340 Vgl. *Joost*, ZGR 1998, 334, 336; *Kallmeyer*, ZGR 1983, 57, 64 f.

MitbestG, nämlich die Kompetenz des mitbestimmten Aufsichtsrats zur Bestellung und Abberufung der Geschäftsleitung bei der KGaA keine Anwendung finden[341].

Eine Verlagerung der Abberufungskompetenz auf den Aufsichtsrat wäre zudem nicht mit dem im Gesellschaftsrecht geltenden Grundsatz der privatautonomen Selbstorganisation zu vereinbaren. Die Bestellung oder Abberufung des geschäftsführenden Organs der Komplementärgesellschaft durch den Aufsichtsrat der KGaA steht nicht im Einklang mit dem Selbstbestimmungsrecht der Komplementärgesellschafter. Eine solche Kompetenzverlagerung würde zu einer Fremdbestimmung führen, was einen Eingriff in die durch Art. 9 Abs. 1 GG garantierte Willenbildungsautonomie der Gesellschafter der Komplementär-GmbH (& Co. KG) darstellen kann[342]. Darüber hinaus ist der Aufsichtsrat der KGaA nach überwiegender Auffassung im Schrifttum lediglich als Organ der Gesamtheit der Kommanditaktionäre zu charakterisieren[343]. Eine Verzahnung der KGaA-Satzung und des GmbH-Gesellschaftsvertrags würde zwar sinnvoll sein, um die verschiedenen Kompetenzbereiche aufeinander abzustimmen. Gleichwohl sollen dem Aufsichtsrat nur Einwirkungsbefugnisse gegenüber dem persönlich haftenden Gesellschafter zustehen, aber gerade keine Abberufungsrechte hinsichtlich des Geschäftsführers der Komplementär-GmbH. Damit erweist es sich durchaus als problematisch, ob sich solche statutarischen Regelungen mit dem gesetzlichen Leitbild und darüber hinaus in der Gestaltungspraxis mit dem Willen der Gesellschafter der Komplementär-GmbH (& Co. KG) und daher mit dem Innenrecht dieser Gesellschaft in Einklang bringen lassen. Funktionieren kann diese Konstruktion nur, wenn der Hauptversammlung ein Mitwirkungsrecht an der Satzungsänderung der Komplementärgesellschaft zugestanden wird[344]. Für die Gestaltungspraxis ist es aber kaum vorstellbar, dass der Gesamtheit der Kommanditaktionäre eine derartige Kompetenz in den Gesellschaftssta-

---

341 Nach BGHZ 134, 392, 400 = ZIP 1997, 1027, 1029, sei es allein Sache des Gesetzgebers, das MitbestG an die neuen Gegebenheiten anzupassen; zum gleichen Ergebnis kommen auch *Dirksen/Möhrle*, ZIP 1998, 1377, 1384 und *Joost*, ZGR 1998, 334, 337 f.

342 Zu der Bedeutung von Art. 9 Abs. 1 GG in diesem Zusammenhang vgl. *Wiedemann*, Gesellschaftsrecht, Bd. 1, S. 673 ff.

343 Vgl. nur *Hüffer*, Aktiengesetz, § 287 Rdn. 1.

344 So auch *Schäfer/Casper*, in: Diskussionsbericht zu Ulmer (Hrsg.), Die GmbH & Co. KGaA nach dem Beschluss BGHZ 134, 392, ZHR Beiheft, 67, 1998, 87; so auch *Korts/Korts*, Der Weg zur börsennotierten Aktiengesellschaft, 1999, S. 50 f.

tuten der Unternehmen eingeräumt wird, da der Unternehmensführung ein zu starker Machtverlust droht. Daneben ist anzuführen, dass der persönlich haftende Gesellschafter, d.h. mittelbar der Unternehmensgründer in seiner Funktion als Gesellschafter der GmbH, keine Möglichkeit hat, an der Abberufung der Geschäftsführer beteiligt zu werden, da er nicht selbst Mitglied des Aufsichtsrats werden kann (§ 287 Abs. 3 AktG) und auch bei der Besetzung nicht zu beteiligen ist (§ 285 Abs. 1 Nr. 1 AktG)[345]. Das Interesse des Unternehmensgründers könnte also bei der Besetzung des Aufsichtsrats nicht berücksichtigt werden[346].

Zusammenfassend ist festzuhalten, dass dem Aufsichtsrat der kapitalistischen KGaA nicht die Personalhoheit im Hinblick auf die Abberufung des Geschäftsführers der Komplementärgesellschaft zukommen kann. So fehlt es schon nach dem gesetzlichen Leitbild an einer gegenseitigen unmittelbaren personellen Rückanbindung zwischen dem Geschäftsführer der Komplementär-GmbH (& Co. KG) und dem Aufsichtsrat der KGaA, die eine Übertragung der Abberufungskompetenz rechtfertigt[347].

b) Mangelnde Effektivität

Ein mit der AG vergleichbarer Anlegerschutz wird zudem nur auf den ersten Blick gewährleistet. Da der Hauptversammlungsbeschluss, der auf Abberufung zielt, nur als ein wichtiger Grund in der GmbH-Satzung bezeichnet werden soll, liegt die Entscheidung über die letztendliche Abberufung des Geschäftsführers allein wieder bei der Versammlung der Komplementärgesellschafter (vgl. §§ 38, 46 Nr. 5 GmbHG). Ein ausreichender Anlegerschutz für die Kommanditaktionäre kann somit nur dem Anschein nach erreicht werden, da gesellschaftsvertragliche Vereinbarungen dieser Art nicht effektiv gewährleisten können, dass der wichtige Grund auf der GmbH-Gesellschaftsebene als Anlass zum Handeln genommen wird[348]. Eine gesellschaftsvertragliche Verpflichtung der Gesellschafterversammlung zur Abberufung der Geschäftsführer besteht nämlich auch dann

[345] Vgl. zur Reichweite der Inkompatibilitätsregelung in einer kapitalistischen KGaA unten § 11.

[346] Vgl. *Korts/Korts*, Der Weg zur börsennotierten Aktiengesellschaft, 1999, S. 56 f.

[347] So im Ergebnis auch *Jaques*, NZG 2000, 401, 405.

[348] Vgl. auch *Schäfer/Casper*, in: Diskussionsbericht zu Ulmer (Hrsg.), Die GmbH & Co. KGaA nach dem Beschluß BGHZ 134, 392, ZHR Beiheft 67, 1998, 87.

nicht, wenn der Beschluss der Hauptversammlung als wichtiger Grund in der GmbH-Satzung statuiert ist. Es bleibt bei einer reinen Ermessensentscheidung der Gesellschafterversammlung der Komplementär-GmbH. Eine ausreichende personelle Rückanbindung an die anlegerschutzbedürftigen Belange der Kommanditaktionäre kann auf diesem Wege nicht vermittelt werden. Des Weiteren bleibt zu bedenken, dass der Unternehmensgründer als Komplementärgesellschafter in keiner Weise an der Abberufung beteiligt werden kann. Der Komplementär ist in der Hauptversammlung nur dann stimmberechtigt, wenn er zugleich Kommanditaktien hält. Zudem unterliegt er zur Vermeidung von Interessenkollisionen einem Stimmrechtsausschluss bei der Beschlussfassung über die Entlastung des persönlich haftenden Gesellschafters (§ 285 Abs. 1 Nr. 2 AktG). Auf den Beschluss der Kommanditaktionäre in der Hauptversammlung hätte er also keinen Einfluss. Dieses Kompetenzdefizit erscheint immer dann fragwürdig, wenn die Komplementärgesellschaft wesentlich am Gesamtkapital der KGaA beteiligt oder noch anderweitig unternehmerisch tätig ist. Zudem besteht das Problem, dass trotz Abberufung des Geschäftsführers dessen Anstellungsvertrag mit der Komplementärgesellschaft weiterhin Bestand hat und er im Außenverhältnis noch tätig werden könnte. Denn die Beendigung des Anstellungsvertrags des Geschäftsführers obliegt allein der Gesellschafterversammlung der Komplementär-GmbH, sofern der Anstellungsvertrag nicht unmittelbar mit der KGaA geschlossen wurde. Sollte dem Aufsichtsrat die Abberufungskompetenz übertragen werden, die Bestellungskompetenz aber bei der Komplementärgesellschafterversammlung verbleiben[349], wird die strikte Aufgabentrennung zu problematischen Blockaden führen[350]. In diesem Fall sind Konflikte zwischen den verschiedenen, voneinander unabhängigen Gremien auf Grund der z.T. unterschiedlichen Interessenschwerpunkte nicht auszuschließen.

c) Zwischenergebnis

Im Ergebnis können mit dem Lösungsvorschlag von *Hommelhoff* zwar die weit reichenden statutarischen Gestaltungsspielräume bei der kapitalistischen KGaA

---

349 So der Lösungsvorschlag von *Hommelhoff*, ZHR Beiheft 67, 1998, 9, 24 f., 30; zur Verlagerung der Bestellungskompetenz im Rahmen einer kapitalistischen KGaA vgl. unten § 9.

350 Vgl. auch *Schäfer/Casper*, in: Diskussionsbericht zu Ulmer (Hrsg.), Die GmbH & Co. KGaA nach dem Beschluß BGHZ 134, 392, ZHR Beiheft 67, 1998, 87.

genutzt werden. Die vorangestellten Erkenntnisse zeigen aber, dass bei der Suche nach einem interessengerechten Kompetenzträger für die Abberufungskompetenz nicht auf den Aufsichtsrat als Entscheidungsorgan abgestellt werden kann. Eine Abberufung des Geschäftsführers durch den Aufsichtsrat der kapitalistischen KGaA widerspricht nicht nur dem gesetzlichen Leitbild, sondern bewirkt auch insgesamt eine Loslösung von den Belangen der Komplementärgesellschaft auf Grund der somit wieder eingeführten Mitbestimmung. Im Ergebnis würde es an einer interessensgerechten Machtverteilung bei der Abberufungskompetenz des Komplementärgeschäftsführers fehlen. Es entstünde eine einseitige Interessenbindung. Zudem lässt sich auch an der Effektivität des Lösungsvorschlags zweifeln, bedenkt man die fehlende Durchsetzungsmöglichkeit auf der GmbH-Ebene bzw. die möglichen Interessenblockaden bei einer Aufteilung der Abberufungs- und Bestellungskompetenz. Insbesondere für Familiengesellschaften ist diese Lösung praxisfern; sie schützt die Anleger nur unzureichend und liegt zudem nicht im Interesse des Unternehmensgründers[351].

II. Art und Weise der Durchsetzung der Abberufung

Probleme eröffnen sich bei den im Schrifttum vorgeschlagenen Lösungsversuchen neben dem möglichen Entscheidungsorgan auch im Hinblick auf die rechtlichen Mittel zur Durchsetzung der Abberufungskompetenz.

1) Gesetzlicher Abberufungsdurchgriff

Ein gesetzlicher Abberufungsdurchgriff der Kommanditaktionäre lässt sich im Recht der kapitalistischen KGaA de lege lata nicht begründen. Wenn der gesetzliche Abberufungsdurchgriff schon im Rahmen der GmbH & Co. KG nur schemenhaft mit dem Gesetz zu vereinbaren ist, so lassen sich die entsprechenden Grundsätze in den Regelungsbereich der GmbH & Co. KGaA noch schwieriger übertragen. Bei der GmbH & Co. KGaA kommen hierbei die gleichen Bedenken zum Tragen, die auch schon im Rahmen der GmbH & Co. KG zumindest nach h.M. zur Unzulässigkeit des gesetzlichen Abberufungsdurchgriffs führen.

---

[351] So im Ergebnis auch *Binz/Sorg*, Die GmbH & Co. KGaA – eine geeignete Rechtsform zum Going Public, in: Dr. Wieselhuber & Partner (Hrsg.), Börseneinführung mit Erfolg, 1996, 19, 30.

Die Kompetenz der Komplementärgesellschafter zur Abberufung des Geschäftsführers folgt aus der Struktur der GmbH & Co. KGaA und entspricht allgemeinen gesellschaftsrechtlichen Grundsätzen[352]. Auch wenn die KGaA mit in den Schutzbereich des Anstellungsvertrags des Geschäftsführers mit der Komplementär-GmbH einbezogen wird, ist die Anwendung des für die Kommanditisten der GmbH & Co. KG entwickelten gesetzlichen Abberufungsdurchgriffs auch für die Kommanditaktionäre mit Hinweis auf die für die GmbH geltende Unvereinbarkeit mit dem Grundsatz der Unbeschränkbarkeit der Vertretungsmacht des Geschäftsführers nach § 37 Abs. 2 GmbHG abzulehnen. Ein partieller Entzug der Vertretungsmacht lässt sich in der GmbH (& Co. KGaA) nicht mit § 37 Abs. 2 GmbHG in Einklang bringen[353]. Zwar würde es sich bei der Verlagerung des Weisungsrechts nicht um eine Maßnahme handeln, die die Stellung der Gesellschaftergesamtheit als oberstes Gesellschaftsorgan in ihrem Kern auf Dauer in Frage stellt. Doch stellt der Abberufungsdurchgriff als Beschluss mit Ersetzungsbefugnis zulasten der GmbH-Gesellschafter einen Eingriff in die Verbandssouveränität der GmbH dar, so dass die Ausübung des Weisungsrechts gegenüber dem Geschäftsführer durch die Kommanditaktionäre eine gesellschaftsvertragliche Regelung erfordert. An einem Mitwirkungsrecht der Komplementärgesellschafter fehlt es auch dann, wenn die Komplementär-GmbH nicht nur unwesentlich durch einen Kapitalanteil am Grundkapital der KGaA beteiligt ist. In diesen Fällen kann die letztendliche Entscheidungsmacht über die Abberufung nicht allein den Kommanditaktionären überlassen werden. Die Möglichkeit eines Abberufungsdurchgriffs der Kommanditaktionäre kann also nur dann in Betracht kommen, wenn die KGaA eine (mehrheitliche) Gesellschaftsbeteiligung an der Komplementär-GmbH (& Co. KG) hält. Das ist in der Praxis – soweit ersichtlich – nicht der Fall.

Ein gesetzlicher Abberufungsdurchgriff wäre auch dogmatisch nicht zu begründen. In der Rechtsform der KGaA mit einer GmbH & Co. KG als Komplementärin besitzen auch die Kommanditisten der KG keine unmittelbare Einflussmöglichkeit auf die Person des Geschäftsführers[354]. Ein Abberufungsdurchgriff

---

[352] Vgl. auch *Binz/Sorg*, DB 1997, 313, 319.

[353] So auch *Herfs*, in: Hoffmann-Becking (Hrsg.), Münchener Handbuch des Gesellschaftsrechts, Band 4: Aktiengesellschaft, § 77 Rdn. 9; *Ihrig/Schlitt*, ZHR Beiheft 67, 1998, 33, 53 f.

[354] *Ihrig/Schlitt*, ZHR Beiheft, 67, 1998, 33, 53 f.

hätte aber zur Folge, dass durch drei Gesellschaftsverhältnisse durchgegriffen werden müsste. Würde der Abberufungsdurchgriff der Gesamtheit der Kommanditaktionäre gewährt, kämen zudem die gleichen organisatorischen und rechtlichen Nachteile zum Tragen, die generell mit der Hauptversammlung als vielgliedriges Entscheidungsorgan verbunden sind[355]. Letztendlich erweist sich der Abberufungsdurchgriff in Analogie zu §§ 117, 127 HGB bereits wegen der erforderlichen Beschlussmehrheiten als unpraktikabel. Hier gewinnen die gleichen Gründe Bedeutung, die schon die personengesellschaftsrechtlichen Rechtsbehelfe für den Anlegerschutz als uneffektiv erscheinen lassen[356].

2) Abberufungsanspruch bei wichtigem Grund

Auch der von *Ihrig/Schlitt* vorgeschlagene Abberufungsanspruch der Kommanditaktionäre bei wichtigem Grund ist nicht praktikabel, da er letztlich nicht über eine rechtliche Erweiterung des personengesellschaftsrechtlichen Rechtsbehelfs zur Entziehung der Geschäftsführungsbefugnis zulasten des Komplementärs hinausgeht. Als notwendige Anspruchsgrundlage lässt sich zwar die gesellschaftsrechtliche Treuepflicht heranziehen, was der Aussage des BGH in seinem Beschluss vom 24. Februar 1997 grundsätzlich nahe kommt. Wenn aber der Beschluss der Hauptversammlung auf Abmahnung des Geschäftsführers gleichzeitig zur Abberufungspflicht auf der Komplementärebene führen soll[357], wäre der Abberufungsanspruch nichts anderes als ein mittelbarer Abberufungsdurchgriff. Zudem treten bei einer Beschlussfassung durch die Hauptversammlung die organisatorischen und rechtlichen Probleme auf, die eng mit der Hauptversammlung als Entscheidungsorgan verbunden sind[358], da auch bei einem Beschluss auf Abmahnung des Geschäftsführers eine qualifizierte Mehrheit zu fordern sein wird. Nachteilig erweist sich ebenfalls, dass der persönlich haftende Gesellschafter auf Grund seines Stimmrechtsauschlusses keinen Einfluss auf die Beschlussfassung der Hauptversammlung hat. Insoweit bestünde keine personelle

---

[355] Vgl. bereits § 8 F. I. 1) a).

[356] Vgl. hierzu § 8 B. III.; so auch *Schäfer/Casper*, in: Diskussionsbericht zu Ulmer (Hrsg.), Die GmbH & Co. KGaA nach dem Beschluß BGHZ 134, 392, ZHR Beiheft 67, 1998, 86 f.; vgl. auch *Wachter*, NotBZ 1999, 36, 37.

[357] Vgl. *Schäfer/Casper*, in: Diskussionsbericht zu Ulmer (Hrsg.), Die GmbH & Co. KGaA nach dem Beschluß BGHZ 134, 392, ZHR Beiheft 67, 1998, 86.

[358] Vgl. hierzu bereits § 8 F. I. 1) a).

Rückanbindung an die Belange der GmbH-Gesellschafter. Insbesondere die Einflussnahme des Unternehmensgründers würde stark begrenzt, da die Komplementärgesellschafter in keiner Weise an der Entscheidung über die Abberufung des Geschäftsführers beteiligt werden. Im Ergebnis wäre also eine einseitige Machtverschiebung zu Gunsten der Kommanditaktionäre zu befürchten, so dass dem Unternehmensgründer zugleich die Vorteile wieder genommen würden, die er eigentümlich mit der Rechtsform einer GmbH & Co. KGaA verbindet. Zudem könnten die Interessen des Komplementärs im Falle einer wesentlichen Kapitalbeteiligung oder einer anderweitigen Geschäftsführung nicht bei der Kompetenzverteilung berücksichtigt werden. Es bestünde also die Gefahr einer in diesem Umfang nicht gerechtfertigten einseitigen Interessenbindung.

Probleme wirft der Lösungsvorschlag von *Ihrig/Schlitt* auch dann auf, wenn die GmbH oder die GmbH & Co. KG die einzige Komplementärgesellschaft innerhalb der kapitalistischen KGaA ist. In diesem Fall erscheint die Drohung der Gesamtheit der Kommanditaktionäre, der Komplementärgesellschaft insgesamt die Geschäftsführungsbefugnis zu entziehen, nutzlos, da es häufig im Interesse der KGaA liegen wird, allein den Geschäftsführer seines Amtes zu entheben. Die Entziehung der Geschäftsführungsbefugnis der Komplementärgesellschaft liegt in der Regel nicht im Interesse einer kontinuierlichen und guten Geschäftsführung. Ist neben der Komplementärgesellschaft hingegen noch ein zweiter persönlich haftender Gesellschafter vorhanden[359], ist der Erfolg der mittelbaren Einflussnahme auf den Geschäftsführer der Komplementärgesellschaft noch unsicherer[360]. Zudem ist fragwürdig, ob sich die Gesellschafterversammlung der Komplementär-GmbH so leicht „erpressbar" machen darf. Denn sollte die Gesellschafterversammlung nicht für eine Auswechslung des Geschäftsführers sorgen, fällt der Hauptversammlung nach dem Beschluss über den Entzug der Geschäftsführungsbefugnis des persönlich haftenden Gesellschafters – bei Fehlen eines weiteren Komplementärs – selbst die Entscheidung über die Geschäftsführungsmaßnahmen zu[361]. Es liegt jedoch fernab von unternehmensphilosophischen und strategischen Realitäten, der Hauptversammlung einen so großen Ein-

---

[359] Vgl. dazu Anhang 2 - Verzeichnis der KGaA - und Anhang 3 - Struktur der persönlich haftenden Gesellschafter.

[360] Vgl. auch *Wachter*, NotBZ 1999, 36, 38 f.

[361] So aber die Argumentation von *Ihrig/Schlitt*, ZHR Beiheft 67, 1998, 32, 54.

fluss zuzugestehen. Denn im Extremfall kann die Hauptversammlung den Unternehmensgründer aus seinem eigenen Unternehmen drängen, sollte er nicht zugleich auch Mehrheitsaktionär der KGaA sein und eigene Stimmrechte in der Hauptversammlung haben. Unbeantwortet bleibt zudem die Frage nach der korrespondierenden Bestellungskompetenz im Hinblick auf den neuen Geschäftsführer. Ein Anspruch der Kommanditaktionäre gegenüber der Komplementär-GmbH auf Bestellung eines von der Hauptversammlung gewünschten Geschäftsführers wird in der Praxis nicht durchzusetzen sein. Letztlich bliebe es bei einer nicht sachdienlichen Kompetenzverteilung auf verschiedene Organe. Die Verlagerung der Abberufungskompetenz im Wege eines Abberufungsanspruchs auf die Gesamtheit der Kommanditaktionäre führt damit nicht zu einem interessengerechten Ausgleich.

3) Anknüpfung schuldrechtlicher Art

Gegen die Ansicht von *Dirksen/Möhrle*, die Personalhoheit im Gesellschaftsvertrag zu verankern, spricht, dass die Einbeziehung der KGaA in den Geschäftsführeranstellungsvertrag lediglich direkte rechtsgeschäftliche Beziehungen zur Folge hat, aber gerade nicht zur unmittelbaren Möglichkeit einer Einflussnahme der Kommanditaktionäre auf die Person des Geschäftsführers der Komplementär-GmbH führt[362]. Es muss bei der Position des GmbH-Geschäftsführers strikt zwischen Anstellung und Bestellung unterschieden werden. Beides braucht nicht zusammenzufallen. Das Gleiche gilt auch für die Beendigung der Anstellung, d.h. die Auflösung des Anstellungsverhältnisses durch Kündigung oder Aufhebung und die hier in Frage stehende Abberufung, nämlich den Entzug der Organstellung innerhalb der Gesellschaft[363]. Selbst wenn der Anstellungsvertrag mit der KGaA geschlossen wird, was in der Praxis der Ausnahmefall ist[364], und von den Gesellschaftern der KGaA aufgelöst wird, haben die Kommanditaktionäre keinen unmittelbaren Einfluss auf die Abberufung der Geschäftsführer. Diese vollzieht sich nach den für die GmbH geltenden Regeln und Kompetenzen. Für *Dirksen/Möhrle* ist entscheidend, dass der Geschäftsführer der GmbH

---

[362] Vgl. auch *Ihrig/Schlitt*, ZHR Beiheft 67, 1998, 33, 53 f.
[363] Vgl. dazu *Kothe-Heggemann/Dahlbender*, GmbHR 1996, 650 f.
[364] Vgl. auch *Arnold*, Die GmbH & Co. KGaA, S. 86.

im Regelfall ohne Anstellungsvertrag nicht tätig werden wird[365]. Gleichwohl bleibt aber die rechtsgeschäftliche Vertretungsmacht trotz Beendigung des Anstellungsverhältnisses für die GmbH und durch diese vermittelt auch für die KGaA unverändert bestehen. Die Gesellschaft ist vor einem rechtsgeschäftlichen Tätigwerden des Geschäftsführers nach außen nicht geschützt. Dies gilt bis zu dem Zeitpunkt, an dem der Geschäftsführer endgültig von der Gesellschafterversammlung der GmbH abberufen wird, was aber allein im Ermessen der Gesellschafter liegt. Eine personelle Rückanbindung an die Belange der KGaA-Aktionäre erfolgt also nicht. Auch eine Berufung auf die gesellschaftsrechtliche Treuepflicht hilft an dieser Stelle nicht weiter. Eine direkte Einflussmöglichkeit der Kommanditaktionäre auf die Abberufung ist durch eine Anknüpfung schuldrechtlicher Art nicht zu vermitteln.

4) Anknüpfung an die Kapitalmarktmechanismen

Folgt man der Ansicht von *Herfs* und überlässt den Anlegerschutz allein den Kapitalmarktmechanismen, könnte nur ein Anlegerschutz auf unterster Stufe erreicht werden, der den rechtlichen und praktischen Anforderungen nicht entspricht. Das zeigt schon der Vergleich mit der AG, bei der eine personelle Rückanbindung dem Gesetz nach durch den Aufsichtsrat erfolgt. Die von *Herfs* vollzogene Kompetenzverteilung wäre ein Rückschritt für den Anlegerschutz, der der vom BGH in seinem Beschluss verlangten Manifestation von Anlegerschutz in der Satzung einer kapitalistischen KGaA nicht gerecht wird. Zwar besteht zwischen den gesellschaftsrechtlichen und den kapitalmarktrechtlichen Wirkungsweisen eine gewisse Verzahnung. Gleichwohl wird der Maßstab für die Zulassung und die Bewertung einer kapitalistischen KGaA am Kapitalmarkt erheblich durch die gesellschaftsrechtlichen Rahmenbedingungen bestimmt[366]. Das hat zur Folge, dass der Anlegerschutz nicht ausschließlich an den ungewissen, von vielfältigen Faktoren und Einflüssen bestimmten Kapitalmarkt geknüpft sein darf[367]. Dies gilt schon vor dem Hintergrund, dass eine Großzahl der (Privat-)Anleger die Kapitalmarktmechanismen nicht hinreichend überblicken

---

[365] *Dirksen/Möhrle*, ZIP 1998, 1377, 1384.

[366] Vgl. *Ihrig/Schlitt*, ZHR Beiheft 67, 1998, 33, 39; *K. Schmidt*, ZHR 160 (1996), 265, 279. So kann mit *Hommelhoff*, ZHR Beiheft, 67, 1998, 9, 31, von „Anlegerschutz durch Gesellschaftsrecht" gesprochen werden.

[367] Im Ergebnis auch *Hommelhoff*, ZHR Beiheft, 67, 1998, 9, 31.

kann. Darüber hinaus kann der Anlegerschutz auch nicht allein durch die Preisbildung am Kapitalmarkt gewährleistet werden. Auch wenn die Aktien einer kapitalistischen KGaA infolge einer Anlegerschutz benachteiligenden Satzungsgestaltung mit einem Kursabschlag an der Börse gehandelt würden, stellt dies lediglich einen wirtschaftlichen Ausgleich dar, der die eingeschränkten gesellschaftlichen Rechte der Kommanditaktionäre nicht aufzuwerten vermag[368]. Auch das von *Herfs* vorgebrachte Argument eines möglichen Aktienverkaufs ist lediglich theoretischer Natur. Zwar sind die Investoren bei der Zeichnung von Aktien des emittierenden Unternehmens oder auch vor dem Ankauf von Aktien der Gesellschaft in der Lage, die Gesellschaftsverhältnisse abzuschätzen und eine daran ausgerichtete Investitionsentscheidung zu treffen. Da jedoch der Markt und das Kurspotential von Angebot und Nachfrage abhängt, wird es der Aktionär schwer haben, seinen Bestand ohne Verlust zu veräußern[369]. Den Anlegerschutz allein auf die Kapitalmarktmechanismen zu stützen, kann daher nicht im Sinne eines effektiven und angemessenen Anlegerschutzes sein[370]. Dies hat bereits die Diskussion zur Publikums-KG gezeigt. Bei der (börsengängigen) Publikums-GmbH & Co. KGaA ist das Bedürfnis nach gesellschaftsrechtlichem Anlegerschutz auf Grund des regelmäßigen Streubesitzes noch offensichtlicher. Sollte es als ausreichend angesehen werden, den Anlegerschutz nur auf die Mechanismen des Kapitalmarkts zu stützen, muss an der Börsenfähigkeit einer Gesellschaft in der Rechtsform GmbH & Co. KGaA gezweifelt werden.

III. Zwischenergebnis

Nach den vorangestellten Erwägungen ist es weder zweckmäßig, noch liegt es im Unternehmerinteresse, den Kommanditaktionären über das Organ der Hauptversammlung eine direkte Abberufung der Geschäftsführer der Komplementär-GmbH zu ermöglichen. Ebenso entspricht es nicht dem gesetzlichen Leitbild, an den Aufsichtsrat als letztendliches Entscheidungsorgan anzuknüpfen, so dass dem notwendigen Anlegerschutz in der kapitalistischen KGaA auf diesen We-

---

368 So auch *Schaumburg/Schulte*, Die KGaA – Recht und Steuern in der Praxis, 2000, 36 f.; *Hommelhoff*, ZHR Beiheft, 67, 1998, 9, 16.

369 Vgl. *Schaumburg/Schulte*, Die KGaA – Recht und Steuern in der Praxis, 2000, 36 f.

370 Vgl. BGHZ 134, 392 ff. = ZIP 1997, 1027 ff.; *Hommelhoff*, ZHR Beiheft 67, 1998, 9, 31.

gen nicht ausreichend Rechnung getragen werden kann[371]. Auch die im Schrifttum vorgebrachten Modelle zur Durchsetzung der gesellschaftsrechtlichen Treuepflicht können im Ergebnis nicht überzeugen. Wenn also weder auf die gesetzlichen Pflichtorgane der KGaA noch auf die dargestellten Durchsetzungsmöglichkeiten abgestellt werden kann, kann letztendlich nur auf andere vorhandene gesellschaftsspezifische Gestaltungsspielräume zurückgegriffen werden. Es muss also nach einer Lösung gesucht werden, die auf der einen Seite wirksamen Anlegerschutz gewährleistet, gleichzeitig aber auch die Unternehmerinteressen, die eng mit der Rechtsformwahl einer KGaA zusammenhängen, in angemessenem Maße berücksichtigt. Dabei müssen auch die gesellschaftsformspezifischen Kompetenzzuweisungen innerhalb des Typenverbundes beachtet und eine umfassende Führungskontinuität innerhalb des Unternehmens gewährleistet werden.

G. Interessenausgleich durch Einführung eines Beirats

I. Zum gesteigerten Kontrollbedürfnis in der GmbH & Co. KGaA

Die (börsennotierte) Publikums-GmbH & Co. KGaA erfordert ein stärkeres Kontrollrecht der Kommanditaktionäre als die gesetzestypische bzw. klassische KGaA, da sie in ihrer Rechtsform von den ordnungspolitischen Vorstellungen des Gesetzgebers abweicht. Auf Grund der besonderen Ausgestaltung der Rechtsform und der Öffnung der Gesellschaft für ein breites und zumeist anonymes Anlegerpublikum haben die Anleger keinen Einfluss auf die Zusammensetzung der Gesellschaft und die Ausgestaltung der Gesellschaftsstatute. Zudem besteht in der Regel kein persönliches Vertrauensverhältnis zwischen den Kommanditaktionären untereinander und im Verhältnis zur Geschäftsführung. Das wiegt besonders schwer, da bei einer (börsennotierten) Publikums-GmbH & Co. KGaA die gesellschaftlichen Verhältnisse wegen der Komplexität der Gesellschaft in der Regel schwerer zu durchschauen sind. Auch die fehlende unbeschränkte persönliche Haftung des Komplementärs einer GmbH & Co. KGaA

[371] Dass eine Rückanbindung der Belange der Kommanditaktionäre speziell über den Aufsichtsrat oder die Hauptversammlung zu erfolgen hat, ist dem Beschluss des BGH vom 24.2.1997 nicht zu entnehmen; in diesem Sinne aber wohl *Ladwig/Motte*, DStR 1997, 1539, 1540.

begründet das über das gesetzliche Leitbild hinausgehende anlegerschützende Mitentscheidungs- und Kontrollbedürfnis. Dem Grundgedanken des Anlegerschutzes nach müssen also Kräfte mit den maßgeblichen Entscheidungskompetenzen eingesetzt werden, die diesem Kontrollbedürfnis, gleichzeitig aber auch dem wirtschaftlichen Nutzen des Unternehmens dienlich sind.

II. Verlagerung der Abberufungskompetenz auf einen Beirat

Für die Erweiterung des Anlegerschutzes der Kommanditaktionäre muss also zwangsläufig im Kompetenzbereich der Komplementär-GmbH angesetzt werden. Da die Abberufungskompetenz nicht bei der Gesellschafterversammlung verbleiben kann, bietet es sich an, ein zusätzliches Organ zu schaffen, dem dieses Recht übertragen wird. Es muss also nach einem Organ gesucht werden, das vergleichbare Rechte wie der Aufsichtsrat einer AG haben kann. Dieses Organ muss zum einen mittelbar die Individualrechtspositionen der Anleger erweitern und zum anderen auch einen interessengerechten Ausgleich der gesellschaftsformspezifischen Besonderheiten und der Unternehmerinteressen innerhalb einer kapitalistischen KGaA schaffen. Es muss als Verbindungsorgan zwischen der Geschäftsführung und den Kommanditaktionären in der Lage sein, die Konflikte zwischen diesen beiden Gesellschaftergruppen zu lösen[372].

Ein solches Organ ist der Beirat[373]. Dieser ist insbesondere bei Familiengesellschaften in den Rechtsformen einer GmbH oder GmbH & Co. KG bereits weit verbreitet[374]. Im Unterschied dazu haben Beiräte bei der AG wenig Bedeutung, da das AktG eine strikte Trennung zwischen Geschäftsleitung und gleichzeitiger Geschäftsüberwachung vorsieht. Ein von den Gesellschaftern vorgesehener Beirat kann diese Trennung nicht aufheben und den Organen keine gesetzlich zugewiesenen Aufgaben entziehen. Beiräte können deshalb bei der AG allenfalls zusätzliche Kontrollaufgaben erfüllen oder die Tätigkeiten der gesetzlichen Or-

---

372 Vgl. auch MünchKommAktG/*Semler/Perlitt*, § 287 Rdn. 81.

373 Der Beirat wird häufig auch als Verwaltungs- oder Gesellschafterrat, Verwaltungs- oder Gesellschafterausschuss, Personal-, Firmen-, Familien- oder Ältestenrat, Schieds- oder Schlichtungsausschuss bezeichnet; vgl. MünchKommAktG/*Semler/Perlitt*, § 278 Rdn. 240, § 287 Rdn. 85.

374 Vgl. hierzu allgemein *May*, Der Beirat im Familienunternehmen, in: Hennerkes/Kirchdörfer (Hrsg.), Unternehmenshandbuch Familiengesellschaften, S. 359 ff.; *Thümmel*, DB 1995, 2460, 2461.

gane durch Vorbereitung und Beratung unterstützen[375]. Im Unterschied zur AG kann der Beirat bei der kapitalistischen KGaA aber als Organ statuiert werden, das die Praxisanforderungen mit den vorangestellten Problemen im Hinblick auf effektiven Anlegerschutz in Einklang bringen kann.

1) Zulässigkeit einer Beiratsgründung

Voraussetzung für die Verlagerung der Abberufungskompetenz auf einen Beirat ist, dass die Statuierung des Beirats als Organ zulässig ist. Des Weiteren ist der Frage nachzugehen, bei welcher Gesellschaft der Beirat gesellschaftsvertraglich zu statuieren ist.

Die Zulässigkeit eines fakultativen Beirats richtet sich nach dem für die jeweilige Rechtsform geltenden Recht[376]. Zwar gründet sich die KGaA auf einer dem AktG unterliegenden Satzung, doch gilt das Prinzip der Satzungsstrenge gemäß § 23 Abs. 5 AktG nicht, soweit die Stellung des persönlich haftenden Gesellschafters gegenüber den Kommanditaktionären in Frage steht. Insoweit gilt der Grundsatz der Dispositivität (§ 163 HGB), der in der Satzung auf Grund der Vertragsfreiheit einen großen Gestaltungsspielraum bei der Verteilung der Organkompetenzen eröffnet und somit auch der Statuierung eines Beirats nicht entgegensteht[377]. Hierin unterscheidet sich die Gestaltungsfreiheit bei der (kapitalistischen) KGaA von der der AG immanenten Satzungsstrenge, bei der die Schaffung fakultativer Gremien mit organschaftlichen Kompetenzen grundsätzlich unzulässig ist[378]. Ein Beirat kann also neben den gesetzlich vorgeschriebenen Organen – persönlich haftender Gesellschafter, Aufsichtsrat und Hauptversammlung – als fakultatives Gesellschaftsorgan frei und ohne gesetzliche An-

---

[375] Vgl. hierzu *Geßler*, in: Geßler/Hefermehl/Eckardt/Kropff, Aktiengesetz, § 111 Rdn. 92 ff.; *Martens*, AG 1982, 113, 114 ff.

[376] Vgl. auch *Assmann/Sethe*, in: Großkomm. z. AktG, § 287 Rdn. 109.

[377] Vgl. MünchKommAktG/*Semler/Perlitt*, § 287 Rdn. 87; *Martens*, AG 1982, 113, 115 m.w.N.; *Assmann/Sethe*, Der Beirat der KGaA, in: Festschrift für Lutter, 2000, S. 251, 257 f.

[378] Vgl. *Hüffer*, Aktiengesetz, § 95 Rdn. 4; *Mertens*, in: KölnerKomm z. AktG, Vor § 76 Rdn. 28; *Hoffmann-Becking*, in: Münchener Handbuch des Gesellschaftsrechts, Band 4: Aktiengesellschaft, § 29 Rdn. 18 ff.; ausführlich *Martens*, AG 1982, 113, 114 ff.

ordnung statuiert werden[379]. Damit ist es auf Grund der Satzungsautonomie für die Gesellschafter möglich, den Beirat – soweit organisationsrechtlich zulässig – an den besonderen Bedürfnissen der Gesellschaft im Einzelfall auszurichten. Der fakultative Beirat kann entweder bei der KGaA, bei der Komplementär-GmbH oder bei beiden Gesellschaften als einheitliches Organ errichtet werden[380].

Die Errichtung eines Beirats bei der KGaA wird zur Stärkung der Aktionärsrechte als zulässig angesehen, soweit dieser grundsätzlich nur die Rechte der Kommanditaktionäre selbst wahrnimmt (sog. beiratsgeprägte KGaA)[381]. Er kann seine Weisungsbefugnisse, Präsentationsrechte und sonstigen Kompetenzen nur innerhalb dieser Gesellschaft ausüben, sofern es sich um Rechte handelt, die auch den Kommanditaktionären vom Gesetz her zustehen[382]. Ein Abberufungsrecht kann sich daher nur mittelbar über die Abberufung der Komplementärgesellschaft als Geschäftsführungsorgan der KGaA auf die Person des Geschäftsführers selbst beziehen. Die Statuierung eines Beirats bei der KGaA mit einer unmittelbaren Kompetenz zur Abberufung des Geschäftsführers der Komplementär-GmbH (& Co. KG) ist unzulässig.

Die Statuierung eines Beirats als fakultatives Organ ist jedoch auch bei der Komplementär-GmbH oder im Falle einer Komplementär-GmbH & Co. KG bei

---

[379] Möglich ist auch, einen Beirat auf schuldrechtlicher Grundlage oder ohne vertragliche Regelung zu statuieren. Der „echte" Beirat, der auf das Kompetenzgefüge innerhalb der Gesellschaft Einfluss hat, bedarf jedoch einer statutarischen Grundlage, um Organ der Gesellschaft zu sein; vgl. hierzu *Hofbauer*, Die Kompetenzen des (GmbH-)Beirats, 1996, S. 51 ff.; ferner *Voormann*, Der Beirat im Gesellschaftsrecht, S. 1.

[380] *Assmann/Sethe*, Der Beirat in der KGaA, in: Festschrift für Lutter, 2000, S. 251, 265 f.

[381] MünchKommAktG/*Semler/Perlitt*, § 278 Rdn. 244, § 287 Rdn. 81; *Herfs*, in: Hoffmann-Becking (Hrsg.), Münchener Handbuch des Gesellschaftsrechts, Band 4: Aktiengesellschaft, § 77 Rdn. 61; *Schlitt*, Die Satzung der Kommanditgesellschaft auf Aktien, 1999, S. 216; *Dirksen/Möhrle*, ZIP 1998, 1377, 1384; *Hommelhoff*, ZHR Beiheft 67, 1998, 9, 18; *Kallmeyer*, DStR 1994, 977, 979; *Martens*, AG 1982, 113; *Schaumburg*, DStZ 1998, 525, 527; *Strieder/Habel*, DB 1994, 1557, 1561; a.A. *Mertens*, in: KölnerKomm z. AktG, § 278 Rdn. 96, § 287 Rdn. 10.

[382] Hierbei handelt es sich um die personengesellschaftsrechtlichen Rechtsbehelfe und die Möglichkeit zur Verweigerung der Entlastung der Komplementärgesellschaft gemäß § 285 Abs. 1 Nr. 2 AktG; vgl. hierzu bereits § 8 B.

deren Komplementär-GmbH zulässig[383]. Gesetzliche Grundlage sind §§ 45, 52 Abs. 1 GmbHG. Der Beirat ist dann fakultativer Aufsichtsrat der GmbH (vgl. § 52 GmbHG)[384]. Die Kompetenzen nach § 46 GmbHG, der in Nr. 5 auch die Bestellung und Abberufung von Geschäftsführern nennt, stehen den GmbH-Gesellschaftern nur dann zu, wenn der Gesellschaftsvertrag keine abweichenden Regelungen vorsieht. Damit ist vorausgesetzt, dass die Abberufungskompetenz nur einem auf gesellschaftsrechtlicher Grundlage statuiertem Beirat übertragen werden kann. Ein schuldrechtlich verankerter Beirat könnte demgegenüber lediglich beratend tätig werden[385]. Möglich ist es, den Beirat frei zu besetzen, so dass er flexibel an die tatsächlichen Verhältnisse in der Gesellschaft angepasst werden kann. Bei einer AG & Co. KGaA ist ein organschaftlicher Beirat bei der Komplementär-AG wegen § 23 Abs. 5 AktG unzulässig und könnte daher nur bei der KGaA errichtet werden[386].

Ein Beirat könnte demgegenüber auch sowohl bei der Komplementär-GmbH als auch bei der KGaA statuiert, personengleich besetzt und mit vergleichbaren Kompetenzen ausgestattet werden[387]. Die dann notwendige Verzahnung der Gesellschaftsstatute kann sich für die Gewährleistung von einheitlichen Satzungsbestimmungen als sinnvoll erweisen. Ein Verstoß gegen den Grundsatz der Selbstverwaltung der GmbH liegt in diesem Fall nicht vor, da der Beirat zugleich Organ der GmbH ist. Die Organgestaltung entspricht dann dem das GmbH-Recht bestimmenden Grundsatz der Satzungsautonomie der GmbH-

---

[383] Vgl. etwa aus der Rechtsprechung BGHZ 72, 382, 386 = DB 1979, 396; BGHZ 76, 338, 340 = DB 1980, 1116, 1117; BGH, DB 1989, 171; BGH, NJW-RR 1990, 219; ferner auch *Assmann/Sethe*, in: Großkomm. z. AktG, § 287 Rdn. 109; *Thümmel*, DB 1995, 2461 ff.; *Yanli*, DStR 1991, 1352; vgl. auch § 82 Abs. 2 Nr. 2 GmbHG, der neben Geschäftsführer und Mitglied des Aufsichtsrats von „ähnlichen Organen“ spricht.

[384] Vgl. *Scholz/Schneider*, GmbHG, § 52 Rdn. 3; *Hofbauer*, Die Kompetenzen des (GmbH-)Beirats, 1996, S. 59 f. (Fußn. 247); *Hölters*, Der Beirat der GmbH und der GmbH & Co. KG, 1979, S. 9.

[385] Vgl. *Assmann/Sethe*, in: Großkomm. z. AktG, § 287 Rdn. 90; zum Recht der GmbH & Co. KG vgl. *Hölters*, Der Beirat der GmbH und der GmbH & Co. KG, 1979, S. 5; *Hinterhuber/Minrath*, BB 1991, 1201, 1205.

[386] Vgl. auch *Assmann/Sethe*, in: Großkomm. z. AktG, § 287 Rdn. 109; *Hüffer*, Aktiengesetz, § 95 Rdn. 4.

[387] Vgl. auch *Assmann/Sethe*, in: Großkomm. z. AktG, § 287 Rdn. 109; *dies.*, Der Beirat in der KGaA, in: Festschrift für Lutter, 2000, S. 251, 266; *Voormann*, Der Beirat im Gesellschaftsrecht, S. 16 f.

Gesellschafter[388]. Auch wenn ein doppelter Beirat nicht in Kompetenzkollision mit dem Aufsichtsrat einer KGaA tritt – vorausgesetzt dem Beirat werden nur Aufgaben zugewiesen, die nicht zwingend dem Aufsichtsrat selbst obliegen[389] – birgt dieses Modell die Gefahr von Reibungsverlusten. Er verursacht zudem zusätzliche Kosten und Aufwand. Ein doppelter Beirat wird in der Praxis nur bei Personenidentität der Gesellschafter in Betracht kommen und ist für die (börsennotierte) Publikums-GmbH & Co. KGaA nicht empfehlenswert[390].

Im Hinblick auf die Verlagerung der Abberufungskompetenz ist es also zweckmäßig, den Beirat bei der Komplementär-GmbH zu statuieren. In diesem Fall muss für die Statuierung eines Beirats in der Satzung der Komplementär-GmbH eine entsprechende Satzungsklausel aufgenommen werden[391]. Wie der Beirat im Einzelfall in die Organisationsverfassung der Komplementär-GmbH einzufügen ist, ist eine Frage des jeweiligen Einzelfalls und hängt entscheidend von den zu übertragenden Kompetenzen und der jeweiligen Besetzung ab[392].

2) Zulässigkeit der Verlagerung der Abberufungskompetenz

Des Weiteren bleibt zu klären, ob dem Beirat der GmbH & Co. KGaA die in Frage stehende Abberufungskompetenz übertragen werden kann. Die Zulässigkeit einer Kompetenzübertragung ergibt sich mangels eigener gesetzlicher Regelungen aus den allgemeinen GmbH-rechtlichen Grundsätzen. Die Befugnis der Gesellschafterversammlung, einem Beirat eigenständige Kompetenzen zuzuweisen, folgt aus der in § 45 GmbHG statuierten Satzungsautonomie sowie dem Vorrang gesellschaftsvertraglicher Regelungen. Die zu übertragenden Kompetenzen werden dabei im Gegenzug der Gesellschafterversammlung selbst entzogen, wobei grundsätzlich alle Kompetenzen der Gesellschafterversammlung auf einen Beirat übertragen werden können, auch der Aufgabenkatalog des § 46

---

388 Vgl. demgegenüber § 23 Abs. 5 AktG.
389 Vgl. hierzu unten § 8 F. I. 2).
390 Zum doppelten Beirat in einer GmbH & Co. KG vgl. *Hölters*, Der Beirat der GmbH und der GmbH & Co. KG, 1979, S. 62.
391 Vgl. hierzu unten Anhang 1 – Satzungsmuster für einen Beirat.
392 Vgl. auch *Assmann/Sethe*, in: Großkomm. z. AktG, § 287 Rdn. 109.

GmbHG und damit die Abberufung der Geschäftsführer der GmbH (vgl. § 46 Nr. 5 GmbHG). Diese Kompetenz ist nicht zwingend der Gesellschafterversammlung vorbehalten[393].

Typischerweise verfügt die Komplementärgesellschaft in der Praxis nur über sehr wenige oder gar keine Arbeitnehmer, so dass sie nach allgemeinen Grundsätzen mitbestimmungsfrei bleibt. Bei der qualifiziert mitbestimmten (Komplementär-)GmbH (mit regelmäßig mehr als zweitausend Arbeitnehmern) ist eine Verlagerung der Abberufungskompetenz auf einen Beirat bzw. fakultativen Aufsichtsrat[394] nicht möglich. Gemäß § 31 MitbestG 1976 i.V.m. § 84 Abs. 3 AktG sind bei der mitbestimmten GmbH die Bestellung und Abberufung von Geschäftsführern zwingend dem obligatorischen Aufsichtsrat vorbehalten (vgl. §§ 1, 6 Abs. 1, 7 MitbestG 1976)[395]. Gemäß § 77 BetrVG 1952 ist auch bei einer GmbH mit mehr als fünfhundert Arbeitnehmern ein obligatorischer Aufsichtsrat zu bilden[396]. Die Vorschrift des § 84 AktG kommt in diesem Zusammenhang nicht entsprechend zur Anwendung, da § 77 Abs. 1 BetrVG 1952 nicht auf § 84 AktG verweist. Vielmehr bestellen auch in diesem Fall die Gesellschafter die Geschäftsführer und berufen sie ab (§ 46 Nr. 5 GmbHG). Dem Aufsichts-

---

393 BGHZ 12, 337, 340; BGH, WM 1997, 1015; *Hachenburg/Schilling*, GmbHG, § 46 Rdn. 2; *Lutter/Hommelhoff*, GmbHG, § 46 Rdn. 1; *Scholz/K. Schmidt*, GmbHG, § 46 Rdn. 3;
Zöllner, in: Baumbach/Hueck, GmbHG, § 46 Rdn. 22, 63; *Härer*, Erscheinungsformen und Kompetenzen des Beirats in der GmbH, 1991, S. 65; *Hölters*, Der Beirat der GmbH und der GmbH & Co. KG, 1979, S. 22; *Müller*, in: Müller/Hense (Hrsg.), Beck'sches Handbuch der GmbH, § 6 Rdn. 52; *Voormann*, Die Stellung des Beirats im Gesellschaftsrecht, S. 106 f.; *Thümmel*, DB 1995, 2461, 2462.

394 Nach *Lunk*, ZIP 1999, 1777, 1784 ist ein fakultativer Aufsichtsrat im Zweifel unzuständig für die Abberufung des Geschäftsführers, da in § 52 Abs. 1 GmbHG ein Verweis auf § 84 AktG fehlt.

395 *Lutter/Hommelhoff*, GmbHG, Einl. Rdn. 15; § 46 Rdn. 11; § 52 Rdn. 2; *Raiser*, Mitbestimmungsgesetz, § 31 Rdn. 20 f.; vgl. auch *Mayer*, in: Priester/Mayer (Hrsg.), Münchener Handbuch des Gesellschaftsrechts, Band 3: Gesellschaft mit beschränkter Haftung, § 20 Rdn. 52; *Hölters*, Der Beirat der GmbH und GmbH & Co. KG, 1979, S. 15; *Voormann*, Der Beirat im Gesellschaftsrecht, S. 106. Darüber hinaus muss auch eine GmbH mit in der Regel mehr als zweitausend Arbeitnehmern und einer Tätigkeit im sog. Montanbereich nach dem MontanMitbestG 1951 einen Aufsichtsrat haben; das gilt auch für eine herrschende GmbH, deren abhängige Unternehmen die Voraussetzungen dieses Gesetzes erfüllen (vgl. §§ 2, 3 Abs. 1 S. 2 MitbestErgG 1956).

396 *Fitting/Kaiser/Heither/Engels/Schmidt*, Betriebsverfassungsgesetz, § 77 BetrVG 1952 Rdn. 9.

rat wird diese Kompetenz im Regelfall nicht übertragen[397]. Eine Kompetenzkollision zwischen den Organen entsteht also nicht. Würde ein Beirat statuiert, wäre neben den Aufsichtsräten bei der GmbH und bei der KGaA zusätzlich ein Beirat bei der GmbH vorhanden. Eine solche Kompetenzverteilung ist unzweckmäßig. Vor dem Hintergrund der unerwünschten Mitbestimmung verwundert es nicht, dass in der Praxis – soweit ersichtlich – keine Gesellschaft in der Rechtsform der GmbH & Co. KGaA existiert, bei der ein zweiter Aufsichtsrat gebildet werden muss.

3) Reichweite und Umfang der Kompetenzverlagerung

Geklärt werden muss in diesem Zusammenhang, in welchem Umfang eine Kompetenzverlagerung auf einen Beirat als fakultatives Gesellschaftsorgan möglich ist. Grundsätzlich muss sich die Kompetenz des Beirats in Anlehnung an § 84 Abs. 3 AktG auf die Abberufung des Komplementärgeschäftsführers aus wichtigem Grund begrenzen[398], sofern die Satzung nicht von qualifizierten Voraussetzungen für die Abberufung absieht. Als problematisch könnte sich erweisen, wenn die Kompetenz des Beirats lediglich auf eine konkurrierende und nicht auf eine verdrängende Zuständigkeit im Verhältnis zum Aufsichtsrat zu reduzieren wäre[399]. Die Übertragung einer lediglich konkurrierenden Zuständigkeit auf den Beirat liegt in der Regel im Interesse des Unternehmensgründers, da er auf diesem Wege eine fast uneingeschränkte Machtstellung behält[400]. Doch sprechen gewichtige Argumente gegen eine konkurrierende Zuständigkeit zwischen Beirat und Aufsichtsrat. Wie sich aus der gesetzlichen Regelung bei der AG und der mitbestimmten GmbH ergibt, gehört auch das Recht zur Abberufung des Geschäftsführers aus wichtigem Grund nicht zu den unabdingbaren

---

[397] *Fitting/Kaiser/Heither/Engels/Schmidt*, Betriebsverfassungsgesetz, § 77 BetrVG 1952 Rdn. 19; *Hachenburg/Hüffer*, GmbHG, § 46 Rdn. 74 m.w.N.; *Kraft*, in: Fabricius/Kraft/Wiese/Kreutz, Betriebsverfassungsgesetz, § 77 BetrVG 1952 Rdn. 35; *Lutter/Hommelhoff*, GmbHG, § 46 Rdn. 11.

[398] Vgl. *Schäfer/Casper*, in: Diskussionsbericht zu Ulmer (Hrsg.), Die GmbH & Co. KGaA nach dem Beschluß BGHZ 134, 392, ZHR Beiheft 67, 1998, 87; so im Ergebnis auch *Ihrig/Schlitt*, ZHR Beiheft 67, 1998, 33, 52 f. Für die GmbH & Co. KG vgl. *Binz*, Die GmbH & Co., § 9 Rdn. 2; *Hesselmann/Tillmann*, Handbuch GmbH & Co., Rz. 262.

[399] So für die GmbH *Scholz/K. Schmidt*, GmbHG, § 46 Rdn. 3; *Härer*, Erscheinungsformen und Kompetenzen des Beirats in der GmbH, 1991, S. 46 ff.; *Thümmel*, DB 1995, 2461, 2462.

[400] Vgl. *Hölters*, Der Beirat der GmbH und GmbH & Co. KG, 1979, S. 23.

Rechten der Gesellschafterversammlung[401]. Eine zwingende und ausschließliche Verbandskompetenz besteht nicht. Zwar kommt die verdrängende Zuständigkeit einer Entmachtung des eigentlich zuständigen Organs gleich. Diese kann aber gleichzeitig durch Berücksichtigung der Komplementärgesellschafter bei der Besetzung entschärft werden. Könnten die Personalangelegenheiten hingegen nur im Wege der konkurrierenden Zuständigkeit entschieden werden, müsste die Zweckmäßigkeit in Frage gestellt werden, da die Entscheidung des einen Organs durch eine des anderen wieder aufgehoben werden könnte. Dies wäre einer kontinuierlichen Geschäftsführung hinderlich und hätte damit negative Auswirkungen auf den Anlegerschutz. Werden die Gesellschafter der Komplementär-GmbH bei der Besetzung des Beirats im Falle einer Kapitalbeteiligung berücksichtigt[402], sind keine Gründe ersichtlich, warum eine konkurrierende Zuständigkeit bestehen bleiben soll. In diesem Fall wird durch die anteilsmäßige Besetzung den Interessen der Komplementärgesellschaft ausreichend Rechnung getragen. Zudem besteht im Fall der Unfähigkeit des Beirats eine zwingende gesellschaftsvertraglich zu vereinbarende Rückfallkompetenz[403]. Einer konkurrierenden Zuständigkeit bezüglich der Abberufungskompetenz bedarf es dann nicht mehr. Darüber hinaus tritt ein fakultativer Beirat auch nicht in den Konflikt mit den Kompetenzen der Hauptversammlung. Ist der Beirat nicht nur mit Kommanditaktionären besetzt, sondern auch mit Gesellschaftern oder anderen entsendeten Personen der Komplementärgesellschaft, können ihm die üblichen Kompetenzen der Hauptversammlung ohnehin nicht übertragen werden, da die Gesellschafter der Komplementär-GmbH für solche Beschlüsse kein Stimmrecht hätten.

4) Gründe und Vorteile der Statuierung eines Beirats

Neben der Tatsache, dass der Anlegerschutz durch die Verlagerung der Abberufungskompetenz auf einen Beirat und somit unter Mitwirkung der Kommanditaktionäre gestärkt werden kann, können auch die Interessen des Unternehmensgründers bzw. der Komplementärgesellschafter bei der Statuierung eines zusätz-

---

[401] Vgl. *Voormann*, Der Beirat im Gesellschaftsrecht, S. 107.

[402] Vgl. zur Frage der interessengerechten Besetzung des Beirats unter § 8 G. III.

[403] Eine automatische Rückfallkompetenz besteht hingegen nicht; vgl. *Scholz/K. Schmidt*, GmbHG, § 45 Rdn. 11; *Härer*, Erscheinungsformen und Kompetenzen des Beirats in der GmbH, 1991, S. 104 ff.; *Thümmel*, DB 1995, 2461, 2462.

lichen Organs Beachtung finden. Die Gründe für die Bildung eines Beirats in der Praxis und die daraus resultierenden Vorteile sind vielfältiger Natur und lassen sich in rechtliche, organisatorische, und praktische Vorteile unterteilen.

a) Gesetzliches Leitbild

Die Statuierung eines Beirats ist eine Lösung, die nach dem gesetzlichen Leitbild der Verweisungsnorm des § 278 Abs. 2 AktG und der entsprechenden Vorschriften des GmbHG (vgl. §§ 38, 45, 46 Nr. 6, 52 GmbHG) zulässig ist[404]. Voraussetzung ist aber, dass der Beirat als Abberufungsorgan nicht in Konflikt mit dem Kompetenzbereich des Aufsichtsrats als obligatorischem Kontroll- und Überwachungsorgan der Geschäftsführung der kapitalistischen KGaA gerät. Denn die Übertragung von Aufgaben und Kompetenzen auf einen Beirat als Sonderorgan darf nicht dazu führen, dass die eigentliche Funktion des Aufsichtsrats der KGaA in Frage gestellt wird[405]. Bei der hier zu diskutierenden Abberufungskompetenz handelt es sich jedoch nicht um reine Kontroll- oder Überwachungsaufgaben im Hinblick auf die Geschäftsleitung. Wie bereits gezeigt[406], kann das Abberufungsrecht nach dem gesetzlichen Leitbild nicht auf den Aufsichtsrat übertragen werden. Es handelt sich um eine Kompetenz der GmbH-Gesellschafterversammlung, die zwar einem Beirat übertragen werden kann, aus welcher der Aufsichtsrat der KGaA aber keine eigenen Rechte ableiten kann. Insoweit kann keine rechtliche oder tatsächliche Beeinträchtigung gegenseitiger Interessen entstehen[407]. Da der Aufsichtsrat der kapitalistischen KGaA auf Grund der rechtsformbedingten Besonderheiten im Unterschied zur AG nur beschränkte Befugnisse hat, bleibt nichts anderes übrig, als die fehlenden Kompetenzen in gerechter und angemessener Weise auszugleichen bzw. zu verteilen, soll dem Ruf des BGH in seinem Beschluss vom 24. Februar 1997[408] nach Anlegerschutz Folge geleistet werden. Der Beirat ist in der Lage, die Kompetenzen zu nutzen, die dem Aufsichtsrat einer kapitalistischen KGaA im Unter-

---

404 Zur Verweisungsproblematik ausführlich *Martens*, AG 1982, 113, 115.

405 Vgl. *Schlitt*, Die Satzung der Kommanditgesellschaft auf Aktien, 1999, S. 218. Allgemein zum Konkurrenzverhältnis von Aufsichtsrat und Beirat in der KGaA *Martens*, AG 1982, 113, 117.

406 Vgl. hierzu § 8 F. I. 2).

407 Zu Kompensation von Funktionsproblemen des Aufsichtsrats durch Statuierung eines Beirats vgl. auch *Assmann/Sethe*, in: Großkomm. z. AktG, § 287 Rdn. 87.

408 BGHZ 134, 392 ff. = ZIP 1997, 1027 ff.

schied zu dem einer AG nicht übertragen werden können. Gleichzeitig kann durch die Kompetenzübertragung eine Entschärfung der Interessenskollisionen erfolgen, indem eine personelle Rückanbindung an die Belange der Komplementärgesellschaft dergestalt erfolgt, dass ein Entsendungsrecht für diejenigen Komplementärgesellschafter ermöglicht wird, die nicht zugleich Geschäftsführer sind. Kompetenzstreitigkeiten zwischen den Gesellschaftergruppen, die rechtsformimmanent sind und bei der AG durch den einflussreichen Aufsichtsrat entschieden werden, können durch die Einschaltung eines Beirats bei der kapitalistischen KGaA durch eine interessengerechte Besetzung in gleichem Maße vermieden werden. Dieses Beiratsmodell ist weder als gesetzlicher noch als statutarischer Abberufungsdurchgriff aufzufassen, sondern stellt lediglich die gesetzlich zulässige und sinnvolle Verlagerung von Kompetenzen auf statuarischem Wege dar, um den Anforderungen des Anlegerschutzes innerhalb einer (börsennotierten) Publikums-GmbH & Co. KGaA ausreichend Rechnung tragen zu können.

b) Kompetente und personell kleingliedrige Besetzung

Im Unterschied zur Hauptversammlung besteht bei einem Beirat der Vorteil, den personellen Entscheidungskreis klein zu halten. Wie bereits angeführt[409], erweist sich bei der Hauptversammlung als nachteilig, dass eine wichtige Unternehmensentscheidung in die Hände von Abstimmungsberechtigten gelegt wird, deren fachliche Eignung nicht zweifelsfrei angenommen werden kann. Gerade bei Minderheitsbeteiligten droht oftmals eine willkürliche Stimmabgabe. Das Risiko von Abstimmungen, bei denen die Stimmberechtigten in der Hauptversammlung sich mangels Einblicks in die Geschäftsführung bei der Wahl des Geschäftsführers von gesellschaftsfremden und -schädlichen Erwägungen leiten lassen, kann durch die Verlagerung der in Frage stehenden Kompetenz auf einen Beirat ausgeschaltet werden. Die Übertragung von Kompetenzen mit großer unternehmerischer Bedeutung auf ein personell kleingliedriges und damit funktionsfähigeres Entscheidungsorgan ist somit ein Gebot praktischer Vernunft[410]. Das heutige Wirtschaftszeitalter stellt sich für viele Unternehmen auf Grund der sich stetig ändernden Marktnachfrage, des Wettbewerbsdrucks sowie auf Grund des Vo-

---

[409] Vgl. hierzu bereits § 8 F. I. 1) a).

[410] So auch *Kallmeyer*, DStR 1994, 977, 979; *Martens*, AG 1982, 113, 115.

ranschreitens der Arbeitsteilung und Rationalisierung mit geänderten Führungs- und Organisationsstrukturen als besonders dynamisch, komplex und mit Unsicherheiten behaftet dar[411]. Angesichts dieser Umstände ist es sinnvoll, grundlegende Fragen, wie z.B. die Personalpolitik, die Beteiligung an einem Konkurrenzunternehmen oder dessen Erwerb, in einem kleinen und kompetenten Kreis zu beraten. Das gilt insbesondere für (börsengängige) Publikumsgesellschaften, in denen die Gesellschafter oftmals nicht in der Lage sind, unternehmerische Entscheidungen einheitlich zu fällen. Durch die Statuierung eines Beirats können daraus möglicherweise resultierende gesellschaftsinterne Differenzen vermieden werden.

Auf Grund der personell kleinen Besetzung eines Beirats können neben dem Unternehmensgründer Mitglieder ausgewählt werden, die unternehmerisch oder juristisch qualifiziert und erfahren sind und entsprechende Sachkunde besitzen[412]. In personell klein besetzten Gesellschaften können dagegen wichtige unternehmerische Entscheidungen durch die Schaffung eines Beirats auf einer breiteren Basis getroffen werden, als es normalerweise in der Gesellschaft möglich ist. Dies gilt insbesondere bei Familiengesellschaften mit einer geringen Anzahl von Gesellschaftern. Die Flexibilität eines personell kleingliedrigen Organs kann vorteilhaft sein, da ein Beirat schneller in der Lage ist, auf wichtige Umstände bei der Geschäftsführung zu reagieren und entsprechende Maßnahmen – wie z.B. die notwendig gewordene Abberufung des Geschäftsführers – zu tätigen. Geschäftlichen Fehlschlägen kann in der Regel vorgegriffen bzw. das schädigende Ausmaß begrenzt werden. Die Schnelligkeit in wichtigen Entscheidungsprozessen ist im Hinblick auf die zunehmende Dynamik und Komplexität wirtschaftlicher Vorgänge und den fortwährend steigenden Anforderungen an die Unternehmensführung ein wesentlicher Vorteil. Der Beirat kann ein wichtiges Instrument zur Durchsetzung der unternehmerischen Politik werden. Letztendlich kann ein Synergieeffekt geschaffen werden, der beide Gesellschaften und somit auch die Gesellschaftergruppen in ihrer jeweiligen Unternehmensstellung stärkt. Zudem kann ein gesellschaftsvertraglich verankerter und mit kompetenten Personen besetzter Beirat den künftigen Anlegern das Gefühl vermitteln,

---

[411] In diesem Sinne auch *Hommelhoff*, ZHR Beiheft 67, 1998, 9, 14 ff.; vgl. auch *Hinterhuber/Minrath*, BB 1991, 1201, 1202; *Ladwig/Motte*, DStR 1997, 1539, 1540.

[412] Vgl. auch *Assmann/Sethe*, in: Großkomm. z. AktG, § 287 Rdn. 86.

dass sie ihr Geld in eine Gesellschaft investieren, die eine gewisse Sicherheit durch Stabilität und Schutz von Eingriffen in ihre Rechtsstellung gewährleistet. Gerade vor dem Hintergrund der für den Laien nur schwer durchschaubaren rechtsformimmanenten Besonderheiten einer kapitalistischen KGaA kann mit einem Beirat als Entscheidungsträger und Kontrollinstrument am Kapitalmarkt ein positiver Eindruck erzeugt werden. Dies kann positive Impulse für eine Steigerung der Marktakzeptanz bewirken, die nicht nur für börsennotierte Unternehmen wichtig ist.

c) Koordination der Willensbildungsprozesse

Ein Beirat kann auch für die Koordinierung von Willensbildungsprozessen sinnvoll sein. Schwierigkeiten bei der Willensbildung können gerade in einer kapitalistischen KGaA entstehen, da sie aus zwei eigenständigen Gesellschaften rechtsform- bzw. typenverbunden ist und diese unterschiedlichen Gesetzesbestimmungen unterliegen. Das wirtschaftliche Schwergewicht in einer kapitalistischen KGaA liegt zumeist bei den Kommanditaktionären, die Geschäftsführung wird aber von der Komplementär-GmbH und für diese durch ihren Geschäftsführer ausgeübt. Ein zusätzliches Organ kann helfen, die rechtsformspezifischen Besonderheiten von GmbH (& Co. KG) und KGaA als eigentlich selbständige Gesellschaften auszugleichen. In einer anonymen Publikumsgesellschaft, in der es an einem besonderen Vertrauensverhältnis zwischen Geschäftsführung und Anlegern fehlt, kann ein Beirat die Aufgabe einer gegenseitigen Vertrauensbildung hin zu einer Interessengemeinschaft übernehmen und Willenbildungsprozesse bei wichtigen, das Gesamtunternehmen betreffenden Entscheidungen zusammenführen. Ein Beirat, der seine zugewiesenen Aufgaben neutral, gewissenhaft und in qualifizierter Weise wahrnimmt, kann bei Konflikten nicht nur als eine Kompensationslösung, sondern zu einem wichtigen Bindeglied zwischen den verschiedenen Gesellschafterinteressen werden. In den meisten Fällen wird der Beirat bei Interessenwidersprüchen zwischen den einzelnen Gesellschaftergruppen, innerhalb der Komplementäre oder zur Abstimmung der Interessen der KGaA mit denen der Komplementärgesellschaft die Aufgabe eines sog. „Schiedsorgans" übernehmen können[413].

---

[413] Vgl. auch *Assmann/Sethe*, in: Großkomm. z. AktG, § 287 Rdn. 82; *dies.*, Der Beirat der KGaA, in: Festschrift für Lutter, 2000, S. 251, 255.

d) Vorteile gegenüber anderen Organen

Zudem zeichnet sich die Verlagerung der Abberufungskompetenz auf einen Beirat besonders im Vergleich zu den bereits angesprochenen Organen Hauptversammlung und Aufsichtsrat aus[414]. Zwar bedarf die Ausgliederung der Abberufungskompetenz innerhalb der Gesellschaft neben der Hauptversammlung und dem Aufsichtsrat der KGaA eines weiteren Organs. Dies erscheint wegen des benötigten Mehraufwands umständlich und mag organisatorisch abzulehnen sein. Doch macht die komplexe Struktur dieser Doppelgesellschaft mit den z.T. unterschiedlich gelagerten Interessen die Gründung eines weiteren Organs erforderlich. Gerade bei der GmbH & Co. KGaA als Trägerin eines einheitlichen Unternehmens, bei dem eine enge finanzielle, wirtschaftliche und auch funktionale Verknüpfung zwischen den unterschiedlichen Gesellschaftsformen und Gesellschaftertypen zu finden ist, ist eine Ausgliederung von Kompetenzen auf zusätzliche Gesellschaftsorgane unternehmerisch wertvoll. Die Statuierung eines Beirats wird auch im Interesse des Unternehmensgründers sein, da er als persönlich haftender Gesellschafter im Unterschied zur Besetzung des Aufsichtsrats, wo er gemäß § 285 Abs. 1 Nr. 1 AktG nicht mitwirken kann[415], bei der Besetzung des Beirats berücksichtigt werden kann[416]. Zudem kann durch die Gründung eines Beirats einem weiteren Problem aus dem Weg gegangen werden, das dem Organ des Aufsichtsrats immanent ist. Dem Aufsichtsrat werden in der Praxis über die gesetzlichen Anforderungen hinaus Anhörungs-, Informations- und Stellungnahmerechte bei anstehenden Personalmaßnahmen eingeräumt[417], um die Akzeptanz der Rechtsform bei den Investoren zu stärken. Doch schon beim Börsengang der eff-eff Fritz Fuss GmbH & Co. KGaA Ende 1995 wurde vermehrt Kritik an diesen Mitwirkungsrechten laut, da sie nicht ausreichend und für den notwendigen Anlegerschutz wirkungslos seien[418]. Der Grund, dem Aufsichtsrat zusätzliche, aber nur dem Anschein nach anlegerschützende Rechte

---

[414] Vgl. zu den Nachteilen der Hauptversammlung und des Aufsichtsrats als mögliche Abberufungsorgane bereits § 8 F. I. 1) und 2).

[415] Vgl. zur Inkompatibilitätsregelung § 11; ferner *Korts/Korts*, Der Weg zur börsennotierten Aktiengesellschaft, 1999, S. 56 f.

[416] Vgl. *Assmann/Sethe*, in: Großkomm. z. AktG, § 287 Rdn. 81.

[417] Vgl. Satzungen der eff-eff Fritz Fuss GmbH & Co. KGaA (§ 11 Abs. 3) und der Mühlbauer Holding GmbH & Co. KGaA (§ 10 Abs. 4).

[418] Vgl. FAZ v. 6.11.1995, S. 24 („Der Börsengang von eff-eff stößt auf Widerspruch."); *Binz/Sorg*, DB 1997, 313, 317.

zuzuerkennen, liegt aus Unternehmersicht allein darin, die unerwünschte Mitbestimmung im Unternehmen möglichst gering zu halten. Dieses Problem stellt sich bei einem Beirat nicht.

Daneben kann sich durch die Statuierung eines Beirats der ansonsten mit der Einberufung einer Hauptversammlung verbundene zeit- und kostenaufwendige Weg erspart werden[419]. Der Beirat kann in kürzester Zeit einberufen werden, Vorlauffristen müssen nicht beachtet werden[420]. Auch die Kosten für einen Beirat, d.h. jährliche Tätigkeitsvergütungen und Auslagenersatz, können lediglich als vordergründiges Argument angebracht werden. Die anfallenden Kosten – nimmt man die Kosten für einen Aufsichtsrat als Maßstab – sind weitaus geringer als für eine entsprechende Einberufung einer Hauptversammlung. Allein die gesparten Beratungshonorare, eine mögliche gute Geschäftsidee oder das bloße Vermeiden einer Fehlentscheidung werden die Kosten für den Beirat in den meisten Fällen um ein Mehrfaches aufwiegen[421]. Zudem kann Diskretion im Hinblick auf wichtige, die Unternehmensinterna betreffende Entscheidungen gewährleistet werden. Denn durch einen kleinen personellen Entscheidungskreis kann die unerwünschte und vorschnelle Publizierung von Meldungen durch Dritte oder in den Medien in der Regel verhindert werden[422]. Mit der Verlagerung der Abberufungskompetenz auf einen Beirat kann den Kommanditaktionären eine Entscheidungskompetenz verliehen werden, indem sie durch ihre entsandten Mitglieder im Beirat repräsentiert werden. Hierdurch wird eine mit dem Gesetz und der Rechtsprechung im Einklang stehende und in der Praxis sinnvolle personelle Rückanbindung an die Belange der Kommanditaktionäre erreicht.

e) Berücksichtigung von Kapitalbeteiligungen

Bei Doppelgesellschaften entsteht in der Regel die Frage nach gerechter Kompetenzverteilung zwischen den verschiedenen Gesellschaftergruppen, insbesondere hinsichtlich des Einflusses auf die Geschäftsleitung. In diesem Zusammenhang können die unterschiedlichen Kapitalbeteiligungen innerhalb der Gesellschaft

---

419 Vgl. *Hommelhoff*, ZHR Beiheft 67, 1998, 9, 14 ff.
420 Hierzu siehe bereits § 8 G. II. 4) b).
421 Vgl. auch *May*, Der Beirat im Familienunternehmen, in: Hennerkes/Kirchdörfer (Hrsg.), Unternehmenshandbuch Familiengesellschaften, S. 366.
422 Vgl. bereits § 8 G. II. 4) b); hierzu auch *Martens*, AG 1982, 113.

bei der Besetzung des Beirats berücksichtigt werden. Zwar werden sich die GmbH-Gesellschafter nur ungern auf die Bildung eines solchen Organs mit direkten Einwirkungsbefugnissen der Kommanditaktionäre einlassen. Doch wird ein Beirat eher dem Interesse des Unternehmensgründers bzw. der Komplementärgesellschafter entsprechen als ein mit zusätzlichen Kompetenzen ausgestatteter mitbestimmter Aufsichtsrat. Es bietet sich an, das zugestandene Maß an Einfluss nach der wirtschaftlichen Kraft der jeweiligen Gesellschaftergruppe zu verteilen. Wer finanziell am stärksten an der Gesellschaft beteiligt ist, hat nicht nur ein Recht über die Geschäftsführung informiert zu werden, um auf diesem Weg den Erhalt und die Mehrung seiner investierten Vermögenswerte sicherzustellen[423]. Vielmehr muss er im Gegenzug auch Einfluss auf wichtige Unternehmensentscheidungen haben. Damit kann der Unternehmensgründer bzw. Komplementärgesellschaft seinen Machtverlust gegenüber der Gesamtheit der Kommanditaktionäre entschärfen, indem er sich in der Hauptversammlung eine Mehrheitsbeteiligung erkauft. Dieser Weg ist allerdings nicht immer gewünscht, finanziell tragbar oder aus steuerrechtlicher Sicht interessant. Sind die Komplementärgesellschafter finanziell dazu nicht in der Lage, ist es gerechtfertig, den mehrheitsbeteiligten Kommanditaktionären mittelbar über den Beirat auch die alleinige Abberufungskompetenz gegenüber dem Geschäftsführer der Komplementär-GmbH (& Co. KG) zu vermitteln.

f) Berücksichtigung anderweitiger unternehmerischer Tätigkeit

Zudem kann der Fall auftreten, dass der persönlich haftende Gesellschafter neben seiner Komplementärstellung noch eine anderweitige unternehmerische Tätigkeit verfolgt. In diesem Sonderfall der unternehmerischen Leitung muss zum einen das Interesse der Kommanditaktionäre, aber zum anderen auch das Interesse der Komplementärgesellschaft in besonderer Weise berücksichtigt werden. Die Kommanditaktionäre werden nur dann einen Einblick in die weitergehende Tätigkeit gewährt bekommen, wenn es sich zugleich um Angelegenheiten der KGaA selbst handelt. Dies ist vor dem Hintergrund einer möglichen Konkurrenztätigkeit der Komplementärgesellschaft und eventueller wirtschaftlicher Folgeschäden für die KGaA nicht tragbar. Die Statuierung eines Beirats kann

---

[423] Vgl. *May*, Der Beirat im Familienunternehmen, in: Hennerkes/Kirchdörfer (Hrsg.), Unternehmenshandbuch Familiengesellschaften, S. 364.

auch hier sinnvoll sein. Durch die anteilige Besetzung des Beirats mit Gesellschaftern der Komplementär-GmbH oder anderen dritten Personen kann gewährleistet werden, dass im Falle einer weitergehenden unternehmerischen Tätigkeit der GmbH die unternehmerischen Belange in einem fähigen und kompetenten Kreis von Mitgliedern detailliert analysiert und diskutiert werden können. Es kann ein sachkundiges Diskussionsforum entstehen, wenn die personelle Besetzung des Abberufungsorgans an den Verhältnissen der Gesellschaft ausgerichtet wird. Dies hat sich letztendlich nach dem unternehmerischen Schwerpunkt der Gesellschaft zu bestimmen, der im Regelfall bei der KGaA liegen wird, wenn die GmbH & Co. KGaA kapitalmarktaktiv ist. Die Schwerpunktsetzung ist vor dem Hintergrund einer kontinuierlichen Geschäftsleitung für den Unternehmenswert und die Kursentwicklung der Aktien von primärer Bedeutung.

g) Zwischenergebnis

Zusammenfassend bleibt festzuhalten: Durch die Gründung eines Beirats können die satzungsrechtlichen Gestaltungsspielräume für eine angemessene Stärkung des Anlegerschutzes interessengerecht genutzt werden. Gleichzeitig können auch die Unternehmerinteressen ausreichend berücksichtigt werden.

III. Besetzung des Beirats

Die Organisation des Beirats kann auf Grund des weitgehenden Gestaltungsspielraums individuell an die in der Praxis maßgeblichen Gesellschaftsverhältnisse angepasst werden. Dabei ist unter Berücksichtigung der verschiedenen Struktur- bzw. Ausgestaltungsformen einer (börsengängigen) Publikums-GmbH & Co. KGaA eine auf den jeweiligen Einzelfall abgestimmte Besetzung erforderlich. Ein interessengerechter Beirat muss nicht nur mit konkretisierten Rechten und Pflichten ausgestattet sein. Er ist auch nur dann ein funktionsfähiges Organ, wenn er strukturell eine effektive Vertretung sämtlicher Gesellschafterinteressen garantiert. Dazu bedürfen die Beiratsmitglieder einer gewissen Unabhängigkeit gegenüber der Geschäftsführung, denn die Ausübung der Anleger schützenden Rechte darf nicht allein in den Händen derer liegen, die zugleich die Geschäftsleitung innehaben. Zugleich muss aber auch die Arbeitsfähigkeit durch eine durchdachte gesellschaftsvertragliche Ausgestaltung gesichert werden. Werden diese strukturellen Mindestvoraussetzungen erfüllt, können die verschiedenen Gesellschaftergruppen mit ihren unterschiedlichen Interessen durch die flexiblen Besetzungsmöglichkeiten eines Beirats besser berücksichtigt werden als in jedem anderen Organ.

Für private Anleger ist im Regelfall der Renditegesichtspunkt entscheidend, auf eine geschäftsführende Mitwirkung wird zumeist kein Wert gelegt. Bei (institutionellen) Großanlegern tritt neben den erwarteten Kurssteigerungen aber auch die Erwartung von gewissen Mindeststandards, die Einfluss- und Kontrollrechte für den Kapitalgeber gewährleisten müssen[424]. Daneben wird auch das die Emission begleitende Kreditinstitut besonderen Wert auf eine angemessene Verteilung der Machtverhältnisse zwischen den Gesellschaftergruppen legen, um einen wirtschaftlichen Erfolg bei der Emission durch eine positive Kursentwicklung zu erlangen. Durch die Entsendung sowohl von Kommanditaktionären bzw. von ihnen bestimmte dritte Personen, als auch von Gesellschaftern der Komplementär-GmbH oder von ihnen bestimmte dritte Personen in den Beirat kann diesen Interessen Rechnung getragen werden. Es kann sich zudem als Vorteil erweisen, wenn die Vertreter der Kommanditaktionäre im Beirat gleichzeitig die von der Hauptversammlung gewählten Aufsichtsratsmitglieder sind. Dies führt zwar nicht zu einer Aufwertung der gesetzlich angeordneten minimierten Rechte des Aufsichtsrats einer KGaA; es droht aber auch keine Gefahr einer wieder eingeführten Mitbestimmung. Eine Personenidentität der Mitglieder ermöglicht einen noch größeren Beurteilungsspielraum bei wichtigen Unternehmensentscheidungen.

1) Persönliche Voraussetzungen der Beiratsmitglieder

Es ist grundsätzlich den Gesellschaftern überlassen, ob sie in den Gesellschaftsstatuten bestimmte persönliche Voraussetzungen für ein Mitglied des Beirats vereinbaren wollen. Der Beirat wird aber nur dann effektiv eingesetzt können, wenn er hinsichtlich seiner personellen Besetzung entsprechende Mindestvoraussetzungen erfüllt, die sich auch auf eine spezifisch aufzustellende Inkompatibilität erstrecken. Danach dürfen zum einen nur natürliche, unbeschränkt ge-

[424] Vgl. *Geck*, NZG 1998, 586, 588; *Hennerkes/May*, BB 1988, 2393, 2401.

schäftsfähige Personen Beiratsmitglieder werden (vgl. § 100 Abs. 1 AktG). Das folgt aus der Stellung des Beirats als Gesellschaftsorgan und aus der Tatsache, dass es sich bei der Mitgliedschaft um ein persönliches Mandat handelt. Darüber hinaus müssen auch personelle Einschränkungen bei der Besetzung beachtet werden. Da dem Beirat die Abberufungskompetenz hinsichtlich des Geschäftsführers übertragen wird, muss, wie auch bei der Besetzung des Aufsichtsrats einer AG (§ 105 AktG), ein unabdingbares Organisationsprinzip gelten. Infolgedessen ist eine Personenidentität von Geschäftsführer und Beiratsmitglied nicht zulässig. Somit können zwangsläufig die (Gesellschafter-)Geschäftsführer, die stellvertretenden Geschäftsführer, Prokuristen oder die gesetzlichen Vertreter einer von der Gesellschaft unabhängigen Gesellschaft bei der Besetzung nicht berücksichtigt werden. Als persönliches Merkmal kommt z.B. die Zugehörigkeit zu einer bestimmten Berufsgruppe oder der Nachweis einer für die Gesellschaft besonders relevanten und spezifischen Qualifikation oder entsprechender Sachkunde in Betracht. Als Mitglieder kommen daher neben dem Unternehmensgründer vor allem Spezialisten aus dem unternehmerischen Sachgebiet, Unternehmensberater, Juristen, „Marktbeeinflusser“ wie Verbandsvorsitzende oder Personen aus dem Kreis der Kommanditaktionäre in Betracht.

2) Maßgebliche Faktoren für die Besetzung

Vor dem Hintergrund des Anlegerschutzes ist ausschlaggebend, in welchem Umfang den Kommanditaktionären direkter Einfluss auf die Bestellung der Beiratsmitglieder vermittelt werden muss. Darüber hinaus ist entscheidend, inwieweit der Unternehmensgründer bzw. die Komplementärgesellschafter an der Bestellung zu beteiligen sind. Damit schließt sich zugleich die Frage an, auf welchem Weg der Einfluss der Kommanditaktionäre auf die Besetzung sichergestellt werden kann. Für die Berücksichtigung der Anleger- bzw. Unternehmerinteressen sind bei der Frage nach der zahlenmäßigen Besetzung und der damit zusammenhängenden Machtbefugnis vier wirtschaftliche Faktoren zu beachten: Zunächst ist die Besetzung des Beirats von der kapitalmäßigen Beteiligung der Komplementärgesellschaft bzw. der GmbH-Gesellschafter an der KGaA durch Eigenbesitz von Aktien abhängig zu machen. Als zweiter Aspekt muss die Höhe einer etwaigen Sondervermögenseinlage der Komplementärgesellschaft bzw. der GmbH-Gesellschafter als Beurteilungsfaktor hinzugezogen werden. Auch die Höhe der Haftungssumme der Komplementärgesellschaft spielt eine entscheidende Rolle. Je höher die wirtschaftliche Auslastung bzw. die finanzielle Beteiligung einer Gesellschaftergruppe im Unternehmen ist, desto stärker müssen die jeweiligen Interessen berücksichtigt werden Dies gilt sowohl für den Anlegerschutz als auch für die Komplementärinteressen. Als vierter Faktor ist ggf. eine anderweitige unternehmerische Tätigkeit der Komplementärgesellschaft bei der Frage nach der zahlenmäßigen Besetzung des Beirats zu berücksichtigen.

3) Verschiedene Fallgruppen

Die Frage nach der Besetzung des Beirats wird dadurch erschwert, dass die Rechte und Pflichten der Kommanditaktionäre und der übrigen Gesellschafter je nach Typ und Ausgestaltung der GmbH & Co. KGaA unterschiedlich sein können.

a) Ein-Personen- und Einheits-GmbH & Co. KGaA

Keine Probleme bereitet es, wenn eine sog. Ein-Personen-GmbH & Co. KGaA besteht. In diesem Fall ist die Komplementärgesellschaft bzw. sind die Gesellschafter der Komplementär-GmbH zugleich auch Kommanditaktionäre der KGaA[425]. Möglich ist auch, dass die KGaA alle oder zumindest die Mehrheit der Geschäftsanteile der Komplementär-GmbH übernommen und in das KGaA-Vermögen eingebracht hat (sog. Einheits-GmbH & Co. KGaA)[426]. Ein besonderer Schutz der Kommanditaktionäre ist bei Komplementärstrukturen dieser Art nicht erforderlich, da sie über die Gesellschafterversammlung nach den Vorschriften des GmbHG ihren Einfluss auf die Geschäftsführer der Komplementärgesellschaft geltend machen können (vgl. §§ 38, 46 Nr. 6 GmbHG). Einer zusätzlichen Erweiterung des Anlegerschutzes bedarf es nicht. Sollte dennoch ein großer Gesellschafterkreis die Statuierung eines Beirats notwendig machen, z.B. wenn bei den seit mehreren Generationen bestehenden (Familien-) Unternehmen die Nachkommen im Wege der Erbfolge am Unternehmen betei-

---

[425] Vgl. MünchKommAktG/*Semler/Perlitt*, § 280 Rdn. 4, 30 ff.; *Schlitt*, Die Satzung der Kommanditgesellschaft auf Aktien, 1999, S. 123; *Schaumburg*, DStZ 1998, 525, 530.

[426] Zur Einheits-GmbH & Co. KGaA vgl. *Dreisow*, WPg 1976, 658 ff.; *Gonnella/Mikic*, AG 1998, 508 ff.; *Schaumburg*, DStZ 1998, 525, 531; *Schrick*, NZG 2000, 675 ff.

ligt werden sollen, kann dieser mit einer beliebigen Anzahl sachkundiger Gesellschafter oder gesellschaftsfremde Personen besetzt werden. Über die entsprechende Besetzung kann auf Grund der Personenidentität der Gesellschafter die Gesellschafterversammlung der Komplementärgesellschaft oder die Hauptversammlung der KGaA entscheiden.

b) Ohne kapitalmäßige Komplementärbeteiligung

Ferner ist denkbar, dass die Komplementärgesellschaft bzw. die GmbH-Gesellschafter am Kapital der KGaA weder über den Besitz von Aktien noch in Form einer Sondervermögenseinlage beteiligt sind. Die GmbH (& Co. KG) weist dann nur ihr Stammkapital von mindestens € 25.000,- auf (§ 5 Abs. 1 GmbHG). Der Grund für eine mangelnde Kapitalbeteiligung liegt darin, dass die GmbH allein zum Zweck der Ermöglichung einer Haftungsbeschränkung bei der kapitalistischen KGaA gegründet worden ist oder die Komplementärgesellschafter zu einem weitergehenden finanziellen Engagement in der kapitalistischen KGaA nicht in der Lage sind. Mit Blick auf das geringe Kapital der Komplementärgesellschaft ist bereits die Emissionsfähigkeit einer solchen KGaA zu überdenken. Zumindest ist aber eine Einschränkung der satzungsrechtlichen Gestaltungsfreiheit erforderlich, will man sich nicht mit der Frage des gesellschaftsrechtlichen Missbrauchs auseinandersetzen müssen. In diesem Fall ist es gerechtfertigt, den Unternehmensgründer bzw. die Komplementärgesellschafter nicht bei der Besetzung des Beirats zu berücksichtigen, da sich die Haftung allein auf die Einlage der Komplementärkapitalbeteiligung reduziert. Würde die Komplementärgesellschaft trotz allem bei der Besetzung berücksichtigt werden, hätte dies eine rechtspolitisch fragwürdige Entmachtung derjenigen Kommanditaktionäre zur Folge, die auf der einen Seite das Kapital für die KGaA aufbringen, auf der anderen Seite an der Komplementärgesellschaft aber selbst nicht beteiligt sind. Wird die GmbH auch nicht anderweitig unternehmerisch tätig, sollte der Beirat, der über die Abberufung der Komplementär-Geschäftsführer zu entscheiden hat, allein aus Vertretern der Kommanditaktionäre oder von ihnen zu bestimmenden Personen besetzt werden. Bei der Frage nach der Besetzung ist allerdings der Fall zu berücksichtigen, dass die

Komplementärgesellschaft ein besonders hohes Stammkapital als Haftsumme für die Gläubiger der kapitalistischen KGaA zur Verfügung stellt. In Abhängigkeit von der Höhe der Summe kann gesellschaftsvertraglich vereinbart werden, dass ein Anteil der Mitglieder des Beirats dann vom Unternehmensgründer bzw. von den Komplementärgesellschaftern gestellt wird.

Modell ohne kapitalmäßige Komplementärbeteiligung:

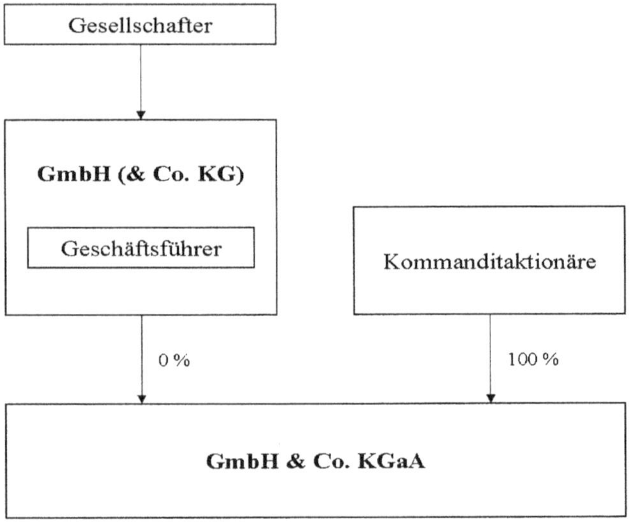

c) Mit kapitalmäßiger Komplementärbeteiligung

Wichtigster Anwendungsfall einer interessengerechten Besetzung des Beirats als Abberufungsorgan ist die kapitalmäßige Beteiligung der Komplementärgesellschaft bzw. der GmbH-Gesellschafter an der kapitalistischen KGaA selbst. Eine Kapitalbeteiligung kann, wie bereits oben erörtert[427], auf zwei verschiedenen Wegen erfolgen. Zum einen hat der persönlich haftende Gesellschafter die

---

[427] Vgl. hierzu § 5 C. I. 4).

Möglichkeit, Aktien der KGaA zu übernehmen. Grund für das Halten von Aktien der KGaA ist der daraus resultierende Stimmrechtseinfluss für den Inhaber der Aktien in der Hauptversammlung[428].

Modell mit kapitalmäßiger Komplementärbeteiligung in Form von Aktien:

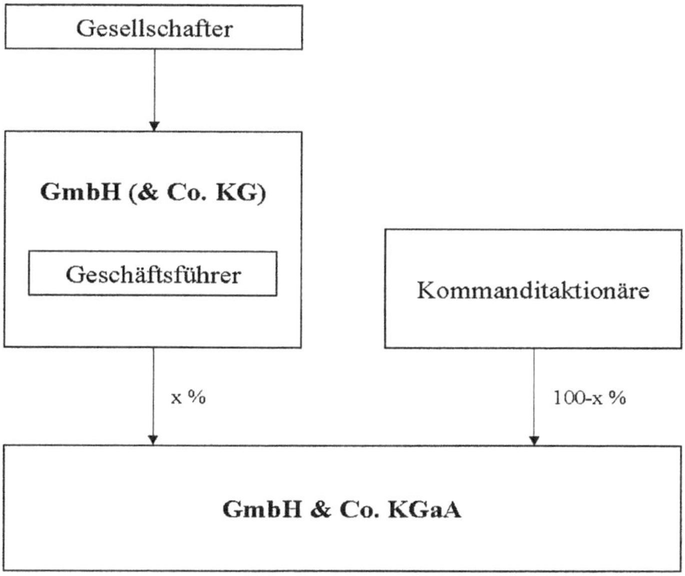

Daneben kann die Komplementärgesellschaft eine Sondervermögenseinlage in die kapitalistische KGaA einbringen, die nicht auf das Grundkapital geleistet wird, aber das Eigenkapital der KGaA erhöht. Die Beteiligung mit einer hohen Sondervermögenseinlage an der kapitalistischen KGaA ist in der Praxis der Re-

[428] Vgl. zum Stimmrechtsausschluss in der Hauptversammlung (§ 285 Abs. 1 S. 2 AktG) und zur Erweiterung der Zustimmungsvorbehalte (§ 285 Abs. 2 AktG) in einer kapitalistischen KGaA unten § 10 und § 17.

gelfall[429]. Für die Erbringung einer Sondervermögenseinlage sprechen im Unterschied zur Beteiligung am Grundkapital über die Kommanditeinlagen steuerliche Vergünstigungen, die der Komplementärgesellschaft im Falle eines Going Public zukommen[430]. So wird eine GmbH (& Co. KG) in der Praxis nicht nur das GmbH-Pflichtkapital in Höhe von € 25.000,- aufbringen, sondern sich in aller Regel als kapitalmäßig stark beteiligte Unternehmensinhaberin erweisen[431]. Vor diesem Hintergrund verliert das Argument, der Wegfall der persönlichen Haftung des Komplementärs entziehe der Einschränkung der Mitwirkungsrechte der Kommanditaktionäre im Hinblick auf Anlegerschutz die Legitimation, deutlich an Überzeugungskraft[432].

---

429 Vgl. u.a. Satzungen der Düker AG & Co. KGaA mit einem Grundkapital von 0,8 Mio. Euro und einem Kapitalanteil der Düker Beteiligungs AG & Co. KG i.H.v. 7,2 Mio. Euro (§§ 4 Abs. 1 und 2, 7 Abs. 2); eff-eff Fritz Fuss GmbH & Co. KGaA mit einem Grundkapital von 6,4 Mio. Euro und einem Kapitalanteil der eff-eff Fritz Fuss GmbH & Co. Holding KG i.H.v. 10,23 Mio. Euro (§§ 4 Abs. 2, 7 Abs. 1); Janox GmbH & Co. KGaA mit einem Grundkapital von 10 Mio. DM und einer Vermögenseinlage der Janox GmbH & Co. KG i.H.v. 14 Mio. DM (§§ 4, 6 Nr. 1); Metanomics GmbH & Co. KGaA mit einem Grundkapital von 51.129 DM und einem Kapitalanteil der MV-GmbH i.H.v. 50 Mio. DM (§§ 4, 5); Mühlbauer Holding AG & Co. KGaA mit einem Grundkapital von 4,97 Mio. Euro und einem Kapitalanteil der Mühlbauer Holding AG & Co. Verwaltungs-KG i.H.v. 13,82 Mio. Euro (§§ 4 Abs. 1 und 2, 7 Abs. 2); Tyczka GmbH & Co. KGaA mit einem Grundkapital von 1 Mio. DM und einem Kapitalanteil der Tyczka GmbH & Co. Verwaltungs-KG i.H.v. 16 Mio. DM (§§ 4, 7 Abs. 1); Weidmüller Holding AG & Co. KGaA mit einem Grundkapital von 4,35 Mio. Euro und einem Kapitalanteil der Peter Gläsel GmbH & Co. KG i.H.v. 39,15 Mio. Euro (§§ 5 Abs. 2, 6); vgl. hierzu bereits § 5 C. I. 4).

430 Vgl. hierzu bereits § 5 C. I. 4).

431 Vgl. *Hommelhoff*, ZHR Beiheft 67, 1998, 9, 22 (Fußn. 77); *Habel/Strieder*, MittBayNot 1998, 65, 69. Ledigich in der 1. FC Köln GmbH & Co. KGaA ist die Komplementär-GmbH nicht am Kapital der KGaA beteiligt.

432 In diesem Sinne auch *Lorz*, Die GmbH & Co. KGaA und ihr Weg an die Börse, in: Gesellschaftsrechtliche Vereinigung (Hrsg.), Gesellschaftsrecht in der Diskussion, 1999, S. 57, 73; vgl. *Hommelhoff*, ZHR Beiheft 67, 1998, 9, 17 ff.

Modell mit kapitalmäßiger Beteiligung in Form einer Sondervermögenseinlage:

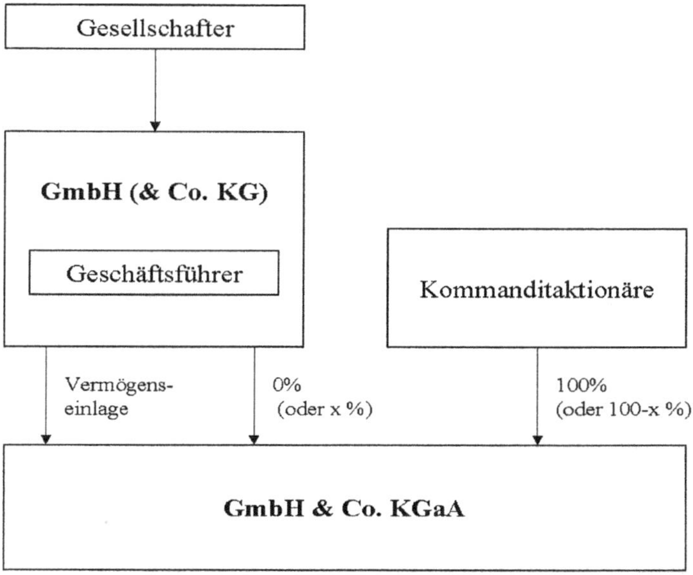

Darüber hinaus zielt eine wertmäßige Beteiligung, sei es durch eine Aktienbeteiligung oder durch eine Sondervermögenseinlage, darauf ab, dass Führungsengagement der Komplementärgesellschaft in der kapitalistischen KGaA auf eine gewisse Dauer anzulegen. dieser Umstand spielt für den Handel am freien Markt oder bei einer Börseneinführung eine wesentliche Rolle, da der Komplementärgesellschafter dadurch zeigt, dass er seine persönliche Haftung ernst nimmt[433]. Je höher die Kapitalbeteiligung ist, desto stärker wird auch die Identifikation der Komplementärgesellschafter mit dem Gesamtunternehmen sein. Sowohl bei einer Beteiligung über das Kommanditaktienkapital der KGaA, als auch durch eine Sondervermögenseinlage der Komplementärgesellschaft kann entsprechend der Beteiligung eine zahlenmäßige Berücksichtigung bei der Besetzung des Beirats gewährleistet werden. Insoweit kann die wirtschaftliche Bedeutung der einzelnen Gesellschaftergruppen für die kapitalistische KGaA bei der Vergabe von wichtigen Kompetenzen entscheidend berücksichtigt werden. Die maßgebliche

---

[433] Vgl. *Hartel*, DB 1992, 2329, 2334.

Besetzung des Beirats einer GmbH & Co. KGaA mit Mitgliedern der Komplementär-GmbH (& Co. KG) und Mitgliedern der Kommanditaktionäre kann sich dann anhand des Verhältnisses:

$$\frac{\text{Komplementärkapital [Stammkapital + Komplementärbeteiligung (Aktien + Vermögenseinlage)]}}{\text{eingezahltes Aktienkapital (der Kommanditaktionäre)}}$$

errechnen lassen.

d) Anderweitige unternehmerische Tätigkeit

Durch die Statuierung eines Beirats kann auch eine anderweitige unternehmerische Tätigkeit der Komplementärgesellschaft angemessen berücksichtigt werden. Es ist vorstellbar, dass die Komplementärgesellschaft über ihre Rolle als persönlich haftende Gesellschafterin noch anderweitige unternehmerische Ziele verfolgt. So kann die Komplementär-GmbH (& Co. KG) als persönlich haftende Gesellschafterin einer anderen KGaA (sog. sternförmige KGaA)[434] oder auch einer weiteren GmbH (& Co. KG) eingesetzt werden. Solche Holding-Modelle werden regelmäßig bei der GmbH & Co. KG konstruiert und sind auch bei der GmbH & Co. KGaA denkbar. Bei einer börsengängigen GmbH & Co. KGaA werden die wirtschaftlichen Gesellschaftsinteressenbindungen allerdings der Ausnahmefall sein. Geht die Komplementär-GmbH aber eine anderweitige wirtschaftliche Interessenbindung ein, kann der Beirat zu einer Hälfte aus Gesellschaftern der Komplementär-GmbH oder von ihnen bestimmten gesellschafts-

---

[434] So z.B. bei der Bündelung strategischer Allianzen über die GmbH & Co. KGaA. Bei dieser Unternehmensstruktur beteiligt sich eine GmbH als Komplementärin sternförmig an verschiedenen KGaA und kann insoweit die Führungsstruktur der Gesellschaften monopolisieren; vgl. hierzu *Lorz*, Die GmbH & Co. KGaA und ihr Weg an die Börse, in: Gesellschaftsrechtliche Vereinigung (Hrsg.), Gesellschaftsrecht in der Diskussion, 1999, S. 57, 77; *Hartel*, Ein neuer Weg für mittelständische Unternehmen: GmbH & Co. KG auf Aktien, in: Arbeitsgemeinschaft der bayrischen Industrie- und Handelskammern (Hrsg.), Eigenkapital für mittlere Unternehmen, 1995, S. 19. Zur Bedeutung einer anderweitigen unternehmerischen Tätigkeit für das Konzernrecht vgl. *Schlitt*, Die Satzung der Kommanditgesellschaft auf Aktien, 1999, S. 108, 164.

fremden Personen und zur anderen Hälfte aus Kommanditaktionären oder von ihnen bestimmten Personen, oder insgesamt mehrheitlich mit Gesellschaftern der Komplementärgesellschaft besetzt werden. Dies richtet sich letztlich danach, wo die Komplemetär-GmbH ihren unternehmerischen Schwerpunkt hat.

Modell mit anderweitiger unternehmerischer Komplementärtätigkeit:

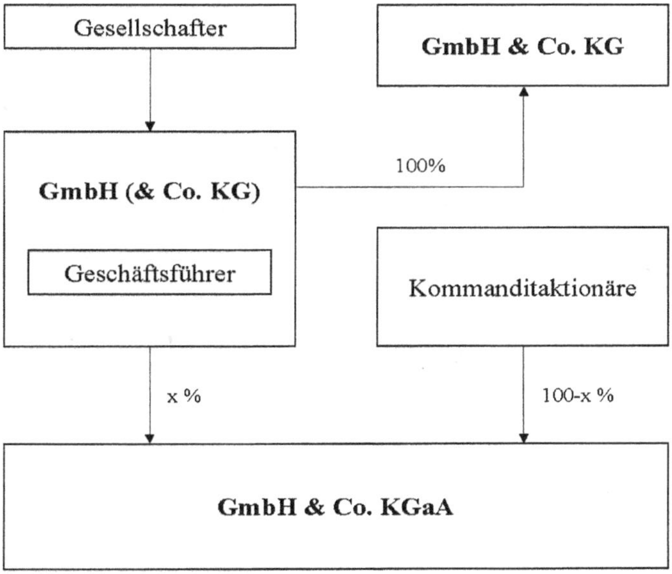

4) Zuständigkeit für die Besetzung/Bestellung der Beiratsmitglieder

Die Statuierung eines Beirats und dessen wesentliche Aufgaben müssen bei der Gründung im Gesellschaftsvertrag der Komplementär-GmbH festgelegt oder nachträglich durch Satzungsänderung eingefügt werden, wenn der Beirat organschaftliche Befugnisse erhalten soll. Gesetzliche Regeln, wer die Mitglieder des Beirats zu bestellen hat, existieren nicht. § 52 Abs. 1 GmbHG i.V.m. § 101 Abs. 1 S. 1 AktG bestimmt, dass die Mitglieder eines fakultativen Organs bei der GmbH im Zweifel von der Gesellschafterversammlung zu wählen sind. Da durch die Statuierung eines funktionsfähigen Beirats in der GmbH & Co. KGaA die Rechte der Kommanditaktionäre gestärkt werden sollen, muss die Bestellung der Beiratsmitglieder auch in ihren eigenen Zuständigkeitsbereich fallen. Das hat zur Folge, dass nicht die Gesellschafterversammlung der Komplementär-GmbH für ihre Bestellung ausschließlich zuständig sein kann. Vielmehr muss in den Gesellschaftsstatuten festgelegt werden, wer für die Bestellung der vorgeschlagenen Beiratsmitglieder zuständig ist. Die Zuständigkeitsreglung in der Satzung ist für die Besetzung bzw. Bestellung der vorgeschlagenen Mitglieder des Beirats entscheidend, soll der Beirat ein effektives, alle Gesellschafterinteressen schützendes Organ sein.

a) Vorschlagsrecht bzw. Nominating Commitee

Bei der Frage nach der Zuständigkeit für die Nominierung von möglichen Kandidaten für den Beirat kann im Gesellschaftsvertrag ein Vorschlagsrecht für den Unternehmensgründer bzw. die Komplementärgesellschafter vereinbart werden. Ein Vorschlagsrecht kann sich in der Praxis als sinnvoll erweisen, wenn die (börsennotierte) Publikumsgesellschaft eine große Anzahl von Kommanditaktionären aufweist. Zudem haben der Geschäftsführer bzw. die Komplementärgesellschafter im Regelfall einen besseren Überblick über zur Verfügung stehende und geeignete Kandidaten. Für die Praxis empfehlenswert ist es, die Auswahl der möglichen Kandidaten einem sog. Nominating Committee zu überlassen, das bereits selbst interessengerecht besetzt wird. Mitglieder dieses Nominating Committee können in diesem Fall die Komplementärgesellschafter, der Geschäftsführer, ein (Mehrheits-)Kommanditaktionäre oder beauftragte Dritte sein. Vor dem Hintergrund eines angemessenen Mitwirkungsrechts der Kommanditaktionäre muss gewährleistet werden, dass genügend Kandidaten zur Wahl stehen, damit nicht zugleich eine Beschränkung der Auswahlmöglichkeiten der Kommanditaktionäre bewirkt wird. Dabei muss den Abstimmungsberechtigten auch die Möglichkeit eingeräumt werden, alle vorgeschlagenen Kandidaten abzulehnen, solange diese Ablehnungsentscheidung nicht von Willkür getragen wird und innerhalb der gesellschaftsrechtlichen Treuepflichten liegt.

b) Stimmrechtsverteilung zwischen den Gesellschaftergruppen

Zur Frage der Stimmrechtsverteilung bei der Auswahl der Beiratsmitglieder ist dem BGH-Beschluss vom 24. Februar 1997 ein gewisser Regelungsauftrag zu entnehmen. Der BGH führt in seinem Beschluss an, dass Satzungsgestaltungen zulasten der Kommanditaktionäre nur in engeren Grenzen als bei der gesetzestypischen bzw. klassischen KGaA zuzulassen sind[435]. Legt man die Aussage des BGH bei der Frage nach der Zuständigkeit für die Besetzung des Beirats zu Grunde, muss den Kommanditaktionären ein weit reichendes und einflussreiches Recht zugestanden werden. Um den Anforderungen des Anlegerschutzes gerecht zu werden, sollte in der Satzung daher bestimmt werden, dass den Kommanditaktionären bei der Bestellung der Beiratsmitglieder selbst Mitbestimmungs- oder Entsendungsrechte zustehen. Da die Anzahl der Beiratsmitglieder unter Berücksichtigung des jeweiligen Kapitalanteils der Gesellschaftergruppen bestimmt wird, muss die Satzungsklausel konkrete Angaben enthalten, wie viele Mitglieder des Beirats einerseits durch die Komplementärgesellschaft, also von der Gesellschafterversammlung der GmbH (& Co. KG) bzw. vom Unternehmensgründer und andererseits aus den Reihen der Kommanditaktionäre bestimmt werden. Gewährleistet werden muss in jedem Fall, dass die von den Kommanditaktionären zu bestimmenden Mitglieder von der Hauptversammlung gewählt werden. Die Beschlussfassung der Hauptversammlung über die Bestellung der Mitglieder sollte von einer einfachen Mehrheit abhängig gemacht werden.

H. Resümee

Die wirksame Kontrolle und Überwachung der Geschäftsführung ist ein zentrales Anliegen des Anlegerschutzes und stellt im Recht der (börsennotierten) Publikums-GmbH & Co. KGaA einen Leitgedanken dar. So ist die Komplementärgesellschaft gehalten, auf die Interessen der Kommanditaktionäre besondere Rücksicht zu nehmen. Der BGH hat in diesem Zusammenhang die gesellschaftsrechtliche Treuepflicht als ausreichendes Schutzinstrument der Kommanditaktionäre ins Spiel gebracht. Die Untersuchung hat jedoch gezeigt, dass die Durchsetzung der gesellschaftsrechtlichen Treuepflicht mittels der allgemeinen perso-

[435] BGHZ 134, 392, 399 = ZIP 1997, 1027, 1029.

nengesellschaftsrechtlichen Rechtsbehelfe gemäß §§ 140, 117, 127 HGB das vorgegebene Ziel nicht erreicht. Mangels unmittelbarer Durchschlagskraft kann einer Benachteiligung der kapitalaufbringenden Kommanditaktionäre durch die Komplementärgesellschafter nicht entgegengewirkt werden. Auch die zur Durchsetzung der gesellschaftsrechtlichen Treuepflicht entwickelten Lösungswege zeigen, dass sich eine angemessene Berücksichtigung der Anlegerinteressen im Wege der gesellschaftsrechtlichen Treuepflicht nur schwer durchzusetzen lässt. Die im Rahmen dieser Untersuchung vorgeschlagene Verlagerung der Abberufungskompetenz auf ein eigenständiges Organ – einen fakultativen Beirat – kann hingegen den rechtsformimmanenten Besonderheiten einer kapitalistischen KGaA und dem rechtstatsächlichen Konflikt zwischen der Gestaltungsfreiheit und den Anforderungen des Anlegerschutzes in ausreichendem Maße Rechnung tragen. Auch wenn die Einrichtung eines interessengerecht besetzten Beirats letztlich allein im Ermessen der Komplementärgesellschaft liegt, sollte ein Beirat statuiert werden, wenn eine große Zahl von Personen als Kommanditaktionäre Kapital zu Anlagezwecken in die Gesellschaft investiert. Denn eine direkte personelle Rückanbindung der Geschäftsführung an die Belange der Kommanditaktionäre stärkt nicht nur den Anlegerschutz in einer (börsennotierten) Publikums-GmbH & Co. KGaA, sondern bewirkt zugleich auch eine positive Resonanz auf dem Kapitalmarkt. Durch die anteilsmäßige Besetzung des Beirats im Verhältnis zur Kapitalbeteiligung ist im Hinblick auf die Abberufungskompetenz durch satzungsautonome Gestaltung ein flexibler und effektiver Weg vorhanden, durch den der Vorteil der Rechtsform GmbH & Co. KGaA aus Unternehmersicht, nämlich die Möglichkeit, trotz eines Börsengangs eigenverantwortlich zu wirtschaften, weitestgehend abgesichert werden kann. Durch die Statuierung eines Beirats kann ein ausgeglichenes System wechselseitiger Einflussmöglichkeiten geschaffen werden, das zum einen die gesetzlichen Unzulänglichkeiten im Recht der GmbH & Co. KGaA im Hinblick auf die fehlenden Einfluss auf die Geschäftsführung überwindet. Zum anderen können nicht nur die Anlegerinteressen, sondern auch die unternehmerische Leitungsmacht, d.h. die Belange des Unternehmensgründers bzw. der Komplementärgesellschafter, berücksichtigt werden.

§ 9 Personalpolitische Kompetenzverlagerung bei Bestellung des Geschäftsführers der Komplementärgesellschaft

A. Problemstellung

Eng verbunden mit der Verlagerung der Abberufungskompetenz des GmbH-Geschäftsführers von der Gesellschafterversammlung der Komplementär-GmbH auf einen Beirat ist die Frage nach der entsprechenden Zuständigkeit für die Bestellung des neuen Geschäftsführers. Wie die Abberufungskompetenz ist auch die Bestellungskompetenz ein zentrales Thema des Anlegerschutzes. Die Bestellung des Geschäftsführers obliegt nach dem gesetzlichen Leitbild ebenfalls der Gesellschafterversammlung der Komplementär-GmbH (vgl. §§ 45, 46 Nr. 5 GmbHG)[436]. Es ist denkbar, dass die Komplementärgesellschaft nach Abberufung des Geschäftsführers, einen für die Gesamtheit der Kommanditaktionäre nicht erwünschten und unliebsamen Geschäftsführer einsetzen will. Damit wird – korrespondierend zur Verlagerung der Abberufungskompetenz[437] – deutlich, dass auch die Kompetenz zur Bestellung des Geschäftsführers der Komplementärgesellschaft mit Blick auf den Anlegerschutz nicht bei der Gesellschafterversammlung der Komplementärgesellschaft verbleiben kann. Es stellt sich daher die Frage, in welcher Form und in welchem Ausmaß den Interessen der Kommanditaktionäre in diesem Zusammenhang Rechnung zu tragen ist.

B. Art und Weise der Verlagerung der Bestellungskompetenz

Als zuständige Organe für die Bestellungskompetenz kommen zunächst der Aufsichtsrat oder die Hauptversammlung in Betracht[438]. *Schilling* will dem Aufsichtsrat die gesamte Personalkompetenz übertragen, sofern die Führungsseite einwilligt[439]. *Hommelhoff* lehnt dagegen eine Bestellungskompetenz des Aufsichtsrats ab, da eine solche Kompetenz die KGaA zu nahe an die AG heranrü-

---

436 Vgl. *Lutter/Hommelhoff*, GmbHG, § 46 Rdn. 11 ff.

437 Vgl. hierzu § 8 C.

438 Entgegen der Ansicht von *Ladwig/Motte*, DStR 1997, 1539, 1540 (vgl. oben Fußn. 371) fordert der BGH in seinem Beschluss v. 24.2.1997 keine Mitwirkungsrechte der Hauptversammlung oder des Aufsichtsrats bei der Bestellung der Geschäftsführer.

439 *Schilling*, BB 1998, 1905, 1907; vgl. auch *Deutsche Schutzvereinigung für Wertpapierbesitz (DSW)*, Das Wertpapier 10/96, 70, 71.

cke und der kapitalistischen KGaA, wenn auch nur statutarisch, die rechtsformspezifischen Besonderheiten nehme[440]. Das Bestellungsrecht der GmbH-Gesellschafter in der GmbH & Co. KGaA sei die auf einen Rest reduzierte Konstruktionsidee des „geborenen" KGaA-Geschäftsführers[441]. Wer nach Entstehung der KGaA beitrete, könne auf die Bestellung dieses Funktionsträgers keinen Einfluss mehr nehmen. Falls ein Anleger dem Geschäftsführer nicht das notwendige Vertrauen entgegenbringe, dürfe dieser keine Kommanditaktien erwerben. Die Bestellungskompetenz müsse insoweit bei der Gesellschafterversammlung der Komplementär-GmbH verbleiben[442]. Andere Stimmen in der Literatur gehen der Frage nach, ob den Belangen der Kommanditaktionäre mit einem Anhörungsrecht[443] oder mit einem Billigungsrecht Rechnung zu tragen ist[444]. Gleichwohl wird bezweifelt, ob der Hauptversammlung oder dem Aufsichtsrat ein solches Recht zuzugestehen ist. So sei die Hauptversammlung der KGaA bereits mit mehr Rechten ausgestattet als die Hauptversammlung einer AG. Darüber hinaus sei die erbschaftssteuerliche Optimierung als eigentliche Triebfeder bei der Wahl der GmbH & Co. KGaA als Rechtsform nicht realisierbar, da der Komplementärgesellschafter die Kontrolle über die Geschäftsführungsbestellung verliere. Sollte dem Aufsichtsrat das Einflussnahmerecht zukommen, sei eine Gefährdung des mitbestimmungsrechtlichen Privilegs auf Grund der Berufung von Arbeitnehmern in den Aufsichtsrat zu befürchten[445].

---

440 *Hommelhoff*, ZHR Beiheft 67, 1998, 9, 25; so auch *Joost*, ZGR 1998, 334, 343 f.

441 *Hommelhoff*, ZHR Beiheft 67, 1998, 9, 25; vgl. auch *Kallmeyer*, ZGR 1983, 57, 66.

442 *Hommelhoff*, ZHR Beiheft 67, 1998, 9, 25; ferner *Herfs*, in: Hoffmann-Becking (Hrsg.), Münchener Handbuch des Gesellschaftsrechts, Band 4: Aktiengesellschaft, § 76 Rdn. 48 f.

443 So *Habel/Strieder*, MittBayNot 1998, 65, 69; vgl. auch *Mayer*, MittBayNot 1997, 329, 331; *Herfs*, WiB 1997, 688, 690.

444 So *Ladwig/Motte*, DStR 1997, 1539, 1540.

445 *Ladwig/Motte*, DStR 1997, 1539, 1540; ihnen folgend *Gonnella/Mikic*, AG 1998, 508, 509 f., die ihrerseits die GmbH & Co. KGaA als Einheitsgesellschaft als Lösung des Problems vorschlagen. Die Übernahme aller oder der Mehrheit der Geschäftsanteile der Komplementär-GmbH durch die KGaA wird aber nicht im Interesse des Unternehmensinhabers liegen.

C. Verlagerung der Bestellungskompetenz auf einen Beirat

In Anknüpfung an die Ausführungen zur Verlagerung der Abberufungskompetenz bleibt zunächst festzuhalten, dass eine Verlagerung der Bestellungskompetenz auf die Hauptversammlung aus praktischen Erwägungen ausscheidet bzw. die von *Schilling* befürwortete Übertragung auf den Aufsichtsrat nicht dem gesetzlichen Leitbild des geborenen Geschäftsführungsorgans einer KGaA entspricht. Folgt man der Auffassung von *Hommelhoff* zur personalistischen Kompetenzverteilung, würde die Abberufungskompetenz dem Aufsichtsrat zukommen[446], die Bestellungskompetenz hingegen bei der Gesellschafterversammlung der Komplementär-GmbH verblieben. Die Verteilung der Bestellungs- und Abberufungskompetenz auf unterschiedliche Organe erweist sich aber als inkonsequent. Eine Zweiteilung von sachlich eng miteinander verknüpften Kompetenzen könnte zu Blockaden bei der Entscheidungsfindung führen[447]. Gleichzeitig erscheint es vor dem Hintergrund des Anlegerschutzes aber auch nicht angebracht, den Kommanditaktionären – sei es mittelbar über den Aufsichtsrat oder unmittelbar über die Hauptversammlung – lediglich ein Anhörungsrecht zuzubilligen. Es bietet sich daher nicht nur aus praktischen Gesichtspunkten an, dem Beirat als Entscheidungsorgan korrespondierend zur Abberufungskompentenz auch die Kompetenz zur Bestellung der Geschäftsführer zu übertragen. Eine solche Organidentität ist erforderlich, um eine im Ganzen ausreichend abgestimmte und interessengerechte Entscheidung im Rahmen der Geschäftsleitung zu gewährleisten. Eine Verlagerung auf unterschiedliche Organe wäre dem hinderlich[448]. Die Verlagerung der Bestellungskompetenz auf den Beirat ist die den gesetzlichen Rahmenbedingungen und den Erwägungen des BGH am nächsten kommende Lösung. Hierdurch kann nicht nur der Anlegerschutz sachgerecht gestärkt werden, vielmehr verbleiben auch den Gesellschaftern bei entsprechender Besetzung des Beirats Einflussmöglichkeiten auf die Bestellung des Geschäftsführers.

---

446 Vgl. hierzu bereits oben § 8 F. I. 2).

447 Vgl. auch *Schäfer/Casper*, in: Diskussionsbericht zu Ulmer (Hrsg.), Die GmbH & Co. KGaA nach dem Beschluss BGHZ 134, 392, ZHR Beiheft 67, 1998, 87.

448 Vgl. auch *Dirksen/Möhrle*, ZIP 1998, 1377, 1384, nach denen der Beirat auch die Anstellungskonditionen für den Geschäftsführer der Komplementärgesellschaft festlegen sollte.

D. Ergebnis

Ebenso wie die Abberufungskompetenz sollte auch die Bestellungskompetenz für den Geschäftsführer der Komplementär-GmbH einem fakultativen und anhand der Kapitalverhältnisse interessengerecht besetzten Beirat übertragen werden. Durch die Verlagerung der Kompetenzen kann eine korrespondierende personelle Rückanbindung an die Interessen der Kommanditaktionäre gewährleistet werden, wie sie durch Verlagerung auf die obligatorischen Organe der (kapitalistischen) KGaA nicht realisiert wird. Auf diesem Weg kann der Satzungsgeber den Anforderungen des Anlegerschutzes gerecht werden.

§ 10 Stimmrechtsausschluss, § 285 Abs. 1 S. 2 AktG

A. Problemstellung

Neben dem Einfluss der Kommanditaktionäre bei der personellen Kompetenzverteilung ist auch die Stimmrechtsverteilung in der Hauptversammlung ein Regelungsbereich, der für den Anlegerschutz Bedeutung hat. § 285 Abs. 1 S. 1 AktG bestimmt, dass die persönlich haftenden Gesellschafter in der Hauptversammlung nur ein Stimmrecht für ihre Aktien haben. Dem Gesetz nach können die Komplementärgesellschaft und ihre Gesellschafter also selbst Kommanditaktionäre einer kapitalistischen KGaA sein, mithin eine doppelte Gesellschafterstellung innehaben. Auch der Geschäftsführer der Komplementär-GmbH hat ein eigenes Stimmrecht, wenn er selbst Aktien der KGaA hält. Gemäß § 285 Abs. 1 S. 1 AktG werden damit die Mehrheitsverhältnisse in der Hauptversammlung gewahrt[449]. Gleichwohl bewirkt die Vorschrift des § 285 Abs. 1 S. 1 AktG Anlegerschutz, da das Stimmrecht dem Gesetz nach nicht umfassend ist. So unterliegen die persönlich haftenden Gesellschafter gemäß § 285 Abs. 1 S. 2 AktG in bestimmten Fällen einem Stimmrechtsausschluss. So können sie das Stimmrecht weder für sich noch für einen anderen bei Beschlussfassungen über die Wahl und Abberufung des Aufsichtsrats, die Entlastung der persönlich haftenden Gesellschafter und der Mitglieder des Aufsichtsrats, die Bestellung von Sonderprüfern, die Geltendmachung oder den Verzicht von Ersatzansprüchen und die Wahl von Abschlussprüfern ausüben (§ 285 Abs. 1 S. 2 Nr. 1 bis 6 AktG). Es handelt sich um eine Sonderregelung, die auf den allgemeinen Grundsätzen des Stimmrechtsausschlusses beruht, gemäß § 278 Abs. 3 AktG i.V.m. § 23 Abs. 5 AktG zwingend und im öffentlichen Interesse ist[450]. Der Komplementärgesellschaft kann also auch durch Satzungsbeschluss in der Hauptversammlung kein weitergehendes Stimmrecht eingeräumt werden[451]. Sinn und Zweck des Stimmrechtsausschlusses ist es, möglichen Interessenkollisionen zwischen Komman-

---

[449] *Mertens*, in: KölnerKomm z. AktG, § 285 Rdn. 3; MünchKommAktG/*Semler/Perlitt*, § 285 Rdn. 9.

[450] Zu diesen Grundsätzen vgl. *Hüffer*, Aktiengesetz, § 285 Rdn. 1; *K. Schmidt*, Gesellschaftsrecht, S. 979 ff; *Ihrig/Schlitt*, ZHR Beiheft 67, 1998, 33, 45.

[451] Vgl. hierzu *Mertens*, in: KölnerKomm z. AktG, § 280 Rdn. 5; MünchKomm AktG/*Semler/Perlitt*, § 285 Rdn. 21; *Herfs*, in: Hoffmann-Becking (Hrsg.), Münchener Handbuch des Gesellschaftsrechts, Band 4: Aktiengesellschaft, § 77 Rdn. 31.

ditaktionären und Komplementären vorzubeugen. Solche können sich ergeben, wenn die persönlich haftenden Gesellschafter in ihrer Vorstandsfunktion selbst unmittelbaren oder mittelbaren Einfluss auf ihre eigene Überwachung bzw. Kontrolle als Geschäftsführungsorgan der Gesellschaft haben[452]. Diese Situation gilt es im Hinblick auf den Anlegerschutz zu vermeiden[453]. Der Stimmrechtsausschluss gilt unabhängig davon, ob die Stellung der persönlich haftenden Gesellschafterin von einer natürlichen Person oder einer Kapital- oder Personengesellschaft eingenommen wird[454].

B. Reichweite des Stimmrechtsausschlusses

Auf Grund der besonderen Gesellschaftsstruktur einer GmbH & Co. KGaA stellt sich die Frage, ob der Stimmrechtsausschluss des § 285 Abs. 1 S. 2 AktG auch auf den Geschäftsführer bzw. auf die Gesellschafter der Komplementärgesellschaft auszuweiten ist, oder ob in diesem Regelungsbereich Gestaltungsfreiheit herrscht. Die Geschäfte in der KGaA werden durch die persönlich haftende Gesellschafterin geführt, welche im Fall einer GmbH (& Co. KG) aber erst durch ihren Geschäftsführer handlungsfähig ist. Der Geschäftsführer wird nicht nur als Geschäftsführer der GmbH (& Co. KG), sondern zugleich auch mittelbar als Geschäftsführer der GmbH & Co. KGaA tätig. Daher muss von vornherein vermieden werden, dass der Geschäftsführer in der Hauptversammlung primär die Interessen der Komplementär-GmbH – mit der in der Regel der Anstellungsvertrag abgeschlossen ist und die seine Vergütung übernimmt – verfolgt und die Interessen der Kommanditaktionäre vernachlässigt. Mögliche Eigeninteressen des Geschäftsführers der Komplementär-GmbH sind bei Beschlussfassungen über die Gegenstände des § 285 Abs. 1 S. 2 Nr. 1 bis 6 AktG auszuschalten. Auch der (Gesellschafter-)Geschäftsführer der Komplementärgesellschaft unterfällt dem allgemeinen Stimmrechtsausschluss des § 285 Abs. 1 S. 2 AktG[455].

---

452 *Hüffer*, Aktiengesetz, § 285 Rdn. 1; *Schlitt*, Die Satzung der Kommanditgesellschaft auf Aktien, 1999, S. 206 f.; *Dreisow*, DB 1977, 851 ff.

453 *Ihrig/Schlitt*, ZHR Beiheft 67, 1998, 33, 45 ff.; *Dreisow*, DB 1977, 851.

454 Vgl. MünchKommAktG/*Semler/Perlitt*, § 278 Rdn. 336; § 285 Rdn. 16; *Schlitt*, Die Satzung der Kommanditgesellschaft auf Aktien, 1999, S. 206 f.; *Ihrig/ders.*, ZHR Beiheft 67, 1998, 33, 46.

455 So auch *Schlitt*, Die Satzung der Kommanditgesellschaft auf Aktien, 1999, S. 207; *Ihrig/Schlitt*, ZHR Beiheft 67, 1998, 33, 46; i.d.S. wohl auch *Schaumburg*, DStZ 1998, 525, 528.

Die Gefahr von möglichen Interessenkonflikten zwischen den Belangen der Kommanditaktionäre und jenen der Komplementärgesellschaft besteht aber auch bei Gesellschaftern der Komplementär-GmbH (& Co. KG), die nicht zugleich Geschäftsführer sind[456]. Die Gesellschafter der Komplementär-GmbH (& Co. KG) können in ihrer Eigenschaft als Doppelgesellschafter über ihr Weisungsrecht maßgeblichen Einfluss auf den Geschäftsführer der Komplementär-GmbH (vgl. § 37 Abs. 1 GmbHG) und somit mittelbar auf die GmbH & Co. KGaA nehmen. Die Gesellschafter der Komplementär-GmbH haben also faktische Leitungsmacht, mit der sie gesellschaftsinterne Interessen beeinflussen können. Halten sie zudem Aktien, könnten sie auch als Kommanditaktionär in der Hauptversammlung mitstimmen. Auf Grund dieser Doppelstellung existiert bei Abstimmungen in der Hauptversammlung über wichtige Entscheidungen die Gefahr, dass das persönliche Interesse der Komplementärgesellschafter das mitgliedschaftliche Interesse in der Eigenschaft als Kommanditaktionär wesentlich überwiegt. Eine effektive Kontrolle der Geschäftsführung könnte dann nicht gewährleistet werden. Das gilt in Anlehnung an § 136 AktG, § 47 GmbHG zumindest immer dann, wenn der Gesellschafter der Komplementär-GmbH Alleingesellschafter oder zumindest beherrschender Gesellschafter ist[457]. Bestärkt wird dies zudem dadurch, dass die Gesellschafter in der Regel nicht nur am wirtschaftlichen Erfolg der GmbH & Co. KGaA insgesamt, sondern auch an dem der Komplementär-GmbH teilnehmen. Eine auf das mitgliedschaftliche Gesamtinteresse des Unternehmens ausgerichtete Stimmabgabe des Komplementärgesellschafters, der nur geringfügig am Aktienkapital der Gesellschaft, aber mehr als nur unwesentlich am Komplementärkapital beteiligt ist, ist bei Beschlussgegenständen der in § 285 Abs. 1 AktG aufgezählten Art nicht zu erwarten[458]. Damit kommt der Rechtsgedanke zum Tragen, dass innerhalb eines Unternehmens die Leitung und gleichzeitige Kontrolle auf zwei verschiedene Organe aufgeteilt werden muss. Da der Gesellschafter selbst die zu kontrollierende Geschäftsführung bestimmen kann, darf er nicht gleichzeitig die Kontrolle selbst

---

456 MünchKommAktG/*Semler/Perlitt*, § 278 Rdn. 336; *K. Schmidt*, Gesellschaftsrecht, S. 79; *Schlitt*, Die Satzung der Kommanditgesellschaft auf Aktien, 1999, S. 207; *Ihrig/ders.*, ZHR Beiheft 67, 1998, 33, 46; *Wachter*, NotBZ 1999, 36, 38.

457 Vgl. zum Stimmverbot im Recht der GmbH und AG BGH, NJW 1973, 1039, 1040; *Hüffer*, Aktiengesetz, § 136 Rdn. 13; *ders.*, in Hachenburg, GmbHG, § 37 Rdn. 135; *Scholz/K. Schmidt*, GmbHG, § 47 Rdn. 164.

458 Vgl. auch *Ihrig/Schlitt*, ZHR Beiheft 67, 1998, 33, 47 (Fußn. 40).

ausüben. Einer solchen Missbrauchsgefahr, die das Anlegerinteresse an unabhängiger Kontrolle bedroht, kann nur durch einen Stimmrechtsausschluss i.S.d. § 285 Abs. 1 S. 2 AktG entgegengetreten werden[459].

Anders verhält es sich bei einem Komplementärgesellschafter, der nur unerheblich an der Komplementär-GmbH beteiligt ist. In diesem Fall wird ein Stimmrechtsausschluss nicht zu rechtfertigen sein. Eine Ausnahme gilt ebenfalls, wenn der Komplementärgesellschafter – unabhängig von der Höhe seiner Beteiligung an der Komplementärgesellschaft – zugleich wesentlich am Kommanditaktienkapital beteiligt. Ist die Komplementär-GmbH (& Co. KG) allein auf die Geschäftsführung der KGaA ausgerichtet, ist in der Regel eine auf das mitgliedschaftliche Gesamtinteresse des Unternehmens ausgerichtete Stimmabgabe des Gesellschafters zu erwarten, da ansonsten der Wert seiner KGaA-Beteiligung gefährdet wäre. Auf Grund dieser Interessenverknüpfung ist ein Stimmrechtsausschluss in diesem Fällen nicht geboten.

C. Ergebnis

Festzuhalten bleibt, dass in einer GmbH & Co. KGaA auch der Geschäftsführer und die Allein- bzw. beherrschenden Gesellschafter der Komplementär-GmbH (& Co. KG) wie der persönlich haftende Gesellschaft dem Stimmrechtsausschluss gemäß § 285 Abs. 1 S. 2 AktG unterworfen sind. Die Ausweitung des Stimmrechtsausschlusses ist notwendig, da ansonsten eine für die Gesamtgesellschaft negative Interessensbildung droht und infolgedessen der Anlegerschutz beeinträchtigt ist. Die Betroffenen haben in diesen Fällen lediglich ein Teilnahmerecht an der Hauptversammlung[460].

---

[459] So im Ergebnis auch *Arnold*, Die GmbH & Co. KGaA, S. 101 ff.; *Schlitt*, Die Satzung der Kommanditgesellschaft auf Aktien, 1999, S. 206 f.; *Ihrig/ders.*, ZHR Beiheft 67, 1998, 33, 46; *Schaumburg*, DStZ 1998, 526, 528; vgl. auch *U. H. Schneider*, ZHR 159 (1986), 609, 615 ff.

[460] Vgl. hierzu MünchKommAktG/*Semler/Perlitt*, § 285 Rdn.5 ff.; *Herfs*, in: Hoffmann-Becking (Hrsg.), Münchener Handbuch des Gesellschaftsrechts, Band 4: Aktiengesellschaft, § 77 Rdn. 28 f.

§ 11 Inkompatibilitätsregelung, § 287 Abs. 3 AktG

Neben der Frage nach der Reichweite des Stimmrechtsausschlusses in der Hauptversammlung ist auch die personelle Besetzung des Aufsichtsrats einer kapitalistischen KGaA vor dem Hintergrund der Überwachung und Kontrolle der Geschäftsführung ein Thema des Anlegerschutzes.

A. Sinn und Zweck der Inkompatibilitätsregelung

§ 287 Abs. 3 AktG bestimmt für die nicht mitbestimmte KGaA, dass die persönlich haftenden Gesellschafter nicht zugleich Aufsichtratsmitglieder sein können. Damit ist die Vorschrift an § 105 Abs. 1 AktG angelehnt, wonach die gleichzeitige personelle Zugehörigkeit zum Vorstand und zum Aufsichtsrat bei der AG unzulässig ist. Der zu Grunde liegende Rechtsgedanke der Inkompatibilitätsregelung bezieht sich auf eine strikte Trennung der Wahrnehmung der Geschäftsführungskompetenzen durch die persönlich haftenden Gesellschafter und der umfassenden und effektiven Kontrolle und Überwachung der Geschäftsführung durch den Aufsichtsrat[461]. Durch dieses Trennungsprinzip wird der Anlegerschutz in der KGaA an das Organ des Aufsichtsrats geknüpft. Von der Inkompatibilitätsregelung sind neben den persönlich haftenden Gesellschaftern auch die nicht geschäftsführungs- und vertretungsbefugten Komplementäre und die gesetzlichen oder rechtsgeschäftlichen Vertreter eines persönlich haftenden Gesellschafters betroffen[462]. Bei einer kapitalistischen KGaA kann die Komplementärgesellschaft selbst nicht Aufsichtsratsmitglied werden, da dies gemäß § 278 Abs. 3 AktG i.V.m. § 100 Abs. 1 AktG natürlichen Personen vorbehalten ist. Gleichwohl stellt sich das Problem, dass die Gesellschafter und der Geschäftsführer der Komplementärgesellschaft vom Wortlaut des Gesetzes her nicht von § 287 Abs. 3 AktG umfasst sind. Im Falle einer möglichen Mitgliedschaft im Aufsichtsrat könnten sie selbst direkten Einfluss auf die Tätigkeiten des Aufsichtsrats ausüben. Dies widerspräche jedoch dem aktienrechtlichen Grundsatz der Trennung von Geschäftsführung und gleichzeitiger Kontrolle und Überwachung und liefe einem effektiven Anlegerschutz zuwider.

---

[461] Vgl. *Hüffer*, Aktiengesetz, § 105 Rdn. 1, § 287 Rdn. 4; *Mertens*, in: KölnerKomm z. AktG, § 287 Rdn. 6; MünchKommAktG/*Semler/Perlitt*, § 287 Rdn. 28.

[462] Vgl. MünchKommAktG/*Semler/Perlitt*, § 287 Rdn. 28.

B. Gestaltungsspielräume bei der Inkompatibilitätsregelung

Dieser Problemaufriss macht deutlich, dass die Vorschrift des § 287 Abs. 3 AktG einer erweiternden Auslegung im Recht der kapitalistischen KGaA bedarf. Der Grund für die uneingeschränkte Übertragung der aus der Inkompatibilitätsregelung entwickelten Grundsätze auf die Rechtsform einer kapitalistischen KGaA liegt in der Verbindung von zwei verschiedenen Gesellschaftstypen zu einer an sich eigenständigen Rechtsform. Diese Gesellschaftskonstruktion macht eine korrigierende und erweiterte Gesetzesanwendung erforderlich, da die Interessenkollision bei einer kapitalistischen KGaA noch prägnanter und offenkundiger in Erscheinung tritt. Auch wenn mangels Beteiligungsrecht des Komplementärs bei der Besetzung des Aufsichtsrats keine vollständige Repräsentation der tatsächlichen Beteiligungsverhältnisse an der kapitalistischen KGaA erfolgt, kollidieren Geschäftsleitung und deren gleichzeitige Kontrolle durch den Aufsichtsrat. Die Zusammenführung von zwei oder auch drei Gesellschaftsformen in einer GmbH & Co. KGaA kann die verschiedenen Aufgabenbereiche, die den Gesellschaften in ihrer jeweiligen Funktion auferlegt sind, nicht vereinheitlichen. Vielmehr muss eine strikte Aufgabentrennung erfolgen. Erschwerend kommen die geringen Einflussmöglichkeiten des Aufsichtsrats auf die Geschäftsführung der Komplementärgesellschaft hinzu, da der Aufsichtsrat einer KGaA gerade nicht die Möglichkeit hat, Geschäftsführungsmaßnahmen an seine Zustimmung zu binden. Für Fragen der Geschäftsführung kommt über den Verweis des § 278 Abs. 2 AktG Personengesellschaftsrecht zur Anwendung. Daher muss der Aufsichtsrat bei seiner personellen Besetzung von der Geschäftsführung unbeeinflusst bleiben, um eine effektive Kontroll- und Überwachungsbefugnis zu gewährleisten und die Einwirkungsrechte des Aufsichtsrats auf die Geschäftsleitung vom Umfang her nicht gänzlich zu beschneiden.

I. Gesellschafter der Komplementär-GmbH (& Co. KG)

Zunächst ist zu fragen, ob die Gesellschafter der Komplementärgesellschaft in analoger Anwendung des § 287 Abs. 3 AktG der Inkompatibilitätsregelung unterliegen. Die Gesellschafter der Komplementärgesellschaft üben zwar die Geschäftsführung im Unternehmen nicht selbst aus, sofern sie nicht zugleich Gesellschafter-Geschäftsführer der Komplementärgesellschaft sind. Der Geschäftsführer unterliegt aber über die Gesellschafterversammlung den Weisungen der Gesellschafter (§§ 37 Abs. 1, 46 Nr. 1 GmbHG). Das Weisungsrecht bezieht sich auf alle Geschäfte der GmbH und betrifft Tagesgeschäfte und außergewöhnliche Geschäfte[463]. Im Streitfall können die Geschäftsführer von den Gesellschaftern sogar abberufen werden[464]. Damit erlangen die Gesellschafter zwar nur eine mittelbare, aber doch faktische Leitungsfunktion, die in ihrer Gesamtheit Auswirkungen auf die Geschäfte der KGaA hat und die Interessen der einzelnen Anleger betrifft. Des Weiteren sind die Erträge der einzelnen Gesellschafter der Komplementär-GmbH (& Co. KG) aus der Gewinnzuweisung an die mit einer z.T. erheblichen Sondereinlage an der kapitalistischen KGaA beteiligten Komplementärgesellschaft zu entrichten. Dieser Aspekt verdeutlicht die Gefahr einer Interessenkollision zum Nachteil der Anleger im Hinblick auf die Gewinnerwartungen der Gesellschafter der Komplementärgesellschaft. Die Folge wäre eine zusätzliche Verschiebung des ohnehin unausgeglichenen Machtgefüges zwischen der Komplementärgesellschaft und dem Aufsichtsrat, was mit dem Anlegerschutz in einer kapitalistischen KGaA unvereinbar wäre. Es kann den Gesellschaftern der Komplementärgesellschaft somit nicht gestattet sein, durch eine Aufsichtsratsmitgliedschaft Einfluss auf die Willensbildung im Aufsichtsrat nehmen zu können[465]. Die analoge Anwendung des § 287 Abs. 3 AktG ist mit Blick auf den stark begrenzten Aufgabenkreis des Aufsichtsrats zwingend und steht im öffentlichen Interesse der gesetzlich angeordneten Mitbestimmung. Diese Ausgangslage erfordert differenzierte Schutzüberlegungen zu Gunsten der Anleger. Nur durch eine Erweiterung der Inkompatibilitätsregelung kann eine Trennung der verschiedenen Aufgabenbereiche und eine im Ergebnis wirksame Kontrolle und Überwachung der Geschäftsführung durch den Aufsichtsrat gewährleistet werden.

---

463 *Lutter/Hommelhoff*, GmbHG, § 37 Rdn. 17.

464 *Lutter/Hommelhoff*, GmbHG, § 37 Rdn. 8; *Zöllner*, in: Baumbach/Hueck, GmbHG, § 37 Rdn. 10; *Axhausen*, in: Müller/Hense (Hrsg.), Beck'sches Handbuch der GmbH, § 5 Rdn. 91 ff.

465 So im Ergebnis auch *Herfs*, in: Hoffmann-Becking (Hrsg.), Münchener Handbuch des Gesellschaftsrechts, Band 4: Aktiengesellschaft, § 77 Rdn. 45; *Ihrig/Schlitt*, ZHR Beiheft 67, 1998, 33, 43; ihnen folgend *Lorz*, Die GmbH & Co. KGaA und ihr Weg an die Börse, in: Gesellschaftsrechtliche Vereinigung (Hrsg.), Gesellschaftsrecht in der Diskussion, 1999, S. 65; *Wichert*, AG 2000, 268, 273; vgl. auch *Bälz*, WM 1999, 351, 352; a.A. *Weipert*, in: Großkomm. z. AktG, Anm. 6 zu § 229.

Einschränkend wird im Schrifttum vorgeschlagen, zumindest bei sog. „nicht-unternehmerischen Bagatellbeteiligungen" eine Ausnahme von der Inkompatibilitätsregelung des § 287 Abs. 3 AktG zuzulassen[466]. Doch auch die jeweilige prozentuale Höhe der Beteiligung der einzelnen Gesellschafter an der Komplementärgesellschaft der KGaA kann bei der Beurteilung der Reichweite der Inkompatibilitätsregelung nicht ausschlaggebend sein. Denn die Grenze für eine Beteiligungshöhe, ab der eine Beschränkung der Inkompatibilitätsregelung des § 287 Abs. 3 AktG zu rechtfertigen ist, lässt sich nicht bestimmen. So zeigen Erfahrungen in der Praxis, dass auch bei einer sehr geringen Beteiligung an der Komplementärgesellschaft bereits eine persönliche und tatsächliche Interessenbindung bestehen kann, die eine Erstreckung der Inkompatibilitätsregelung unabdingbar macht. Diese strenge, im Ergebnis aber konsequente Übertragung der Inkompatibilitätsregelung hat auch Auswirkungen auf die Besetzung des Postens des Aufsichtsratsvorsitzenden. So werden z.T. Satzungsgestaltungen gewählt, die dem Unternehmensgründer im Wege der sog. „Aktie Nr. 1" die Stellung des Aufsichtsratsvorsitzenden zubilligen[467]. Durch eine solche Satzungsgestaltung will der Unternehmensgründer bzw. Komplementärgesellschafter seine führende Stellung im Unternehmen durch Machteinfluss im Aufsichtsrat absichern. Eine solche Satzungsregelung ist nach dem Beschluss des BGH vom 24. Februar 1997[468] nicht mehr zulässig, da sie dem Anlegerschutzgedanken widerspricht. Die weitere Einschränkung von Mitgliedschaftsrechten im Aufsichtsrat muss im Hinblick auf die zwingende Funktions- und Kompetenzverteilung zwischen Geschäftsführung und Aufsichtsrat in der Satzung der kapitalistischen KGaA in Kauf genommen werden, auch wenn sie aus Unternehmersicht nachteilig ist.

II. Geschäftsführer der Komplementär-GmbH (& Co. KG)

Zusätzlich stellt sich die Frage, ob auch der Geschäftsführer, der nicht schon zugleich Gesellschafter der Komplementärgesellschaft ist, von der Inkompatibilitätsregelung umfasst wird. Auch hier erfordert der Grundsatz der Trennung von Geschäftsführung und gleichzeitiger Kontrolle eine Kompetenzverteilung

---

[466] So *Ihrig/Schlitt*, ZHR Beiheft 67, 1998, 33, 44.

[467] Vgl. *Schäfer/Casper*, in: Diskussionsbericht zu Ulmer (Hrsg.), Die GmbH & Co. KGaA nach dem Beschluss BGHZ 134, 392, ZHR Beiheft 67, 1998, 85 f.

[468] Vgl. BGHZ 134, 392 ff. = ZIP 1997, 1027 ff.

auf verschiedene Organe in gleichem Maße wie bei einem gesetzlichen bzw. rechtsgeschäftlichen Vertreter eines persönlich haftenden Gesellschafters im Rahmen der gesetzestypischen bzw. klassischen KGaA. Eine abweichende Beurteilung ist im Fall der kapitalistischen KGaA nicht zulässig[469]. Damit kann auch der Geschäftsführer der Komplementärgesellschaft nicht Mitglied des Aufsichtsrats einer kapitalistischen KGaA werden.

III. Zwischenergebnis

Im Ergebnis ist die Inkompatibilitätsregelung des § 287 Abs. 3 AktG bei der GmbH & Co. KGaA ohne Einschränkungen auf die Gesellschafter der Komplementärgesellschaft und die zur Geschäftsführung und Vertretung der Komplementärgesellschaft berufenen Personen zu erstrecken. Der mitgliedschaftliche Ausschluss vom Aufsichtsrat kann durch die Satzung nicht abbedungen werden. Entgegenstehende Satzungsbestimmungen sind nichtig (§ 241 Nr. 3 AktG)[470]. Insoweit besteht kein Gestaltungsspielraum.

C. Gestaltungsspielräume bei den Entsendungsrechten?

In der Satzung einer gesetzestypischen bzw. klassischen KGaA können gemäß § 287 Abs. 3 AktG i.V.m. § 101 Abs. 2 AktG Entsendungsrechte in den Aufsichtsrat festgelegt werden. Gemäß § 101 Abs. 2 S. 1 AktG kann das Recht für die Inhaber bestimmter Aktien begründet werden. Im Schrifttum ist unstreitig, dass zu Gunsten des persönlich haftenden Gesellschafters kein Entsendungsrecht begründet werden kann[471]. Das gilt auch dann, wenn der Komplementär zugleich Aktionär der Gesellschaft ist. Hat ein persönlich haftender Gesellschafter Aktien erworben, für deren Eigentümer gemäß § 101 Abs. 2 S. 1 AktG ein Entsendungsrecht begründet worden ist, kann er das Recht weder ausüben noch

---

[469] So auch *Ihrig/Schlitt*, ZHR Beiheft 67, 1998, 33, 43; ihnen folgend *Schaumburg*, DStZ 1998, 525, 528; *Wichert*, AG 2000, 268, 273; vgl. auch *Bälz*, WM 1999, 351, 352.

[470] *Barz*, in: Großkomm. z. AktG, Anm. 3 zu § 287; MünchKommAktG/*Semler/Perlitt*, § 287 Rdn. 32.

[471] Vgl. hierzu nur *Barz*, in: Großkomm. z. AktG, Anm. 2 zu § 287, *Mertens*, in: KölnerKomm z. AktG, § 285 Rdn. 5, § 287 Rdn. 7; MünchKommAktG/*Semler/Perlitt*, § 287 Rdn. 18.

ausüben lassen[472]. Im Weiteren stellt sich daher die Frage, ob sich diese Grundsätze auch auf die GmbH & Co. KGaA übertragen lassen oder ob durch eine entsprechende Satzungsgestaltung im Einzelfall Entsendungsrechte in den Aufsichtsrat begründet werden können.

Ein Entsendungsverbot besteht im Hinblick auf die Komplementärgesellschaft auch in ihrer Eigenschaft als Kommanditaktionär[473]. Durch die Einräumung von Entsendungsrechten könnten der Komplementärgesellschaft Rechte und Befugnisse zugewiesen werden, die allein den Kommanditaktionären obliegen. Eine solche Regelung stünde aber auf Grund der zu befürchtenden Interessengegensätze im Widerspruch zu der Funktion des Aufsichtsrats als Kontroll- und Überwachungsorgan des Geschäftsführungsorgans. Dafür spricht auch der zwingende Wortlaut des § 285 Abs. 1 S. 2 Nr. 1 AktG, wonach der Komplementär, auch wenn er selbst Aktien der Gesellschaft hält, sein Stimmrecht bei der Wahl und Abberufung des Aufsichtsrats nicht ausüben kann. Im Hinblick auf den Anlegerschutz müssen auch die Gesellschafter und die Geschäftsführer der Komplementär-GmbH (& Co. KG) dem Entsendungsverbot unterliegen[474]. Insoweit sind die oben aufgezeigten Kriterien, die eine strikte Trennung von Geschäftsführung und Aufsichtsrat ermöglichen sollen[475], auch auf das Entsendungsrecht in den Aufsichtsrat zu übertragen. Können die Gesellschafter und die Geschäftsführer nicht selbst in ihrer Person das Mandat eines Aufsichtsratsmitglieds übernehmen, so kann im Umkehrschluss auch kein eigenes Entsendungsrecht in den

---

472 *Barz*, in: Großkomm. z. AktG, Anm. 2 zu § 287; MünchKommAktG/*Semler/Perlitt*, § 287 Rdn. 18; *Herfs*, in: Hoffmann-Becking (Hrsg.), Münchener Handbuch des Gesellschaftsrechts, Band 4: Aktiengesellschaft, § 77 Rdn. 44; *Ihrig/Schlitt*, ZHR Beiheft 67, 1998, 33, 45; *Hesselmann*, GmbHR 1988, 472, 475; *ders.*, GmbHR 1989, 2344, 2347.

473 *Ihrig/Schlitt*, ZHR Beiheft 67, 1998, 33,45; *Lorz*, Die GmbH & Co. KGaA und ihr Weg an die Börse, in: Gesellschaftsrechtliche Vereinigung (Hrsg.), Gesellschaftsrecht in der Diskussion, 1999, S. 65; *Binz/Sorg*, DB 1997, 313, 319.

474 Vgl. u.a. Satzungen der eff-eff Fritz Fuss GmbH & Co. KGaA (§ 12 Abs. 1 S. 5); Mühlbauer Holding AG & Co. KGaA (§ 11 Abs. 1 S. 4); Nolte moebel-industrie Holding GmbH & Co. KGaA (§ 12 Abs. 1 S. 3); Tyczka GmbH & Co. KGaA (§ 10 Abs. 1 S. 4).

475 Vgl. hierzu § 11 A.

Aufsichtsrat begründet werden[476]. Dagegen wird im Schrifttum zumindest den nicht maßgeblich unternehmerisch beteiligten Gesellschaftern ein Entsendungsrecht gemäß § 278 Abs. 3 AktG i.V.m. § 101 Abs. 2 AktG eingeräumt[477]. Ein solches Entsendungsrecht wäre letztlich aber nichts anderes als eine Umgehung der gesetzlich vorgesehenen Kompetenzverteilung, da Interessenkollisionen auch bei geringer Beteiligung nicht auszuschließen sind. Auch entsprechende statutarische Entsendungsrechte, die dem jeweiligen Inhaber der „Aktie Nr. 1“ berechtigen und verpflichten, jeweils ein Drittel aller Aufsichtsratsmitglieder (im drittelparitätisch besetzten Aufsichtsrat) oder ein Viertel aller Aufsichtsratsmitglieder der Aktionäre (im paritätisch besetzten Aufsichtsrat) in den Aufsichtsrat zu entsenden, sind nicht zulässig, sofern und solange der Inhaber der „Aktie Nr. 1“ eine Komplementärgesellschaft, deren Gesellschafter oder ein Geschäftsführer der Komplementärgesellschaft ist[478]. Die Versagung von Entsendungsrechten ist zwingend und in der Satzung unabdingbar. Auch für Entsendungsrechte in den Aufsichtsrat besteht in der Satzung daher kein Gestaltungsspielraum.

D. Vorschlags-, Informations- und Teilnahmerecht

Wenn für die Komplementärgesellschaft, deren Gesellschafter und die Geschäftsführungsorgane ein personeller Ausschluss bei der Besetzung des Aufsichtsrats besteht, so müssen zumindest bestimmte Vorschlags- und Informationsrechte geahrt werden. Den Gesellschaftern der Komplementärgesellschaft

---

[476] So auch *Ihrig/Schlitt*, ZHR Beiheft 67, 1998, 33, 45; zumindest zweifelnd *Hartel*, DB 1992, 2329, 2335. Dies wird in der Literatur – namentlich von *Hartel* –übersehen. Nach seiner Auffassung soll der Unternehmer bei der Umwandlung in die kapitalistische KGaA sicherstellen, dass er immer selbst mindestens ein Mitglied im Aufsichtsrat habe. Dies gehe durch ein Entsendungsrecht, das in der Satzung verankert werden könne; vgl. *Hartel*, Die Unternehmer-AG, 1996, S. 117.

[477] *Herfs*, in: Hoffmann-Becking (Hrsg.), Münchener Handbuch des Gesellschaftsrechts, Band 4: Aktiengesellschaft, § 77 Rdn. 44; *Habel/Strieder*, MittBayNot 1998, 65, 68.

[478] Vgl. MünchKommAktG/*Semler/Perlitt*, § 278 Rdn 334; vgl. u.a. Satzungen der eff-eff Fritz Fuss GmbH & Co. KGaA (§ 12 Abs. 1 S. 4, 5); Mühlbauer Holding AG & Co. KGaA (§ 11 Abs. 1 S. 3, 4); Nolte moebel-industrie GmbH & Co. KGaA (§ 11 Abs. 1 S. 2, 3); Tyczka GmbH & Co. KGaA (§ 10 Abs. 1 S. 3, 4). Das Entsendungsverbot nur auf den persönlich haftenden Gesellschafter erstrecken u.a. Gabriel Sedlmayr Spaten-Franziskaner-Bräu KGaA (§ 13 Abs. 4); Lindner KGaA (§ 13 Abs. 1); Merck KGaA (§ 6 Abs. 5); Merkur Bank KGaA (§ 19 Abs. 1); Weidmüller Holding AG & Co. KGaA (§ 14 Abs. 1 S. 3).

kann durch entsprechende Satzungsgestaltung das Recht eingeräumt werden, dem Aufsichtsrat eigene Beschlussvorlagen zu unterbreiten und zumindest an den Sitzungen des Aufsichtsrats teilzunehmen. Ebenso können die weiteren Geschäftsführungsmitglieder der Komplementärgesellschaft zu den Sitzungen des Aufsichtsrats hinzugezogen werden. Dieses Privileg begründet allerdings nur ein frühzeitiges Informationsrecht der Gesellschafter oder des Geschäftsführers der Komplementärgesellschaft hinsichtlich der Tagesordnung und der Beschlüsse des Aufsichtsrats, aber kein eigenes Mitwirkungsrecht. Die Entscheidung, ob ein Teilnahmerecht an der Aufsichtsratssitzung besteht, liegt wiederum im Ermessen des Aufsichtsrats. Der Aufsichtsrat hat daher im Einzelfall die Möglichkeit, auch das Teilnahmerecht der Gesellschafter bzw. Geschäftsführer der Komplementärgesellschaft durch Beschluss auszuschließen.

E. Ergebnis

Im Rahmen der Inkompatibilitätsregelung des § 287 Abs. 3 AktG ist der Anlegerschutz nicht auf statutarischem Wege einschränkbar. Sowohl die Komplementärgesellschafter als auch der Geschäftsführer der Komplementärgesellschaft dürfen weder Mitglieder des Aufsichtsrats werden, noch stehen ihnen Entsendungsrechte zu. Sie haben lediglich ein Vorschlags- und Informationsrecht. Selbst das Teilnahmerecht an den Aufsichtsratssitzungen steht im Ermessen des Aufsichtsrats.

§ 12 Vertretungskompetenz des Aufsichtsrats, §§ 278 Abs. 3, 112 AktG

Im Recht der AG findet sich mit § 112 AktG eine Vorschrift, die die gesetzliche Vertretung der Gesellschaft regelt, soweit Rechtsgeschäfte zwischen der Gesellschaft und den Vorstandsmitgliedern selbst betroffen sind. § 112 AktG besagt, dass der Aufsichtsrat einer AG die Gesellschaft gegenüber den Vorstandsmitgliedern gerichtlich und außergerichtlich vertritt. Nach seinem Regelungszweck will § 112 AktG ähnlich wie § 181 1. Alt. BGB die Gesellschaftsinteressen wahren, die immer dann gefährdet sind, wenn der Vorstand die Gesellschaft in Angelegenheiten vertritt, die einzelne seiner Mitglieder betreffen[479]. Die Vorschrift dient dem Schutz der Anleger vor der Vornahme von Rechtsgeschäften durch Vorstandsmitglieder, an denen sie selbst in irgendeiner Weise beteiligt sind und die zum rechtlichen und wirtschaftlichen Nachteil der Gesellschaft führen können[480].

A. Satzungsrechtlicher Ansatzpunkt für Anlegerschutz

Auf Grund der rechtsformimmanenten Besonderheiten einer kapitalistischen KGaA stellt sich im Zusammenhang mit der Kompetenzaufteilung die Frage, wer die KGaA bei Rechtsgeschäften gegenüber den Gesellschaftern und dem Geschäftsführer der Komplementärgesellschaft vertritt. Wie bei der AG ist es auch bei der GmbH & Co. KGaA vorrangiges Ziel, ausgewogene Gesellschafts- und Gesellschafterinteressen sicherzustellen. Eine Gefahr des Missbrauchs oder der Nichtberücksichtigung dieser Interessen besteht aber immer dann, wenn Rechtsgeschäfte vorgenommen werden können, die der Gesellschaft Schaden zufügen können, ohne dass eine Absicherung an die Interessen der anderen Ge-

---

479 So die ständige Rechtsprechung; vgl. BGHZ 130, 108, 111 f. = NJW 1995, 2559; BGH, AG 1991, 269; BGHZ 103, 213, 216 = BGH, WM 1988, 413 = NJW 1988, 1384; OLG Düsseldorf, AG 1997, 231, 234; OLG München, AG 1996, 86; a.A. *Kleindiek*, WuB II A § 112 AktG 1.88 (Annexkompetenz). Zur Vertretungskompetenz des Aufsichtsrats als gesetzlicher Vertreter der Gesellschaft gegenüber Dritten (vgl. § 111 Abs. 2 S. 2, 3, § 246 Abs. 2 S. 2, § 249 Abs. 1 S. 1 AktG) vgl. *Geßler*, in: Geßler/Hefermehl/Eckardt/Kropff, Aktiengesetz, § 112 Rdn. 6, 16 ff.; *Hüffer*, Aktiengesetz, § 112 Rdn. 1; *Werner*, ZGR 1989, 369, 383.

480 Vgl. hierzu nur *Hüffer*, Aktiengesetz, § 112 Rdn. 1; *Geßler*, in: Geßler/Hefermehl/Eckardt/Kropff, Aktiengesetz, § 112 Rdn. 2 ff.; *Mertens*, in: KölnerKomm z. AktG, § 112 Rdn. 1.

sellschaftsmitglieder erfolgt. Dies gilt insbesondere dann, wenn die Mitglieder des geschäftsführenden Organs selbst Geschäfte mit der Gesellschaft eingehen[481]. Rechtsbeziehungen dieser Art sind für die Kommanditaktionäre einer (börsennotierten) Publikums-GmbH & Co. KGaA als anonymer Anlegerkreis nur schwer erkennbar. Die Gefahr der Beeinträchtigung der Anlegerinteressen ist besonders groß, wenn die Komplementär-GmbH nicht nur die Geschäfte die KGaA führt, sondern auch noch anderweitig unternehmerisch tätig ist. Erschwerend kommt hinzu, dass die Komplementär-GmbH nur beschränkt haftet und nicht verpflichtet ist, sich kapitalmäßig an der KGaA zu beteiligen. Diese Besonderheiten, die sich bei der GmbH & Co. KGaA aus den unterschiedlichen Rechtskreisen ergeben, erfordern eine genaue Betrachtung der Vertretungskompetenz. Angesprochen sind die rechtsgeschäftlichen Verhältnisse der Komplementärgesellschaft zur GmbH & Co. KGaA und die des (Gesellschafter-) Geschäftsführers oder eines Komplementärgesellschafters zur GmbH & Co. KGaA selbst. Fraglich ist, ob einschränkende gesetzliche Regelungen vorhanden oder zumindest auf statutarischem Wege zu treffen sind.

B. Insichgeschäfte durch Selbstkontrahieren mit der GmbH & Co. KGaA

I. Anwendbarkeit von § 181 1. Alt. BGB bei Insichgeschäften?

Im Bürgerlichen Gesetzbuch findet sich mit § 181 eine allgemeine Vorschrift, die die Behandlung von Insichgeschäften regelt. Gemäß § 181 BGB kann ein Vertreter, soweit nicht ein anderes ihm gestattet ist, im Namen des Vertretenen mit sich im eigenen Namen oder als Vertreter eines Dritten ein Rechtsgeschäft nicht wirksam vornehmen, es sei denn, dass das Rechtsgeschäft ausschließlich in der Erfüllung einer Verbindlichkeit besteht. Zu unterscheiden ist damit grundsätzlich zwischen dem Selbstkontrahieren i.S.d. § 181 1. Alt. BGB[482] und der Mehrvertretung i.S.d. § 181 2. Alt. BGB[483].

---

[481] Vgl. auch MünchKommAktG/*Semler/Perlitt*, § 287 Rdn. 66 ff.

[482] Sowohl die Komplementär-GmbH als auch die KGaA werden in diesem Fall grundsätzlich durch den Geschäftsführer der Komplementär-GmbH in Personalunion vertreten; vgl. zum Fall bei der GmbH & Co. KG nur BayObLG, DB 1979, 1934, 1935; *Binz*, Die GmbH & Co., S. 68 ff.; *Hesselmann/Tillmann*, Handbuch der GmbH & Co., Rz. 421 ff.

[483] Vgl. Palandt/*Heinrichs*, BGB, § 181 Rdn. 1 ff. § 181 1. Alt. BGB kann schon vom Grundsatz her dann nicht eingreifen, wenn die KGaA als Ein-Personen-GmbH & Co. KGaA organisiert ist. In diesem Fall kann kein Interessenkonflikt entstehen.

In den Satzungen von Gesellschaften in der Rechtsform der kapitalistischen KGaA sind unterschiedliche Regelungen hinsichtlich einer Befreiung vom Verbot des § 181 BGB enthalten. So finden sich Formulierungen nach denen die persönlich haftenden Gesellschafter ausdrücklich von den Beschränkungen des § 181 BGB befreit sind[484]. In Satzungen anderer Gesellschaften kann der Aufsichtsrat die persönlich haftende Gesellschafterin von den Beschränkungen des § 181 BGB befreien[485]. Wieder andere Gesellschaften haben keine Befreiung vom Verbot des § 181 BGB statuiert[486] oder den persönlich haftenden Gesellschafter vom Verbot der Mehrfachvertretung (§ 181 2. Alt. BGB) befreit[487]. Vor dem Hintergund des Anlegerschutzes in einer (börsennotierten) Publikums-GmbH & Co. KGaA muss die Frage aufgeworfen werden, ob und ggf. in welchen Fällen eine vorbehaltlose Befreiung vom grundsätzlichen Verbot der Insichgeschäfte gemäß § 181 1. Alt. BGB in der Satzung zulässig ist oder ob für Rechtsgeschäfte zwischen der KGaA und den Gesellschaftern und dem Geschäftsführer ihrer Komplementärgesellschaft an ein besonderes Vertretungsrecht anzuknüpfen ist. Zu dieser Fragestellung hat sich der BGH in seinem Beschluss vom 24. Februar 1997 nicht geäußert.

II. Anwendbarkeit von § 112 AktG bei Insichgeschäften?

Eine dem § 181 1. Alt. BGB entsprechende Regelung für Insichgeschäfte durch Selbstkontrahieren findet sich im Recht der (kapitalistischen) KGaA nicht. Die Reichweite der Vertretungsmacht des Aufsichtsrats wird lediglich von § 287 Abs. 1 und 2 AktG bestimmt. Danach führt der Aufsichtsrat die Beschlüsse der Kommanditaktionäre aus und vertritt die Gesamtheit der Kommanditaktionäre in Rechtsstreitigkeiten gegen die persönlich haftenden Gesellschafter oder umge-

---

484 Vgl. u.a. Satzungen der altera pars KGaA (§ 7 Abs. 2), Borussia Dortmund GmbH & Co. KGaA (§ 6 Abs. 3), Engelhorn KGaA (§ 11), Eurogate GmbH & Co. KGaA (§ 6 Abs. 1), Eurokai KGaA (§ 8), Lindner KGaA (§ 11 Abs. 1), Mühlbauer Holding AG & Co. KGaA (§ 9), Schütz GmbH & Co. KGaA (§ 10), Tyczka GmbH & Co. KGaA (§ 8), Weidmüller AG & Co. KGaA (§ 13 Abs. 2) und VCH Best-of-VC GmbH & Co. KGaA (§ 11 Abs. 2).

485 Vgl. u.a. Satzungen der börsennotierten 1&1 AG & Co. KGaA (§ 9), seit 1.3.2000 United Internet AG, und der TFG Venture Capital AG & Co. KGaA (§ 8 Abs. 2).

486 Vgl. u.a. Satzungen der agens GmbH & Co. KGaA, eff-eff Fritz Fuss GmbH & Co. KGaA und pro-beam KGaA.

487 Vgl. u.a. Satzung der Dräger Safety AG & Co. KGaA (§ 12), Kirch Media GmbH & Co. KGaA (§ 14 Abs. 5), Trinkaus Private Equity Pool 1 GmbH & Co. KGaA (3.2.1), UBL Informationssysteme GmbH & Co. KGaA (§ 12 Abs. 1).

kehrt. Die Vertretungsmacht des Aufsichtsrats beschränkt sich somit allein auf Rechtsstreitigkeiten innerhalb der Gesellschaft. Auf Grund der gleichgerichteten Interessenlage bei der (börsennotierten) Publikums-GmbH & Co. KGaA und der AG kommt im Hinblick auf die Vertretung der Gesellschaft bei Geschäften mit ihrer Komplementärgesellschaft in Betracht, den Regelungsgehalt des § 112 AktG entsprechend der Rechtslage bei der AG (vgl. §§ 78, 89, 112 AktG) auf die kapitalistische KGaA zu übertragen. Danach würde bei Rechtsgeschäften zwischen der (kapitalistischen) KGaA und ihrem persönlich haftenden Gesellschafter, bei Rechtsgeschäften mit dem Geschäftsführer der Komplementärgesellschaft oder mit den Gesellschaftern der Komplementärgesellschaft die KGaA durch ihren Aufsichtsrat vertreten. Eine uneingeschränkte Anwendung des § 112 AktG auf die kapitalistische KGaA hätte letztendlich zur Folge, dass das zum Schutz des Vertretenen statuierte allgemeine Verbot von Insichgeschäften gemäß § 181 1. Alt. BGB nach den zivilrechtlichen Grundsätzen nicht mehr in Betracht käme. Denn insoweit würde dem geschäftsführenden Organ schon die Vertretungsmacht zur Vornahme des fraglichen Rechtsgeschäfts fehlen[488].

1) Anwendbarkeit des § 112 AktG bei Rechtsgeschäften mit Komplementär

Ob der Aufsichtsrat entsprechend § 112 AktG die Gesellschaft bei Rechtsgeschäften mit dem persönlich haftenden Gesellschafter vertreten muss, ist im Schrifttum umstritten. Keinen Unterschied macht es dabei, ob der persönlich haftende Gesellschafter eine natürliche Person, eine Kapitalgesellschaft (GmbH oder AG) oder eine Personengesellschaft (GmbH & Co. KG oder AG & Co. KG) ist[489].

---

488 Zur Nichtigkeit eines solchen Rechtsgeschäfts nach § 134 BGB, § 112 AktG vgl. *Hefermehl*, in: Geßler/Hefermehl/Eckardt/Kropff, Aktiengesetz, § 78 Rdn. 87; *Hüffer*, Aktiengesetz, § 112 Rdn. 7 m.w.N; *Mertens*, in: KölnerKomm z. AktG, § 112 Rdn. 5. Zu den Rechtsfolgen eines Verstoßes gegen § 181 1. Alt. BGB vgl. Palandt/*Heinrichs*, BGB, § 181 Rdn. 15; *K. Schmidt*, Gesellschaftsrecht, S. 262.

489 So im Ergebnis auch *Dirksen/Möhrle*, ZIP 1998, 1377, 1384; *Ihrig/Schlitt*, ZHR Beiheft 67, 1998, 33, 54 ff.

a) Streitstand

Eine Auffassung in der Literatur lehnt die entsprechende Anwendung von § 112 AktG auf die (kapitalistische) KGaA ab. § 112 AktG könne nur über § 278 Abs. 3 AktG zur Anwendung kommen. Diese Regelung gelte aber nur subsidiär (vgl. Wortlaut: „im übrigen"), so dass Absatz 2 vorrangig zur Anwendung komme. Für eine Anwendung von § 112 AktG bestehe kein Raum[490]. Zwingende Folge wäre die Anwendbarkeit von § 181 1. Alt. BGB über den Verweis des § 278 Abs. 2 AktG i.V.m. §§ 161 Abs. 2, 151 ff. HGB. Daneben ließe sich auch der Wortlaut des § 287 Abs. 2 AktG anführen, wonach dem Aufsichtsrat nur das Vertretungsrecht der Kommanditaktionäre in Rechtsstreitigkeiten gegen den persönlich haftenden Gesellschafter zugestanden werden soll. Eine darüber hinausgehende Vertretungsmacht in Anlehnung an § 112 AktG laufe dem Willen des Gesetzgebers zuwider[491]. Nach wohl überwiegender Meinung findet § 112 AktG bei Rechtsgeschäften der (kapitalistischen) KGaA mit ihrem Komplementär entsprechende Anwendung[492]. Auch diese Ansicht stellt maßgeblich auf die Verweisungssystematik des § 278 AktG ab. Für das Rechtsverhältnis zwischen der Gesellschaft und ihrem persönlich haftenden Gesellschafter müsse § 278 Abs. 3 AktG zur Anwendung kommen, da das in Frage stehende Rechtsverhältnis vom Wortlaut des § 278 Abs. 2 AktG nicht umfasst sei[493]. Die Gesellschaft selbst könne nicht als Dritte i.S.d. Vorschrift angesehen werden. Auch das

---

490 Vgl. hierzu ausführlich *Sethe*, AG 1996, 289, 298. Vgl. in diesem Zusammenhang auch OLG München, WM 1996, 782, 784. Nach der Auffassung von *Mertens*, in: KölnerKomm z. AktG, § 287 Rdn. 11, ist der Aufsichtsrat nur neben den persönlich haftenden Gesellschaftern zur Vertretung der Gesellschaft berechtigt und kann dabei nur die Aufgaben wahrnehmen, die ihm kraft Gesetzes oder Satzung zugewiesen sind.

491 Vgl. *Mertens*, in: KölnerKomm z. AktG, § 287 Rdn. 11 ff.

492 *Assmann/Sethe*, in: Großkomm. z. AktG, § 278 Rdn. 157; *Barz*, in: Großkomm. z. AktG; Anm. 19 zu § 287; *Hüffer*, Aktiengesetz, § 278 Rdn. 16; MünchKommAktG/*Semler/Perlitt*, § 287 Rdn. 66 ff.; *Arnold*, Die GmbH & Co. KGaA, S. 129; *Herfs*, in: Hoffmann-Becking (Hrsg.), Münchener Handbuch des Gesellschaftsrechts, Band 4: Aktiengesellschaft, § 77 Rdn. 26 Rdn. 52; *Ihrig/Schlitt*, ZHR Beiheft 67, 1998, 33, 54 ff.; *Sethe*, AG 1996, 289, 298; *Wichert*, AG 2000, 268, 274; vgl. hierzu auch OLG München, WM 1996, 782, 784.

493 Vgl. *Hüffer*, Aktiengesetz, § 278 Rdn. 16; MünchKommAktG/*Semler/Perlitt*, § 278 Rdn. 260 (Fußn. 531); *Ihrig/Schlitt*, ZHR Beiheft 67, 1998, 33, 55.

Nichtvorhandensein eines Vorstands (vgl. § 278 Abs. 3 AktG) schließe eine entsprechende Anwendung nicht aus, da der Komplementär einer KGaA eine vergleichbare Stellung wie der Vorstand einer AG habe[494].

b) Stellungnahme

Knüpft man an die dem § 112 AktG zu Grunde liegende hierarchische Struktur bei der AG an, ist die Verlagerung der Vertretungsmacht von der Geschäftsführung (Vorstand) auf den Aufsichtsrat gemäß § 112 AktG auch bei der KGaA notwendig, da die KGaA vergleichbare Strukturen aufweist und ebenfalls einen obligatorischen Aufsichtsrat hat. Darüber hinaus korrespondiert das Vertretungsrecht mit den dem Aufsichtsrat obliegenden Kontroll- und Überwachungspflichten. Diese können aber nur dann wirksam ausgeübt werden, wenn der Aufsichtsrat auch für Geschäfte dieser Art zuständig ist[495]. Somit besteht die Möglichkeit, der von Gesetzes wegen verursachten Entmachtung des KGaA-Aufsichtsrats im Vergleich zum Aufsichtsrat der AG entgegenzuwirken[496]. Zudem sprechen Wertungsgesichtspunkte für eine entsprechende Anwendung von § 112 AktG. Zwischen der Gesellschaft und dem persönlich haftenden Gesellschafter besteht auf Grund der Rechtsformenverbindung und der daraus folgenden teilweisen Personenidentität die Gefahr einer materiellen Interessenkollision. Diese ist mit dem potentiellen Interessenkonflikt zwischen Vorstand und AG durchaus vergleichbar, wenn die KGaA bei Geschäften mit ihrem Komplementär von diesem selbst vertreten wird[497]. Der Schutzzweck des § 112 AktG greift also auch bei der KGaA in vollem Umfang[498]. Es liegt daher nahe, die im Recht der AG zum Ausdruck gekommene Wertung ins Recht der KGaA zu übertragen. Dies gilt umso mehr vor dem Hintergrund der ohnehin nur beschränkten Haftung der Komplementär-GmbH. Die notwendige Rückanbindung durch bzw. an die Aufsichts-

---

[494] Vgl. MünchKommAktG/*Semler/Perlitt*, § 287 Rdn. 68; *Korts/Korts*, Der Weg zur börsennotierten Aktiengesellschaft, 1999, S. 52.

[495] Vgl. *Mertens*, in: KölnerKomm z. AktG, § 287 Rdn. 11; *Herfs*, in: Hoffmann-Becking (Hrsg.), Münchener Handbuch des Gesellschaftsrechts, Band 4: Aktiengesellschaft, § 77 Rdn. 52; *Sethe*, AG 1996, 289, 298; *Theisen*, DBW 49 (1989) 137, 145.

[496] Vgl. *Sethe*, AG 1996, 289, 290 ff.

[497] So auch *Schlitt*, Die Satzung der Kommanditgesellschaft auf Aktien, 1999, S. 178; *Wichert*, AG 2000, 268, 274.

[498] MünchKommAktG/*Semler/Perlitt*, § 287 Rdn. 68; *Ihrig/Schlitt*, ZHR Beiheft 67, 1998, 33, 55; *Wichert*, AG 2000, 268, 274.

ratsvertretung ist insbesondere dann zu fordern, wenn die Komplementärgesellschaft keine eigene wirtschaftliche Beteiligung an der KGaA aufweist. Der auf die Gesellschaft ausgerichtete Zweck der Komplementär-GmbH liegt dann unabhängig von einer anderweitigen unternehmerischen Tätigkeit allein in der Geschäftsführung der KGaA. Werden die Geschäfte der Komplementärgesellschaft mit der Gesellschaft an die Vertretung durch den Aufsichtsrat geknüpft, kann das potentielle wirtschaftliche Risiko der KGaA durch eine gesonderte Kontrolle hinreichend begrenzt werden. Würde man dagegen auf § 278 Abs. 2 AktG i.V.m. §§ 161 Abs. 2, 125 ff. HGB abstellen, wäre die Vorschrift des § 181 1. Alt. BGB entsprechend anzuwenden. § 181 1. Alt. BGB ist aber dispositiv und kann durch entsprechende Satzungsgestaltungen umgangen werden. So könnte die KGaA bei Rechtsgeschäften mit einem persönlich haftenden Gesellschafter auch von einem Prokuristen oder einem anderen einzelvertretungsberechtigten Komplementär vertreten werden[499]. Durch eine solche Umgehung besteht aber wieder die Gefahr von Interessenkollisionen, die sich zulasten des Anlegerschutzes auswirken.

Auch die Ausrichtung der Komplementärtätigkeit spielt in diesem Zusammenhang eine wichtige Rolle. Hat die Komplementär-GmbH ihren Unternehmensgegenstand allein oder zumindest wesentlich darauf ausgerichtet, die Geschäfte der KGaA zu führen, so ist sie bloßes Geschäftsführungsorgan der Gesellschaft. In diesem Fall erschöpft sich ihr Zweck häufig allein darin, der Gesellschaft eine Fremdorganschaft zu ermöglichen. Eine solche einseitige Ausrichtung muss sich aber auch auf die Verantwortlichkeit für die Geschäftsleitung auswirken, da der Geschäftsführer letztendlich den Weisungen der Komplementärgesellschafter ausgesetzt ist. Im Hinblick auf das grundsätzliche Verbot von Insichgeschäften und die oben dargelegte Schutzbedürftigkeit der Anleger spricht vieles dafür, bei Rechtsgeschäften der Komplementärgesellschaft mit der Gesellschaft die rechtsgeschäftliche Vertretung durch den Aufsichtsrat entsprechend heranzuziehen. Allein die Anwendung von § 181 1. Alt. BGB kann für einen angemessenen Anlegerschutz nicht ausreichen.

Liegt der Gesellschaftszweck der Komplementär-GmbH nicht ausschließlich in der Führung der Geschäfte der KGaA, bleibt zu fragen, ob auch in diesem Fall

---

[499] So auch *Sethe*, AG 1996, 289, 298.

§ 112 AktG uneingeschränkt zur Anwendung kommt. So kann z.B. im Falle einer sternenförmigen Gesellschaftsstruktur unter Umständen die weitergehende Tätigkeit der Schwerpunkt der Komplementärgesellschaft sein[500]. Ist die Übernahme der Geschäftsführung bei der kapitalistischen KGaA demnach lediglich Nebenzweck, könnte eine Aufsichtsratsvertretung bei Geschäften zwischen der Komplementär-GmbH und der KGaA interessenwidrig sein, insbesondere wenn eine darüber hinausgehende erhebliche wirtschaftliche Beteiligung an dem dritten Unternehmen besteht. Aber auch in diesem Fall kann mit Blick auf das Schutzbedürfnis der Anleger nichts anderes gelten. Bei Gesellschaftsstrukturen dieser Art haben die Kommanditaktionäre einen noch geringeren Einblick in die internen Geschäftsvorgänge. Gerade die anderweitige unternehmerische Tätigkeit der Komplementär-GmbH macht das Erkennen von Insichgeschäften für die Kommanditaktionäre besonders schwer. Rechtsgeschäfte, die sich sowohl rechtlich als auch wirtschaftlich zum Nachteil der KGaA auswirken können, müssen damit generell an bestimmte Vertretungsregeln geknüpft werden, um die Gefahren für die Anleger auf ein Minimum zu reduzieren.

c) Zwischenergebnis

Die entscheidenden Argumente sprechen somit für eine entsprechende Anwendung des § 112 AktG im Recht der kapitalistischen KGaA[501]. Daher muss die Gesellschaft bei Rechtsgeschäften mit dem persönlich haftenden Gesellschafter, unabhängig davon, ob es sich um eine natürliche Person, Kapitalgesellschaft oder Personengesellschaft handelt, vom Aufsichtsrat vertreten werden. Die Anwendbarkeit von § 112 AktG im Recht der kapitalistischen KGaA hat zur Folge, dass Satzungsgestaltungen, die den persönlich haftenden Gesellschafter bei Geschäften mit der Gesellschaft von § 181 BGB befreien, unzulässig sind[502]. Der Anwendungsbereich von § 181 1. Alt. BGB ist gesperrt.

---

500 Vgl. MünchKommAktG/*Semler/Perlitt*, § 278 Rdn. 317 ff.; *Schaumburg/Schulte*, Die KGaA – Recht und Steuern in der Praxis, 2000, S. 44 ff.; *Schlitt*, Die Satzung der Kommanditgesellschaft auf Aktien, 1999, S. 108; *K. Schmidt*, ZHR 160 (1996), 265, 284.

501 Auf die Vertretungsmacht des Aufsichtsrats i.S.v. § 112 AktG wird in den Satzungen in der Praxis zumindest z.T. hingewiesen; vgl. u.a. Satzungen der Janox GmbH & Co. KGaA (§ 8 Abs. 1); Lindner Holding KGaA (§ 9 Abs. 2); Schenkelberg Stiftung & Co. KGaA (§ 10 Abs. 3).

502 Abzulehnen daher *Freudenberg/Sorg*, Die KGaA mit beschränkter Haftung, 1999, S. 12; *Hartel*, Die Unternehmer-AG, 1996, S. 147.

2) Reichweite der Anwendbarkeit von § 112 AktG

Ist die Frage nach der Anwendbarkeit von § 112 AktG im Recht der kapitalistischen KGaA positiv beantwortet, muss im Weiteren der Frage nachgegangen werden, ob die Vertretungskompetenz des Aufsichtsrat i.S.d. § 112 AktG auch auf die Rechtsgeschäfte des Geschäftsführers oder der Gesellschafter der Komplementär-GmbH mit der GmbH & Co. KGaA selbst zu erweitern ist.

a) Erstreckung auf den Geschäftsführer der Komplementär-GmbH

Die Frage, ob der Anwendungsbereich der Vertretungsbefugnis des Aufsichtsrats i.S.d. § 112 AktG auch auf Rechtsgeschäfte des Geschäftsführers der Komplementär-GmbH mit der KGaA auszudehnen ist, wird im Schrifttum nur vereinzelt aufgegriffen.

aa) Streitstand im Schrifttum

Nach der Ansicht von *Dirksen/Möhrle* ist eine solche Erstreckung generell abzulehnen. Ihrer Auffassung nach kann der Aufsichtsrat die Gesellschaft nicht gegenüber dem Geschäftsführer ihrer persönlich haftenden Gesellschafterin entsprechend § 112 AktG vertreten. Komplementärin sei allein die Kapitalgesellschaft, nicht aber deren Geschäftsführer. Eine Vertretung der Gesellschaft gegenüber dem Geschäftsführer der Komplementär-GmbH durch den Aufsichtsrat scheide deshalb aus[503]. *Ihrig/Schlitt* halten dagegen das Vertretungsrecht des Aufsichtsrats bei Rechtgeschäften oder Rechtshandlungen der KGaA mit dem Geschäftsführer ihrer Komplementärgesellschaft für zwingend notwendig. Zur Begründung berufen sie sich auf eine im Schrifttum zum Anwendungsbereich des § 112 AktG bei der AG vertretene Ansicht, wonach eine Erstreckung der Vertretungsregeln in den Fällen sachgerecht sein soll, in denen eine wirtschaftliche Identität zwischen einem Vorstandsmitglied und einem Dritten besteht[504].

---

503 *Dirksen/Möhrle*, ZIP 1998, 1377, 1384.

504 Vgl. hierzu *Mertens*, in: KölnerKomm z. AktG, § 112 Rdn. 14; *Werner*, ZGR 1989, 369, 373 ff.

Demgemäß müsse bei der kapitalistischen KGaA immer dann von einem zwingenden Vertretungsrecht für den Aufsichtsrat ausgegangen werden, wenn der Anstellungsvertrag des Komplementär-Geschäftsführers nicht mit dem Komplementär, sondern mit der KGaA geschlossen ist[505].

bb) Stellungnahme

Bei der Frage nach der Anwendbarkeit des § 112 AktG bei Rechtsgeschäften mit den Organen der GmbH & Co. KGaA muss zunächst die Vorschrift des § 278 AktG dahingehend untersucht werden, ob aus der Verweisungssystematik des Absatzes 2 oder Absatzes 3 Rückschlüsse auf die Anwendbarkeit gezogen werden können. Wären § 278 Abs. 2 AktG i.V.m. §§ 125 ff. HGB einschlägig, würden Rechtsgeschäfte des Geschäftsführers mit der GmbH & Co. KGaA dem Anwendungsbereich des § 181 1. Alt. BGB unterfallen, da der Geschäftsführer auf der Seite der GmbH & Co. KGaA als Vertreter der Komplementär-GmbH und somit als Untervertreter der KGaA handeln würde. Insoweit läge eine Personenidentität des rechtsgeschäftlich Handelnden vor. Bei den hier angesprochenen Rechtsgeschäften ist jedoch allein das Rechtsverhältnis des Geschäftsführers der Komplementär-GmbH gegenüber der Gesellschaft selbst (und nicht der Gesamtheit der Kommanditaktionäre) betroffen, das vom Wortlaut des § 278 Abs. 2 AktG nicht umfasst ist. Wenn aber schon im rechtsgeschäftlichen Verhältnis der (kapitalistischen) KGaA gegenüber ihrem Komplementär § 278 Abs. 3 AktG gilt[506], kann für den hier in Frage stehenden Fall nichts anderes gelten. Dagegen könnte zwar angeführt werden, dass unter Komplementär bzw. persönlich haftender Gesellschafter einzig und allein die persönlich haftende Kapitalgesellschaft zu verstehen ist, nicht aber dahinter stehende Personen wie der Geschäftsführer[507]. Doch ist diese Sichtweise zu eng, da die Komplementär-GmbH zwar an sich rechtsfähig, aber als juristische Person nur durch ihre Organe handlungsfähig ist.

---

505 *Ihrig/Schlitt*, ZHR Beiheft 67, 1998, 33, 56; im Ergebnis folgend MünchKomm-AktG/*Semler/Perlitt*, § 287 Rdn. 65; *Wichert*, AG 2000, 268, 274; eher zurückhaltend *Korts/Korts*, Der Weg zur börsennotierten Aktiengesellschaft, 1999, S. 52.

506 *Hüffer*, Aktiengesetz, § 278 Rdn. 16; MünchKommAktG/*Semler/Perlitt*, § 278 Rdn. 260; *Sethe*, AG 1996, 289, 298 f.

507 So *Dirksen/Möhrle*, ZIP 1998, 1377, 1384.

Die grundsätzliche Anwendbarkeit des § 112 AktG über die Verweisungsnorm des § 278 Abs. 3 AktG setzt zudem voraus, dass sich für die KGaA aus dem Fehlen eines Vorstands nichts anderes ergibt. Eine Interpretation des § 112 AktG dahingehend, dass seine Anwendung auf Grund des rechtsformbedingten Fehlens eines Vorstands ausgeschlossen ist[508], ist jedoch nicht angebracht. Der persönlich haftende Gesellschafter ist von seinem Aufgabenbereich dem Vorstand einer AG angenähert und nimmt im Hinblick auf die Vertretung der Gesellschaft die gleichen Aufgaben wahr[509]. Die Funktion des Vorstands i.S.d. § 112 AktG wird im Rahmen der kapitalistischen KGaA bei Fragen der Vertretung der Gesellschaft von der Komplementär-GmbH, vertreten durch ihren Geschäftsführer, ausgeübt. Allein aus dem Fehlen eines Vorstands kann sich somit im Hinblick auf die Anwendbarkeit von § 278 Abs. 3 AktG i.V.m. § 112 AktG nichts anderes ergeben. Zudem spricht der Sinn und Zweck des § 112 AktG für eine Übertragung der Vorschrift auf die hier in Frage stehende Vertretung. Der Vorschrift des § 112 AktG zur Folge sollen mögliche Interessenskonflikte zwischen dem Vorstand und der AG selbst vermieden werden. Auch bei Rechtsgeschäften des Geschäftsführers einer GmbH & Co. KGaA greift dieser Schutzzweck vollumfänglich, da auch hier die Gefahr des Missbrauchs besteht[510]. Besonders vor dem Hintergrund der nur beschränkt haftenden Komplementär-GmbH ist eine unterschiedliche Behandlung im Hinblick auf die Anwendbarkeit von § 112 AktG bei Geschäften des Geschäftsführers nicht gerechtfertigt. Denn der Anlegerschutz ist nicht nur betroffen, wenn der Geschäftsführer als Vertreter der Komplementär-GmbH tätig wird, sondern auch, wenn er für sich selbst Rechtsgeschäfte tätigt. Zwar kann der Geschäftsführer wegen § 181 BGB grundsätzlich nicht im Namen der KGaA mit sich selbst kontrahieren, dieses Verbot kann aber durch eine entsprechende Satzungsregelung ohne weiteres aufgehoben werden[511]. Ein wirksamer Schutz wäre dann nicht mehr gewährleistet. Ein solcher kann nur durch eine entsprechende Anwendung des § 112 AktG erzeugt werden.

---

[508] Vgl. hierzu auch *Ihrig/Schlitt*, ZHR Beiheft 67, 1998, 33, 55.
[509] Vgl. *Korts/Korts*, Der Weg zur börsennotierten Aktiengesellschaft, 1999, S. 52.
[510] Vgl. bereits § 12 B. II. 2).
[511] *Arnold*, Die GmbH & Co. KGaA, S. 129; *Sethe*, AG 1996, 288, 299.

Fraglich ist in diesem Zusammenhang, ob die Anwendbarkeit des § 112 AktG im Recht der GmbH & Co. KGaA Allgemeingültigkeit erwirkt, oder ob Ausnahmen zuzugeben sind. Im Blickfeld stehen bestimmte Rechtsgeschäfte, die ein Bedürfnis nach einem besonderen Vertretungsrecht nach sich ziehen, wie z.B. die Begründung des Anstellungsvertrags des Geschäftsführers[512]. Im Rahmen der kapitalistischen KGaA bestehen grundsätzlich zwei Möglichkeiten, wie das vertragliche Anstellungsverhältnis des Geschäftsführers innerhalb der Gesellschaft begründet werden kann: Zum einen kann der Anstellungsvertrag mit der Komplementär-GmbH eingegangen werden, zum anderen auch mit der KGaA. Wird der Anstellungsvertrag mit der KGaA geschlossen, könnte man annehmen, dass sich die Vertretungsbefugnis innerhalb der KGaA stets nach § 278 Abs. 2 AktG i.V.m. §§ 125 ff. HGB richten müsse. Doch bleibt zu beachten, dass in diesem Fall das Verhältnis des persönlich haftenden Gesellschafters – mit dem Geschäftsführer als Vertretungsorgan – zur KGaA im Besonderen betroffen ist. Hier sind ebenfalls gesellschaftsschädigende Interessenkonflikte zu befürchten, die die Vertretungsbefugnis des Aufsichtsrats in entsprechender Anwendung des § 278 Abs. 3 AktG i.V.m. § 112 AktG erforderlich machen. Da die KGaA in diesen Fällen regelmäßig die Vergütung des Geschäftsführers übernimmt, macht das unmittelbare Vertragsverhältnis des Geschäftsführers mit der KGaA eine Rückanbindung an die Interessen der Gesellschaft erforderlich. Demgemäß ist die KGaA bei Abschluss des Anstellungsvertrags mit dem Geschäftsführer zwingend vom Aufsichtsrat zu vertreten[513]. Käme § 112 AktG nicht zur Anwendung, könnte der Geschäftsführer selbst die Änderung seines Anstellungsvertrags insbesondere hinsichtlich seiner Vergütung vornehmen, wenn ihm seitens der GmbH & Co. KGaA die Befreiung vom Verbot des Selbstkontrahierens (§ 181 BGB) erteilt würde.

Anders sieht es hingegen aus, wenn der Anstellungsvertrag des Geschäftsführers mit der Komplementärgesellschaft geschlossen wird. In diesem Fall entstehen keine unmittelbaren vertraglichen Beziehungen zur GmbH & Co. KGaA. Die Vertretungskompetenz obliegt der Gesellschafterversammlung der Komplementär-GmbH. Das Gleiche gilt auch dann, wenn die Komplementär-GmbH ihren

---

512 Vgl. hierzu insbesondere *Ihrig/Schlitt*, ZHR Beiheft 67, 1998, 33, 56.

513 Vgl. *Schlitt*, Die Satzung der Kommanditgesellschaft auf Aktien, 1999, S. 178; *Ihrig/ders.*, ZHR Beiheft 67, 1998, 33, 56.

Unternehmensgegenstand im Wesentlichen auf die Geschäftsführung bei der KGaA beschränkt. Die Pflichten des Geschäftsführers der Komplementärgesellschaft aus seinem Anstellungsvertrag sind dann mit denjenigen identisch, die entstehen, wenn der Anstellungsvertrag mit der KGaA geschlossen wäre. Der Geschäftsführer der Komplementär-GmbH handelt in diesem Fall auch für die KGaA selbst. Dies hat zur Folge, dass die Schäden aus schuldhaft schlechter Geschäftsführung erfahrungsgemäß bei der KGaA eintreten und sich negativ auf die wirtschaftliche Beteiligung der Anleger auswirken. Insoweit unterliegt der Geschäftsführer nach dem Rechtsgedanken des Vertrags mit Schutzwirkung zu Gunsten Dritter gegenüber der KGaA[514] den allgemeinen Schadensersatzansprüchen bei Verletzung vertraglicher Pflichten. Dadurch ist die Gesellschaft ausreichend vor einem Fehlverhalten des Geschäftsführers abgesichert. Eine Vertretungsbefugnis des Aufsichtsrats ist damit beim Abschluss des Anstellungsvertrags des Geschäftsführers mit der Komplementärgesellschaft nicht notwendig.

b) Erstreckung auf den Gesellschafter der Komplementär-GmbH

Darüber hinaus stellt sich die Frage, ob die GmbH & Co. KGaA auch bei Rechtsgeschäften mit einem Gesellschafter ihrer Komplementärgesellschaft vom Aufsichtsrat gemäß § 112 AktG vertreten werden muss. Eine solche Vertretungspflicht muss immer dann angenommen werden, wenn der Gesellschafter mit der Komplementärgesellschaft wirtschaftlich identisch ist. Das ist z.B. der Fall, wenn der Gesellschafter Alleingesellschafter ist oder zumindest einen beherrschenden Einfluss ausüben kann[515]. In diesem Fall indiziert bereits das GmbH-rechtliche Weisungsrecht des Gesellschafters gegenüber dem Geschäftsführer (vgl. § 37 Abs. 1 GmbHG) die Notwendigkeit einer Rückanbindung an die Vertretungsbefugnis eines neutralen Organs. Dagegen bedarf der Aufsichtsrat bei nicht-beherrschenden Gesellschaftern keiner Vertretungskompetenz.

---

514 Zum Recht der GmbH & Co. KG vgl. BGH, WM 1980, 30 ff.; WM 1980, 589 ff., 593; BGH, NJW 1982, 2869; ferner *Binz*, Die GmbH & Co. KG, S. 192 ff.; *K. Schmidt*, Gesellschaftsrecht, S. 1649; vgl. zur a.A. *Hesselmann/Tillmann*, Handbuch der GmbH & Co., Rz. 278, 288 ff.

515 Vgl. auch *Ihrig/Schlitt*, ZHR Beiheft 67, 1998, 33, 56; ihnen folgend *Korts/Korts*, Der Weg zur börsennotierten Aktiengesellschaft, 1999, S. 52.

Vielmehr reicht es aus, dass die Gesellschaft in diesen Fällen von der Komplementärgesellschaft vertreten wird, die ihrerseits der Sorgfaltspflichtenbindung gegenüber den Kommanditaktionären unterliegt[516].

3) Zwischenergebnis

Im Ergebnis bleibt festzuhalten, dass die GmbH & Co. KGaA sowohl bei selbstkontrahierenden Rechtsgeschäften oder Rechtshandlungen mit ihrer Komplementärgesellschaft, mit dem Geschäftsführer oder mit einem Allein- bzw. beherrschendem Gesellschafter der Komplementär-GmbH vom Aufsichtsrat i.S.d. § 112 AktG zu vertreten ist. Der Anwendungsbereich des § 181 1. Alt. BGB ist im Recht der kapitalistischen KGaA gesperrt.

III. Zwingende Anwendbarkeit von § 112 AktG?

Gilt die Vertretungsbefugnis des § 112 AktG über § 278 Abs. 3 AktG auch für den Aufsichtsrat einer KGaA, muss die Ausschließlichkeit und Uneinschränkbarkeit des gesetzlichen Vertretungsrechts beachtet werden. Denn § 112 AktG ist zwingendes Recht. Danach ist allein der Aufsichtsrat der (GmbH & Co.) KGaA zur Vertretung der Gesellschaft gegenüber ihrer Komplementärgesellschaft und deren Organen und Mitgliedern befugt. Die Satzung der Gesellschaft kann weder die Anwendbarkeit von § 112 AktG ausschließen, noch die Vertretungsbefugnis der Hauptversammlung[517] oder einem Beirat übertragen[518].

C. Insichgeschäfte durch Mehrvertretung

Von den Rechtsgeschäften und Rechtshandlungen durch Selbstkontrahieren sind solche Geschäfte zu unterscheiden, die die Komplementärgesellschaft als Vertretungsorgan der GmbH & Co. KGaA, selbst vertreten durch ihren Geschäftsführer, mit einer dritten Gesellschaft (z.B. einer GmbH & Co. KGaA oder einer GmbH & Co. KG) abschließen will, bei der sie ebenfalls die Komplementärstel-

---

516 So auch *Schlitt*, Die Satzung der Kommanditgesellschaft auf Aktien, 1999, S. 178 f.; *Ihrig/ders.*, ZHR Beiheft 67, 1998, 33, 56; ihnen folgend *Wichert*, AG 2000, 268, 273 f.

517 So aber Satzungen der Janox GmbH & Co. KGaA (§ 8 Abs. 1) und Windpark Norderland GmbH & Co. An't Grotschloot KGaA (§ 8 Abs. 1).

518 Vgl. auch *Ihrig/Schlitt*, ZHR Beiheft 67, 1998, 33, 56 f.; *Wichert*, AG 2000, 268, 274.

lung wahrnimmt (sog. Mehrvertretung). Auch bei Rechtsgeschäften dieser Art kann sich das Problem der Befangenheit stellen, wenn Rechtsbeziehungen eingegangen werden sollen, die sich als rechtlich oder wirtschaftlich nachteilig für die GmbH & Co. KGaA erweisen. Zudem könnte auch das Weisungsrecht der Komplementärgesellschafter gegenüber ihrem Geschäftsführer nachteilig ausgenutzt werden. Hier drohen Vermögensverschiebungen zum Nachteil der Kommanditaktionäre. Fraglich ist, ob auch in diesen Fällen das Vertretungsrecht des Aufsichtsrats i.S.d. § 112 AktG zwingend ist[519]. Da bei Fragen der Mehrvertretung das Rechtsverhältnis der Komplementärgesellschaft als Vertreter der KGaA, selbst vertreten durch ihren Geschäftsführer, mit einem Dritten, hier einer weiteren Gesellschaft, betroffen ist, entscheidet die Verweisungssystematik des § 278 AktG. Über Absatz 2 kommt in diesen Fällen das Recht der KG zur Anwendung. Rechtsgeschäfte dieser Art unterfallen also nicht mehr dem Anwendungsbereich des § 112 AktG[520]. Es fehlt an eindeutig objektiv abgrenzbaren Kriterien, welche Interessen im Einzelfall verfolgt werden und ob überhaupt die Gefahr eines Interessenkonflikts besteht. Die Gefahr einer nicht ausreichenden Berücksichtigung der Interessen der Gesellschaft würde ohnehin nicht schwerer wiegen als der Vorteil, dass der Geschäftsführer die mit diesem Geschäft zusammenhängenden Hintergründe als stärker involvierte und besser informierte Person zumeist besser beurteilen kann als der Aufsichtsrat[521]. Rechtsgeschäfte dieser Art unterliegen damit dem Anwendungsbereich des § 181 2. Alt. BGB[522].

Eine Ausnahme vom Anwendungsbereich des § 181 2. Alt. BGB bei der Mehrvertretung könnte allerdings dann notwendig werden, wenn zwischen der als Vertreter der GmbH & Co. KGaA tätig werdenden Komplementärgesellschaft – vertreten durch den Geschäftsführer – und der von ihr zugleich vertretenen dritten Gesellschaft eine wirtschaftliche Identität besteht. Dies ist in einer sternförmigen Gesellschaft der Fall oder wenn die Komplementärgesellschaft zumindest

---

519 Zur Frage der Anwendbarkeit des § 112 AktG bei der AG, wenn ein Vorstandsmitglied als Vertreter eines Dritten auftritt, vgl. *Werner*, ZGR 1989, 369, 372 ff.

520 Ungenau *Wichert*, AG 2000, 268, 274, der § 278 Abs. 3 AktG i.V.m. § 112 AktG anscheinend auch bei der Mehrvertretung anwenden will.

521 Vgl. für die AG *Werner*, ZGR 1989, 369, 372 ff.

522 So ausdrücklich nur die Satzungen der Advantec Biotech AG & Co. KGaA (§ 8), Merkur Bank KGaA (§ 14 Abs. 2), Prime Ressource Invest KGaA (§ 6 Abs. 1 S. 4) und Schenkelberg Stiftung & Co. KGaA (§ 10 Abs. 3).

beherrschenden Einfluss auf die dritte Gesellschaft hat. Hier kann eine unbefangene Wahrung der Gesellschaftsbelange nicht mehr gewährleistet werden. Auf Grund möglicher Interessenkonflikte sollte § 112 AktG zur Anwendung kommen[523]. Liegt ein Fall der über § 181 2. Alt. BGB zu regelnden Mehrvertretung vor, ist das Rechtsgeschäft nur zulässig, wenn der Vertreter in Erfüllung einer bereits bestehenden Verbindlichkeit handelt (§ 181 HS. 2 BGB) oder die rechtsgeschäftliche Handlung dem Vertreter gestattet ist. Ansonsten muss der Komplementär zur Vornahme solcher Geschäfte von § 181 2. Alt. BGB befreit werden. Im Hinblick auf den Anlegerschutz ist dem Aufsichtsrat in der Satzung das Recht zuzubilligen, den Komplementär in diesen Fällen von den Beschränkungen des § 181 2. Alt. BGB zu befreien. Der Anlegerschutz kann dabei in zweifacher Hinsicht abgesichert werden, nämlich zum einen durch das Erfordernis der Abbedingung des § 181 2. Alt. BGB in der Satzung und zum anderen durch das Zustimmungsrecht bei außergewöhnlichen Geschäftsführungsmaßnahmen[524].

D. Zulässige Satzungsgestaltungen

Diese Rechtsanwendung hat auch Einfluss auf die Satzungsgestaltung in der Praxis. Folgende Satzungsregelungen sind denkbar:

1. *„Der Aufsichtsrat vertritt die Gesellschaft bei Rechtsgeschäften oder Rechtshandlungen mit ihrer Komplementärgesellschaft. Das Gleiche gilt für Rechtsgeschäfte oder Rechtshandlungen der Gesellschaft mit dem Geschäftsführer oder einem Allein- bzw. beherrschendem Gesellschafter ihrer Komplementärgesellschaft selbst. § 112 AktG ist entsprechend anzuwenden."*

2. *„Für Rechtsgeschäfte oder Rechtshandlungen der GmbH & Co. KGaA mit einer dritten Gesellschaft, die von der gleichen Komplementärgesellschaft vertreten wird, kann die Komplementärgesellschaft von § 181 2. Alt. BGB befreit werden. Zuständig für die Befreiung im Einzelfall ist der Aufsichtsrat oder der Beirat."*

---

523 Siehe auch § 12 B. III. 2); für den vergleichbaren Fall bei der AG *Werner*, ZGR 1989, 369, 373 f.

524 Vgl. hierzu i.E. unten § 16.

E. Ergebnis

Auch im Recht der kapitalistischen KGaA ist die Vorschrift des § 112 AktG zwingend. Nur wenn der Geschäftsleitung die Vertretungsmacht für Rechtsgeschäfte mit der KGaA selbst entzogen wird, kann ein wirksamer Anlegerschutz gewährleistet werden. Im Ergebnis kommt also dem Aufsichtsrat die Vertretungsmacht für Rechtsgeschäfte zwischen der KGaA und den Allein- bzw. beherrschenden Gesellschaftern der Komplementärgesellschaft einerseits und für Rechtsgeschäfte zwischen der KGaA und dem Geschäftsführer der Komplementär-GmbH andererseits zu. Im Fall der Mehrvertretung kommt § 112 AktG ebenfalls zur Anwendung, sofern es sich um eine sternförmige Gesellschaft handelt oder die Gesellschaft beherrschenden Einfluss auf die Drittgesellschaft hat. Im Übrigen obliegt dem Aufsichtsrat oder dem Beirat das Recht zur Befreiung vom Verbot des § 181 2. Alt. BGB.

§ 13 Wettbewerbsverbot, § 284 AktG

Weiterer Aspekt für den Anlegerschutz im Recht der (kapitalistischen) KGaA ist die Reichweite des Wettbewerbsverbots gemäß § 284 Abs. 1 AktG.

A. Allgemeiner Regelungszweck und Inhalt des Wettbewerbsverbots

Das allgemeine Verbot einer Konkurrenztätigkeit ist als selbständige gesetzliche Ausprägung der gesellschaftsvertraglich begründeten Treuepflicht zu verstehen[525]. Es soll seinem Sinn und Zweck nach einen möglichen Interessenkonflikt in der Gesellschaft verhindern[526]. Ziel des Wettbewerbsverbots gemäß § 284 Abs. 1 AktG ist es daher, die Gesellschaft davor zu schützen, dass ein persönlich haftender Gesellschafter die auf Grund seiner Gesellschafterstellung erlangten gesellschaftsinternen Informationen, Geschäftsgeheimnisse, unternehmerischen Kenntnisse über Geschäftspolitik, Kundenkreis und Verbindungen (corporate opportunity) für eigene Geschäfte ausnutzt und die Willensbildung innerhalb der Gesellschaft zu Gunsten seiner eigenen Geschäftstätigkeit beeinflusst[527]. Es soll vermieden werden, dass die Gesellschaft durch schädigende Konkurrenz aus den eigenen Gesellschafterreihen in eine wirtschaftlich ungünstigere Marktposition gedrängt wird[528]. In allen geschäftlichen Angelegenheiten dürfen also nur die Interessen der Gesellschaft wahrgenommen werden. Das Wettbewerbsverbot gemäß § 284 Abs. 1 AktG umfasst den Schutz der Mit- und Minderheitsgesellschafter und gewährleistet damit eine weitere sachliche Rückanbindung der Interessen der Kommanditaktionäre im Hinblick auf den Wert ihrer Unternehmensbeteiligung. Da die Vorschrift das Verhältnis der persönlich haftenden Gesell-

---

[525] Vgl. *Assmann/Sethe*, in: Großkomm. z. AktG, § 284 Rdn. 2 ff.

[526] Vgl. *Hüffer*, Aktiengesetz, § 284 Rdn. 1; MünchKommAktG/*Semler/Perlitt*, § 284 Rdn. 3 ff.; *Herfs*, in: Hoffmann-Becking (Hrsg.), Münchener Handbuch des Gesellschaftsrechts, Band 4: Aktiengesellschaft, § 76 Rdn. 27; *K. Schmidt*, Gesellschaftsrecht, S. 596 f.; *Sethe*, Die personalistische Kapitalgesellschaft mit Börsenzugang, 1996, S. 168.

[527] Zu den rechtlichen Unterschieden der Wettbewerbsverbote aus § 88 AktG und § 284 AktG vgl. *Barz*, in: Großkomm. z. AktG, Anm. 1 zu § 284; *Hefermehl*, in: Geßler/Hefermehl/Eckardt/Kropff, Aktiengesetz, § 88 Rdn. 1; MünchKommAktG/*Semler/Perlitt*, § 284 Rdn. 3; *Herfs*, in: Hoffmann-Becking (Hrsg.), Münchener Handbuch des Gesellschaftsrechts, Band 4: Aktiengesellschaft, § 76 Rdn. 24.

[528] *Graf*, Die Kapitalgesellschaft & Co. KG auf Aktien, 1993, S. 260; *Herfs*, in: Hoffmann-Becking (Hrsg.), Münchener Handbuch des Gesellschaftsrechts, Band 4: Aktiengesellschaft, § 76 Rdn. 24.

schafter untereinander und gegenüber der Gesamtheit der Kommanditaktionäre regelt, bestimmt sich die Reichweite des Wettbewerbsverbots nach dem gemäß § 278 Abs. 2 AktG zur Anwendung kommenden Personengesellschaftsrecht. § 284 Abs. 1 AktG unterliegt als dispositive Norm der Vertragsfreiheit und kann daher in der Satzung erweitert, eingeschränkt oder auch ausgeschlossen werden[529]. So kann z.B. vereinbart werden, dass das Wettbewerbsverbot nicht gilt, wenn die Betätigung im Zeitpunkt des Vertragsschlusses bereits aufgenommen bzw. die Beteiligung schon erworben und dieser Umstand den anderen Gesellschaftern bekannt war[530].

B. Wettbewerbsverbot für Organe der GmbH & Co. KGaA?

Auf Grund der gesellschaftsrechtlichen Typenverbindung einer GmbH & Co. KGaA und der unterschiedlichen Ausprägung des Wettbewerbsverbots muss der Frage nachgegangen werden, inwieweit es, wenn nicht schon in den Gesellschaftsstatuten geregelt, unter Berücksichtigung der gesellschaftsrechtlichen Treuepflicht auch auf die Komplementärgesellschaft, die Gesellschafter der Komplementärgesellschaft und auf den Geschäftsführer der Komplementär-GmbH einer GmbH & Co. KGaA zu erstrecken ist.

I. Komplementär-GmbH (& Co. KG)

§ 284 Abs. 1 AktG unterstellt seinem Wortlaut nach nur den persönlich haftenden Gesellschafter einer KGaA dem Wettbewerbsverbot. Dieses richtet sich in einer GmbH & Co. KGaA auch gegen die Komplementärgesellschaft, da der Wortlaut des § 284 Abs. 1 AktG keine Differenzierung zwischen natürlichen und juristischen Personen rechtfertigt. Vielmehr werden alle persönlich haftenden Gesellschafter einer KGaA unabhängig von der Rechtsform unter das Verbot gestellt. Auch die Tatsache, dass die Komplementärgesellschaft nicht selbst, sondern nur durch ihren Geschäftsführer handlungsfähig ist, spricht nicht dagegen, der Komplementärgesellschaft ein Wettbewerbsverbot aufzuerlegen. Eine

---

[529] *Hüffer*, Aktiengesetz, § 284 Rdn. 2; *Mertens*, in: KölnerKomm z. AktG, § 284 Rdn. 3; MünchKommAktG/*Semler/Perlitt*, § 284 Rdn. 26 ff.; einschränkend *Herfs*, in: Hoffmann-Becking (Hrsg.), Münchener Handbuch des Gesellschaftsrechts, Band: 4, Aktiengesellschaft, § 76 Rdn. 25; *Armbrüster*, ZIP 1997, 1269, 1272.

[530] Vgl. Satzung der Engelhorn KGaA (§ 27 Abs. 1 S. 2).

restriktive Anwendung des § 284 Abs. 1 AktG ist für die Komplementär-GmbH (& Co. KG) nicht geboten[531]. Dies hat auch der BGH in seinem Beschluss vom 24. Februar 1997 ausdrücklich festgestellt. Im Anschluss an *Priester*[532] führt der BGH aus, dass sich das Wettbewerbsverbot wie bei der GmbH & Co. KG (§§ 161 Abs. 2, 112, 113 HGB)[533] auch gegen die Komplementär-GmbH richte[534]. Ist eine AG Komplementärgesellschaft, gilt das gesetzliche Wettbewerbsverbot des Vorstands nach § 88 AktG auch in der kapitalistischen KGaA.

Dem gesetzlichen Wettbewerbsverbot kommt entscheidende Bedeutung zu, wenn die Komplementärgesellschaft vor der Gründung der GmbH & Co. KGaA bzw. vor ihrem Eintritt in die KGaA bereits einen eigenen Geschäftsbetrieb unterhalten hat und der bisherige Gegenstand ihres Unternehmens mit dem der GmbH & Co. KGaA zumindest teilidentisch ist, oder wenn sie nachträglich einen eigenen teilidentischen Geschäftsbetrieb gründet und unterhält. Das gilt unabhängig davon, ob es sich bei der Komplementärgesellschaft um eine Personenhandelsgesellschaft oder um eine Kapitalgesellschaft handelt. Ist eine GmbH als Komplementärgesellschaft der KGaA eingesetzt, gilt sie gemäß § 13 Abs. 3 GmbHG auch dann als Handelsgesellschaft i.S.d. § 6 Abs. 1 HGB, wenn sie

---

531 Vgl. schon OLG Hamburg, GmbHR 1969, 135, 140; *Assmann/Sethe*, in: Großkomm. z. AktG, § 284 Rdn. 9; *Herfs*, in: Hoffmann-Becking (Hrsg.), Münchener Handbuch des Gesellschaftsrechts, Band: 4, Aktiengesellschaft, § 76 Rdn. 24; *Schlitt*, Die Satzung der Kommanditgesellschaft auf Aktien, 1999, S. 130; *Ihrig/ders.*, ZHR Beiheft 67, 1998, 33, 49; *Sethe*, Die personalistische Kapitalgesellschaft mit Börsenzugang, 1996, S. 168 f.; *Pflug*, NJW 1971, 346; *Priester*, ZHR 160 (1996), 250, 256; vgl. in der Praxis Satzung der Engelhorn KGaA (§ 27). A.A. LG Hamburg, AG 1968, 193, 194; *Graf*, Die Kapitalgesellschaft & Co. KG auf Aktien, 1993, S. 261, der das Wettbewerbsverbot gemäß § 284 AktG nicht auf die Komplementär-Kapitalgesellschaft erstrecken will.

532 Vgl. *Priester*, ZHR 160 (1996), 250, 256.

533 Der Regelungsgehalt des § 284 AktG entspricht dem der §§ 112, 113 HGB; vgl. *Barz*, in: Großkomm. z. AktG, Anm. 1 zu § 284; MünchKommAktG/*Semler/Perlitt*, § 284 Rdn. 2; *Henn*, Handbuch des Aktienrechts, S. 77 f. Gemäß §§ 112, 113 HGB sind auch im Rahmen der oHG bzw. KG juristische Personen als Komplementäre dem Wettbewerbsverbot unterstellt; vgl. *Schlegelberger/Martens*, HGB, § 165 Rdn. 34; *Hesselmann/Tillmann*, Handbuch der GmbH & Co. KG, Rz. 400; *Mattfeld*, in: Riegger/Weipert (Hrsg.), Münchener Handbuch des Gesellschaftsrechts, Band 2: Kommanditgesellschaft, 1991, § 12 Rdn. 44; *K. Schmidt*, Gesellschaftsrecht, S. 1645 f.; *Riegger*, BB 1983, 90 f. Zum Wettbewerbsverbot der Komplementär-GmbH einer GmbH & Co. KG vgl. *Baumbach/Hopt*, HGB, Anh. § 177a Rdn. 23; *Koller*, in: Koller/Roth/Morck, HGB, § 113 Rdn. 2; a.A. für den Fall der GmbH & Co. KG nur OLG Frankfurt, BB 1982, 1383 ff.

534 BGHZ 134, 392, 394 = ZIP 1997, 1027, 1028.

kein Gewerbe betreibt. Dies gilt selbst dann, wenn sie nur die Geschäftsführung und Vertretung der kapitalistischen KGaA wahrnimmt[535]. Das Wettbewerbsverbot greift zulasten der GmbH als Komplementärgesellschaft also immer dann ein, wenn diese einen Geschäftsbetrieb unterhält, der mit dem Unternehmensgegenstand der kapitalistischen KGaA zumindest teilidentisch ist. Entsprechend dem Wortlaut des § 284 Abs. 1 AktG („gleichartige Handelsgesellschaft") ist der GmbH als persönlich haftende Gesellschafterin der kapitalistischen KGaA die Beteiligung an einer im selben Geschäftszweig tätigen Gesellschaft untersagt[536]. Erstreckt sich der Zweck der Komplementärgesellschaft lediglich in der Gründung der GmbH & Co. KGaA und beschränkt sich der Unternehmensgegenstand der GmbH dann im Wesentlichen auf die Übernahme der Geschäftsführung in der kapitalistischen KGaA, besteht die Notwendigkeit eines Verbots der Konkurrenztätigkeit in der Regel nicht[537]. In diesem Fall ist die Komplementärgesellschaft vom Anwendungsbereich des § 284 Abs. 1 AktG nicht umfasst.

II. Geschäftsführer der Komplementär-GmbH (& Co. KG)

Das Wettbewerbsverbot gemäß § 284 Abs. 1 AktG umfasst seinem Wortlaut nach nicht den Geschäftsführer der Komplementärgesellschaft einer GmbH & Co. KGaA. Es stellt sich daher die Frage, ob der persönliche Anwendungsbereich des Wettbewerbsverbots auch auf den Geschäftsführer der Komplementär-GmbH (& Co. KG) erweitert werden muss und dieser damit selbst einem Wettbewerbsverbot gegenüber der GmbH & Co. KGaA unterliegt.

In einer GmbH & Co. KGaA ist es wesentliche Aufgabe der Komplementärgesellschaft und mithin ihres Geschäftsführers, die Geschäfte der kapitalistischen KGaA zu führen, so dass der Geschäftszweig der Komplementär-GmbH (& Co. KG) mit dem der KGaA in der Regel zusammenfällt. Wenn schon die Komplementärgesellschaft einer kapitalistischen KGaA selbst dem Wettbewerbsverbot unterfällt, muss der Umstand, dass die Komplementär-GmbH (& Co. KG) nicht selbst, sondern nur durch ihre Geschäftsführer handlungsfähig ist, dazu führen, dass das Konkurrenzverbot auch auf die Geschäftsführer selbst zu erstrecken ist.

---

535 *Korts/Korts*, Der Weg zur börsennotierten Aktiengesellschaft, 1999, S. 53.

536 Vgl. *Armbrüster*, ZIP 1997, 1269, 1271.

537 *Ihrig/Schlitt*, ZHR Beiheft 67, 1998, 33, 48 (Fußn. 42).

Anknüpfungspunkt ist der Anstellungsvertrag des Geschäftsführers[538]. Wird der Anstellungsvertrag mit der Komplementärgesellschaft geschlossen, entfalten die Treuepflichten, die dem Geschäftsführer gegenüber der Komplementärgesellschaft obliegen, nach dem Rechtsgedanken eines Vertrags mit Schutzwirkung zu Gunsten Dritter[539] auch Wirkungen gegenüber der KGaA und verdichten sich zwangsläufig zu einem Wettbewerbsverbot gegenüber der GmbH & Co. KGaA[540]. Wird der Anstellungsvertrag des Geschäftsführers direkt mit der KGaA geschlossen, lässt sich das Wettbewerbsverbot als Ausprägung der gesellschaftsrechtlichen Treuepflicht bereits aus dem unmittelbaren schuldrechtlichen Vertragsverhältnis herleiten.

Unterliegt der Geschäftsführer der Komplementär-GmbH einem Wettbewerbsverbot, hat er alle Handlungen zu unterlassen, die sich nicht mit seinen Pflichten als Geschäftsführer der Komplementärgesellschaft und somit auch zugleich als mittelbarer Geschäftsführer der GmbH & Co. KGaA vereinbaren lassen. Im Einzelfall ergibt sich ein Wettbewerbsverbot, wenn der Geschäftsführer auf Grund seiner Organstellung und der damit verbundenen Leitungsmacht Zugang zu allen wichtigen und internen Geschäftsvorgängen erhält und die Kenntnisse und seine geschäftlichen Beziehungen für eine Konkurrenztätigkeit, d.h. zu seinem bzw. zum Vorteil anderer nutzen kann. Ihm ist damit untersagt, während der Dauer des Vertrags in selbständiger, unselbständiger oder sonstiger Weise für ein Unternehmen tätig zu werden, welches mit der GmbH & Co. KGaA in

---

538 A.A. *Graf*, Die Kapitalgesellschaft & Co. KG auf Aktien, S. 261, der § 284 AktG direkt auf den Geschäftsführer anwenden will. Dem steht aber entgegen, dass der Geschäftsführer in keiner unmittelbaren Rechtsbeziehung zur kapitalistischen KGaA steht.

539 Vgl. hierzu auch *Arnold*, Die GmbH & Co. KGaA, S. 95 f.; *Korts/Korts*, Der Weg zur börsennotierten Aktiengesellschaft, 1999, S. 53; *Sethe*, Die personalistische Kapitalgesellschaft mit Börsenzugang, 1996, S. 169; *Ihrig/Schlitt*, ZHR Beiheft 67, 1998, 33, 49. Für die GmbH & Co. KG vgl. *Hesselmann/Tillmann*, Handbuch der GmbH & Co., Rz. 410.

540 Vgl. *Assmann/Sethe*, in: Großkomm. z. AktG, § 284 Rdn. 10; *Arnold*, Die GmbH & Co. KGaA, S. 95 f.; *Ihrig/Schlitt*, ZHR Beiheft 67, 1998, 33, 49; *Armbrüster*, ZIP 1997, 261, 272. Ein Wettbewerbsverbot für die Geschäftsführer einer GmbH (& Co. KG) ist bereits allg. Meinung; vgl. hierzu BGHZ 89, 162 ff. = NJW 1984, 1351 ff.; *v. Gerkan*, in: Röhricht/Graf v. Westphalen (Hrsg.), HGB, § 165 Rdn. 18; *Hachenburg/Mertens*, GmbHG, § 43 Rdn. 38; *Horn*, in: Heymann (Hrsg.), HGB, § 165 Rdn. 1; *Lutter/Hommelhoff*, GmbHG, Anh. § 6 Rdn. 20; *Staub/Schilling*, Großkomm. z. HGB, § 165 Rdn. 6; *Hesselmann/Tillmann*, Handbuch der GmbH & Co., Rz. 410; *Salfeld*, Wettbewerbsverbote im Gesellschaftsrecht, 1987, S. 260; *Armbrüster*, ZIP 1007, 1269, 1276; *v. d. Osten*, GmbHR 1989, 450, 453; *Wassermeyer*, GmbHR 1993, 329, 330.

direktem oder indirektem Wettbewerb steht, oder während der Dauer des Vertrags ein solches Unternehmen zu errichten, zu erwerben oder sich hieran unmittelbar oder mittelbar zu beteiligen. Darüber hinaus ist er verpflichtet, über alle betrieblichen und geschäftlichen Angelegenheiten der GmbH & Co. KGaA gegenüber unberechtigten Dritten Stillschweigen zu wahren. Sowohl in dem Fall, in dem der Anstellungsvertrag des Geschäftsführers mit der Komplementär-GmbH (& Co. KG) geschlossen wird, als auch in dem Fall, in dem er direkt mit der KGaA zu Stande kommt, kann das Wettbewerbsverbot ausdrücklich im Gesellschaftsvertrag vereinbart werden. Eine solche Regelung ist aus Gründen der Rechtsklarheit zu empfehlen. Darüber hinaus besteht die Möglichkeit, das Wettbewerbsverbot besonderen statutarischen Regelungen zu unterwerfen. So kann es z.B. nach Beendigung des Anstellungsvertrags mit dem ehemaligen Geschäftsführer für einen gewissen Zeitraum fortbestehen.

III. Gesellschafter der Komplementär-GmbH (& Co. KG)

§ 284 Abs. 1 AktG sieht seinem Wortlaut nach auch kein ausdrückliches gesetzliches Wettbewerbsverbot zulasten des Gesellschafters der Komplementärgesellschaft vor. Problematisch ist, dass zwischen den Gesellschaftern der Komplementärgesellschaft und der KGaA selbst grundsätzlich keine gesellschaftsrechtlichen Treuepflichten bestehen, anhand derer sich ein Wettbewerbsverbot ableiten lassen könnte. Die Gesellschafter der Komplementär-GmbH (& Co. KG) haben jedoch in der Regel Kenntniss von allen wichtigen unternehmerischen Angelegenheiten (vgl. § 51a GmbHG). Darüber hinaus steht ihnen ein unbeschränktes Weisungsrecht gegenüber den Geschäftsführern der Komplementärgesellschaft zu, was einem maßgeblichen Einfluss auf die gesamte Geschäftspolitik gleichkommt. Insoweit besitzen sie zumindest die mittelbare Leitungsmacht in der kapitalistischen KGaA. Die eigennützige Verwendung dieser Kenntnisse und Einflussmöglichkeiten bei einer anderen im selben Handelszweig tätigen Gesellschaft kann zu wirtschaftlichen Einbußen bei der Leistungs- und Wettbewerbsfähigkeit der kapitalistischen KGaA führen. Das gilt insbesondere für den die Komplementär-GmbH (& Co. KG) beherrschenden Mehrheitsgesellschafter oder eine die Gesellschaft beherrschende Gruppe von Gesellschaftern[541]. So müssen die Gesellschafter der Komplementärgesellschaft in Anknüpfung an die „Werbeagentur"-Entscheidung des BGH (Heumann/Ogilvy)[542] immer dann einem Konkurrenzverbot unterliegen, wenn sie beherrschenden Einfluss auf die im Wesentlichen mit der Geschäftsführung der KGaA befasste Komplementärgesellschaft ausüben können[543]. Da die Gesellschafter die Möglichkeit haben, im Innenverhältnis der Gesellschaft aufgrund ihres Weisungsrechtes Einfluss auszuüben, lässt sich ein wechselseitiges Treueverhältnis zur Gesellschaft ableiten[544]. Zur Konkretisierung dieses ungeschriebenen Wettbewerbsverbots ist § 284 AktG ergänzend heranzuziehen[545]. Aus Klarstellungsgründen sollte das Wettbewerbsverbot der Gesellschafter der Komplementär-GmbH (& Co. KG) in die Gesellschaftsstatute aufgenommen werden.

Daneben muss auch eine bloße kapitalmäßige Beteiligung der Gesellschafter der Komplementär-GmbH (& Co. KG) an einem Konkurrenzunternehmen als Konkurrenztätigkeit i.S.d. § 284 Abs. 1 AktG angesehen werden[546]. Bereits hierdurch wird die Vermutung begründet, dass von den vorhandenen Einflussmöglichkeiten tatsächlich Gebrauch gemacht wird (vgl. §§ 17 Abs. 2, 18 Abs. 1 S. 3 AktG). Es ist den Gesellschaftsinteressen nicht gedient, wenn ein Mitbewerber der kapitalistischen KGaA u.U. erhebliche finanzielle Mittel von einem Gesell-

---

541 Vgl. auch *Schlitt*, Die Satzung der Kommanditgesellschaft auf Aktien, 1999, S. 130; *Ihrig/ders.*, ZHR Beiheft 67, 1998, 33, 50; so im Ergebnis auch *Korts/Korts*, Der Weg zur börsennotierten Aktiengesellschaft, 1999, S. 53.

542 Vgl. BGHZ 89, 162 ff. = GmbHR 1984, 303, zum Recht der GmbH & Co. KG.

543 Vgl. *Assmann/Sethe*, in: Großkomm. z. AktG, § 284 Rdn. 11; MünchKommAktG/*Semler/Perlitt*, § 278 Rdn. 338; *Herfs*, in: Hoffmann-Becking (Hrsg.), Münchener Handbuch des Gesellschaftsrechts, Band 4: Aktiengesellschaft, § 76 Rdn. 24; *Schlitt*, Die Satzung der Kommanditgesellschaft auf Aktien, 1999, S. 130; *Sethe*, Die personalistische Kapitalgesellschaft mit Börsenzugang, 1996, S. 169 (Fußn. 74); *Ihrig/Schlitt.*, ZHR Beiheft 67, 1998, 33, 50; *Wichert*, AG 2000, 268, 274.

544 Im Rahmen der „Werbeagentur"-Entscheidung (vgl. BGHZ 89, 162 ff. = GmbHR 1984, 303 – „Heumann Ogilvy") hat der BGH das Wettbewerbsverbot in einer GmbH & Co. KG auf die Gesellschafter der Komplementär-GmbH erstreckt, wenn sie auf Grund allgemeiner Grundsätze gegenüber der Komplementärgesellschaft einem Wettbewerbsverbot unterworfen sind; vgl. *v. d. Osten*, GmbHR 1989, 450, 451 m.w.N.

545 Vgl. zur analogen Anwendung des § 284 AktG auch *Assmann/Sethe*, in: Großkomm. z. AktG, § 284 Rdn. 12; vgl. auch Salfeld, Wettbewerbsverbot im Gesellschaftsrecht, 1987, S. 217 f.; a.A. *Armbrüster*, ZIP 1997, 1269, 1271, der ein Wettbewerbsverbot nur bei einem geschäftsführenden Gesellschafter annehmen will.

546 Vgl. Satzung der Engelhorn KGaA (§ 27 Abs. 1 S. 1).

schafter der Komplementär-GmbH (& Co. KG) erhält, die es ihm ermöglichen, am Markt wirtschaftliche Vorteile zu erlangen. Dies kann zu einer wirtschaftlichen Benachteiligung der Komplementärgesellschaft führen und erfordert ein Wettbewerbsverbot. Umgekehrt kann es den Gesellschaftern der Komplementär-GmbH (& Co. KG) nicht verwehrt werden, sich in den Bereichen des Wirtschaftslebens persönlich oder durch Beteiligungen geschäftlich zu betätigen, in denen die GmbH & Co. KGaA keine eigenen Geschäftstätigkeiten betreibt. Insoweit können sich in der Regel keine negativen Auswirkungen für den Wert der Beteiligung der Komplementärmitgesellschafter oder der Kommanditaktionäre bzw. für die Marktposition des Unternehmens ergeben.

IV. (Mehrheits-)Kommanditaktionär

Des Weiteren muss der Frage nachgegangen werden, ob auch ein (Mehrheits-) Kommanditaktionär in bestimmten Fällen einem Wettbewerbsverbot unterliegt. Das AktG selbst statuiert für die Kommanditaktionäre einer KGaA keine dem § 165 HGB entsprechende Regelung, die für Kommanditisten einer KG ein Wettbewerbsverbot ausdrücklich ausschließt. Im Schrifttum wird mit Hinweis auf den Wortlaut des § 284 Abs. 1 AktG vertreten, dass ein Wettbewerbsverbot für Kommanditaktionäre grundsätzlich abzulehnen ist, da diese nicht ausdrücklich in den Anwendungsbereich der Vorschrift einbezogen seien[547]. Gegen ein Wettbewerbsverbot für den (Mehrheits-)Kommanditaktionär lässt sich auch anführen, dass dieser in der GmbH & Co. KGaA lediglich kapitalmäßig an der Gesellschaft, nicht aber an der Geschäftsführung beteiligt ist. Der (Mehrheits-) Kommanditaktionär hat daher nur eingeschränkte Kontrollrechte, so dass die Gefahr von unzulässigen Wettbewerbstätigkeiten durch die Weitergabe oder Ausnutzung von Geschäftsgeheimnissen zu Gunsten Dritter oder durch die Tätigkeit bei einem Konkurrenzunternehmen in der in Regel nicht gegeben sein wird. Ein Wettbewerbsverbot könnte allerdings dann erforderlich werden, wenn der (Mehrheits-)Kommanditaktionär mittelbar über die Wahl des Aufsichtsrats Einfluss auf den persönlich haftenden Gesellschafter und somit auf die Geschäftsführung nehmen könnte. Der Aufsichtsrat einer KGaA hat aber gerade

---

[547] So *Barz*, in: Großkomm. z. AktG, Anm. 3 zu § 284.

keine Personalkompetenz (vgl. § 84 AktG). Allein die Überwachungskompetenz (§ 111 Abs. 1 AktG), das Einsichts- und Prüfungsrecht (§ 111 Abs. 2 AktG) sowie das Informationsrecht (§ 90 AktG) begründen noch kein Wettbewerbsverbot des (Mehrheits-)Kommanditaktionärs[548].

Anerkanntermaßen unterliegen aber auch die Kommanditaktionäre einer (kapitalistischen) KGaA in bestimmten Fällen gesellschaftsrechtlichen Treuepflichten[549]. Der Umfang der Treuepflichten richtet sich danach, welche Einwirkungsbefugnisse den Kommanditaktionären im Hinblick auf Geschäftsführungsfragen zukommen. Eine generelle Ausnahme der (Mehrheits-)Kommanditaktionäre widerspricht der Ratio legis des Wettbewerbsverbots, eine Konkurrenztätigkeit für andere Unternehmen vom Prinzip her auszuschließen, wenn in gewisser Weise durch besondere Satzungsgestaltung Einfluss auf die Geschäftsleitung innerhalb der Gesellschaft genommen werden kann[550]. Auch im Rahmen der kapitalistischen KGaA besteht die Möglichkeit, dem (Mehrheits-)Kommanditaktionär auf Grund der Satzungsflexibilität bei der Ausgestaltung der Geschäftsführung weit reichende Mitspracherechte zuzusprechen. Wie weit die gesellschaftsrechtliche Treuepflicht ein Wettbewerbsverbot indiziert, bestimmt sich allein nach dem Umfang der maßgeblichen faktischen Einflusseinnahme auf die Geschäftsführung und Gesellschafterstellung der Gesellschaft[551]. Ein Wettbewerbsverbot wird immer dann notwendig, wenn der (Mehrheits-)Kommanditaktionär kraft Satzung an der Geschäftsführung beteiligt ist oder dessen ungeachtet Leitungsmacht ausüben kann[552]. Gleiches muss dann gelten, wenn der (Mehrheits-)Komman-ditaktionär durch entsprechende Satzungsgestaltung selbst einen Sitz

---

548 So auch *Armbrüster*, ZIP 1997, 1269, 1272.

549 Vgl. hierzu *Herfs*, in: Hoffmann-Becking (Hrsg.), Münchener Handbuch des Gesellschaftsrechts, Band 4: Aktiengesellschaft, § 76 Rdn. 46.

550 Das gilt nach h.M. auch für die Kommanditisten einer GmbH & Co. KG; vgl. BGHZ 89, 162 (164) = NJW 1984, 1351, 1352; *Baumbach/Hopt*, HGB, § 165 Rdn. 3; *Schlegelberger/Martens*, HGB, § 165 Rdn. 14, 17; *Staub/Schilling*, Großkomm. z. HGB, § 165 Rdn. 2; a.A. *Hesselmann/Tillmann*, Handbuch der GmbH & Co., Rz. 414.

551 *Assmann/Sethe*, in: Großkomm. z. AktG, § 284 Rdn. 13; MünchKomm-AktG/*Semler/Perlitt*, § 284 Rdn. 7; vgl. auch *Herfs*, in: Hoffmann-Becking (Hrsg.), Münchener Handbuch des Gesellschaftsrechts, Band 4: Aktiengesellschaft, § 76 Rdn. 26, der für einen Leitungsmacht ausübenden Mehrheitsaktionär § 284 AktG analog anwenden will; *Armbrüster*, ZIP 1997, 1269, 1272.

552 *Assmann/Sethe*, in: Großkomm. z. AktG, § 284 Rdn. 13; vgl. darüber hinaus MünchKommAktG/*Semler/Perlitt*, § 284 Rdn. 7.

Beirat hat, dem die Kompetenz zur Bestellung und Abberufung der Geschäftsführer der Komplementär-GmbH (& Co. KG) sowie das Zustimmungsrecht bei außergewöhnlichen Geschäftsführungsmaßnahmen i.S.d. § 164 HGB eingeräumt wird[553]. Durch diese besondere gesellschaftsvertragliche Privilegierung kommt ihm maßgeblicher Einfluss innerhalb der Gesellschaft zu. Zudem erhält er umfassende Informationen über die Geschäftstätigkeit der Gesellschaft und könnte diese Kenntnisse für eine unzulässige Wettbewerbstätigkeit ausnutzen.

Im Ergebnis gilt: Wenn der (Mehrheits-)Kommanditaktionär im Einzelfall durch eine besondere gesellschaftsvertragliche Ausgestaltung einem persönlich haftenden Gesellschafter gleichgestellt wird oder Geschäftsleitungsmacht ausübt, muss er sich auch den für den persönlich haftenden Gesellschafter geltenden Beschränkungen unterwerfen lassen. Zwingende Folge ist, dass der (Mehrheits-) Kommanditaktionär in diesen Fällen einem Wettbewerbsverbot in Ausprägung der gesellschaftsrechtlichen Treuepflichten unterliegt, dessen Reichweite durch § 284 AktG konkretisiert wird[554].

V. Mitglieder des fakultativen Beirats

Wird einem Beirat in der Satzung einer GmbH & Co. KGaA die Kompetenz zur Abberufung bzw. Bestellung der Geschäftsführer und das Mitwirkungsrecht bei außergewöhnlichen Geschäften[555], mithin eine faktische Einflussmöglichkeit übertragen, sind die Mitglieder des Beirats als Gesellschaftsorgan zur Wahrung von Anleger bzw. Gesellschaftsinteressen verpflichtet. In diesem Zusammenhang kommt auch ein Wettbewerbsverbot zulasten der Beiratsmitglieder in Betracht, die nicht schon zugleich Komplementärgesellschafter oder (Mehrheits-) Kommanditaktionär sind und aus diesem Grund einem Wettbewerbsverbot unterliegen. Die Beurteilung, ob die Beiratsmitglieder einem Wettbewerbsverbot unterliegen, hängt entscheidend von den Kompetenzen des Beirats ab. Besitzen die Mitglieder des Beirats nicht nur Überwachungs- und Beratungsaufgaben in der Gesellschaft, sondern auch Geschäftsführungskompetenzen bzw. Zustim-

---

553 Vgl. hierzu §§ 8, 9 und 16.

554 Für eine analoge Anwendung des § 284 AktG sprechen sich auch *Herfs*, in: Hoffmann-Becking (Hrsg.), Münchener Handbuch des Gesellschaftsrechts, Band 4: Aktiengesellschaft, § 76 Rdn. 26 und *Armbrüster*, ZIP 1997, 1269, 1271, aus.

555 Vgl. hierzu bereits §§ 8, 9 und 16.

mungsrechte zu Geschäftsführungsmaßnahmen oder sogar Personalkompetenzen in Bezug auf die Geschäftsleitung, liegt die Annahme eines Wettbewerbsverbots nahe. Denn in diesen Fällen besteht zumindest die theoretische Möglichkeit, dass Geschäftsinformationen und -geheimnisse an konkurrierende Unternehmen weitergegeben werden. Letztendlich droht die Gefahr, dass sogar außergewöhnliche Geschäfte der GmbH & Co. KGaA entzogen werden können und an konkurrierende Unternehmen vermittelt werden. Ist ein kompetenzstarker Beirat eingesetzt, ist er verpflichtet, das Gesellschafts- bzw. Anlegerinteresse zu wahren. Diese innerkorporative Verpflichtung indiziert auch für die Beiratsmitglieder auf Grund der gesellschaftsvertraglichen Privilegierung zugleich gesellschaftsrechtliche Treuepflichten, die durch ein Wettbewerbsverbot gemäß § 284 Abs. 1 AktG konkretisiert werden[556]. Dies muss bei der Auswahl der Mitglieder und der Besetzung des Beirats beachtet werden. In jedem Fall ist eine klarstellende Satzungsregelung empfehlenswert[557].

VI. Rechtsfolgen eines Wettbewerbsverstoßes

Im Falle eines Verstoßes gegen das Wettbewerbsverbot greifen die Rechtsfolgen des § 284 Abs. 2, 3 AktG. Danach kann die GmbH & Co. KGaA bzw. die Komplementärgesellschaft einen Anspruch auf Schadensersatz oder wahlweise Gewinnherausgabe geltend machen. Die Gewinnherausgabe erstreckt sich nicht nur auf den Gewinn, den die oder der Betreffende selbst erzielt hat, sondern auch auf den Gewinn, den das Konkurrenzunternehmen durch seine Wettbewerbstätigkeit erwirtschaften konnte. Daneben besteht bei weiteren drohenden Verstößen ein Unterlassungsanspruch. In der Verletzung des Wettbewerbsverbots durch die Komplementär-GmbH (& Co. KG) liegt zudem ein wichtiger Grund für die Entziehung der Geschäftsführungsbefugnis bzw. Vertretungsmacht (§ 278 Abs. 2 AktG i.V.m. §§ 161 Abs. 2, 117, 127 HGB) bzw. für die Ausschließung (§ 278 Abs. 2 AktG i.V.m. §§ 161 Abs. 2, 140 HGB) aus der Gesellschaft[558]. Ein Verstoß des Geschäftsführers gegen das Wettberwerbsverbot begründet zudem einen wichtigen Grund für seine Abberufung.

[556] Vgl. auch *Assmann/Sethe*, in: Großkomm. z. AktG, § 287 Rdn. 117.
[557] Vgl. Anhang 1 - Satzungsmuster für einen Beirat.
[558] Vgl. zu den personengesellschaftsrechtlichen Rechtsbehelfen § 8 B.

C. Ergebnis

Das Wettbewerbsverbot aus § 284 AktG richtet sich in der kapitalistischen KGaA nicht nur gegen den persönlich haftenden Gesellschafter, sondern auch gegen die Gesellschafter der Komplementärgesellschaft, wenn diese beherrschenden Einfluss ausüben können. Auch der Geschäftsführer der Komplementär-GmbH unterliegt einem Wettbewerbsverbot gegenüber der Gesellschaft, das als Konkretisierung der sich aus dem Anstellungsvertrag ergebenden gesellschaftsrechtlichen Treuepflicht herzuleiten ist. Auf diesem Wege kann der Gefahr von möglichen Interessenkonflikten zulasten der Kommanditaktionäre entgegen gewirkt werden. Das aus der gesellschaftsrechtlichen Treuepflicht resultierende Wettbewerbsverbot ist darüber hinaus auf den Leitungsmacht ausübenden (Mehrheits-)Kommanditaktionär auszudehnen. Wird darüber hinaus ein fakultativer Beirat mit organschaftlichen Kompetenzen statuiert, ist das Wettbewerbsverbot auch auf seine Mitglieder zu erstrecken.

§ 14 Auskunftsrecht der Kommanditaktionäre, §§ 278 Abs. 3, 131 AktG

Im engen Kontext mit dem aktienrechtlichen Anlegerschutz stehen die gesellschaftsinternen Kontrollrechte der Kommanditaktionäre. Da die Rechtsstellung eines Kommanditaktionärs grundsätzlich derjenigen eines Aktionärs einer AG entspricht, ergibt sich die Art der Kontrollrechte, die den Kommanditaktionären einer KGaA zustehen, aus dem AktG. Ein solches Kontrollrecht ist das allgemeine Auskunftsrecht der Kommanditaktionäre in der Hauptversammlung (§ 278 Abs. 3 AktG i.V.m. § 131 AktG). Das Auskunftsrecht ist in einer (kapitalistischen) KGaA von besonderer Bedeutung, da den Kommanditaktionären nur eingeschränkte Kompetenzen über die Hauptversammlung zukommen. Gleichwohl müssen sie aber die Möglichkeit haben, sich jederzeit über die Angelegenheiten der Gesellschaft informieren zu können. Auf die Auskunfts- bzw. Einsichtsrechte der Kommanditisten gemäß § 166 HGB können sich die Kommanditaktionäre nicht berufen. Diese Vorschrift findet im Recht der KGaA keine Anwendung[559].

A. Sinn und Zweck des Auskunftsrechts

Gemäß § 278 Abs. 3 AktG i.V.m. § 131 AktG ist jedem Kommanditaktionär[560] auf Verlangen in der Hauptversammlung Auskunft über die Angelegenheiten der Gesellschaft zu geben, soweit sie zur sachgemäßen Beurteilung des Gegenstands der Tagesordnung erforderlich ist (vgl. §§ 293f, 293g AktG)[561]. Zweck des Auskunftsrechts ist es, den Aktionären konkrete Informationen zu vermitteln, die sie zur sachgerechten Ausübung ihrer Stimmrechte in der Hauptversammlung benötigen. Ob es sich um einen für die Urteilsfindung des Kommanditaktionärs wesentlichen Umstand handelt, ist zum einen im Zusammenhang mit dem konkreten Tagesordnungspunkt der Hauptversammlung und zum anderen nach objektiven Maßstäben zu beurteilen. Abzustellen ist hierbei auf

---

[559] Vgl. hierzu MünchKommAktG/*Semler/Perlitt*, § 286 Rdn. 74.

[560] Zur Qualifizierung des Auskunftsrechts als eigennütziges mitgliedschaftliches Individualrecht des Aktionärs vgl. *Hüffer*, Aktiengesetz, § 131 Rdn. 2.

[561] OLG Hamm, AG 1969, 295; MünchKommAktG/*Semler/Perlitt*, § 278 Rdn. 120; *Graf*, Die Kapitalgesellschaft und Co. KG auf Aktien, 1993, S. 77 f.; *Schlitt*, Die Satzung der Kommanditgesellschaft auf Aktien, 1999, S. 210; *Ihrig/ders.*, ZHR Beiheft 67, 1998, 33, 50.

einen objektiven „Durchschnittsaktionär“, der die Gesellschaftsverhältnisse nicht im Detail kennt[562]. Wird im Rahmen der AG dieses Recht vom Aktionär gegenüber dem Vorstand geltend gemacht, steht es im Rahmen der (kapitalistischen) KGaA den Kommanditaktionären gegenüber dem Komplementär der Gesellschaft zu[563].

Der Vorstand einer AG bzw. der persönlich haftende Gesellschafter einer KGaA darf die Auskunft nur in den in § 131 Abs. 3 AktG aufgezählten Fällen verweigern. In der Reichweite der Verweigerungsrechte unterscheidet sich aber das Recht der KGaA auf Grund der verschiedenen Hauptversammlungskompetenzen von dem der AG. Der Hauptversammlung einer KGaA obliegt der Beschluss über die Feststellung des Jahresabschlusses gemäß § 286 AktG. Der persönlich haftende Gesellschafter hat lediglich ein Zustimmungsrecht, so dass ihm das Auskunftsverweigerungsrecht des § 131 Abs. 3 Nr. 3, 4 AktG nicht zusteht[564]. Nach dem Sinn und Zweck erstreckt sich das Auskunftsrecht des Kommanditaktionärs auch auf die Vermögens- und Ertragslage der Komplementärin sowie auf den auf sie entfallenden Gewinnanteil und dessen Berechnung[565]. Dabei macht es keinen Unterschied, ob die Gesellschaft als gesetzestypische bzw. klassische oder als kapitalistische KGaA organisiert ist. Der Informations- und Auskunftsanspruch gemäß § 131 AktG ist auch mit Zustimmung des jeweiligen Kommanditaktionärs nicht abdingbar[566]. Satzungsgestaltungen zulasten der Kommanditaktionäre sind daher nicht zulässig.

---

562 Vgl. BayObLGZ 1996, 234 = WiB 1996, 434; BayObLG, AG 1996, 180, 516; BayObLG, NJW-RR 1999, 978; BayObLG, NJW-RR 1999, 1487.

563 Vgl. auch *Graf*, Die Kapitalgesellschaft und Co. KG auf Aktien, 1993, S. 77 f.

564 *Hüffer*, Aktiengesetz, § 286 Rdn. 1; *Mertens*, in: KölnerKomm z. AktG, § 278 Rdn. 48; § 286 Rdn. 4; MünchKommAktG/*Semler/Perlitt*, § 278 Rdn. 120, § 286 Rdn. 75; *Graf*, Die Kapitalgesellschaft und Co. KG auf Aktien, 1993, S. 77 f.; vgl. *Herfs*, in: Hoffmann-Becking (Hrsg.), Münchener Handbuch des Gesellschaftsrechts, Band 4: Aktiengesellschaft, § 76 Rdn. 45; *Sethe*, DB 1998, 1044, 1045.

565 Vgl. OLG Hamm, AG 1969, 295; MünchKommAktG/*Semler/Perlitt*, § 286 Rdn. 76 f.; *Herfs*, in: Hoffmann-Becking (Hrsg.), Münchener Handbuch des Gesellschaftsrechts, Band 4: Aktiengesellschaft, § 76 Rdn. 45; *Sethe*, DB 1998, 1044, 1045.

566 Vgl. *Heermann*, ZGR 2000, 61, 64.

B. Reichweite des Auskunftsrechts in der GmbH & Co. KGaA

Auf Grund der Besonderheiten bei der Rechtsformkonstruktion einer GmbH & Co. KGaA stellt sich die Frage nach der Reichweite des Auskunftsrechts der Kommanditaktionäre in Bezug auf die Angelegenheiten, die die eigene Komplementärgesellschaft betreffen. Im Schrifttum wird der Reichweite des Auskunftsrechts der Kommanditaktionäre besondere Bedeutung bei der Frage nach einer Wettbewerbstätigkeit der Komplementärgesellschaft und bei den vertraglichen Anstellungskonditionen des Geschäftsführers beigemessen[567]. So wird vorgeschlagen, die Reichweite des Auskunftsrechts durch Übertragung der Grundsätze, die für die Rechtsform einer GmbH & Co. KG entwickelt worden sind, zu bestimmen[568]. Danach steht einem Kommanditisten, der nicht zugleich Gesellschafter der GmbH ist, ein Auskunftsrecht kraft Gesetz nicht zu. Trotzdem kann es heute als überwiegende Meinung im Schrifttum angesehen werden, dass auch einem Kommanditisten im Wege der Rechtsfortbildung das Recht zuerkannt werden muss, über alle Angelegenheiten der Gesellschaft so umfassend unterrichtet zu werden, dass er in der Lage ist, die beantragten Gesellschafterbeschlüsse in Kenntnis ihrer Voraussetzungen und Konsequenzen zu fassen[569]. Dies gilt zumindest dann, wenn ein Zusammenhang mit der Komplementäreigenschaft der GmbH besteht. In diesem Fall erstreckt sich das Auskunftsrecht des Kommanditisten auch auf die Angelegenheiten der Komplementär-GmbH, die dann als Angelegenheiten der KG anzusehen sind[570].

Überträgt man diese Grundsätze auf das Recht der GmbH & Co. KGaA, ist immer dann eine Erstreckung des Auskunftsrechts i.S.d. § 131 AktG erforderlich, wenn sich die Angelegenheit der Komplementärgesellschaft als eine der KGaA darstellt[571]. Es muss also die Unternehmensführung selbst betroffen sein. Doch

---

[567] Vgl. *Ihrig/Schlitt*, ZHR Beiheft 67, 1998, 33, 51; so auch *Wichert*, AG 2000, 268, 275. Zur Reichweite des Wettbewerbsverbots in der kapitalistischen KGaA vgl. bereits § 13 B.

[568] So *Ihrig/Schlitt*, ZHR Beiheft 67, 1998, 33, 51.

[569] Vgl. BGH, ZIP 1983, 935, 936; BGH, BB 1992, 1024, 1025; *Staub/Schilling*, Großkomm. z. HGB, § 166 Rdn. 2; *Schlegelberger/Martens*, HGB, § 16 Rdn. 18; *Weipert*, in: Riegger/Weipert (Hrsg.), Münchener Handbuch des Gesellschaftsrechts, Band 2: Kommanditgesellschaft, 1991, § 11 Rdn. 9.

[570] *Staub/Schilling*, Großkomm. z. HGB, § 166 Rdn. 14; *Brönner/Rux/Wagner*, Die GmbH & Co. KG, D Rdn. 245 ff.

[571] So *Ihrig/Schlitt*, ZHR Beiheft 67, 1998, 33, 51 f.; ferner *Wichert*, AG 2000, 268, 275.

muss auch in diesem Zusammenhang der Frage nachgegangen werden, ob sich durch die verschiedenartig mögliche Ausrichtung der Komplementärtätigkeit im Einzelfall etwas anderes ergeben kann. Wie bereits dargestellt[572], kann die Komplementärgesellschaft einerseits ihren Unternehmensgegenstand allein auf die Geschäftsführung der KGaA ausrichten, andererseits aber auch anderweitig unternehmerisch tätig werden. Wird die Komplementär-GmbH nicht anderweitig unternehmerisch tätig, ergibt sich die Gefahr einer Wettbewerbstätigkeit in der Regel nicht. Wenn ihr gesellschaftlicher Zweck jedoch ausschließlich in der Unternehmensführung der kapitalistischen KGaA liegt, besteht ein enges Verhältnis zwischen der Komplementär-GmbH und der KGaA selbst, so dass alle Angelegenheiten der Komplementär-GmbH auch als Angelegenheiten der KGaA, mithin der Kommanditaktionäre, anzusehen sind. Demnach ist das Auskunftsrecht der Kommanditaktionäre für alle Angelegenheiten der Komplementär-GmbH umfassend. Wird die Komplementär-GmbH anderweitig unternehmerisch tätig, besteht ein besonderes Bedürfnis der Kommanditaktionäre, umfassende Informationen über die Tätigkeit ihrer Komplementärgesellschaft zu bekommen. Hier stellt sich die im Einzelfall schwierige Frage, ob sich das Auskunftsbegehren der Kommanditaktionäre auf eine Angelegenheit der Komplementär-GmbH bezieht, die zugleich als Angelegenheit der GmbH & Co. KGaA zu qualifizieren ist. Dies ist z.B. bei Fragen einer Wettbewerbstätigkeit der Komplementär-GmbH durch anderweitige unternehmerische Tätigkeit der Fall. Der Schutzzweck des Auskunftsrechts der Kommanditaktionäre bezieht sich dann auch auf Fragen hinsichtlich der Anstellungskonditionen des Geschäftsführers, unabhängig davon, ob der Vertrag mit der Komplementär-GmbH oder der KGaA zu Stande gekommen ist.

In diesem Zusammenhang hat das *BayObLG* mit Beschluss vom 14. Juli 1999[573] festgestellt, dass ein Kommanditaktionär in der Hauptversammlung Auskunft über Umsatz, Eigenkapital und Ergebnis des letzten Geschäftsjahres einer anderen Gesellschaft (hier: KG) verlangen kann, in die der operative Betrieb der KGaA gegen Gewährung einer Mehrheitsbeteiligung ausgegliedert worden ist, auch wenn über den entsprechenden Tagesordnungspunkt (hier: Vorlage des

---

[572] Vgl. hierzu bereits im Zusammenhang mit der Beiratsbesetzung § 8 G. III. 3) d).

[573] BayObLG, Beschl. v. 14.7.1999 – 3 Z BR 11/99 = NJW-RR 1999, 1487 f. = AG 2000, 131.

Jahresabschlusses) kein Beschluss zu fassen ist. Nach Aussage des *BayOLG* bezieht sich das Auskunftsverlangen der Antragsteller nicht auf rechtliche und geschäftliche Beziehungen der KGaA zur KG (§ 131 Abs. 1 S. 2 AktG), sondern auf die Verhältnisse innerhalb der KG. Daraus könne jedoch nicht geschlossen werden, dass hierüber keine Auskünfte erteilt zu werden brauchen. Vielmehr könne ein Vorgang in einem Unternehmen, an dem die KGaA beteiligt ist, so bedeutungsvoll sein, dass es sich auch um deren eigene Angelegenheit handelt[574].

C. Ergebnis

Die Rechtsprechung des *BayOLG* zur Reichweite des Auskunftsrechts zeigt, dass die Rechtsprechungsgrundsätze zur GmbH & Co. KG auch auf die GmbH & Co. KGaA übertragen werden müssen. Infolgedessen ist das Auskunftsrecht der Kommanditaktionäre aus § 131 AktG auch im Hinblick auf die Angelegenheiten der Komplementär-GmbH umfassend, sofern es sich um Angelegenheiten der KGaA handelt. Hohe Anforderungen stellt die Rechtsprechung hieran nicht.

D. Der weitere Untersuchungsgang

Wenn auch in der kapitalistischen KGaA von Gesetzeswegen her weitgehend satzungsrechtliche Gestaltungsfreiheit herrscht, muss diese aus Sicht des Anlegerschutzes interessengerecht verwaltet werden. Der sich in der Praxis abzeichnenden Tendenz, die Kompetenzen des persönlich haftenden Gesellschafters so weit wie möglich auszudehnen, ist mit erweiternder Gesetzesauslegung bzw. -anwendung zu begegnen. Es ist also gesellschaftsrechtlich vorzugeben, in welchem Gestaltungsrahmen sich die kapitalistische KGaA zu bewegen hat.

Der Anwendungsbereich der Anleger schützenden Vorschriften erstreckt sich neben den Einwirkungsmöglichkeiten der Kommanditaktionäre auf die Unternehmensführung durch die Kompetenz zur Bestellung und Abberufung der Geschäftsführer insbesondere auf die mögliche Beschränkung der Zustimmungsbedürftigkeit außergewöhnlicher Geschäfte und auf die mögliche Erweiterung von Zustimmungsvorbehalten des persönlich haftenden Gesellschafters. Diese Mit-

---

[574] So BayObLG, NJW-RR 1999, 1487 f.

wirkungsrechte hat der BGH in seinem Beschluss vom 24. Februar 1997 ausdrücklich angesprochen und vor einem Missbrauch der Gestaltungsrechte zulasten der Kommanditaktionäre gewarnt. Eine kompensationslose Beschränkung dieser Rechte sei nicht zulässig und würde im Streitfall einer richterlichen Inhaltskontrolle nicht standhalten. Damit tritt der vom BGH angedeutete gesellschaftsrechtliche Anlegerschutz durch das Instrument der richterlichen Angemessenheitskontrolle im Folgenden in den Vordergrund der Untersuchung.

5. Teil: Anlegerschutz durch Vermeidung von Gestaltungsmissbrauch

§ 15 Richterliche Inhaltskontrolle der Satzung

A. Aussage des BGH im Beschluss vom 24. Februar 1997

Mit der Möglichkeit, die Kompetenzen und Befugnisse der Kommanditaktionäre einer (börsennotierten) Publikums-GmbH & Co. KGaA durch Satzungsgestaltungen weitgehend einzuschränken, geht die Gefahr einher, dass die schutzwürdigen Interessen der Anleger vernachlässigt werden. Eine solche Beeinträchtigung wird immer dann real, wenn die satzungsrechtlichen Gestaltungsfreiheiten nicht im Interesse des Anlegerschutzes genutzt werden, sondern die Kompetenzen einseitig zu Gunsten der Komplementärgesellschaft verlagert werden.

Diesem Problem hat sich auch der BGH in seinem Beschluss vom 24. Februar 1997 angenommen. Insoweit sei zu erwägen, so der BGH, Satzungsgestaltungen zulasten der Kommanditaktionäre nur in engeren Grenzen zuzulassen als bei der gesetzestypischen KGaA. Er geht also bei seinen Überlegungen davon aus, dass bei der GmbH & Co. KGaA die Gefahr einer unzulässigen Minderheitenherrschaft bei einer ergänzenden Gesetzesanwendung bzw. -auslegung nicht besteht. Als exemplarische Anwendungsfälle führt der BGH die Einschränkung der den Kommanditaktionären nach dem Gesetz (§ 278 Abs. 2 AktG i.V.m. §§ 163 ff. HGB) zustehenden Mitwirkungsbefugnisse bei außergewöhnlichen Geschäften und die Erweiterung der Rechte des Komplementärs i.S.v. § 285 Abs. 2 S. 1 AktG an[575]. Wie die Grenzen derartiger Korrekturen der Gestaltungsfreiheit im Einzelfall festzulegen sind, hat der BGH mangels Entscheidungserheblichkeit nicht abschließend geklärt. Er hat lediglich auf die Grundsätze hingewiesen, die die Rechtsprechung zur Publikums-KG entwickelt hat[576]. Mit diesem Hinweis hat der BGH die richterliche Inhaltskontrolle von Gesellschaftsverträgen von Publikumspersonengesellschaften gemäß § 242 BGB als Instrumentarium für

[575] BGHZ 134, 392, 399 f. = ZIP 1997, 1027, 1029.
[576] BGHZ 134, 392, 400 = ZIP 1997, 1027, 1029.

den Anlegerschutz angesprochen[577]. In Anknüpfung an die Aussage des BGH stellt sich daher die Frage, wie einer Gefährdung der Interessen der Kommanditaktionäre durch einseitige Satzungsgestaltung vorgebeugt werden muss.

B. Richterliche Inhaltskontrolle im Recht der Publikums-KG

Anlegerschutzbeeinträchtigende Satzungen von Publikumspersonengesellschaften werden bereits seit dem Jahre 1975 vom BGH einer richterlichen Inhaltskontrolle unterworfen[578]. Sinn und Zweck der Inhaltskontrolle von Gesellschaftsverträgen ist es, gesellschaftsinternen Missbrauch durch einseitig gestaltete Satzungsklauseln in einer Publikums-KG zu vermeiden[579] und infolgedessen anlegerschutzbenachteiligenden Satzungsklauseln anhand den Maßstäben von Treu und Glauben gemäß § 242 BGB die Rechtswirksamkeit zu versagen[580]. Für eine Überprüfung der Satzung besteht immer dann ein Bedürfnis, wenn von der Satzungsflexibilität zum Nachteil der Kommanditisten Gebrauch gemacht wird, ohne dass im Gegenzug Kompensationsrechte zugestanden werden. Im Recht der Publikums-KG ist eine richterliche Inhaltskontrolle notwendig, da die Kommanditisten infolge der Kapitalsammelfunktion und der Handelbarkeit ihrer Gesellschaftsanteile in keinem persönlichen Verhältnis oder sonstigen näheren Beziehungen zu ihren Mitkommanditisten bzw. zu den Gesellschaftern der Komplementär-GmbH stehen. Zudem kommt erschwerend hinzu, dass sie zum Zeitpunkt ihres Eintritts in die Gesellschaft in der Regel keine Einflussmöglichkeiten auf die Ausgestaltung der Satzung mehr haben[581].

---

577 Vgl. bereits *Priester*, ZHR 160 (1996), 250, 262; ferner *Ihrig/Schlitt*, ZHR Beiheft 67, 1998, 33, 57; *Schlitt*, Die Satzung der Kommanditgesellschaft auf Aktien, 1999, S. 18; *Hennerkes/Lorz*, DB 1997, 1388, 1391; *Ladwig/Motte*, DStR 1997, 1539, 1541.

578 Ausgangpunkt der richterlichen Inhaltskontrolle im Personengesellschaftsrecht ist BGHZ 64, 238 ff.

579 Vgl. S*timpel*, Anlegerschutz durch Gesellschaftsrecht in der Publikums-Kommanditgesellschaft, in: Festschrift für Fischer, 1979, S. 771, 772; *Westermann*, Die geltungserhaltende Reduktion im System der Inhaltskontrolle im Gesellschaftsrecht, in: Festschrift für Stimpel, 1985, S. 69 ff.

580 Vgl. BGHZ 64, 238, 241; BGH, WM 1982, 583, BGHZ 84, 11; BGHZ 84, 383, 386; BGH, ZIP 1984 59; BGHZ 102, 172, 177; BGHZ 104, 50, 53.

581 Vgl. BGHZ 64, 238 ff., weiterhin *Wiedemann*, Die Legitimationswirkung von Willenserklärungen im Recht der Personengesellschaften, in: Festschrift für Westermann, S. 585, 591; *Binz*, GmbH & Co. KG, § 15 Rdn. 14; vgl. auch *Arnold*, Die GmbH & Co. KGaA, S. 50 f.

C. Erfordernis einer richterlichen Inhaltskontrolle?

I. Meinungsstand in der Literatur

Im Anschluss an die Erwägungen des BGH in seinem Beschluss vom 24. Februar 1997 ist die Frage, ob auch die Satzung einer kapitalistischen KGaA im Streitfall einer richterlichen Inhaltskontrolle zu unterwerfen ist, vermehrt diskutiert worden. Z.T. wird die Berechtigung einer Inhaltskontrolle angezweifelt, da diese zu großer Rechtsunsicherheit in der Gestaltungspraxis führe und noch nach Jahren der erfolgreichen Durchführung des Gesellschaftsvertrages mit einer Inhaltskontrolle zu rechnen sei[582]. Andere Stimmen lehnen das Bedürfnis nach einer richterlichen Inhaltskontrolle generell ab[583]. Als Hauptargument gegen die Übertragung der Rechtssprechungsgrundsätze aus dem Recht der KG wird auf die auf dem Verweis des § 278 Abs. 2 AktG in das KG-Recht beruhende weitgehende Gestaltungsfreiheit bei der gesellschaftsinternen Kompetenzverteilung verwiesen[584]. Darüber hinaus fehle es an der Schutzbedürftigkeit der Kommanditaktionäre, da diese durch das Börsenprospekt ausreichend über die Risiken ihrer Anlage aufgeklärt würden und ihre Aktien jederzeit über die Börsen verkaufen könnten[585]. Andere Stimmen halten dagegen eine richterliche Inhaltskontrolle im Recht der kapitalistischen KGaA für uneingeschränkt zulässig. Insoweit bestünde die gleiche Interessenlage, die auch im Fall der Publikums-

---

[582] Vgl. *Heermann*, ZGR 2000, 61, 75; *Herfs*, Die Satzung der börsennotierten GmbH & Co. KGaA – Gestaltungsfreiheit und Grenzen, in: Gesellschaftsrechtliche Vereinigung (Hrsg.), Gesellschaftsrecht in der Diskussion, 1999, S. 23, 25; *Ladwig/Motte*, DStR 1997, 1539, 1540; *Schilling*, BB 1998, 1905; *Schaumburg*, DStZ 1998, 525, 532.

[583] *Herfs*, in: Hoffmann-Becking (Hrsg.), Münchener Handbuch des Gesellschaftsrechts, Band 4: Aktiengesellschaft, § 76 Rdn. 48; *Overlack*, Der Komplementär in der GmbH & Co. KGaA, in: RWS-Forum (Hrsg.), Gesellschaftsrecht 1997, S. 237, 260; *Jaques*, NZG 2000, 401, 408; *Halasz/Kloster/Kloster*, GmbHR 2002, 77, 80; *Wichert*, AG 2000, 268, 269.

[584] *Herfs*, Die Satzung der börsennotierten GmbH & Co. KGaA – Gestaltungsfreiheit und Grenzen, in: Gesellschaftsrechtliche Vereinigung (Hrsg.), Gesellschaftsrecht in der Diskussion, 1999, S. 23, 37; *ders.*, WiB 1997, 688, 690.

[585] Vgl. *Herfs*, Die Satzung der börsennotierten GmbH & Co. KGaA – Gestaltungsfreiheit und Grenzen, in: Gesellschaftsrechtliche Vereinigung (Hrsg.), Gesellschaftsrecht in der Diskussion, 1999, S. 23, 37; *Halasz/Kloster/Kloster*, GmbHR 2002, 77, 83; *Schilling*, BB 1998, 1905, 1908.

KG eine Inhaltskontrolle erfordere[586]. Das Bedürfnis nach einer Inhaltskontrolle ergebe sich insbesondere daraus, dass die Kommanditaktionäre nach ihrem Eintritt in die Gesellschaft keinen Einfluss auf die Satzungsausgestaltung nehmen können und es somit an einer angemessenen Vertragsparität fehle[587]. Darüber hinaus fehle mangels persönlicher Haftung bei der GmbH & Co. KGaA die Rechtfertigung für die Gestaltungsfreiheit[588]. Im Übrigen könnten die Kommanditaktionäre ihre Aktien zwar ohne weiteres über den Kapitalmarkt verkaufen, dies bilde aber keinen Ausgleich für das Bedürfnis nach einer Angemessenheitskontrolle, da ansonsten die Funktionsfähigkeit des Kapitalmarkts gefährdet sei[589]. Daher sei eine Inhaltskontrolle zumindest bei einer kapitalmarktaktiven GmbH & Co. KGaA nicht nur gerechtfertigt, sondern im Streitfall auch erforderlich.

II. Stellungnahme

Die Interessenlage, die im Recht der Publikums-KG eine Inhaltskontrolle im Einzelfall erforderlich macht, ist auch auf das Recht der kapitalistischen KGaA zu übertragen[590]. Wie bereits aufgezeigt, wird die Gefährdung des Anlegerschutzes bei der (börsennotierten) Publikums-GmbH & Co. KGaA durch ihre besondere Strukturvielfalt und Gestaltungsfreiheit ausgelöst[591]. Die Kommanditaktionäre haben auf Grund der strukturimmanenten Kompetenzverteilung grundsätzlich keine Einflussmöglichkeiten auf personelle Entscheidungen bei der Besetzung des Gesellschafterkreises in der Komplementärgesellschaft und auf die

586 Vgl. MünchKommAktG/*Semler/Perlitt*, § 278 Rdn. 348; *Schaumburg/Schulte*, Die KGaA - Recht und Steuern in der Praxis, 2000, S. 36 ff.; *Schlitt*, Die Satzung der Kommanditgesellschaft auf Aktien, 1999, S. 17 f.; *Ihrig/Schlitt*, ZHR Beiheft 67, 1998, 33, 57 ff.; *Heermann*, ZGR 2000, 61, 81 ff.; *Hennerkes/Lorz*, DB 1997, 1388, 1391; *Strieder/Habel*, BB 1997, 1375, 1377.

587 *Schaumburg/Schulte*, Die KGaA - Recht und Steuern in der Praxis, 2000, S. 35 f.

588 Vgl. *Schaumburg/Schulte*, Die KGaA - Recht und Steuern in der Praxis, 2000, S. 36; *Schlitt*, Die Satzung der Kommanditgesellschaft auf Aktien, 1999, S. 18 f.

589 Vgl. *Schaumburg/Schulte*, Die KGaA - Recht und Steuern in der Praxis, 2000, S. 36 f.; *Schlitt*, Die Satzung der Kommanditgesellschaft auf Aktien, 1999, S. 19; *Ihrig/Schlitt*, ZHR Beiheft 67, 1998, 33, 62 f.; *K. Schmidt*, ZHR 160 (1996) 265, 279; a.A. *Herfs*, Die Satzung der börsennotierten GmbH & Co. KGaA – Gestaltungsfreiheit und Grenzen, in: Gesellschaftsrechtliche Vereinigung (Hrsg.), Gesellschaftsrecht in der Diskussion, 1999, S. 23, 35 ff.; *ders.*, WiB 1997, 688, 690.

590 Zweifelnd *Heermann*, ZGR 2000, 61, 77; *Schilling*, BB 1998, 1905, 1907.

591 Vgl. hierzu bereits § 5 D.

Person des Geschäftsführers. Zudem sind sie im Hinblick auf die Unternehmensführung der KGaA weitgehend entmachtet. Dies gilt sowohl für ihren Einfluss über das Organ der Hauptversammlung als auch mittelbar über den Aufsichtsrat. Daneben haben die Kommanditaktionäre beim nachträglichen Eintritt in die Gesellschaft durch Erwerb von Aktien keine ihre Interessen wahrenden Mitspracherechte hinsichtlich der Ausgestaltung des GmbH-Vertrages oder der KGaA-Satzung. Bereits wegen diesem Kompetenzdefizit muss die Legitimation für die weit reichende Gestaltungsfreiheit in einer kapitalistischen KGaA in Frage gestellt werden[592]. Die satzungsrechtliche Flexibilität bei der Kompetenzverteilung birgt also die Gefahr, dass die z.T. anderweitig ausgerichteten Interessen der Kommanditaktionäre bei der Satzungsgestaltung keine ausreichende Beachtung finden[593]. Auch wenn die geringen Einflussmöglichkeiten der Kommanditaktionäre auf der durch den Verweis des § 278 Abs. 2 AktG vorgegebenen Gestaltungsfreiheit beruhen, kann daraus nicht geschlossen werden, dass eine Korrektur beeinträchtigender Satzungsgestaltungen durch die Übernahme der Rechtsprechungsgrundsätze aus dem Recht der Publikumspersonengesellschaften unzulässig ist. Dies gilt jedenfalls immer dann, wenn die kapitalistische KGaA als Publikums-GmbH & Co. KGaA strukturiert oder sogar börsennotiert ist[594]. Denn in diesem Fall steht allein die wirtschaftliche Beteiligung und nicht etwa eine unternehmerische Beteiligung der Kommanditaktionäre im Vordergrund. Wer aber fremdes Kapital über den Kapitalmarkt in Anspruch nimmt, muss auch angemessene Mitwirkungsrechte zugestehen. Ist dies nicht der Fall, muss als Korrektiv ein Schutzinstrument eingesetzt werden, das die Interessen angemessen ausgleichen kann. Dies kann im Streitfall die richterliche Inhaltskontrolle sein.

Der Anwendungsbereich der richterlichen Inhaltskontrolle im Recht der KGaA geht jedoch nicht so weit, eine solche auch bei der personalistisch strukturierten gesetzestypischen KGaA (so im Fall einer reinen Familiengesellschaft[595]) bzw. bei der Einheits- bzw. Ein-Personen-KGaA zu fordern. In diesen Fällen besteht das Risiko eines Gestaltungsmissbrauchs durch Ausnutzung der Satzungsflexibi-

---

592 Vgl. *Schlitt*, Die Satzung der Kommanditgesellschaft auf Aktien, 1999, S. 18; vgl. aber auch *Halasz/Kloster/Kloster*, GmbHR 2002, 77, 82.

593 Vgl. *Ihrig/Schlitt*, ZHR Beiheft 67, 1998, 33, 60 ff.; ferner *Heermann*, ZGR 2000, 61, 74.

594 So auch *Arnold*, Die GmbH & Co. KGaA, S. 56 f.; *Schlitt*, Die Satzung der Kommanditgesellschaft auf Aktien, 1999, S. 18 f.; *Heermann*, ZGR 2000, 61, 78.

595 Vgl. hierzu *Ihrig/Schlitt*, ZHR Beiheft 67, 1998, 33, 63; *Wichert*, AG 2000, 268, 269.

lität nicht, da die Gesellschaftsverträge im Regelfall das Ergebnis ausgewogener Verhandlungen sind. Zudem wird die Gefahr einer unzulässigen Minderheitenherrschaft und der Benachteiligung der Kommanditaktionäre auf Grund des unüberschaubaren Gesellschafterkreises nicht relevant[596].

Das Bedürfnis nach einer richterlichen Inhaltskontrolle im Recht der kapitalistischen KGaA wird deutlich, wenn man die Anlegerschutzanforderungen aus dem Recht der AG vergleichsweise heranzieht. Durch die Ausgestaltung einer GmbH & Co. KGaA als Publikums- oder Börsengesellschaft nimmt die Gesellschaft binnenorganisationsrechtliche Strukturen an, die mit denen einer AG identisch sind. Ausgangspunkt für den Anlegerschutz im Recht der AG ist die Vorschrift des § 23 Abs. 5 AktG. Der Grundsatz der aktienrechtlichen Satzungsstrenge zieht im Recht der AG eine starre Grenze für privatautonome Satzungsgestaltungen und lässt wenig Spielraum für eine Minimierung des Anlegerschutzes. Eine solche gesetzlich angeordnete Grenze ist bei einer GmbH & Co. KGaA nicht aufzufinden, da deren Organisationsverfassung gerade nicht dem aktienrechtlichen Prinzip der Satzungsstrenge unterliegt. Da an die Handelbarkeit von Aktien einer GmbH & Co. KGaA im Vergleich zu den Aktien einer AG aber keine unterschiedlichen Anforderungen gestellt werden, sind auch im Hinblick auf die Reichweite des Anlegerschutzes keine unterschiedlichen Anforderungen gerechtfertigt. Diese Gleichstellung erfordert jedoch zugleich Auswirkungen auf die Reichweite der Satzungsflexibilität in einer kapitalistischen KGaA[597]. Auf das Argument, der Wegfall der Steuerungsfunktion der Haftung durch Einschaltung einer GmbH als persönlich haftende Gesellschafterin erfordere eine Inhaltskontrolle als Korrektiv[598], kann hingegen nur bedingt abgestellt werden[599]. Der BGH hat in seinem Grundsatzentscheid angemerkt, dass die Annahme, ein für die Gesellschaftsverbindlichkeiten persönlich haftender Geschäftsleiter werde die Geschäfte der KGaA mit größerer Sorgfalt, Vorsicht und Umsicht führen als ein Fremdgeschäftsführer, an den Realitäten eines modernen Wirtschaftslebens vorbeigehe. Damit hat der BGH die Bedeutung der persönlichen Haftung

---

596 MünchKommAktG/*Semler/Perlitt*, § 278 Rdn. 366; *Arnold*, Die GmbH & Co. KGaA, S. 56 f.; *Hartel*, Die Unternehmer-AG, 1996, S. 78.; *Heermann*, ZGR 2000, 61, 75.

597 Vgl. zu diesem Ansatz auch *Arnold*, Die GmbH & Co. KGaA, S. 57.

598 So *Schaumburg/Schulte*, Die KGaA - Recht und Steuern in der Praxis, 2000, S. 36; *Schlitt*, Die Satzung der Kommanditgesellschaft auf Aktien, 1999, S. 18 f.

599 Vgl. *Halasz/Kloster/Kloster*, GmbHR 2002, 77, 83; *Wichert*, AG 2000, 268, 269.

als Steuerungsfunktion für Geschäftsführungsmaßnahmen zumindest eingeschränkt[600]. Es wäre indes verfehlt, aus diesen Erwägungen den unbedingten Rückschluss zu ziehen, dass der Wegfall der persönlichen Haftung einer natürlichen Person überhaupt keine Auswirkungen auf das Erfordernis einer Inhaltskontrolle im Einzelfall habe. Denn die persönliche Haftung einer natürlichen Person ist zumindest für die Bestimmung des anzuwendenden Rechts von Bedeutung[601]. Das Bedürfnis nach Anlegerschutz ergibt sich bereits daraus, dass die Kommanditaktionäre bei der kapitalistischen KGaA keinen Einfluss darauf haben, wer die Kompetenzen als Geschäftsführer der Komplementär-GmbH ausübt und wer über das Weisungsrecht die Entscheidung letztlich steuern kann. Diese potientielle Gefährdung der Anleger, die im Recht der AG über das aktienrechtliche Prinzip der Satzungsstrenge aufgefangen wird, erfordert im Recht der KGaA ein Korrektiv in Form der richterlichen Inhaltskontrolle, die einer „unkontrollierten" Kompetenzübertragung auf die Komplementärgesellschaft Grenzen zieht.

Abzulehnen ist die Ansicht, die die Schutzinstrumente des Kapitalmarktes als präventiven und verhaltenssteuernden Anlegerschutz ansieht und eine richterliche Inhaltskontrolle daher für nicht notwendig erachtet. So können sich die Anleger zwar im Verkaufsprospekt über die strukturellen Besonderheiten der Anlagegesellschaft informieren. Ob diese Möglichkeit der Eigeninformation jedoch gerade von privaten und juristisch nicht vorgebildeten Anleger genutzt wird und im Einzelfall ausreichenden Anlegerschutz bewirkt, bleibt fraglich[602]. Den Anlegerschutz allein auf die Eigeninformation zu stützen, steht auch nicht im Einklang mit den Erwägungen des BGH, anlegerschutzbenachteiligende Satzungsgestaltungen nur noch in engeren Grenzen zuzulassen. Darüber hinaus vermag auch das Argument, der Kommanditaktionär könne sich jederzeit ohne großen Aufwand von seiner Anlage über den Kapitalmarkt wieder trennen, nicht überzeugen. Denn spätestens zu dem Zeitpunkt, in dem die Kapitalanlage des Kommanditaktionärs in ihrem Wert gesunken ist, kann von effizienten, Anlegerschutz vermittelnden Marktmechanismen keine Rede mehr sein. So zeigt schon der Vergleich mit der AG, dass dem Anlegerschutz durch diese Möglichkeit

---

600 Vgl. BGHZ 134, 392, 398 f. = ZIP 1997, 1027, 1029.
601 Vgl. *Ihrig/Schlitt*, ZHR Beiheft 67, 1998, 33, 41 (Fußn. 19).
602 Vgl. *Arnold*, Die GmbH & Co. KGaA, S. 58; *Hommelhoff*, ZHR Beiheft, 67, 1998, 9, 10 f.

nicht hinreichend Rechnung getragen werden kann. Denn ansonsten wäre die vom Gesetzgeber angeordnete aktienrechtliche Satzungsstrenge aus § 23 Abs. 5 AktG in diesem Umfang nicht notwendig.

III. Zwischenergebnis

Festzuhalten bleibt, dass eine (börsennotierte) Publikums-GmbH & Co. KGaA immer dann einer Überprüfung der Satzung durch eine richterliche Inhaltskontrolle i.S.v. § 242 BGB unterworfen werden muss, wenn sie im Streitfall eine einseitige Kompetenzverlagerung zulasten des Anlegerschutzes enthält. In diesem Fall kann durch eine richterliche Inhaltskontrolle eine Vertragsgerechtigkeit hergestellt und gleichzeitig ein Interessensausgleich aller beteiligten Gesellschaftergruppen erzielt werden. Wird die Kompetenz- und Machtverteilung bei der Wahrnehmung der satzungsrechtlichen Gestaltungsspielräume im Einzelfall den aktienrechtlichen Vorgaben aus dem Recht der AG angeglichen, wird in der Regel für eine richterliche Inhaltskontrolle, wie schon die Praxis der AG zeigt, kein Raum sein.

D. Entscheidungsmaßstäbe für eine richterliche Inhaltskontrolle

Ist eine richterliche Inhaltskontrolle auch im Recht der (börsennotierten) Publikums-GmbH & Co. KGaA zum Ausgleich von Anleger benachteiligenden Satzungsklauseln notwendig, müssen Entscheidungsmaßstäbe bestimmt werden, an denen sich die Inhaltskontrolle im Einzelnen zu orientieren hat. Anknüpfungspunkt ist hierbei die Vorschrift des § 23 Abs. 5 AktG. Eine richterliche Inhaltskontrolle kann zwangsläufig nur in dem Kompetenzbereich in Frage kommen, für den die aktienrechtliche Satzungsstrenge keine Regelungen vorsieht. Denn wo die zwingende Ausgestaltung des Aktienrechts entsprechend dem gesetzlichen Leitbild der AG keine Satzungsfreiheit zulässt, besteht auch im Recht der (börsennotierten) Publikums-GmbH & Co. KGaA kein Raum für eine Inhaltskontrolle[603]. Anders verhält es sich dort, wo das über § 278 Abs. 2 AktG zur Anwendung kommende dispositive Kommanditrecht keine passenden Regeln

---

[603] Vgl. *Schaumburg/Schulte*, Die KGaA - Recht und Steuern in der Praxis, 2000, S. 36; *Ihrig/Schlitt*, ZHR Beiheft 67, 1998, 33, 61 f.; *Hennerkes/Lorz*, DB 1997, 1388, 1391; *Priester*, ZHR 160 (1996), 250, 262.

zum Ausgleich der verschieden ausgerichteten Interessen der Gesellschaftergruppen enthält. Hier bedarf es einer durch die Inhaltskontrolle kontrollierten Vertragsgestaltung, da der Gesichtspunkt eines ausgewogenen Anlegerschutzes im Vordergrund steht. Anzumerken bleibt, dass nicht jede statutarische Regelung unwirksam ist, die die Rechtsposition der Kommanditaktionäre in Bezug auf den Anlegerschutz einschränkt. Gleichwohl muss solchen Satzungsklauseln die Rechtswirksamkeit versagt werden, die eine unbegrenzte und im Hinblick auf die Kapitalaufbringung offensichtlich unangemessene Kompetenzverlagerung auf die Komplementärgesellschaft bewirken, ohne dass besondere komplementärbezogene Bedürfnisse – wie z.B. das Grundkapital der KGaA erheblich übersteigende Vermögenseinlagen – sie erforderlich erscheinen lassen oder entsprechende Kompensationsrechte für die Kommanditaktionäre vorgesehen sind[604]. Damit ist der Weg vorgegeben, die auf Grund des Verweises des § 278 Abs. 2 AktG auf das Recht der KG (§§ 161 ff. HGB) beschränkbaren Kompetenzen der Kommanditaktionäre im Recht der (börsennotierten) Publikums-GmbH & Co. KGaA an die allgemeinen Grundsätze und Wertungen des durch § 23 Abs. 5 AktG bedingten Kompetenzverteilungssystems der AG anzugleichen. Hierbei kann zwar keine Übernahme des Grundsatzes der Satzungsstrenge in das Recht der KGaA erfolgen, da die Vorschrift des § 23 Abs. 5 AktG auf die Organisationsstruktur im Recht der KGaA nicht anwendbar ist. Gleichwohl ist der Satzungsgeber einer (börsennotierten) Publikums-GmbH & Co. KGaA gehalten, die Kompetenzverteilung an die Vorgaben anzulehnen, die das AktG für das Anlegerschutzsystem in einer AG vorsieht. Denn mangels eigener und gesetzlich auf die Rechtsform einer kapitalistischen KGaA zugeschnittener Regelungen muss es Aufgabe des Satzungsgebers sein, die im Vergleich zur AG größtenteils gleichgerichteten Interessen der Kommanditaktionäre bei der Satzungsgestaltung angemessen zu berücksichtigen. Nur so können Störungen im gesellschafterinternen Interessenausgleich vermieden werden, die ohne sachliche Rechtfertigung eine Benachteiligung der Anleger bewirken. Das wird im Rahmen einer Inhaltskontrolle letztlich die Frage aufwerfen, ob und wie die Mitwirkungs- und Mitbestimmungskompetenzen innerhalb einer (börsennotierten) Publikums-GmbH & Co. KGaA zwischen den Gesellschaftergruppen angemessen verteilt sind und ob die Entscheidungsmacht der Gesellschafter und des Geschäftsführers der Komplementärgesellschaft angemessen begrenzt wird.

---

604 So im Ansatz auch *Ihrig/Schlitt*, ZHR Beiheft 67, 1998, 33, 63.

Möglich ist dies zum einen durch Satzungsklauseln, die die Kompetenzen der Kommanditaktionäre unmittelbar stärken. Daneben sind auch Satzungsklauseln denkbar, die eine Verlagerung von Mitwirkungs- und Zustimmungsrechten auf andere Organe vorsehen, wie z.B. einem Beirat[605], auf deren Zusammensetzung die Kommanditaktionäre maßgeblichen Einfluss haben[606].

E. Rechtsfolgen

Sind in der Gründungssatzung einer als Publikumsgesellschaft vorgesehenen GmbH & Co. KGaA Satzungsklauseln vorhanden, die den Anforderungen des Anlegerschutzes nicht gerecht werden und daher einer richterlichen Inhaltskontrolle nicht standhalten würden, ist das Registergericht berechtigt, die Eintragung der Gesellschaft abzulehnen (§ 278 Abs. 3 AktG i.V.m. § 38 AktG). Rechtsverbindlichkeit kommt der Satzungsbestimmung von Anfang nicht zu. Trägt das Registergericht die Bestimmung trotzdem ein, kann die Nichtigkeit unter den Voraussetzungen des § 242 AktG im Klagewege geltend gemacht werden[607]. Auch nachträgliche, einer Inhaltskontrolle nicht standhaltende Satzungsbestimmungen, die durch Beschluss der Hauptversammlung und gleichzeitiger Zustimmung des Komplementärsgemäß § 285 Abs. 2 AktG erfolgen, sind gemäß § 241 Nr. 3 AktG nichtig. Damit kann das Registergericht auf Grund seiner Prüfungskompetenz auch solche Eintragungen ohne weiteres verweigern[608]. Zudem haben die Kommanditaktionäre die Möglichkeit, Nichtigkeitsklage zu erheben[609]. Darüber hinaus können sie auf Unterlassung klagen, wenn Geschäftsführungsmaßnahmen durchgesetzt werden sollen, ohne dass die Kommanditaktionäre im Vorfeld bei der Beschlussfassung beteiligt wurden.

Relevant ist hierbei der Fall, dass die bei Gründung personalistisch geprägte GmbH & Co. KGaA erst zu einem späteren Zeitpunkt zu einer (börsennotierten) Publikumsgesellschaft umstrukturiert werden soll und die ursprünglich zulässige

---

605 Vgl. zum Erfordernis einer Kompetenzverlagerung im Recht der kapitalistischen KGaA auf einen fakultativen Beirat bereits oben unter § 8 G.

606 Vgl. zu diesem Ansatz *Hommelhoff*, ZHR Beiheft 67, 1998, 9, 18 f.; ihm folgend *Arnold*, Die GmbH & Co. KGaA, S. 60 f.

607 So auch MünchKommAktG/*Semler/Perlitt*, § 278 Rdn. 361; *Ihrig/Schlitt*, ZHR Beiheft 67, 1998, 33, 76.

608 Vgl. *Ihrig/Schlitt*, ZHR Beiheft 67, 1998, 33, 76 ff.

609 Vgl. Ihrig/Schlitt, ZHR Beiheft 67, 1998, 33, 78.

Klausel auf Grund der strengeren Anforderungen des Anlegerschutzes in einer (börsennotierten) Publikums-GmbH & Co. KGaA erst nachträglich unangemessen wird. In diesem Fall ist für eine registergerichtliche Inhaltskontrolle gemäß § 144 Abs. 2 FGG kein Raum, da die ursprünglich wirksame Satzungsklausel durch eine spätere Änderung der tatsächlichen Verhältnisse nicht nichtig werden kann[610]. Abzustellen ist allein auf den Zeitpunkt des Abschlusses des Rechtsgeschäfts. In diesem Fall darf sich die Komplementärgesellschaft aber auf Grund der ihr obliegenden Treuepflicht gegenüber den Kommanditaktionären nicht auf die Anlegerschutz benachteiligenden Satzungsklausel berufen. Der entsprechenden Anwendung Satzungsklausel steht dann der Einwand der unzulässigen Rechtsausübung entgegen[611].

F. Ergebnis

Durch die Anwendung und Ausgestaltung des Rechtsinstituts der Inhaltskontrolle und der Treuepflicht kann ein Rechtszustand für die (börsennotierte) Publikums-GmbH & Co. KGaA geschaffen werden, der einen festen satzungsrechtlichen Rahmen und Mindestanforderungen an die Vertragsgestaltung festschreibt. Dabei wird zu fragen sein, inwieweit Anlegerschutz in der (börsennotierten) Publikums-GmbH & Co. KGaA vermittelt werden muss, will man der Rechtsform nicht zugleich wieder die Vorteile nehmen, die ausschlaggebend für ihre Wahl gewesen sind. Im Zusammenhang mit den Mindestanforderungen an den Anlegerschutz in einer kapitalistischen KGaA hat der BGH das Zustimmungsrecht der Kommanditaktionäre zu außergewöhnlichen Geschäften (§ 278 Abs. 2 AktG i.V.m. § 164 HGB) und die mögliche Erweiterung des Zustimmungsvorbehalts für die Komplementärin (§ 285 Abs. 2 AktG) als spezielle Rechtsanwendungsprobleme angesprochen. Im Folgenden gilt es nun, anhand dieser ausgewählten Rechtsanwendungsprobleme die Mindeststandards festzulegen, die zur Vermeidung einer richterlichen Inhaltskontrolle erforderlich sind.

---

610 Vgl. MünchKommAktG/*Semler/Perlitt*, § 278 Rdn. 361; *Arnold*, Die GmbH & Co. KGaA, S. 70; *Ihrig/Schlitt*, ZHR Beiheft 67, 1998, 33, 81.

611 Vgl. *Arnold*, Die GmbH & Co. KGaA, S. 70 f.; *Ihrig/Schlitt*, ZHR Beiheft 67, 1998, 33, 81 f.; vgl. aber auch *Herfs*, Die Satzung der börsennotierten GmbH & Co. KGaA – Gestaltungsfreiheit und Grenzen, in: Gesellschaftsrechtliche Vereinigung (Hrsg.), Gesellschaftsrecht in der Diskussion, 1999, S. 23, 30; a.A. *Wichert*, AG 2000, 268, 275 f., der der ursprünglich wirksamen Satzungsklausel Bestandschutz einräumen will.

§ 16 Zustimmungsrecht bei außergewöhnlichen Geschäften, § 278 Abs. 2 AktG i.V.m. § 164 S. 1 HGB

Im Hinblick auf die vom BGH angedeutete richterliche Inhaltskontrolle von Satzungsgestaltungen zulasten der Kommanditaktionäre stellt die Frage nach einer möglichen Abdingbarkeit des aus § 278 Abs. 2 AktG i.V.m. § 164 S. 1 HGB folgenden Zustimmungsvorbehalts der Hauptversammlung zu außergewöhnlichen Geschäften einen Schwerpunkt für den Anlegerschutz dar. Das Zustimmungsrecht der Hauptversammlung unterliegt bei der gesetzestypischen bzw. klassischen KGaA der Satzungsautonomie. Ob das Zustimmungsrecht auch in einer kapitalistischen KGaA ohne weiteres ausgeschlossen werden kann, hat der BGH in seinem Grundsatzentscheid ausdrücklich offen gelassen[612].

A. Problemaufbereitung

Dem Zustimmungsrecht zu außergewöhnlichen Geschäften kommt in der Praxis große Bedeutung zu. Wenn der Unternehmensgründer bzw. Komplementärgesellschafter kapitalmarktaktiv ist, will er in der Regel seinen Einfluss auf sämtliche Geschäftsführungsmaßnahmen durch eine starke Unternehmer- und Führungsstruktur absichern. Er will unabhängig und in eigener Verantwortung entscheiden und die Einflussmöglichkeiten der Fremdaktionäre möglichst gering halten oder sogar ausschließen. Diese einseitigen Interessen werden dadurch bestärkt, dass die Kommanditaktionäre gemäß § 278 Abs. 2 AktG i.V.m. § 164 S. 1 HGB grundsätzlich von der Führung der Geschäfte der Gesellschaft ausgeschlossen sind. Somit besteht die Gefahr einer unausgewogenen Führungsstruktur, wenn der Unternehmensgründer bzw. Komplementärgesellschafter versucht, sich durch gesellschaftsvertragliche Regelungen ein noch stärkeres Gewicht in der Gesellschaft zu verschaffen. Dass dies zu Konfliktsituationen unter den Gesellschaftergruppen führen kann, liegt auf der Hand.

B. Grundsatz des Zustimmungsrechts, § 164 S. 1 letzter HS. HGB

In den Entscheidungsspielraum der Geschäftsführung fallen neben den gewöhnlichen Tagesgeschäften vor allem die außergewöhnlichen Geschäftsführungs-

---

[612] Vgl. BGHZ 134, 392, 399 = ZIP 1997, 1027, 1029.

maßnahmen. Außergewöhnliche Geschäfte sind solche, die von § 116 Abs. 1 HGB nicht erfasst sind und bei denen die geplante Maßnahme nach Inhalt und Umfang über den Rahmen des laufenden Geschäftsbetriebs hinausgeht oder durch ihre Bedeutung und die mit ihr verbundenen Risiken Ausnahmecharakter erhält. Wann eine Maßnahme als außergewöhnlich einzuordnen ist, hängt entscheidend von der Geschäftstätigkeit der jeweiligen Gesellschaft und dem von ihr verfolgten Zweck ab[613]. Zu den außergewöhnlichen Geschäften zählen vor allem Geschäftsführungsmaßnahmen, durch die die Unternehmensorganisation umstrukturiert wird, z.B. der Erwerb und die Veräußerung von Unternehmensbeteiligungen, umfangreiche Investitionen wie der Erwerb von Immobilien, die Erteilung von Bauaufträgen größeren Ausmaßes sowie der Abschluss großvolumiger Kreditgeschäfte außerhalb des üblichen Umfangs[614]. Es handelt sich um Entscheidungen der Geschäftsführung, die Maßstäbe für das Gesellschaftsleben schaffen, indem sie das Ausmaß des Engagements der Gesellschafter, die Ziele der Gesellschaft und ihre Organisation für die Zukunft bestimmen.

Auf Grund des für das Verhältnis zwischen den persönlich haftenden Gesellschaftern und den Kommanditaktionären gemäß § 278 Abs. 2 AktG geltenden Personengesellschaftsrechts bedürfen außergewöhnliche Geschäfte grundsätzlich der Zustimmung der Hauptversammlung (§ 164 S. 1 HGB)[615]. Das Mitwirkungsrecht der Kommanditaktionäre soll sicherstellen, dass Geschäftsführungsmaßnahmen, die wegen ihrer Außergewöhnlichkeit die Einlage gefährden können, nicht gegen den Willen der Kommanditaktionäre durchgeführt werden. Außergewöhnliche Geschäfte bedürfen somit grundsätzlich der Zustimmung aller Gesellschafter, d.h. auch der nicht geschäftsführenden Komplementäre

---

613 RGZ 158, 302, 308; BGHZ 76, 160, 162 f.; MünchKommAktG/*Semler/Perlitt*, § 278 Rdn. 177; *Schlegelberger/Martens*, Komm. z. HGB, § 116 Rdn. 4 ff., § 164 Rdn. 17; *Staub/Schilling*, Großkomm. z. HGB, § 164 Rdn. 2 ff.; *Sethe*, Die personalistische Kapitalgesellschaft mit Börsenzugang, 1996, S. 148.

614 *Baumbach/Hopt*, HGB, § 116 Rdn. 2; *Emmerich*, in: Heymann (Hrsg.), HGB, § 116 Rdn. 3, 5; *Wichert*, Die Finanzen der Kommanditgesellschaft auf Aktien, 1999, S. 53; *Heermann* ZGR 2000, 61, 68.

615 *Barz*, in: Großkomm. z. AktG, Anm. 7 zu § 285; *Hüffer*, Aktiengesetz, § 278 Rdn. 13; *Mertens*, in: KölnerKomm z. AktG, § 278 Rdn. 56; MünchKommAktG/*Semler/Perlitt*, § 278 Rdn. 177, 368; nach *Godin/Wilhelmi*, AktG, § 278 Rdn. 12 steht den Kommanditaktionären nur ein Widerspruchsrecht zu, ihre Zustimmung ist nicht erforderlich.

(vgl. § 116 Abs. 2 HGB)[616]. Verfügt die Komplementärgesellschaft also nicht über die Stimmenmehrheit in der Hauptversammlung, können die von der Unternehmensleitung geplanten außergewöhnlichen Geschäftsführungsmaßnahmen zu Fall gebracht werden. Ein uneingeschränkter Entscheidungsspielraum kann ihr bei außergewöhnlichen Geschäftsführungsmaßnahmen also grundsätzlich nicht vermittelt werden. Verfügt die Komplementärgesellschaft über eine Stimmenmehrheit in der Hauptversammlung – so etwa nach Umwandlung ihrer Einlage in Aktien – könnte zwar die Entscheidungsmacht abgesichert werden. Gleichwohl würde eine Kapitalstruktur entstehen, die den Gang an den Kapitalmarkt, wo die Eigenkapitalaufnahme durch nicht-komplementäridentische Investoren im Vordergrund steht, behindert[617].

Der Beschluss der Hauptversammlung zu außergewöhnlichen Geschäften und grundlegenden Geschäften bedarf zu seiner Wirksamkeit gemäß § 285 Abs. 2 AktG der Zustimmung der persönlich haftenden Gesellschafter, da er eine Angelegenheit betrifft, für die in der KG die Zustimmung der beiden Gesellschaftergruppen eingeholt werden muss[618]. Durch das gegenseitige Zustimmungserfordernis wird festgelegt, dass weder der Komplementär noch die Hauptversammlung die Vornahme eines außergewöhnlichen Geschäfts einseitig beschließen können[619]. Auf diesem Weg kann eine interessengerechte Entscheidungsfindung zwischen den Gesellschaftergruppen gewährleistet werden. Nach dem gesetzlichen Leitbild ist somit eine sachliche Rückanbindung des Anlegerschutzes bei außergewöhnlichen Geschäften gewährleistet.

---

[616] Allg. Meinung seit RGZ 158, 302, 305; vgl. *Hüffer*, Aktiengesetz, § 278 Rdn. 13; *Mertens*, in: KölnerKomm z. AktG, § 278 Rdn. 56; MünchKommAktG/*Semler/Perlitt*, § 85 Rdn. 42, 59; *Schaumburg/Schulte*, Die KGaA – Recht und Steuern in der Praxis, 2000, S. 33 f.

[617] So auch *Heermann*, ZGR 2000, 61, 76.

[618] *Hüffer*, Aktiengesetz, § 285 Rdn. 2; MünchKommAktG/*Semler/Perlitt*, § 285 Rdn. 38, 42.

[619] Vgl. auch *Barz*, in: Großkomm. z. AktG, Anm. 21 zu § 278, Anm. 7 zu § 285; MünchKommAktG/*Semler/Perlitt*, § 278 Rdn. 198 ff. Die Anwendung des Einstimmigkeitsprinzips für Grundlagenbeschlüsse folgt bereits aus § 278 Abs. 2 AktG i.V.m. §§ 116 Abs. 2, 164 HGB. § 285 Abs. 2 hat insofern lediglich deklaratorischen Charakter; vgl. hierzu ausführlich *Sethe*, Die personalistische Kapitalgesellschaft mit Börsenzugang, 1996, S. 122 ff.

C. Ausschluss des Zustimmungsrechts, § 164 S. 1 letzter HS. HGB

Das Zustimmungserfordernis verfehlt jedoch dann seinen Zweck, wenn sich die Geschäftsleitung und die Hauptversammlung bei der Willensbildung gegenseitig blockieren. Ein ablehnender Beschluss der Hauptversammlung hat zwingende Bindung, das geplante Geschäft darf dann von der Geschäftsführung nicht vorgenommen werden[620]. In diesen Fällen kann keine planungssichere Geschäftsführung bei wichtigen Unternehmensentscheidungen gewährleistet werden. Im Hinblick auf die weit reichende Gestaltungsfreiheit im Personengesellschaftrecht kann das Zustimmungsrecht der Hauptversammlung nach überwiegender Auffassung in der Satzung ausgeschlossen werden[621] und dem persönlich haftenden Gesellschafter die Entscheidung über sämtliche außergewöhnliche Geschäfte übertragen werden[622]. Vor dem Hintergrund der von der Komplementärgesellschaft gewünschten Führungsmacht verwundert es nicht, dass in der Praxis sowohl bei börsen- als auch bei nicht-börsennotierten KGaA von diesem satzungsrechtlichen Gestaltungsspielraum größtenteils Gebrauch gemacht

---

[620] Vgl. auch MünchKommAktG/*Semler/Perlitt*, § 285 Rdn. 42.

[621] *Hüffer*, Aktiengesetz, § 278 Rdn. 19; MünchKommAktG/*Semler/Perlitt*, Vor § 278 Rdn. 40, § 278 Rdn. 230; *Graf*, Die Kapitalgesellschaft & Co. KG auf Aktien, 1993, S. 26 f., 51; *Herfs*, in: Hoffmann-Becking (Hrsg.), Münchener Handbuch der Gesellschaftsrecht, Band 4: Aktiengesellschaft, § 77 Rdn. 17; *ders.*, Die Satzung der börsennotierten GmbH & Co. KGaA – Gestaltungsfreiheit und Grenzen, in: Gesellschaftsrechtliche Vereinigung (Hrsg.), Gesellschaftsrecht in der Diskussion, 1999, S. 23, 44 f.; *ders.*, WiB 1997, 688; *Schlitt*, Die Satzung der Kommanditgesellschaft auf Aktien, 1999, S. 157 f.; *Ihrig/ders.*, ZHR Beiheft 67, 1998, 33, 64 f.; *Sethe*, Die personalistische Kapitalgesellschaft mit Börsenzugang, 1996, S. 151; *ders.*, AG 1996, 289, 291; *Binz/Sorg*, BB 1988, 2041; *dies.*, DB 1997, 313, 315; *Haase*, GmbHR 1997, 917, 920; *Heermann*, ZGR 2000, 61, 76 ff.; *Hennerkes/May*, DB 1988, 537, 540; *dies.*, BB 1988, 2393, 2398; *Hesselmann*, GmbHR 1988, 472, 475; *Hommelhoff*, ZHR Beiheft 67, 1998, 9, 15 f.; *Schaumburg*, DStZ 1998, 525, 527; *Schilling*, BB 1998, 1905, 1906; *Schürmann/Groh*, BB 1995, 684, 685; *Strieder/Habel*, BB 1995, 1857; allerdings zweifelnd nach dem Beschluss des BGH *Ladwig/Motte*, BB 1997, 1375, 1377; *dies.*, DStR 1997, 1538, 1540 f.

[622] Vgl. auch *Mertens*, in: KölnerKomm z. AktG, § 278 Rdn. 46; MünchKommAktG/*Semler/Perlitt*, § 278 Rdn. 230 ff.

wird[623]. Auf diesem Wege können gegenseitige Blockaden zwischen Geschäftsführung und Kommanditaktionären bei der internen Willensbildung von vornherein ausgechlossen werden.

Die Praxis macht deutlich, dass für die Komplementärgesellschafter ein besonderes Bedürfnis nach uneingeschränkter Gestaltungsflexibilität besteht[624]. Durch den Ausschluss des Zustimmungsrechts steigert die Komplementärgesellschaft ihren Einfluss, da sie sich die alleinige Zuständigkeit in den Bereichen der Geschäftsführung und der Vertretung der GmbH & Co. KGaA verschaffen kann. Zugleich wird die Machtbalance innerhalb der Gesellschaft erheblich beeinträchtigt, wodurch der Anlegerschutz auf ein Mindestmaß reduziert wird. Es entsteht die Gefahr einer absoluten Minderheitenherrschaft[625], den sich der Komplementärgesellschafter zu Nutze machen kann, um auch nach dem Gang an den Kapitalmarkt einen uneingeschränkten unternehmerischen Einfluss zu haben[626]. Eine ausreichende sachliche Rückanbindung an die Interessen der Kommanditaktionäre bei außergewöhnlichen Geschäftsführungsmaßnahmen ist dann nicht mehr vorhanden. Das Zustimmungsrecht ist somit ein weiterer Bereich im Machtgefüge zwischen der Geschäftsführung und den Kommanditaktionären als Kapitalgeber. Um einen angemessenen Anlegerschutz zu gewährleisten, müssen besondere Anforderungen gelten.

Eine Ausnahme vom möglichen Ausschluss des Zustimmungsrechts gilt für grundlegende Strukturmaßnahmen der Geschäftsführung, die unter die „Holzmüller"-Entscheidung fallen[627]. Der BGH hat in der „Holzmüller"-Entscheidung

---

623 Vgl. u.a. Satzungen der Dräger Safety AG & Co. KGaA (§ 13 Abs. 2); eff-eff Fritz Fuss GmbH & Co. KGaA (§ 11 Abs. 2 S. 1); Merck KGaA (§ 13 Abs. 4 S. 2); Lindner Holding KGaA (§ 12 Abs. 4 S. 1); TFG Venture Capital AG & Co. KGaA (§ 9 Abs. 2) und agens Consulting GmbH & Co. KGaA (§ 9 S. 2); Docpharm GmbH & Co. KGaA (§ 8 Abs. 1 S. 3); Janox GmbH & Co. KGaA (§ 11 Abs. 2 S. 2); Merkur Bank KGaA (§ 15 Abs. 3); pro-beam KGaA (§ 9 S. 3); Tyczka GmbH & Co. KGaA (§ 9 S. 3); kein Ausschluss dagegen u.a. bei Henkel KGaA; HSBC Trinkaus & Burkhardt KGaA; Eurokai KGaA und altera pars KGaA.

624 Vgl. auch *Arnold*, Die GmbH & Co. KGaA, S. 63 ff.

625 *Ladwig/Motte*, DStR 1996, 800, 805; *Schürmann/Groh*, BB 1995, 684, 685.

626 Vgl. auch *Herfs*, Die Satzung der börsennotierten GmbH & Co. KGaA – Gestaltungsfreiheit und Grenzen, in: Gesellschaftsrechtliche Vereinigung (Hrsg.), Gesellschaftsrecht in der Diskussion, 1999, S. 23, 44.

627 Vgl. zur „Holzmüller"-Entscheidung BGHZ 83, 122 = NJW 1982, 1703.

zum Ausdruck gebracht, dass bei Strukturentscheidungen das Ermessen des Vorstands, eine Geschäftsführungsmaßnahme gemäß § 119 Abs. 2 AktG der Hauptversammlung zur Zustimmung vorzulegen, auf Null reduziert sei. Auch wenn die Vorschrift des § 119 Abs. 2 AktG im Recht der kapitalistischen KGaA keine Anwendbarkeit findet[628], kann vor dem Hintergrund der gesellschaftsrechtlichen Treuepflicht für das Zustimmungserfordernis der Hauptversammlung nichts anderes gelten[629]. In diesen Fällen unterliegt das Zustimmungsrecht anders als bei § 164 S. 1 HGB nicht der Satzungsautonomie, sondern verbleibt zwingend bei der Hauptversammlung der kapitalistischen KGaA[630].

D. Abdingbarkeit des Zustimmungsrechts nach dem BGH-Beschluss

Der Frage, ob das Zustimmungsrecht aus § 164 HGB vor dem Hintergrund des Anlegerschutzes ausgeschlossen werden kann, ist auch der BGH in seinem Beschluss vom 24. Februar 1997 nachgegangen. Er führt hierzu aus[631]:

„Zudem ist zu erwägen, Satzungsgestaltungen zu Lasten der Kommanditaktionäre nur in engeren Grenzen zuzulassen als bei der gesetzestypischen KGaA, so etwa bei der Einschränkung der ihnen nach dem Gesetz (§ 278 Abs. 2 AktG i.V.m. §§ 163 ff. HGB) zustehenden Mitwirkungsbefugnisse bei außergewöhnlichen Geschäften."

In diesem Zusammenhang hat der BGH das Zustimmungsrecht der Kommanditaktionäre nach § 164 S. 1 HGB also ausdrücklich angesprochen und Bedenken

---

628 Zur Nichtanwendbarkeit von § 119 Abs. 2 AktG vgl. *Barz*, in: Großkomm z. AktG, Anm. 22 zu § 278; *Baumbach/Hueck*, AktG, § 278 Rdn. 6; *Mertens*, in: KölnerKomm z. AktG, § 278 Rdn. 56; MünchKommAktG/*Semler/Perlitt*, § 278 Rdn. 180 (Fußn. 363); *Herfs*, in: Hoffmann-Becking (Hrsg.), Münchener Handbuch des Gesellschaftsrechts, Band 4: Aktiengesellschaft, § 77 Rdn. 19; *Sethe*, Die personalistische Kapitalgesellschaft mit Börsenzugang, 1996, S. 148 (Fußn. 127), 151; *ders.*, AG 1996, 289, 291; *Durchlaub*, BB 1977, 1581, 1582; *Heermann*, ZGR 2000, 61, 70; *Ladwig/Motte*, DStR 1996, 800, 805.

629 So auch zuletzt *Koch*, DB 2002, 1701, 1703.

630 Vgl. *Schlitt*, Die Satzung der Kommanditgesellschaft auf Aktien, 1999, S. 157; *Ihrig/ders.*, ZHR Beiheft 67, 1998, 33, 65 f.; *Heermann*, ZGR 2000, 61, 70; *Koch*, DB 2002, 1701, 1703; vgl. auch *Arnold*, Die GmbH & Co. KGaA, S. 66; anders *Sethe*, Die personalistische Kapitalgesellschaft mit Börsenzugang, 1996, S. 148, der die Einschränkung der Geschäftsführungsrechte bei Strukturmaßnahmen schon auf Grund der Anwendung des Personengesellschaftsrechts herleitet.

631 BGHZ 134, 392, 399 f. = ZIP 1997, 1027, 1029.

angemeldet, ob ein Ausschluss des Zustimmungsrechts zulässig sein kann, wenn dadurch der Anlegerschutz der Kommanditaktionäre eingeschränkt wird. Der BGH ließ diese Frage offen, eine abschließende Klärung erfolgte bisher noch nicht.

I. Ansichten im Schrifttum

Im Anschluss an den Beschluss des BGH muss untersucht werden, ob eine das Zustimmungsrecht der Kommanditaktionäre ausschließende oder zumindest einschränkende Satzungsklausel in der Satzung zulässig oder nicht vielmehr vor dem Hintergrund der drohenden richterlichen Inhaltskontrolle gemäß § 242 BGB Grenzen zu unterwerfen ist. Diese Frage wird im Anschluss an den Beschluss des BGH im Schrifttum uneinheitlich beantwortet. So wird z.T. eine vollständige Abbedingbarkeit des § 164 HGB auch noch nach dem Grundsatzentscheid des BGH für möglich gehalten. Dieser Ansicht nach schränke der Entzug jeglicher Zustimmungsrechte die Befugnisse der Kommanditaktionäre einer kapitalistischen KGaA nicht in unzulässiger Weise ein[632]. Eine andere Auffassung sieht im Anschluss an die BGH-Rechtsprechung einen Ausschluss des § 164 HGB in der Satzung für unwirksam an, da die Interessen der Kommanditaktionäre ansonsten nicht ausreichend geschützt seien. Die Vorenthaltung des Zustimmungsvorbehalts bei außergewöhnlichen Geschäften müsse im Rahmen einer richterlichen Inhaltskontrolle zur Nichtigkeit der Satzungsbestimmung führen[633].

---

632 Vgl. *Assmann/Sethe*, in: Großkomm. z. AktG, § 278 Rdn. 114; *Herfs*, in: Hoffmann-Becking (Hrsg.), Münchener Handbuch des Gesellschaftsrechts, Band 4: Aktiengesellschaft, § 77 Rdn. 17; *Overlack*, Der Komplementär in der GmbH & Co. KGaA, in: RWS-Forum (Hrsg.), Gesellschaftsrecht 1997, S. 237, 256 ff.; *Heermann*, ZGR 2000, 61 ff., 85; *Schaumburg*, DStZ 1998, 525, 532; *Siebold/Wichert*, SpuRt 1998, 138, 141; *Wichert*, AG 2000, 268, 270; so im Ergebnis auch *Hommelhoff*, ZHR Beiheft 67, 1998, 9, 17 f.

633 Vgl. *Schlitt*, Die Satzung der Kommanditgesellschaft auf Aktien, 1999, 157 f.; *Ihrig/ders.*, ZHR Beiheft 67, 1998, 33, 63, 75 ff.; *Dirksen/Möhrle*, ZIP 1998, 1377; vgl. auch *Habel/Strieder*, MittBayNot 1998, 65, 69; *dies.*, BB 1997, 1375, 1377.

II. Stellungnahme

1) Gesetzliche bzw. rechtspolitische Erwägungen

Die nach dem Gesetz grundsätzlich zulässige Einschränkung des Zustimmungsrechts der Kommanditaktionäre leitet sich aus § 278 Abs. 2 AktG ab. Die Zustimmung zu Geschäftsführungsmaßnahmen betrifft das Rechtsverhältnis der persönlich haftenden Gesellschafter gegenüber der Gesamtheit der Kommanditaktionäre. Damit gilt das Personengesellschaftsrecht, also § 164 S. 1 HGB, entsprechend. Da das Gesetz dem Komplementär einer KGaA eine starke Stellung vermittelt, könnte die Anwendbarkeit des Personengesellschaftsrechts mit seiner Gestaltungsfreiheit eine Umverteilung der Organkompetenzen als unzulässig erscheinen lassen[634]. Betrachtet man die Aussage des BGH, werden aber Zweifel an einer solchen Argumentation deutlich. Dem Beschluss des BGH ist zu entnehmen, dass der Anlegerschutz in den Satzungsgestaltungen besonders zu berücksichtigen ist. Dies hebt der BGH mit seiner Aussage, Satzungsgestaltungen zu Lasten der Kommanditaktionäre nur in engeren Grenzen zuzulassen als bei der gesetzestypischen KGaA[635], eindeutig hervor. Zwar kann auf Grund der Aussage des BGH nicht angenommen werden, dass ein Ausschluss des Zustimmungsrechts gemäß § 164 S. 1 HGB generell nicht mehr zulässig und die Vornahme außergewöhnlicher Geschäfte zwingend der Zustimmung der Hauptversammlung zu unterwerfen ist[636]. Gleichwohl kann aber auch nicht darauf abgestellt werden, dass allein aus der Dispositivität der Vorschrift zu folgern ist, dass diese erst recht in einer GmbH & Co. KGaA gilt, d.h. eine Abdingbarkeit des Zustimmungsrechts uneingeschränkt zulässig ist[637]. Eine solche Auslegung ginge zu weit. Dies verlangt auch der BGH mit Blick auf das zu schützende Anlegerinteresse nicht. Es muss also an dieser Stelle eine vermittelnde Interpretation der Aussage vorgenommen werden, wobei § 164 S. 1 HGB im Gesamtzusammenhang der GmbH & Co. KGaA auszulegen ist[638]. So werden Gestaltungen,

---

[634] Vgl. *Heermann*, ZGR 2000, 61, 79; ferner *Ihrig/Schlitt*, ZHR Beiheft 67, 1998, 33, 66.

[635] BGHZ 134, 392, 399 = ZIP 1997, 1027, 1029.

[636] Zur a.A. vgl. *Schäfer/Casper*, in: Diskussionsbericht zu Ulmer (Hrsg.), Die GmbH & Co. KGaA nach dem Beschluss BGHZ 134, 392, ZHR Beiheft 67, 1998, 88.

[637] Vgl. *Schäfer/Casper*, in: Diskussionsbericht zu Ulmer (Hrsg.), Die GmbH & Co. KGaA nach dem Beschluss BGHZ 134, 392, ZHR Beiheft 67, 1998, 88.

[638] So auch *Schilling*, BB 1998, 1905, 1906.

die keine Kompensation der Mitwirkungsrechte in der (Gründungs-)Satzung festlegen, im Zweifelsfall einer richterlichen Inhaltskontrolle gemäß § 242 BGB nicht standhalten. Der BGH hat diesen Gestaltungsspielraum beim Zustimmungsrecht gemäß § 164 S. 1 HGB ausdrücklich offen gelassen.

Der Gesetzgeber hat wegen der persönlichen Haftung einer natürlichen Person in ihrer Stellung als Komplementärin auf eine gesetzliche Regelung der Organisationsverfassung der KGaA verzichtet, da er die persönliche Haftung als ausreichende Kontrolle der Geschäftsführung ansah[639]. Mit der Zulassung einer GmbH als Komplementärin ist die Steuerungsfunktion der persönlichen Haftung weitgehend weggefallen. Daher könnte als Begründung angeführt werden, dass ein gänzlicher Ausschluss des Zustimmungsrechts der Kommanditaktionäre nicht mehr möglich sei, weil dieser unzertrennbar mit der Haftung einer natürlichen Person als Komplementärin verknüpft sei und das Zustimmungsrecht als Korrektiv nach dem Beschluss des BGH nicht ohne weiteres ausgeschlossen werden dürfe. Dagegen ist aber anzuführen, dass die Funktion der persönlichen Verhaltenssteuerung innerhalb der KGaA nicht überbewertet werden darf[640]. Auch in der gesetzestypischen bzw. klassischen KGaA kann eine natürliche Person als geschäftsführende Komplementärin ohne Kapitalanteil aufgenommen werden, die zudem im Innenverhältnis von jeglicher Haftung freigestellt ist[641]. Auch in diesem Fall kann von einer Steuerungsfunktion keine Rede mehr sein. Zudem wird der auf der persönlichen Haftung beruhende Personalkredit innerhalb einer (GmbH & Co.) KGaA in seiner wirtschaftlichen Bedeutung weitgehend vom Grundkapital und den zwingenden Grundsätzen zur Kapitalaufbringung und -erhaltung in den Hintergrund gedrängt[642]. Zwar war dem Gesetzgeber die Rechtsfigur einer kapitalistischen KGaA unbekannt bzw. hielt er sie nach dem gesetzlichen Leitbild für unzulässig, doch ist eine nur eingeschränkte Übertragung der Vorschrift auf die kapitalistische KGaA mit einer beschränkt haftenden Komplementärgesellschaft nicht im Sinne des Gesetzgebers. Für den

---

[639] Vgl. *Binz/Sorg*, BB 1988, 2041, 2049.

[640] Hierzu allgemein *Sethe*, Die personalistische Kapitalgesellschaft mit Börsenzugang, 1996, S. 220 ff.

[641] Vgl. hierzu *Herfs*, in Hoffmann-Becking (Hrsg.), Münchener Handbuch des Gesellschaftsrechts, Band 4: Aktiengesellschaft, § 77 Rdn. 17.

[642] Zur Zunahme der Bedeutung der Eigenhaftung der Geschäftsführung auf Grund spezialgesetzlicher Pflichten oder strafrechtlicher Tatbestände vgl. *Heermann*, ZGR 2000, 61, 80.

Entzug der Zustimmungsbefugnisse zu außergewöhnlichen Geschäften spielt es im Ergebnis keine Rolle, wie der persönlich haftende Gesellschafter organisiert ist. Auch wenn eine Personen- oder Kapitalgesellschaft die Komplementärstellung einnimmt, ist eine Abstufung von Zulässigkeits- und Differenzierungskriterien nicht geboten, so dass allein aus der mangelnden Steuerungsfunktion keine Rückschlüsse gezogen werden können[643]. Dieser Auslegung folgt auch der BGH, wenn er die Dispositivität des § 164 S. 1 HGB innerhalb der GmbH & Co. KG anerkennt[644]. Für die GmbH & Co. KGaA kann deshalb nichts anderes gelten.

In diesem Zusammenhang ist von entscheidender Bedeutung, dass die Abdingbarkeit des § 164 S. 1 HGB in der typischen KG auf dem Vertrauensverhältnis der Kommanditisten zum Komplementär beruht. Daran fehlt es aber bei der (börsennotierten) Publikums-GmbH & Co. KGaA. Denn der Kontrollbedarf bei einer großen Anzahl von Anlegern ist weitaus höher anzusetzen als in einer personalistisch strukturierten Gesellschaft[645]. Letztlich indiziert schon die mitgliedschaftliche Treuepflicht bei der Publikumsgesellschaft eine sachliche Rückanbindung als Ausgleich des fehlenden Vertrauens und stellt besondere Anforderungen, nach denen die Zustimmung der Kommanditaktionäre zu außergewöhnlichen Maßnahmen einzuholen ist. Gegen die satzungsrechtliche Möglichkeit einer vollständigen Abdingbarkeit des § 164 S. 1 HGB spricht zudem § 285 Abs. 2 S. 1 AktG. Die Kompetenzen der Gesamtheit der Kommanditaktionäre werden im Unterschied zur Hauptversammlung der AG durch diese Vorschrift erheblich eingeschränkt, da alle wesentlichen Beschlüsse der Hauptversammlung grundsätzlich einem Vetorecht des Komplementärs unterliegen. Zudem kann das Zustimmungsrecht der Komplementärgesellschaft über die in § 285 Abs. 2 S. 1 AktG genannten Fälle hinaus erweitert werden[646]. Würde die Abdingbarkeit des Zustimmungsrechts für zulässig erklärt und wollte man den Anlegerschutz allein durch entsprechende Informationen über die verbleibenden

---

643 So auch *Overlack*, Der Komplementär in der GmbH & Co. KGaA, in: RWS-Forum (Hrsg.), Gesellschaftsrecht in der Diskussion, 1997, S. 237, 259.

644 Vgl. BGHZ 119, 346, 357 m.w.N.

645 Siehe hierzu bereits § 8 G. I.

646 *Herfs*, Die Satzung der börsennotierten GmbH & Co. KGaA – Gestaltungsfreiheit und Grenzen, in: Gesellschaftsrechtliche Vereinigung (Hrsg.), Gesellschaftsrecht in der Diskussion, 1999, S. 23, 45 f.; *Haase*, GmbHR 1997, 917, 920; vgl. zu den Grenzen einer möglichen Erweiterung unten § 17.

Rechte im Emissionsprospekt gewahrt wissen[647], wären die Rechte der Hauptversammlung im Vergleich zur AG eingeschränkt. Dies liefe jedoch dem Sinn und Zweck des Gesellschaftsorgans, nämlich Aufrechterhaltung der einzelnen Interessen der Aktionäre, zuwider[648]. Dieses Argument weist aber zugleich in eine andere Richtung. So ist es mit dem Anlegerschutz nicht vereinbar, wenn die Kommanditaktionäre als Kapitalgeber auf der einen Seite das wirtschaftliche Risiko der Gesellschaft tragen, ihnen anderseits aber ein dem hohen Kapitaleinsatz adäquates unmittelbares Beteiligungsrecht an wichtigen unternehmerischen Entscheidungen oder zumindest eine ausreichende mittelbare Kontrolle der Unternehmensleitung über den Aufsichtsrat nicht zugestanden wird. Angesichts der vielfältigen Möglichkeiten einer Kapitalbeteiligung mit mehr oder weniger großem Haftrisiko ließe sich ein vollständiger Ausschluss des Zustimmungsrechts der Kommanditaktionäre aus § 164 S. 1 HGB ohne jegliche Kompensation nur schwer rechtfertigen[649]. Dies gilt zumindest immer dann, wenn die Aktien der kapitalistischen KGaA am freien Markt oder an der Börse gehandelt werden, denn das Ausmaß der Mitwirkung ist besonders für emissionsbegleitende Banken und institutionelle Anleger von großer Bedeutung. Letztendlich würde eine entgegensprechende Satzungsflexibilität zu einer rechtspolitisch unerwünschten Entmachtung derjenigen Kommanditaktionäre führen, die nicht zugleich an der Komplementärgesellschaft selbst beteiligt sind; letzteres ist in der Praxis bei kapitalmarktaktiven GmbH & Co. KGaA aber der Regelfall. Aus diesem Grund müssen bereits an das Grundkapital als bedeutsamste Kapitalaufbringung spezifische Mitwirkungsrechte für die Kommanditaktionäre geknüpft werden. Hier sind klar abgrenzbare und effektive Rechte notwendig. Insoweit kann auch nicht allein auf die Einflüsse und Mechanismen des Kapitalmarktes vertraut werden, da diese nicht konstant genug und im Hinblick auf den Anlegerschutz nicht absehbar sind[650]. Den Maßstab des Anlegerschutzes allein den unvorhersehbaren Marktbedingungen zu unterstellen, bei denen nicht sicher ist, dass sie entspre-

---

[647] So *Herfs*, in: Hoffmann-Becking (Hrsg.), Münchener Handbuch des Gesellschaftsrechts, Band 4: Aktiengesellschaft, § 77 Rdn. 17.

[648] A.A. *Heermann*, ZGR 2000, 61, 81 f.

[649] Vgl. auch *Ihrig/Schlitt*, ZHR Beiheft 67, 1998, 33, 66; *Koch*, DB 2002 1701, 1702; a.A. *Wichert*, AG 2000, 268, 270.

[650] A.A. *Herfs*, Die Satzung der börsennotierten GmbH & Co. KGaA – Gestaltungsfreiheit und Grenzen, in: Gesellschaftsrechtliche Vereinigung (Hrsg.), Gesellschaftsrecht in der Diskussion, 1999, S. 23, 45; *ders.*, WiB 1997, 688, 690; vgl. auch *K. Schmidt*, ZHR 160 (1996), 265, 285.

chenden Missbräuchen der Satzungsgebern entgegenwirken, kann daher mit dem allgemeinen rechtlichen Verständnis von Anlegerschutz nicht in Einklang gebracht werden. Würde eine im Ergebnis aktionärsfeindliche Satzung statuiert werden, wobei die jeweilige Satzungsgestaltung bisher nicht detailliert im Börsenzulassungsprospekt aufgeführt zu werden braucht[651], könnte es im Falle eines Börsengangs zu deutlichen Kursabschlägen kommen, wodurch die gewünschte Eigenkapitalaufnahme nachhaltig beeinträchtigt würde[652]. Eine Zurückhaltung bei der Einschränkung von Anlegerschutzbestimmungen ist daher bei der Satzungsgestaltung allein schon aus wirtschaftlichen Gesichtspunkten geboten[653]. Zudem werden Großaktionäre oder institutionelle Anleger durchaus direkten Einfluss auf die Geschäftsführung in der Gesellschaft nehmen wollen; auch Analysten werden die Einräumung von Mitwirkungsrechten positiv beurteilen.

2) Zwischenergebnis

Ein vollständiger Ausschluss des Zustimmungsrechts aus § 164 HGB ist im Anschluss an den Grundsatzentscheid des BGH zulasten der Kommanditaktionäre nicht mehr zulässig[654]. Die Satzung einer kapitalistischen KGaA, die das Zustimmungsrecht für außergewöhnliche Geschäftsführungsmaßnahmen ohne jegliche Kompensation ausschließt, verstößt gegen zentrale Grundsätze des Anlegerschutzes und wird einer richterlichen Angemessenheitskontrolle nicht standhalten.

---

651 Vgl. hierzu bereits § 7 B.

652 Vgl. *Binz/Sorg*, Die GmbH & Co. KGaA – eine geeignete Rechtsform zum Going Public, in: Dr. Wieselhuber & Partner (Hrsg.), Börseneinführung mit Erfolg, 1996, S. 19, 30 f.; *Claussen*, Perspektiven für die Kommanditgesellschaft auf Aktien, in: Festschrift für Heinsius, 1991, S. 61, 72; *Herfs*, WiB 1997, 688, 690.

653 So auch im Ergebnis *Herfs*, in: Hoffmann-Becking (Hrsg.), Münchener Handbuch des Gesellschaftsrechts, Band 4: Aktiengesellschaft, § 77 Rdn. 18; *Goette*, DStR 1997, 1014, 1015; *Schaumburg*, DStZ 1998, 525, 532.

654 Vgl. auch *Ihrig/Schlitt*, ZHR Beiheft 67, 1998, 33, 66; a.A. *Overlack*, Der Komplementär in der GmbH & Co. KGaA, in: RWS-Forum (Hrsg.), Gesellschaftsrecht 1997, S. 237, 259; *Heermann*, ZGR 2000, 61, 82, 84. Auch über die Zulässigkeit eines Ausschlusses des Zustimmungsrechts gemäß § 164 S. 1 HGB im Gesellschaftsvertrag einer Publikums-GmbH & Co. KG musste der BGH bislang – soweit ersichtlich – noch nicht entscheiden.

3) Die AG als Vergleichsmaßstab

Um einen Maßstab für die Kompetenzverteilung innerhalb einer (börsennotierten) Publikums-GmbH & Co. KGaA zu begründen, können die rechtlichen Bestimmungen im Recht der AG zur Regelung der Mitwirkungsrechte der Aktionäre vergleichend herangezogen werden. So liegt es nahe, die AG als Vergleichsmaßstab heranzuziehen, da es sich in der Regel auch um eine Publikumsgesellschaft handelt, sämtliche Gesellschafter „nur“ mit ihrer Einlage in Aktien haften und letztlich nur mit den Rechtsformen der AG und KGaA ein Börsengang möglich ist. Zudem bestimmt sich die Rechtsstellung der Kommanditaktionäre der KGaA gemäß § 278 Abs. 3 AktG z.T. nach Aktienrecht.

a) Drei-Stufen-Anlegerschutzsystem in der AG

In der AG besteht ein dreistufiges Anlegerschutzsystem, welches bei Geschäftsfragen eine hinreichende sachliche Rückanbindung der Aktionäre an den Vorstand gewährleistet. Auf der ersten Stufe stehen die sog. gewöhnlichen oder täglichen Geschäfte, deren Vornahme allein dem Vorstand der AG in eigener Verantwortung obliegt (§§ 76 Abs. 1, 77 Abs. 1 AktG). Bei diesen Geschäftsführungsmaßnahmen, die für die Rentabilität und Liquidität der Gesellschaft nicht von erheblicher Bedeutung sind, haben weder die Hauptversammlung noch der Aufsichtsrat etwaige Mitwirkungsbefugnisse (arg. ex § 90 Abs. 1 Nr. 4 AktG). Diese wären aus praktischen Gesichtspunkten kaum vermittelbar. Sie sind auch nicht erforderlich, will man einen reibungslosen Geschäftshergang im Unternehmen bewahren. Auf der zweiten Stufe befinden sich die sog. außergewöhnlichen Geschäfte. Bei diesen Geschäften wird der Hauptversammlung einer AG kein Zustimmungsrecht zugestanden, welches mit dem der Kommanditaktionäre einer KGaA vergleichbar ist. Die Hauptversammlung hat bei Fragen der Geschäftsführung grundsätzlich keine eigene Zuständigkeit. Sie kann gemäß § 119 Abs. 2 AktG über Fragen der Geschäftsführung nur entscheiden, wenn der Vorstand es ausdrücklich verlangt[655]. Die weitgehende Rechtlosigkeit der Hauptversammlung der AG wird aber durch § 111 Abs. 4 S. 2 AktG kompensiert. Hiernach kann die Satzung oder der Aufsichtsrat durch Beschluss bestimmen, dass bestimmte Arten von Geschäften nur mit Zustimmung des Aufsichtsrats vorgenommen werden dürfen. Insoweit findet im Rahmen der AG bei der Vornahme von außergewöhnlichen Geschäften eine sachliche Rückanbindung der Aktionäre zumindest mittelbar über den Aufsichtsrat statt. Auf der dritten Stufe, die die sog. Grundlagen- bzw. Strukturentscheidungen umfasst, wird dem Anlegerschutz am stärksten Rechnung getragen. Bei diesen Entscheidungen hat die Hauptversammlung nach der sog. „Holzmüller"-Entscheidung[656] in jedem Fall ein Zustimmungsrecht.

b) Drei-Stufen-Anlegerschutzsystem in der kapitalistischen KGaA?

Fraglich ist, ob auch bei der kapitalistischen KGaA ein vergleichbares Anlegerschutzsystem besteht. Die Vornahme von gewöhnlichen bzw. täglichen Geschäften obliegt allein dem Geschäftsführer der Komplementärgesellschaft. Wie bei der AG haben auch hier die Hauptversammlung oder der Aufsichtsrat keine Mitwirkungsrechte. Anders verhält es sich dagegen bei den außergewöhnlichen Geschäftsführungsmaßnahmen. Da über § 278 Abs. 2 AktG Personengesellschaftsrecht Anwendung findet und die Hauptversammlung der KGaA über außergewöhnliche Geschäftsführungsmaßnahmen grundsätzlich mit zu entscheiden hat (§ 164 S. 1 letzter HS. HGB), kommt die Vorschrift des § 111 Abs. 4 S. 2 AktG bei der KGaA nicht zur Anwendung[657]. Auch eine analoge Anwen-

[655] Davon wird in der Praxis allerdings nur sehr selten Gebrauch gemacht; vgl. auch *Semler*, in: Hoffmann-Becking (Hrsg.), Münchener Handbuch des Gesellschaftsrechts, Band 4: Aktiengesellschaft, § 34 Rdn. 15. Das Vorlagerecht des Vorstands wird bei strukturverändernden Maßnahmen i.S.d. „Holzmüller"-Entscheidung (BGHZ 83, 122 = NJW 1982, 1703) allerdings zu einer Vorlagepflicht; vgl. hierzu *Hüffer*, Aktiengesetz, § 119 Rdn. 16 ff.

[656] BGHZ 83, 122 ff. = NJW 1982, 1703 ff.

[657] Zur Nichtanwendbarkeit von § 111 Abs. 4 S. 2 AktG vgl. *Barz*, in: Großkomm. z. AktG, Anm. 21, 28 zu § 278, Anm. 4 zu § 287; *Hüffer*, Aktiengesetz, § 278 Rdn. 15; MünchKommAktG/*Semler/Perlitt*, Vor § 278 Rdn. 40, § 278 Rdn. 193, 211, 282, § 287 Rdn. 43; *Dirksen/Möhrle*, ZIP 1998, 1377, 1385; *Ihrig/Schlitt*, ZHR Beiheft 67, 1998, 33, 64; *Kallmeyer*, ZGR 1983, 57, 68 f.; *Ladwig/Motte*, DStR 1996, 800, 805; a.A.: *Baumbach/Hueck*, AktG, § 287 Rdn. 2; *Godin/Wilhelmi*, AktG, § 287 Rdn. 2; *Raiser*, Recht der Kapitalgesellschaften, § 23 Rdn. 5.

dung des § 111 Abs. 4 S. 2 AktG kommt im Recht der kapitalistischen KGaA nicht in Betracht. Zwar wäre keine natürliche Person trotz persönlicher Haftung mehr in ihrer Entscheidung an den Aufsichtsrat gebunden, doch besteht für eine analoge Anwendung schon auf Grund der im Vergleich zur AG machtvolleren Hauptversammlung keine Regelungslücke. Zudem stünde eine analoge Anwendung von § 111 Abs. 4 S. 2 AktG im Widerspruch zur besonderen Leitungsmacht des Komplementärs[658]. Demnach ist der Aufsichtsrat nicht befugt, von sich aus eigene Zustimmungsrechte festzulegen. Auch § 119 Abs. 2 AktG gilt wegen § 278 Abs. 2 AktG für die Hauptversammlung nicht[659]. Wird das Zustimmungsrecht der Hauptversammlung in der Satzung ausgeschlossen, kann also weder die Hauptversammlung noch der Aufsichtsrat Einfluss auf außergewöhnliche Geschäftsführungsmaßnahmen des Komplementärs nehmen. Die Entscheidung über wichtige Geschäftsangelegenheiten liegt dann allein im Machtbereich der Komplementärgesellschaft[660]. Eine sachliche Rückanbindung an die Belange der Kommanditaktionäre findet bei außergewöhnlichen Geschäften nicht statt. Bei den Grundlagen- bzw. Strukturmaßnahmen als dritte Stufe gibt es keine Unterschiede zur AG. Auch hier steht der Hauptversammlung in Übertragung der Grundsätze aus der „Holzmüller"-Entscheidung[661] ein umfassendes Zustimmungsrecht zu[662].

Vergleicht man die Schutzsysteme der AG und der KGaA miteinander, ist festzustellen, dass dem Aktionär einer AG mit Ausnahme bei Grundlagen- und Strukturmaßnahmen kein unmittelbares Mitwirkungsrecht zugestanden wird. Auch in der AG, einer auf die Bedürfnisse einer (börsennotierten) Publikumsgesellschaft zugeschnittenen Gesellschaftsform, besteht damit keine direkte Rück-

---

658 Vgl. zur analogen Anwendbarkeit von § 111 Abs. 4 S. 2 AktG *Sethe*, AG 1996, 289, 297 f.; hierzu auch *Hommelhoff*, ZHR Beiheft, 67, 1998, 9, 17.

659 Zur Nichtanwendbarkeit von § 119 Abs. 2 AktG vgl. *Barz*, in: Großkomm z. AktG, Anm. 22 zu § 278; *Baumbach/Hueck*, AktG, § 278 Rdn. 6; *Mertens*, in: KölnerKomm z. AktG, § 278 Rdn. 56; MünchKommAktG/*Semler/Perlitt*, § 278 Rdn. 180 (Fußn. 363); *Herfs*, in: Hoffmann-Becking (Hrsg.), Münchener Handbuch des Gesellschaftsrechts, Band 4: Aktiengesellschaft, § 77 Rdn. 19; *Sethe*, Die personalistische Kapitalgesellschaft mit Börsenzugang, 1996, S. 148 (Fußn. 127), 151; *ders.*, AG 1996, 289, 291; *Durchlaub*, BB 1977, 1581, 1582; *Heermann*, ZGR 2000, 61, 70; *Ladwig/Motte*, DStR 1996, 800, 805.

660 So auch *Ihrig/Schlitt*, ZHR Beiheft 67, 1998, 33, 66; *Ladwig/Motte*, DStR 1996, 800, 805.

661 Vgl. BGHZ 83, 122 = NJW 1982, 1703.

662 Hierzu *Ihrig/Schlitt*, ZHR Beiheft 67, 1998, 33, 65; *Koch*, DB 2002, 1701, 1703; *Ladwig/Motte*, DStR 1996, 800, 805.

anbindung an die Interessen der Aktionäre bei außergewöhnlichen Geschäften. Daher könnte auch bei der KGaA ein Ausschluss des Zustimmungsrechts der Kommanditaktionäre als zulässig angesehen werden. Es bleibt jedoch zu beachten, dass der Vorstand einer AG einer ausreichenden Überwachung und Kontrolle durch den Aufsichtsrat ausgesetzt ist, was sich mittelbar anlegerschützend auswirkt. Diese Kontrollfunktion ist bei der KGaA nicht vorhanden. Damit kann zwangsläufig der Komplementärgesellschaft trotz ihrer starken Stellung in der Organisationsverfassung die alleinige Entscheidungsmacht bei außergewöhnlichen Geschäften nicht überlassen werden. Sofern eine Kompensation auch nicht durch eine Machtverteilung auf andere Gesellschaftsorgane gewährleistet wird[663], finden die Interessen der Kommanditaktionäre bei außergewöhnlichen Unternehmensentscheidungen keine angemessene Berücksichtigung innerhalb der kapitalistischen KGaA. Anders als bei der AG wird die Entscheidungsmacht einseitig auf die Seite der Geschäftsleitung verschoben. Es entsteht zwangsläufig eine Lücke im Anlegerschutz, die vor dem Hintergrund der z.T. erheblichen Kapitalbeteiligung der Kommanditaktionäre nicht im Aktionärs- bzw. gesellschaftsrechtlichen Interesse steht.

III. Zwischenergebnis

Es ist rechtlich unbefriedigend, dass der Gesetzgeber bei den einzigen Rechtsformen, mit denen ein Börsengang in Deutschland möglich ist, unterschiedliche Anforderungen an den Anlegerschutz stellt[664]. Der Beschluss des BGH ist nicht dahin gehend zu verstehen, dass nur auf Grund der organstrukturellen Vergleichbarkeit der Rechtsformen AG und KGaA auch gleich wirkende gesetzliche Anlegerschutzbestimmungen heranzuziehen sind. Der grundsätzliche Ansatzpunkt ist vielmehr darin zu sehen, dass das gesetzliche Regelungsgefälle zwischen der AG und der (börsennotierten) Publikums-GmbH & Co. KGaA angemessen ausgeglichen werden muss[665]. Es ist also eine Annäherung vor dem

---

663 Vgl. *Heermann*, ZGR 2000, 61, 79, 85; so im Ergebnis auch *Overlack*, Der Komplementär in der GmbH & Co. KGaA, in: RWS-Forum (Hrsg.), Gesellschaftsrecht 1997, S. 237, 259.

664 Vgl. in diesem Zusammenhang aber *Herfs*, in: Hoffmann-Becking (Hrsg.), Münchener Handbuch des Gesellschaftsrechts, Band 4: Aktiengesellschaft, § 77 Rdn. 18: „Was der Gesetzgeber bei der AG für den Schutz der Anleger als ausreichend erachtet hat, muss auch bei der KGaA ausreichen".

665 A.A. *Heermann*, ZGR 2000, 61, 81.

Hintergrund der für beide Rechtsformen in gleicher Weise geltenden gesellschaftsrechtlichen und kapitalmarktrechtlichen Voraussetzungen zu fordern, wenn auch nicht auf gesetzlichem, so aber doch auf statutarischem Wege[666]. Folgerichtig ist das Zustimmungsrecht der Kommanditaktionäre gemäß § 164 S. 1 HGB in einer (börsennotierten) Publikums-GmbH & Co. KGaA nicht kompensationslos ausschließbar, soll die Satzungsklausel einer richterlichen Inhaltskontrolle im Streitfall standhalten. Nur so kann der Forderung des BGH gerecht werden, Satzungsgestaltungen, die vom gesetzlichen Anlegerschutzleitbild bei der AG abweichen und zum Nachteil der Kommanditaktionäre wirken, nur in engeren Grenzen zuzulassen. Wie die Kompensation im konkreten Fall auszusehen hat, ist nach Auffassung des BGH dem Satzungsgesetzgeber überlassen.

IV. Mögliche Zustimmungsorgane

Wenn das Zustimmungsrecht der Kommanditaktionäre gemäß § 278 Abs. 2 AktG i.V.m. § 164 S. 1 HGB nicht kompensationslos abbedungen werden darf, bleibt zu klären, welchem Organ die Befugnis zu übertragen ist. Als maßgebliche Entscheidungsorgane kommen die Hauptversammlung oder der Aufsichtsrat in Betracht. Angesichts der bereits aufgeworfenen Zweifel stellt sich die Frage, ob es rechtlich zulässig und zweckmäßig ist, das (Kompensations-)Recht einem dieser beiden Organe zuzuweisen. Eine sinnvolle Alternative könnte ebenfalls der Beirat sein.

1) Hauptversammlung

Zunächst stellt sich die Frage, ob die Hauptversammlung das geeignete Organ für die Ausübung von Aktionärsrechten dieser Art ist. Dies wird mit Bezug auf das Zustimmungsrecht bei außergewöhnlichen Geschäftsführungsmaßnahmen im Schrifttum zumeist verneint[667]. Zwar könnte die Hauptversammlung eine direkte sachliche Rückanbindung an die Interessen der Kommanditaktionäre ge-

---

666 So im Ergebnis auch *Deutsche Schutzvereinigung für Wertpapierbesitz (DSW)*, Das Wertpapier 10/96, S. 70 f.; vgl. auch *Hennerkes/Lorz*, DB 1997, 1388, 1391.

667 Vgl. hierzu *Schlitt*, Die Satzung der Kommanditgesellschaft auf Aktien, 1999, S. 157; *Ihrig/ders.*, ZHR Beiheft 67, 1998, 33, 66 f.; *Heermann*, ZGR 2000, 61, 66; *Hommelhoff*, ZHR Beiheft 67, 1998, 9, 16 f.; *Schilling*, BB 1998, 1905, 1906; zumindest zweifelnd *Ladwig/Motte*, DStR 1997, 1539, 1541.

währleisten. Mit der Frage nach einem Zustimmungsrecht der Kommanditaktionäre bei außergewöhnlichen Geschäftsführungsmaßnahmen ist jedoch ein Aufgabenbereich angesprochen, in dem abhängig von der Art der Geschäfte und der Konjunkturlage sowie auf Grund der sich schnell ändernden Marktbedingungen und des erheblichen Konkurrenzdrucks oftmals und zu nicht vorhersehbaren Zeitpunkten innerhalb des Geschäftsjahres eilige Entscheidungen zu treffen sind. Die Einberufung einer außerordentlichen Hauptversammlung wäre theoretisch zwar möglich, in der Praxis in Anbetracht des hohen finanziellen, organisatorischen und personellen Aufwands jedoch problematisch[668]. Eine kurzfristige Einberufung wäre aber unumgänglich, da das Hinausschieben einer Entscheidung über die Geschäftsführungsmaßnahmen bis zur alljährlichen Hauptversammlung unternehmerisch und wirtschaftlich zumeist nicht möglich ist[669]. Die Vorstellung, eine börsennotierte Gesellschaft könne „jederzeit" eine Hauptversammlung zur Beteiligung der Aktionäre an außergewöhnlichen und grundlegenden Entscheidungen einberufen, ist praktisch kaum umzusetzen.

Darüber hinaus greifen auf die Argumente, die bereits gegen die Hauptversammlung als Organ bei der Frage der Verlagerung der Bestellungs- und Abberufungskompetenz sprechen[670]. Da Entscheidungen über außergewöhnliche Geschäftsführungsmaßnahmen keine Ausnahme sind, werden die Nachteile der Hauptversammlung als Kompetenzorgan noch deutlicher. Würden die Geschäfte der Zustimmung der Hauptversammlung unterworfen, wäre eine Lähmung des effektiven und planungssicheren Managements zu befürchten, da ein mit einer Vielzahl von Personen besetztes Organ zu einem effizienten und zügigen Zusammenwirken mit der Geschäftsführung kaum in der Lage wäre. Zudem hat die Gruppe der Kleinanleger in der Regel keinen tieferen Einblick in die Geschäftsinterna. Die in der Praxis häufig beklagte Unkenntnis der Aktionäre könnte nur durch eine entsprechende Information seitens der Gesellschaft über die beabsichtigte Geschäftsführungsmaßnahme ausgeglichen werden, wenn die Kommanditaktionäre ihr Zustimmungsrecht in der Hauptversammlung wirksam ausüben sollten. Aber gerade die Passivität der Aktionäre ist bei anstehenden Entscheidungen als weit verbreitetes Problem börsennotierter Gesellschaften be-

---

[668] Vgl. auch *Schlitt*, Die Satzung der Kommanditgesellschaft auf Aktien, 1999, S. 157.
[669] Vgl. *Heermann*, ZGR 2000, 61, 66.
[670] Vgl. hierzu § 8 F. I. 1).

kannt. Die erforderliche Informationsvermittlung könnte in vielen Fällen nicht gewährleistet werden, so dass das Zustimmungsrecht nicht sachgerecht ausgeübt würde[671]. Die Passivität der Aktionäre schlägt sich auch in der schwachen Frequentierung der Hauptversammlungen nieder, da das Stimmrecht der einzelnen Aktionäre häufig den depotverwaltenden Kreditinstituten zur Ausübung übertragen wird. Das Fernbleiben der Aktionäre wird allgemein als wirtschaftlich rationales Verhalten erachtet, so dass der Schluss nahe liegt, dass auf die unmittelbare Ausübung der Zustimmungsrechte durch die Hauptversammlung generell verzichtet werden kann[672]. Im Übrigen zeigt auch die vom Markt akzeptierte Vorzugsaktie, die stark zugenommene Ausgabe von Genussrechten und der Trend hin zu Beteiligung an Investmentfonds oder an anderen verwalteten Kapitalanlagen, dass nicht jeder Aktionär Wert auf eine unmittelbare Mitwirkung an der Geschäftsführung legt, sondern ihm die Stellung als reiner Kapitalgeber ausreicht[673]. Zudem besteht die große Ungewissheit, ob die Hauptversammlung überhaupt dem in Frage stehenden Beschluss zustimmen würde. Aus Unternehmersicht kommt noch erschwerend hinzu, dass Hauptversammlungsbeschlüsse grundsätzlich dem Anfechtungsrecht und somit einem Anfechtungsrisiko unterliegen. Ein solcher Schwebezustand wäre für eine erfolgreiche Geschäftsführung nicht sachdienlich und würde eine fortwirkende Planungsunsicherheit für wichtige Folgeentscheidungen mit sich ziehen[674]. Diese Aspekte belegen, dass mit der Hauptversammlung als Zustimmungsorgan viele Nachteile verbunden sind. Sie entstammen vornehmlich praxisorientierten Überlegungen, stehen aber im Einklang mit dem AktG und den modernen Vorstellungen eines angemessenen und ausreichenden Aktionärsschutzes im Hinblick auf gesellschaftsrechtliche Mitwirkungsrechte.

---

671 Vgl. *Hommelhoff*, ZHR Beiheft 67, 1998, 9, 20; vgl. *Schäfer/Casper*, in: Diskussionsbericht zu Ulmer (Hrsg.), Die GmbH & Co. KGaA nach dem Beschluss BGHZ 134, 392, ZHR Beiheft 67, 1998, 87.

672 Vgl. *Schäfer/Casper*, in: Diskussionsbericht zu *Ulmer* (Hrsg.), Die GmbH & Co. KGaA nach dem Beschluss BGHZ 134, 392, ZHR Beiheft 67, 1998, 87 f. A.A. *Dirksen/Möhrle*, ZIP 1998, 1377, 1385 f.; *Hennerkes/Lorz* DB 1997, 1391, die einen in der Satzung festgelegten enumerativen Katalog von Zustimmungsvorbehalten für die Kommanditaktionäre für sinnvoll erachten.

673 Vgl. auch *Sethe*, Die personalistische Kapitalgesellschaft mit Börsenzugang, 1996, S. 250; *ders.*, AG 1996, 289, 294 f.; *Hartel*, DB 1992, 2329.

674 Vgl. *Ihrig/Schlitt*, ZHR Beiheft 67, 1998, 33, 67; *Dirksen/Möhrle*, ZIP 1998, 1377, 1386; *Ladwig/Motte*, DStR 1997, 1539, 1541; *Priester*, ZHR 160 (1996), 250, 262; *Schilling*, BB 1998, 1905, 1906.

2) Aufsichtsrat

Neben der Hauptversammlung kommt auch der Aufsichtsrat als maßgeblicher Entscheidungsträger für das Zustimmungsrecht aus § 164 S. 1 HGB in Betracht[675]. Auch wenn das Zustimmungsrecht der Kommanditaktionäre – wie bereits angesprochen[676] – in der Satzung ausgeschlossen werden kann, ist es dem Aufsichtsrat verwehrt, bestimmte Geschäfte seiner vorherigen Zustimmung zu unterwerfen, da die Vorschrift des § 111 Abs. 4 S. 2 AktG im Recht der (kapitalistischen) KGaA keine Anwendung findet[677]. Gleichwohl besteht die Möglichkeit, den Einfluss des Aufsichtsrats durch eine privatautonome Zuständigkeitserweiterung freiwillig zu stärken. So kann die Satzung dem Aufsichtsrat eigene Zustimmungsvorbehalte entsprechend den Vorgaben des § 111 Abs. 4 S. 2 AktG einräumen, da ausnahmslos eine Besserstellung der Rechtsposition bewirkt wird[678]. Werden dem Aufsichtsrat in der Gründungssatzung Zustimmungsrechte zugestanden[679], wird sich eine richterliche Inhaltskontrolle erübrigen, wenn alle an sich der Zustimmung der Hauptversammlung unterliegenden außergewöhnlichen Geschäftsführungsmaßnahmen erfasst sind[680]. Die freiwillige Statuierung von Zustimmungsrechten drückt ein Eingeständnis an die dem Gesetz nach fehlende Machtbalance zwischen den beiden Gesellschaftergruppen aus, um zumindest ein gewisses Gleichgewicht im Kompetenzgefüge des Unternehmens zu erreichen. Der Komplementärgesellschafter will im Hinblick auf die Marktak-

---

[675] Vgl. *Ihrig/Schlitt*, ZHR Beiheft 67, 1998, 33, 67; *Priester*, ZHR 160 (1996), 250, 262.

[676] Vgl. hierzu bereits § 16 C.

[677] Vgl. hierzu § 16 D. II. 2) b).

[678] Vgl. MünchKommAktG/*Semler/Perlitt*, Vor § 278 Rdn. 58; *Sethe*, Die personalistische Kapitalgesellschaft mit Börsenzugang, 1996, S. 150; *ders.*, AG 1996, 289, 298.

[679] Vgl. die empirische Untersuchung von *Grafmüller*, Die Kommanditgesellschaft auf Aktien als geeignete Rechtsform für börsenwillige Familienunternehmen, 1994, S. 310, der belegt, dass mehr als die Hälfte aller KGaA dem Aufsichtsrat Rechte nach § 111 Abs. 4 AktG einräumen. Dieses ist heute bei einer Vielzahl der neugegründeten Unternehmen nicht mehr der Fall; vgl. aber u.a. Satzungen der 1. FC Köln GmbH & Co. KGaA (§ 12 Abs. 2); Düker AG & Co. KGaA (§ 10 Abs. 2); eff-eff Fritz Fuss GmbH & Co. KGaA (§ 11 Abs. 2); Eurokai KGaA (§ 7); Lindner KGaA (§ 12 Abs. 4); Mühlbauer Holding GmbH & Co. KGaA (§ 10 Abs. 2); Süd Private Equity GmbH & Co. KGaA (§ 18 Abs. 2). So halten auch *Schlitt*, Die Satzung der Kommanditgesellschaft auf Aktien, 1999, S. 157; *Ihrig/ders.*, ZHR Beiheft 67, 1998, 33, 67 f. und *Hommelhoff*, ZHR Beiheft 67, 1998, 9, 16 ff. eine Zuweisung der Zustimmungsrechte an den Aufsichtsrat für sinnvoll.

[680] Vgl. *Ihrig/Schlitt*, ZHR Beiheft 67, 1998, 33, 67; hierzu auch *Herfs*, in Hoffmann-Becking (Hrsg.), Münchener Handbuch des Gesellschaftsrechts, Band 4: Aktiengesellschaft, § 77 Rdn. 18; *Hennerkes/Lorz*, DB 1997, 1388, 1391.

zeptanz keine Ausuferung der Benachteiligung der Kommanditaktionäre zulassen. Dieser Kompetenzzuwachs des Aufsichtsrats wird aber in der Regel nicht im unternehmerischen Interesse liegen, da der Aufsichtsrat eine große Machtfülle innerhalb der Gesellschaft erhalten würde. Hier wirken sich auch die umfassende Inkompatibilitätsregelung bzw. die fehlenden Entsendungsrechte erschwerend aus, da weder der persönlich haftende Gesellschafter selbst sowie die Allein- bzw. beherrschenden Gesellschafter und die Geschäftsführer der Komplementärgesellschaft trotz eventueller Beteiligung am Kommanditaktienkapital bei der Besetzung des Aufsichtsrats berücksichtigt werden können[681]. Die Entscheidung über die Zustimmung im Aufsichtsrat könnte ohne Einwirkungsmöglichkeiten der Komplementärgesellschaft und ihrer Geschäftsführung gefällt werden. Darüber hinaus müsste der Unternehmer in Kauf nehmen, dass durch die Besetzung des Aufsichtsrats mit Arbeitnehmern (§ 96 AktG i.V.m. § 1 MitbestG, § 76 Abs. 1 BetrVG 1952) eine Art der Mitbestimmung eingeführt würde, die durch die Wahl der Rechtsform einer kapitalistischen KGaA gerade vermieden werden sollte[682]. Die fehlende Mitbestimmung des Aufsichtsrats und die dadurch weitestgehend ungehinderte Geschäftsführung sind zumeist die ausschlaggebenden Punkte für den Unternehmensgründer, die Rechtsform der kapitalistischen KGaA zu wählen[683]. Zwingende Zustimmungsrechte des Aufsichtsrats bei außergewöhnlichen Geschäftsführungsmaßnahmen würden der Akzeptanz und der Verbreitung der GmbH & Co. KGaA hinderlich sein. Alles in allem kann zwar durch die Zuweisung von Zustimmungsrechten an den Aufsichtsrat eine mittelbare sachliche Rückanbindung an die Interessen der Kommanditaktionäre, d.h. ein angemessener Ausgleich zwischen Komplementär und Kommanditaktionären erreicht werden. Mit dem Interesse der Unternehmensleitung gerade bei ehemaligen Familiengesellschaften, die ihre Aktien am freien Markt oder an der Börse handeln wollen, ist dies aber nicht in Einklang zu bringen.

---

681 Vgl. hierzu § 11 B. und C.

682 Vgl. auch *Dirksen/Möhrle*, ZIP 1998, 1377, 1386.

683 *Herfs*, Die Satzung der börsennotierten GmbH & Co. KGaA – Gestaltungsfreiheit und Grenzen, in: Gesellschaftsrechtliche Vereinigung (Hrsg.), Gesellschaftsrecht in der Diskussion, 1999, S. 23, 44.

3) Beirat

Da das Zustimmungsrecht gemäß § 164 S. 1 HGB weder von der Hauptversammlung noch vom Aufsichtsrat in sachgerechter Weise ausgeübt werden kann, sollte auf den Beirat als Entscheidungsorgan zurückgegriffen werden. Zunächst kann ein Beirat den gesetzesimmanenten Besonderheiten der kapitalistischen KGaA in umfassender Weise Rechnung tragen. Wird das Zustimmungsrecht gemäß § 164 S. 1 HGB nicht vollständig in der Satzung ausgeschlossen, sondern auf den Beirat übertragen, kann der missbräuchlichen Ausweitung der Rechte der Komplementärgesellschaft vorgebeugt werden[684]. Diese Rechtsübertragung stellt indes keine völlige Entmachtung der Hauptversammlung als Gesellschaftsorgan dar, da gesetzlich zugewiesene Kompetenzen, wie z.B. die Feststellung des Jahresabschlusses, unabänderlich bei der Hauptversammlung verbleiben[685]. Die Übertragung schränkt insofern nicht die Rechte der Kommanditaktionäre ein, vielmehr erweitert sie diese.

a) Katalog zustimmungsbedürftiger Geschäfte i.S.d. § 164 HGB

Welche Geschäfte i.S.d. § 164 HGB dem Beirat letztlich übertragen wird, liegt im Ermessen der Komplementärgesellschaft. So könnten u.a. folgende Geschäfte der interessengerechten Zustimmung des Beirats unterstellt werden: Die Billigung des Jahresbudgets einschließlich des Investitions- und Finanzplans; die Gründung, die Auflösung der Gesellschaft, der Erwerb oder die Veräußerung von Unternehmen sowie der Erwerb oder die Veräußerung von Unternehmensbeteiligungen, die Entscheidung über die Ergebnisverwendung in Tochter- und Beteiligungsunternehmen, der Abschluss oder die Beendigung von Unternehmensverträgen i.S.d. §§ 291, 292 AktG, Tantiemeregelungen und Pensionszusagen für Mitarbeiter der Führungsebene, die Aufnahme oder Gewährung von Krediten, die Ausgabe von Schuldverschreibungen, die Übernahme von Bürgschaften, Darlehen oder ähnliche Geschäfte, soweit die Beträge einen von der Gesellschaft konkret bestimmten Betrag übersteigen, und der Erwerb, die Ver-

---

[684] Vgl. u.a. *Dirksen/Möhrle*, ZIP 1998, 1377, 1386; *Hennerkes/Lorz*, DB 1997, 1388, 1391; *Hommelhoff*, ZHR Beiheft 67, 1998, 9, 18; *Ihrig/Schlitt*, ZHR Beiheft 67, 1998, 33, 68; *Schilling*, BB 1998, 1905, 1906.

[685] Vgl. zur rechtspraktischen Unverträglichkeit der Feststellungskompetenz der Hauptversammlung *Hommelhoff*, ZHR Beiheft 67, 1998, 9, 20.

äußerung oder Belastung eigener Grundstücke oder grundstücksgleicher Rechte[686]. Wird dem Beirat die Abberufungs- und Bestellungskompetenz im Hinblick auf den Geschäftsführer der Komplementärgesellschaft übertragen[687], kann der Anlegerschutz durch eine angemessene personelle und sachliche Rückanbindung abgesichert werden, ohne dass es zu einer den Geschäftsverlauf hemmenden, konkurrierenden oder kollidierenden Kompetenzverteilung kommt[688].

b) Besetzung des Beirats

Weiterer Vorteil des Beirats als Zustimmungsorgan ist es, dass er entsprechend der wirtschaftlichen Beteiligungsverhältnisse gerecht mit Vertretern beider Gesellschaftergruppen besetzt werden kann[689]. Eine unerwünschte Mitbestimmung entsteht im Unterschied zum Aufsichtsrat nicht. Zudem ist der Beirat auf Grund der Schnelligkeit bei der Entscheidungsfindung, der besseren Sachkunde und der Wahrung von Vertraulichkeit flexibler und effektiver einsetzbar als die Hauptversammlung[690]. Gerade der Geheimhaltung kommt im Bereich wichtiger Unternehmensentscheidungen eine besondere Bedeutung zu, da diese zumeist nicht an die Öffentlichkeit gelangen dürfen, will man den unternehmerischen Erfolg nicht gefährden. Die Gefahr von vorschneller Publizität von wichtigen Entscheidungen kann durch einen kleingliedrigen Beirat minimiert werden.

E. Resümee

Anders als in der gesetzestypischen bzw. klassischen KGaA darf in einer (börsennotierten) Publikums-GmbH & Co. KGaA das Zustimmungsrecht zu außergewöhnlichen Geschäften nicht vollständig abbedungen werden. Gleichwohl muss es nicht unmittelbar der Gesamtheit der Kommanditaktionäre zustehen. Mit Blick auf den Anlegerschutz und die Interessen des Unternehmensgründers

---

[686] Vgl. zu derartigen Zustimmungsgeschäften auch *Hartel*, Die Unternehmer-AG, 1996, S. 148 f.; *Korts/Korts*, Der Weg zur börsennotierten Aktiengesellschaft, 1999, S. 39.

[687] Vgl. hierzu § 8 G. II. und § 9 C.

[688] Vgl. *Hommelhoff*, ZHR Beiheft 67, 1998, 9, 18; dazu allerdings *Schäfer/Casper*, Diskussionsbericht in Ulmer (Hrsg.), Die GmbH & Co. KGaA nach dem Beschluß BGHZ 134, 392, 87.

[689] Vgl. hierzu bereits § 8 G. III.; vgl. auch *Schlitt*, Die Satzung der Kommanditgesellschaft auf Aktien, 1999, S. 157; *Ihrig/ders.*, ZHR Beiheft 67, 1998, 33, 68.

[690] Vgl. *Dirksen/Möhrle*, ZIP 1998, 1377, 1386.

bzw. der Komplementärgesellschafter ist es zweckmäßig, das Zustimmungsrecht aus § 164 HGB einem interessengerecht besetzten Beirat zu übertragen. Durch diese Übertragung kann nicht nur ein angemessener Schutz der Kapitalgeber bewirkt werden, es können auch die Interessen des Unternehmensgründers bzw. der Komplementärgesellschafter in ausreichendem Maße berücksichtigt werden. Wird das Zustimmungsrecht der Kommanditaktionäre gemäß § 164 HGB in der Satzung kompensationslos ausgeschlossen, werden solche Satzungsklauseln, die den Kommanditaktionären jegliche Mitwirkung an der Geschäftsführung versagen, einer richterlichen Inhaltskontrolle gemäß § 242 BGB nicht standhalten.

F. Schaubild des „Beirat-Modells" bei Publikums-GmbH & Co. KGaA

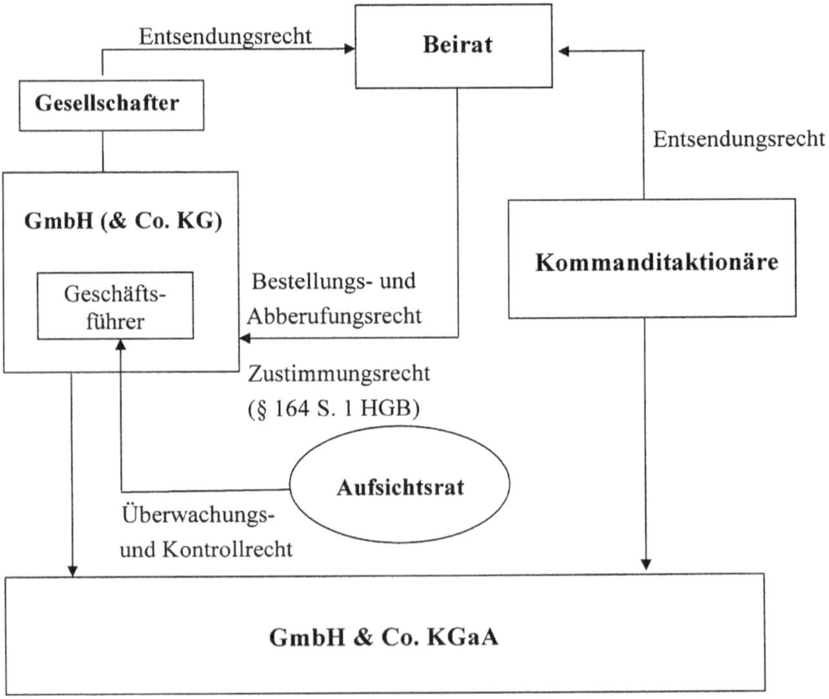

§ 17 Erweiterung der Zustimmungsvorbehalte aus § 285 Abs. 2 AktG

Neben der Frage, ob in der Satzung einer kapitalistischen KGaA ein kompensationsloser Ausschluss des Zustimmungsrechts aus § 164 HGB erfolgen darf, hat der BGH die durch Satzungsgestaltung grundsätzlich mögliche Erweiterung des gesetzlichen Zustimmungsvorbehalts für Hauptversammlungsbeschlüsse aus § 285 Abs. 2 S. 1 AktG zu Gunsten des Komplementärs als weiteres Rechtsanwendungsproblem des Anlegerschutzes vor dem Hintergrund einer richterlichen Inhaltskontrolle angesprochen[691].

A. Problemstellung

Gegenüber den Stimmrechtsregelungen in § 285 Abs. 1 AktG bestimmt § 285 Abs. 2 S. 1 AktG, dass die Beschlüsse der Hauptversammlung immer dann der Zustimmung des persönlich haftenden Gesellschafters bedürfen, soweit sie Angelegenheiten betreffen, für die bei einer KG das Einverständnis der persönlich haftenden Gesellschafter und der Kommanditisten erforderlich ist. Hiervon umfasst sind alle Beschlüsse, die Satzungsänderungen und sonstige Grundlagen (Unternehmensverträge, Auflösung, Verschmelzung, Formwechsel etc.) des Unternehmens zum Inhalt haben[692]. Durch das Zustimmungsrecht wird sichergestellt, dass die gesellschaftsinternen Grundlagen nicht eigenmächtig durch die Kommanditaktionäre geändert werden, denn ohne eine Zustimmung des persönlich haftenden Gesellschafters ist ein wirksamer Beschluss nicht möglich. Die überwiegende Literatur spricht daher zu Recht von einem Vetorecht des Komplementärs[693]. Über die genannten Zustimmungsrechte hinaus werden Satzungsgestaltungen für zulässig gehalten, die den Katalog der zustimmungsbedürftigen Geschäfte zu Gunsten einzelner oder aller persönlich haftenden Gesellschafter

---

691 Vgl. BGHZ 134, 392, 399 f. = ZIP 1997, 1027, 1029.

692 *Barz*, in: Großkomm. z. AktG, Anm. 8 zu § 285; *Hüffer*, Aktiengesetz, § 285 Rdn. 2; *Mertens*, in: KölnerKomm z. AktG, § 285 Rdn. 18. Das gilt nach h.M. auch für Beschlüsse über die Durchführung von außergewöhnlichen Geschäftsführungsmaßnahmen; vgl. hierzu *Hüffer*, Aktiengesetz, § 285 Rdn. 2; MünchKommAktG/*Semler/Perlitt*, § 285 Rdn. 42; a.A. *Mertens*, in: KölnerKomm z. AktG, § 285 Rdn. 19.

693 Vgl. *Binz/Sorg*, DB 1997, 313, 315; *Haase*, GmbHR 1997, 917, 920; *Hartel*, DB 1992, 2329, 2330; *Ihrig/Schlitt*, ZHR, Beiheft 67, 1998, 33, 69; *Priester*, ZHR 160 (1996), 250, 253.

erweitern[694]. Die herrschende Stellung des Komplementärs kann also über § 285 Abs. 2 S. 1 AktG hinaus noch gestärkt werden. Zwangsläufige Folge ist eine Verschiebung der gesellschaftlichen Machtbalance zwischen den Gesellschaftergruppen und letztendlich eine noch stärkere Beeinträchtigung des Anlegerschutzes. Zu beachten ist, dass der Zustimmungsvorbehalt des persönlich haftenden Gesellschafters nicht ausnahmslos gilt. Neben den in § 285 Abs. 1 S. 2 AktG genannten Fällen, erstreckt sich das Vetorecht gemäß § 285 Abs. 2 S. 2 AktG nicht auf Beschlüsse über die Bestellung von Prüfern und auf Ansprüche der Gesellschaft aus der Gründung oder Geschäftsführung. In diesen Fällen kann den Komplementären von Gesetzeswegen kein weitergehender Zustimmungsvorbehalt eingeräumt werden[695].

B. Reichweite des Zustimmungsvorbehalts

Das Zustimmungsrecht kann nach bisher überwiegender Meinung auch die Beschlussfassung über die Verwendung des Bilanzgewinns, d.h. den Gewinnverwendungsbeschluss (§ 174 AktG), umfassen[696]. Grundlage für den Gewinnverwendungsbeschluss ist der festgestellte Jahresabschluss (§ 286 AktG). Im Rahmen des Gewinnverwendungsbeschlusses steht es der Hauptversammlung frei, zu entscheiden, ob der Bilanzgewinn in die freie Rücklage eingestellt (§ 58 Abs. 3 AktG), als Gewinn vorgetragen (§ 58 Abs. 3 S. 1 Fall 2 AktG) oder als Bilanzgewinn an die einzelnen Kommanditaktionäre ausgeschüttet wird (§ 60

---

694 *Hüffer*, Aktiengesetz, § 285 Rdn. 2; *Mertens*, in: KölnerKomm. z. AktG, § 285 Rdn. 17; *Fischer*, Die Kommanditgesellschaft auf Aktien nach dem Mitbestimmungsgesetz, 1982, S. 102; *Knur*, Die Eignung der Kommanditgesellschaft auf Aktien für Familienunternehmen, in: Festschrift für Flume, Band II, 1978, S. 173, 184 f.; *Schlitt*, Die Satzung der Kommanditgesellschaft auf Aktien, 1999, S. 213; *Sethe*, Die personalistische Kapitalgesellschaft mit Börsenzugang, 1996, S. 126; *Haase*, GmbHR 1997, 917, 920; *Schaumburg*, DStZ 1998, 525, 532.

695 Vgl. *Hüffer*, Aktiengesetz, § 285 Rdn. 3; *Heermann*, ZGR 2000, 61, 68.

696 *Mertens*, in: KölnerKomm. z. AktG, § 285 Rdn. 17 und § 286 Rdn. 6; ferner MünchKommAktG/*Semler/Perlitt*, § 278 Rdn. 372, § 285 Rdn. 45, § 286 Rdn. 80; *Fischer*, Die Kommanditgesellschaft auf Aktien nach dem Mitbestimmungsgesetz, 1982, S. 102; *Herfs*; in Hoffmann-Becking (Hrsg.), Münchener Handbuch des Gesellschaftsrechts, Band 4: Aktiengesellschaft, § 79 Rdn. 19; *Sethe*, Die personalistische Kapitalgesellschaft mit Börsenzugang, 1996, S. 126; *ders.*, DB 1998, 1044, 1045; *Wichert*, Die Finanzen der Kommanditgesellschaft auf Aktien, 1999, S. 157; *Hartel*, DB 1992, 2329, 2335. Vgl. u.a. Satzungen der Engelhorn KGaA (§ 20 Abs. 5 i.V.m. § 22 Abs. 1) und Merck KGaA (§ 25 Abs. 1).

AktG). Die Gewinnverteilung zwischen den Gesellschaftergruppen unterliegt vielfältigen Gestaltungsmöglichkeiten in der Satzung. So kann das Jahresergebnis im Verhältnis von Vermögenseinlage zu Grundkapital aufgeteilt, eine feste Vergütung für die Vermögenseinlage geleistet werden, oder die Komplementäre erhalten einen bestimmten Prozentsatz des Jahresüberschusses als Gewinnanteil bzw. eine bestimmte Gewinnbeteiligung, auch wenn keine Vermögenseinlage geleistet wurde[697]. Der Beschluss über die Verwendung des Bilanzgewinnes gemäß § 174 AktG ist – soweit ersichtlich – der einzige Anwendungsfall, bei dem eine Erweiterung des Zustimmungsvorbehalts in Frage kommt.

In der Praxis wird bei börsennotierten Gesellschaften der Gewinnverwendungsbeschluss der Hauptversammlung in der Regel nicht an die Zustimmung des persönlich haftenden Gesellschafters gebunden[698], da den Kommanditaktionären ein Mindestmaß an Entscheidungsrechten zugebilligt und auf diesem Weg positive Impulse für die Marktakzeptanz beim Anleger erzeugt werden soll. Fraglich ist allerdings, ob die Statuierung eines Zustimmungsvorbehalts zur Gewinnverwendung zu Gunsten des Komplementärs nicht schon von Gesetzes wegen unzulässig ist.

C. Kein Zustimmungs-/ Vetorecht beim Gewinnverwendungsbeschluss

Ein erweiterter Zustimmungsvorbehalt muss dann für unzulässig erklärt werden, wenn das Beschlussrecht der Hauptversammlung nicht ohne weiteres entzogen werden darf. Zur Beantwortung der Frage muss das Personengesellschaftsrecht mit dem Recht der AG verglichen werden. Im Recht der KG obliegt es der Gesellschafterversammlung, am Ende des Geschäftsjahres über die Gewinnverwendung zu beschließen (vgl. § 120 HGB)[699]. Danach müssen sowohl die per-

---

[697] Vgl. *Wichert*, Die Finanzen der Kommanditgesellschaft auf Aktien, 1999, S. 146 f.; dazu auch *Grafmüller*, Die Kommanditgesellschaft auf Aktien als geeignete Rechtsform für börsenwillige Familienunternehmen, 1994, S. 317.

[698] So u.a. Satzungen der Henkel KGaA (§ 35 Abs. 2); HSBC Trinkaus & Burkhardt (§ 30 Abs. 2); Lindner Holding KGaA (§ 22 Abs. 5); Merkur Bank KGaA (§ 32 Abs. 3) und TFG Venture Capital AG & Co. KGaA (§ 22 Abs. 5); Die Satzungen der eff-eff Fritz Fuss GmbH & Co. KGaA (§ 21 Abs. 5); Merck KGaA (§ 31 Abs. 3) und Mühlbauer Holding AG & Co. KGaA (§ 19 Abs. 5) sehen dagegen einen Zustimmungsvorbehalt der Komplementärgesellschaft vor.

[699] Vgl. hierzu nur *Baumbach/Hopt*, HGB, § 120 Rdn. 8.

sönlich haftenden Gesellschafter als auch die Kommanditisten an der Entscheidung beteiligt werden. Bei der AG hat der Vorstand gegenüber der Hauptversammlung lediglich ein Vorschlagsrecht für die Gewinnverwendung (§ 170 Abs. 2 AktG). Hier beschließt die Hauptversammlung über die Gewinnverwendung allein (§§ 119 Abs. 1 Nr. 2, 174 AktG). Für die KGaA finden sich hingegen keine kompetenzverleihenden Vorschriften.

Für die Zulässigkeit eines Vetorechts des Komplementärs beim Gewinnverwendungsbeschluss spricht, dass das Beschlussrecht ansonsten der Hauptversammlung explizit über § 285 Abs. 1 S. 2 oder § 285 Abs. 2 S. 2 AktG zugewiesen sein müsste. Für eine Alleinzuständigkeit der Hauptversammlung ist aber anzuführen, dass der persönlich haftende Gesellschafter nach dem gesetzlichen Leitbild gemäß §§ 283 Nr. 9, 170 Abs. 2 AktG lediglich einen Vorschlag zur Gewinnverwendung machen kann, der vom Aufsichtsrat zu prüfen ist (§ 171 Abs. 1 AktG). Ein eigenständiges Zustimmungsrecht soll dem Komplementär also nicht zukommen. Daher müssen die gleichen Grundsätze wie für den Vorstand einer AG gelten (§ 278 Abs. 3 AktG i.V.m. § 174 Abs. 1 AktG); die Vorschrift des § 285 Abs. 2 AktG hat insoweit abschließenden Charakter[700]. Bei dem Beschlussrecht über die Gewinnverwendung handelt es sich mithin um ein ausschließliches Recht der Gesamtheit der Kommanditaktionäre (§ 278 Abs. 3 AktG i.V.m. §§ 119 Abs. 1 Nr. 2, 174 AktG)[701]. Darüber hinaus besteht kein Bedarf, der Komplementärgesellschaft selbst ein Vetorecht zu gewähren, da der Gewinnverwendungsbeschluss nur den unter den Kommanditaktionären zu verteilenden Gewinn betrifft und der Komplementärgesellschaft schon ein Zustimmungsrecht zum Beschluss der Hauptversammlung über die Feststellung des Jahresabschlusses (§ 286 Abs. 1 S. 2 AktG) zusteht. Daneben wird der auf die Komplementäre entfallende Gewinn bereits im Jahresabschluss bei der Ermitt-

---

[700] Vgl. *Ihrig/Schlitt*, ZHR Beiheft 67, 1998, 33, 69 f.

[701] Vgl. *Assmann/Sethe*, in: Großkomm. z. AktG, § 285 Rdn. 82; *Wichert*, AG 2000, 268, 270, der in diesem Zusammenhang vom vermögensrechtlichen Kernbereich der Kommanditaktionäre spricht. Für die Unzulässigkeit von zusätzlichen Vetorechten zu Gunsten des Komplementärs MünchKommAktG/*Semler/Perlitt*, § 278 Rdn. 372; *Schlitt*, Die Satzung der Kommanditgesellschaft auf Aktien, 1999, S. 213; *Ihrig/ders.*, ZHR Beiheft 67, 1998, 33, 68 ff.; zumindest zweifelnd *Hennerkes/Lorz*, DB 1997, 1388, 1391 f.; a.A. *Herfs*, in: Hoffmann-Becking (Hrsg.), Münchener Handbuch des Gesellschaftsrechts, Band 4: Aktiengesellschaft, § 77 Rdn. 34.

lung des Bilanzgewinns in Abzug gebracht[702]. Schlussfolgernd kann die Satzung der Komplementärgesellschaft kein weiteres Zustimmungs- bzw. Vetorecht einräumen[703].

An dieser Stelle muss hinterfragt werden, ob das Alleinentscheidungsrecht der Hauptversammlung Allgemeingültigkeit beanspruchen kann oder ob auf Grund der besonderen Gesellschaftsstruktur Ausnahmetatbestände zuzulassen sind. Bei dieser Frage muss im Hinblick auf die tatsächliche Kapitalbeteiligung der Komplementärgesellschaft differenziert werden. Die Einräumung von weiteren Zustimmungsvorbehalten in der Satzung ist jedenfalls dann unzulässig, wenn der persönlich haftende Gesellschafter nicht oder nur unwesentlich mit einer Vermögenseinlage oder Aktien an der GmbH & Co. KGaA beteiligt ist. In diesem Fall ist ein abweichender Zustimmungsvorbehalt in der Satzung der Gesellschaft nicht zu rechtfertigen. Vertragsklauseln, die trotz mangelnder Kapitalbeteiligung der persönlich haftenden Gesellschafter durch die Einführung von Vetorechten auf eine Verkürzung der Anlegerrechte abzielen, werden einer Angemessenheitskontrolle nicht standhalten und sind unzulässig. Auch bei einer wesentlichen Kapitalbeteiligung des Komplementärs könnte nur dann eine Ausnahme gerechtfertigt sein, wenn den Kommanditaktionären entsprechende Kompensationsrechte zustünden. Lediglich bei einer personalistisch strukturierten (Familien-)KGaA kann der Gewinnverwendungsbeschluss der Hauptversammlung an eine Mitwirkung bzw. an ein Vetorecht des Komplementärs geknüpft werden[704]. Für die Praxis empfiehlt sich allerdings nicht, dem persönlich haftenden Gesellschafter ein über das Vorschlagsrecht hinausgehendes Vetorecht beim Gewinnverwendungsbeschluss zuzubilligen, da eine solche Kompetenzaufteilung auf

---

702 Vgl. *Assmann/Sethe*, in: Großkomm. z. AktG, § 285 Rdn. 82; *Sethe*, DB 1998, 1044, 1045; *Wichert*, AG 2000, 268, 270.

703 So im Ergebnis auch MünchKommAktG/*Semler/Perlitt*, § 286 Rdn. 28; *Schlitt*, Die Satzung der Kommanditgesellschaft auf Aktien, 1999, S. 213; *Ihrig/Schlitt*, ZHR Beiheft 67, 1998, 33, 69 f.; *Wichert*, AG 2000, 268, 270; so wohl auch *Schrick*, NZG 2000, 409, 412; a.A. *Herfs*, in: Hoffmann-Becking (Hrsg.), Münchener Handbuch des Gesellschaftsrechts, Band 4: Aktiengesellschaft, § 77 Rdn. 34, § 79 Rdn. 19; *Mertens*, in: KölnerKomm z. AktG, § 285 Rdn. 17, § 286 Rdn. 6; *Schaumburg/Schulte*, Die KGaA – Recht und Steuern in der Praxis, 2000, Rdn. 58; zumindest zweifelnd *Hennerkes/Lorz*, DB 1997, 1388, 1392.

704 So auch *Schaumburg*, DStZ 1998, 525, 532; Schlitt, Die Satzung der Kommanditgesellschaft auf Aktien, 1999, S. 213; a.A. *Wichert*, AG 2000, 268, 270, der eine Erweiterung des Vetorechts des Komplementärs bei allen Erscheinungsformen der KGaA für unzulässig erachtet.

verschiedene Gesellschaftsorgane zu nur schwer lösbaren Meinungsverschiedenheiten führen kann[705]. Darüber hinaus wird eine Erweiterung des Zustimmungsvorbehalts nicht zu empfehlen sein, wenn die Gesellschaft einen Börsengang beabsichtigt. derartige anlegerschutzbenachteiligende Satzungsklauseln können zu deutlichen Kursabschlägen führen.

D. Ergebnis

Eine Satzungsklausel, die der Komplementärgesellschaft ein Zustimmungs- bzw. Vetorecht im Hinblick auf den Gewinnverwendungsbeschluss gemäß §§ 278 Abs. 3 AktG i.V.m. § 174 AktG zukommen lässt, ist mit dem Anlegerschutz in einer kapitalistischen KGaA nicht zu vereinbaren und wird einer richterlichen Inhaltskontrolle im Streitfall nicht standhalten. Da für ein satzungsrechtliches Zustimmungs- bzw. Vetorecht der Komplementärgesellschaft keine gesetzliche Grundlage besteht, steht der Beschluss über die Verwendung des auf die Kommanditaktionäre entfallenden Gewinns den Kommanditaktionären zu. Dies muss bei der Satzungsgestaltung berücksichtigt werden. Insoweit besteht in Anknüpfung an den Beschluss des BGH in der Satzung kein Gestaltungsspielraum.

---

[705] Vgl. auch MünchKommAktG/*Semler/Perlitt*, § 286 Rdn. 80.

6. Teil: Zusammenfassung

§ 18 Resümee und Ergebnisse

A. Resümee

Die Rechtsform der (börsennotierten) Publikums-GmbH & Co. KGaA ist durch strukturelle Besonderheiten und eine weit reichende satzungsrechtliche Gestaltungsfreiheit gekennzeichnet. Obwohl der Unternehmensgründer bzw. Komplementärgesellschafter durch die Zulässigkeit einer GmbH & Co. KGaA nicht mehr zur Übernahme einer unbeschränkten persönlichen Haftung verpflichtet ist, kann er über die Komplementär-GmbH seinen unternehmerischen Einfluss in der KGaA beibehalten bzw. weiter verstärken, indem er wichtige organschaftliche Kompetenzen wie die Abberufung und Bestellung der Geschäftsführung und das Zustimmungsrecht bei außergewöhnlichen Geschäften auf sich zieht. Durch die einseitige Wahrnehmung der satzungsrelevanten Gestaltungsfreiheiten kann er der Gesellschaft eine an seine Vorstellungen angepasste Organisations- und Führungsstruktur geben. Hierdurch gerät die komplexe Struktur der GmbH & Co. KGaA und die Flexibilität bei der Satzungsgestaltung in Konflikt mit den Anforderungen des Anlegerschutzes, jedenfalls sobald die GmbH & Co. KGaA kapitalmarktaktiv ist. Um den Anforderungen des Anlegerschutzes gerecht zu werden, steht der Satzungsgeber bei der Frage nach den organschaftlichen Kompetenzverteilungen vor einer besonderen gesellschaftsrechtlichen Herausforderung: Wie kann der rechtsformimmanente Konflikt zwischen der Gestaltungsfreiheit und den Anforderungen des Anlegerschutzes vermieden werden?

Die Untersuchung hat gezeigt, dass auch in einer (börsennotierten) Publikums-GmbH & Co. KGaA ein angemessener und kapitalmarktorientierter Anlegerschutz gewährleistet werden kann. So ist der Satzungsgeber vor dem Hintergrund der höchstrichterlichen Rechtsprechung gehalten, die binnenorganisationsrechtlichen Gestaltungsspielräume einer GmbH & Co. KGaA nicht einseitig auszunutzen, sondern vielmehr durch entsprechende Ausgestaltung der Satzung für eine ausgeglichene Machtbalance zwischen den verschiedenen Gesellschafter- bzw. Interessengruppen zu sorgen. Maßgeblich für das Erreichen einer solchen Machtbalance ist die Statuierung eines fakultativen Beirats im Gesellschaftsvertrag der Komplementär-GmbH, dem die Anlegerschutz vermittelnden Kompetenzen – wie z.B. die Bestellungs- und Abberufungskompetenz der Geschäftsführer und das Zustimmungsrecht bei außergewöhnlichen Geschäften – übertragen wird. Damit der Beirat in der Lage ist, die Belange aller Gesellschafter interessengerecht wahrzunehmen, sollte er entsprechend den Kapitalverhältnissen der Gesellschaft besetzt werden. Ist der Satzungsgeber bereit, bei der Gestaltung der Satzung der (börsennotierten) Publikums-GmbH & Co. KGaA die ergänzende und korrigierende Gesetzesanwendung zu beachten und die Satzung freiwillig an den im Rahmen dieser Untersuchung aufgezeigten Maßstäben zur Stärkung eines kapitalmarktorientierten Anlegerschutzes auszurichten, kann dem rechtstatsächlichen Konflikt bereits im Ursprung entgegengewirkt werden. Auf diesem Wege können alle beeinflussbaren Voraussetzungen dafür erfüllt werden, dass keine der heute als GmbH (AG) & Co. KGaA firmierenden börsennotierten oder am Kapitalmarkt aktiven Publikumsgesellschaften dem Beispiel der 1 & 1 AG & Co. KGaA folgen wird und eine Umwandlung in eine AG vollzieht, um einer auf Dauer mangelnden Akzeptanz auf dem Kapitalmarkt vorzubeugen[706]. Werden in den Gesellschaftsstatuten einer (börsennotierten) Publikums-GmbH & Co. KGaA hingegen keine Satzungsklauseln aufgenommen, die einen mit der AG vergleichbaren Schutz der Kommanditaktionäre gewährleisten, muss damit gerechnet werden, dass im Streitfall die registerrechtliche Eintragung der GmbH & Co. KGaA verweigert wird, die Satzungsklausel einer richterlichen Inhaltskontrolle nicht standhält wird oder ihr der Einwand der unzulässigen Rechtsausübung entgegensteht.

Auch wenn in der Praxis der kapitalistischen KGaA in ihrer atypischen Ausgestaltung noch Vorbehalte entgegengebracht werden, werden auf Grund der vielfältigen Vorteile dieser Rechtsform – so z.B. die mögliche Eigenkapitalaufnahme durch einen Börsengang, die Haftungsbegrenzung und die Beibehaltung einer personalistisch geprägten Führungsstruktur – sicherlich auch in Zukunft zahlreiche Neugründungen bzw. Börsengänge zu verzeichnen sein.

---

[706] Vgl. Umwandlungsbericht der 1 & 1 AG & Co. KGaA in United Internet AG (seit 1.3.2000), erstellt zur außerordentlichen Hauptversammlung der Gesellschaft am 2.2.2000.

B. Die wesentlichen Untersuchungsergebnisse

Damit ist die Untersuchung abgeschlossen. Ihre wesentlichen Ergebnisse lassen sich wie folgt zusammenfassen:

1. Durch den Grundsatzentscheid vom 24. Februar 1997 hat der 2. Senat des BGH die Rechtsform einer kapitalistischen KGaA höchstrichterlich für zulässig erklärt (§ 2 C.). Infolge der Neufassung von § 279 Abs. 2 AktG durch das HRefG vom 1. Juli 1998 ist die Rechtsform auch gesetzgeberisch anerkannt worden (§ 2 D.). Damit kann sich grundsätzlich jede Gesellschaftsform - GmbH, (GmbH & Co.) KG, AG, oHG, GbR, e.G., e.V. oder VVaG - als persönlich haftende Gesellschafterin an einer KGaA beteiligen (§ 4 B. IV.).

2. In einer (börsennotierten) Publikums-GmbH entsteht ein Konflikt zwischen der satzungsrechtlichen Gestaltungsfreiheit und den Anforderungen des Anlegerschutzes, wenn der Satzungsgeber die organschaftlichen Kompetenzen einseitig zu seinen Gunsten verschiebt und damit bei der Ausgestaltung der Organisations- und Führungsstruktur die Interessen der Kapitalanleger nicht ausreichend berücksichtigt (§ 3 A.).

3. Die rechtstatsächliche Verbreitung der kapitalistischen KGaA hat auf Grund ihrer wirtschaftlichen Bedeutung nach dem Grundsatzentscheid des BGH vom 24. Februar 1997 sprunghaft zugenommen (§ 4 B.). Bis zum Ende des Jahres 2004 existieren bereits über 180 Gesellschaften, davon sind immerhin 21 Gesellschaften börsennotiert (§ 4 A.).

4. Die Flexibilität, die der Unternehmensgründer bei der Ausgestaltung der Satzung einer KGaA nutzen kann, beruht auf dem Verweis des § 279 Abs. 2 AktG, durch den die Vorschriften über das Recht der KG (§§ 161 bis 171a HGB) auch im Recht der KGaA zur Anwendung kommen. Denn die KGaA unterliegt dem aktienrechtlichen Gebot der Satzungsstrenge gemäß § 23 Abs. 5 AktG nur insoweit, als über § 278 Abs. 3 AktG die aktienrechtlichen Vorschriften entsprechende Anwendung finden. Auf Grund des Gestaltungsspielraums bei der Ausgestaltung der Organisationsverfassung können die Kommanditaktionäre im Hinblick auf gesellschaftsinterne Mitwirkungskompetenzen und -befugnisse

weitgehend entmachtet werden, während der Komplementärgesellschaft allein die Geschäftsführung der GmbH & Co. KGaA obliegt (§ 5 C. I.). Die Kommanditaktionäre haben grundsätzlich keinen Einfluss auf die Bestellung und Abberufung des Geschäftsführers der Komplementär-GmbH (§ 5 C. II). Dem Aufsichtsrat kommt nur eine Überwachungs-, Vertretungs- und Kontrollfunktion zu (§ 5 C. III.).

5. Eine kapitalistische KGaA sollte als „GmbH & Co. KGaA" firmieren, wenn nur eine (oder mehrere) GmbH oder GmbH & Co. KG als Komplementärgesellschaft eingesetzt wird. Nur so genügt die Gesellschaft den firmenrechtlichen Publizitätsanforderungen des § 279 Abs. 2 AktG. Fehlt ein solcher Rechtsformzusatz läuft der Geschäftsführer Gefahr, wegen Rechtsscheinshaftung in Anspruch genommen zu werden (§ 6).

6. Im Falle eines Going Public, sei es durch das Anbieten von Aktien im freien Handel oder bei einem Börsengang, müssen aus Gründen des Anlegerschutzes umfassende und allgemeinverständliche Angaben über die rechtsformimmanenten Besonderheiten einer GmbH & Co. KGaA, insbesondere im Hinblick auf die gesellschaftsinterne Kompetenzverteilung in das Börsenprospekt aufgenommen werden (§ 7 A.). Bei diesen Angaben darf es sich nicht um die bloße Wiedergabe der Satzungsbestimmungen handeln. Nur auf diesem Weg kann im Interesse des Anlegerschutzes auf die Atypik dieser Rechtsform ausreichend hingewiesen werden. Im Interesse der Transparenz der Gesellschaftsverhältnisse sollten auch die Gesellschaftsstatute der KGaA und der Komplementärgesellschaft in den Emissions- bzw. Verkaufsprospekt mit aufgenommen werden (§ 7 C.).

7. Um den rechtstatsächlichen Konflikt zwischen dem Anlegerschutz und den satzungsrechtlichen Gestaltungsspielräumen bei personalen Kompetenzfragen zu entschärfen, muss den Kommanditaktionären Einfluss auf die Bestellung und Abberufung der Geschäftsführer der Komplementärgesellschaft zugestanden werden. Hierfür ist eine Verlagerung der Kompetenzen auf statutarischem Wege vorzunehmen (§ 8 C.).

8. Die Bestellungs- und Abberufungskompetenz sollte auf einen fakultativen Beirat übertragen werden. Die Statuierung eines Beirats bei der Komplementär-

GmbH ist durch gesellschaftsvertragliche Regelung möglich und wird vom Grundsatz der Gestaltungsfreiheit beherrscht. Durch die Statuierung eines im Verhältnis zur Kapitalbeteiligung interessengerecht besetzten Beirats kann eine personelle Rückanbindung gewährleistet werden. Auf diesem Wege kann nicht nur dem Anlegerschutz bzw. Minderheitenschutz selbst, sondern auch den Interessen des Unternehmensgründers bzw. Komplementärgesellschafters innerhalb einer GmbH & Co. KGaA Rechnung getragen werden (§ 8 G.).

9. Bezüglich des Stimmrechtsausschlusses in der Hauptversammlung (§ 285 Abs. 1 S. 2 AktG) sind der Geschäftsführer und die Allein- bzw. beherrschenden Gesellschafter der Komplementär-GmbH (& Co. KG) dem persönlich haftenden Gesellschafter gleichgestellt. Um Interessenkonflikte zu vermeiden, kann ihnen kein eigenes Stimmrecht zustehen. Die Betroffenen haben lediglich ein Teilnahmerecht an der Hauptversammlung (§ 10).

10. Im Bereich der unternehmerischen Mitbestimmung dürfen weder der persönlich haftende Gesellschafter, noch die Gesellschafter oder der Geschäftsführer der Komplementärgesellschaft bei der Besetzung des Aufsichtsrats der KGaA berücksichtigt werden. Nur auf diesem Wege kann die ohnehin eingeschränkte Aufgabenzuweisung des Aufsichtsrats im Hinblick auf die Kontrolle und Überwachung der Komplementärgesellschaft sichergestellt werden. Auch etwaige Entsendungsrechte stehen ihnen nicht zu (§ 11).

11. Gemäß § 278 Abs. 3 AktG i.V.m. § 112 AktG obliegt es dem Aufsichtsrat der KGaA, die Gesellschaft bei Rechtsgeschäften durch Selbstkontrahieren mit ihrer Komplementärgesellschaft, den Allein- bzw. beherrschenden Gesellschaftern und dem Geschäftsführer der Komplementär-GmbH (& Co. KG) zu vertreten. In den Fällen der Mehrvertretung sollte die Entscheidung über die Befreiung vom Verbot des § 181 2. Alt. BGB dem Aufsichtsrat oder dem Beirat der KGaA übertragen werden (§ 12).

12. Neben der Komplementär-GmbH (& Co. KG) unterfallen auch die Allein- bzw. beherrschenden Gesellschafter und der Geschäftsführer der Komplementärgesellschaft dem umfassenden Wettbewerbsverbot des § 284 AktG. Das Wettbewerbsverbot gilt auch für Beiratsmitglieder und die (Mehrheits-)Kom-

manditaktionäre, wenn diese faktische Einwirkungsmöglichkeiten auf die Geschäftsleitung der Komplementärgesellschaft besitzen (§ 13).

13. Das allgemeine Auskunftsrecht der Kommanditaktionäre aus § 278 Abs. 3 AktG i.V.m. § 131 AktG als anlegerschützendes Kontrollrecht erstreckt sich auf alle Angelegenheiten der Komplementärgesellschaft, die zugleich als Angelegenheiten der GmbH & Co. KGaA angesehen werden können. Hieran sind – so deutet es die Rechtsprechung an – lediglich geringe Anforderungen zu stellen (§ 14).

14. Nach den Erwägungen des BGH in seinem Grundsatzentscheid vom 24. Februar 1997 sind Satzungsgestaltungen zulasten der Kommanditaktionäre nur noch in engeren Grenzen als bei der gesetzestypischen KGaA zuzulassen. Die (Gründungs-)Satzung einer kapitalmarktaktiven GmbH & Co. KGaA kann im Streitfall zur Überprüfung von unzulässigen Kompetenzbeschränkungen zulasten der Kommanditaktionäre einer registergerichtlichen Inhaltskontrolle gemäß § 242 BGB unterworfen werden (§ 15).

15. Im Anschluss an die Erwägungen des BGH im Zusammenhang mit der richterlichen Inhaltskontrolle von Anlegerschutz benachteiligenden Satzungsklauseln kann der Zustimmungsvorbehalt der Kommanditaktionäre bei außergewöhnlichen Geschäften gemäß § 278 Abs. 2 AktG i.V.m. § 164 S. 1 HGB in einer (börsennotierten) Publikums-GmbH & Co. KGaA nicht mehr kompensationslos abbedungen werden (§ 16 D.). Wie die Bestellungs- und Abberufungskompetenz sollte auch das Zustimmungsrecht nach § 164 HGB einem im Verhältnis zur Kapitalbeteiligung interessengerecht besetzten Beirat übertragen werden. Durch diese sachliche Rückanbindung wird der erforderliche Anlegerschutz gestärkt (§ 16 D. IV.).

16. Auch eine mögliche Erweiterung der Zustimmungsvorbehalte i.S.d. § 285 Abs. 2 AktG ist zu Gunsten der Komplementärgesellschaft nicht zulässig. Das in Frage stehende Beschlussrecht über die Gewinnverwendung steht ausschließlich der Gesamtheit der Kommanditaktionäre zu. Die Satzung kann dem persönlich haftenden Gesellschafter einer kapitalistischen KGaA über die gesetzlich geregelten Fälle kein weiteres Zustimmungs- oder Vetorecht einräumen (§ 17).

Anhang 1: Satzungsmuster für einen Beirat

Im Folgenden wird ein Satzungsmuster vorgestellt, der eine Anregung für die Vertragsgestaltung bei der Statuierung eines Beirats geben soll. Auf Grund der vielfältigen Gestaltungsmöglichkeiten, Typenstrukturen und Beteiligungsverhältnisse innerhalb einer GmbH & Co. KGaA kann kein allgemein gültiges und für alle Rechtsformkonstruktionen einheitliches Muster entworfen werden. Bei Abfassung des Gesellschaftsvertrags der GmbH (& Co. KG) und der Satzung der KGaA muss die Zweckmäßigkeit jeweils im konkreten Einzelfall überprüft und ggf. angepasst werden[707]:

§ 1 Beirat der GmbH & Co. KGaA

Die Gesellschaft bildet einen Beirat. Der Beirat wird bei der Komplementär-GmbH *(& Co. KG)* der KGaA gegründet.

§ 2 Zusammensetzung des Beirats

(1) Der Beirat besteht aus ● Mitgliedern.

(2) Die Mitglieder des Beirats setzen sich zusammen aus:

1. ● Mitgliedern der Kommanditaktionäre oder von ihnen bestimmten gesellschaftsfremden Personen, die nicht zugleich Gesellschafter oder Geschäftsführer der Komplementär-GmbH *(& Co. KG)* sind und

2. ● Gesellschaftern der Komplementär-GmbH *(& Co. KG)* oder von ihnen bestimmten gesellschaftsfremden Personen, die nicht zugleich Geschäftsführer der Komplementär-GmbH *(& Co. KG)* sind.

(3) Die Anzahl der jeweiligen Mitglieder ergibt sich aus dem Verhältnis des Komplementärkapitals (Stammkapital + Komplementärbeteiligung in

---

[707] Zur Satzungsgestaltung allgemein vgl. *Freudenberg/Sorg*, Die KGaA mit beschränkter Haftung, 1999, S. 11 ff.; *Korts/Korts*, Der Weg zur börsennotierten Aktiengesellschaft, 1999, S. 34 ff.; *Schlitt*, Die Satzung der Kommanditgesellschaft auf Aktien, 1999, S. 33 ff.

Form von Vermögenseinlagen und Aktienbeteiligung) zum eingezahlten Aktienkapital aller Kommanditaktionäre.

(4) Sowohl die Kommanditaktionäre als auch die Komplementärgesellschafter haben ein Entsendungsrecht für Mitglieder in den Beirat. Die Beiratsmitglieder aus der KGaA werden von der Hauptversammlung mit einfacher Mehrheit der abgegebenen Stimmen gewählt. Stimmenthaltungen werden nicht gezählt. Die Beiratsmitglieder aus der Komplementär-GmbH *(& Co. KG)* werden von der Gesellschafterversammlung bestimmt.

(5) Der Beirat wählt in der ersten Sitzung nach seiner Einsetzung aus seiner Mitte einen Vorsitzenden und einen stellvertretenden Vorsitzenden. Der Vorsitzende bzw. bei seiner Verhinderung der stellvertretende Vorsitzende leitet die Sitzungen.

§ 3 Amtszeit

(1) Die Mitglieder des Beirats werden jeweils für die Dauer von ● Jahren bestellt. Die Beiratsmitglieder bleiben nach Ablauf der ● Jahre im Amt, bis jeweils ein Nachfolger gewählt ist. Scheidet ein Mitglied des Beirats während seiner Amtszeit aus, erfolgen Ergänzungswahlen für die restliche Amtszeit des ausgeschiedenen Mitglieds.

(2) Jedes Mitglied kann sein Amt jederzeit auch ohne einen wichtigen Grund durch eine an den Vorsitzenden des Beirats zu richtende schriftliche Erklärung mit einer Frist von vier Wochen niederlegen. Eine vorzeitige Abwahl ist möglich. Aus wichtigem Grund kann das Amt auch fristlos niedergelegt werden.

§ 4 Beschlussfähigkeit und Abstimmungen des Beirats

(1) Die Sitzungen werden durch den Vorsitzenden oder dessen Stellvertreter mit einer Frist von sieben Tagen gegenüber den Mitgliedern des Beirats schriftlich einberufen. In dringenden Fällen kann der Vorsitzende oder dessen Stellvertreter die Einberufungsfrist abkürzen.

(2) Der Beirat ist beschlussfähig, wenn die Hälfte, mindestens ● Mitglieder, einschließlich des Vorsitzenden oder des stellvertretenden Vorsitzenden, anwesend sind.

(3) Ein Mitglied kann sich aufgrund schriftlicher Vollmacht durch ein anderes Mitglied oder einen Dritten in den Sitzungen vertreten lassen. Dritte können jedoch nur dann Vertreter sein, wenn sie einer zur Verschwiegenheit verpflichteten Berufsgruppe angehören.

(4) Beschlüsse können auch im Wege der schriftlichen Beschlussfassung, per Telefax, telefonisch oder unter Nutzung elektronischer Medien (z.B. E-Mail) gefasst werden, sofern keines der Mitglieder widerspricht.

(5) Der Beirat fasst seine Beschlüsse mit einfacher Mehrheit der an der Beschlussfassung teilnehmenden Mitglieder. Bei Stimmengleichheit erhält der Vorsitzende ein doppeltes Stimmrecht. Über die Sitzung wird eine Niederschrift angefertigt, die vom Sitzungsleiter zu unterzeichnen ist.

(6) Der Vorsitzende ist ermächtigt, die zur Durchführung der Beschlüsse erforderlichen Willenserklärungen namens des Beirats abzugeben sowie Willenserklärungen für den Beirat entgegen zu nehmen.

§ 5 Aufgaben des Beirats

(1) Der Beirat hat die ausschließliche Zuständigkeit zur Bestellung und Abberufung des Geschäftsführers der Komplementär-GmbH *(& Co. KG)*.

(2) Ist das Zustimmungsrecht der Kommanditaktionäre gemäß § 278 Abs. 2 AktG i.V.m. § 164 HGB in der Satzung ausgeschlossen, hat der Beirat ein Zustimmungsrecht zu den außergewöhnlichen Geschäftsführungsmaßnahmen der Geschäftsführung. Das gilt auch für solche Geschäfte, die der Geschäftsführer mit der Gesellschaft oder mit sich als Vertreter eines Dritten eingehen will.

(3) Gegenüber dem persönlichen haftenden Gesellschafter wird die Gesellschaft vom Beirat vertreten, soweit die Gesellschaft nicht zwingend vom Aufsichtsrat vertreten wird.

§ 6 Informationsrechte des Beirats

Der Beirat kann von der Geschäftsführung der Komplementär-GmbH *(& Co. KG)* jederzeitige Berichterstattung oder Information über die geschäftlichen und rechtlichen Angelegenheiten der Gesellschaft und über ihre anderweitigen unternehmerischen Tätigkeiten verlangen.

§ 7 Wettbewerbsverbot

Die Beiratsmitglieder unterliegen während ihrer Amtszeit einem Wettbewerbsverbot gemäß § 284 AktG. Sie sind auch nach Beendigung ihres Amtes zur Verschwiegenheit verpflichtet.

§ 8 Vergütung der Beiratsmitglieder

Die Mitglieder des Beirats haben Anspruch auf eine angemessene Vergütung und Ersatz ihrer Auslagen. Die Höhe der Vergütung wird von der Gesellschafterversammlung der Komplementär-GmbH *(& Co. KG)* oder der Hauptversammlung der KGaA festgesetzt.

§ 9 Haftung

Die Beiratsmitglieder haften den Kommanditaktionären für die ordnungsgemäße Erfüllung ihrer Aufgaben. Die Haftung gegenüber der Komplementär-GmbH *(& Co. KG)* und der Gesellschaft ist auf Vorsatz und grobe Fahrlässigkeit beschränkt.

§ 10 Rückfallkompetenz

Im Falle der Funktionsunfähigkeit des Beirats fallen die übertragenen Kompetenzen auf die Gesellschafterversammlung der Komplementär-GmbH *(& Co. KG)* zurück, bis ein neuer Beirat gewählt worden ist.

Anhang 2: Kommanditgesellschaften auf Aktien

Firma	**Komplementär**	**HRB**	**Börsen-notierung**
1. FC Köln GmbH & Co. KGaA	GmbH	37030 AG Köln	nein
Accent GmbH & Co. Kommanditgesellschaft auf Aktien	GmbH	4022 AG Paderborn	nein
Actos KGaA	natürliche Person	12501 AG Neuss	nein
AUTO plus GmbH & Co. KGaA	GmbH	2183 AG Wolfsburg	nein
Cobracrest AG & Co. KGaA (ehemals advantec Biotech AG & Co. KGaA	AG	77489 AG Berlin-Charlottenburg	Freiverkehr
advantec pre-IPO AG & Co. Kommanditgesellschaft auf Aktien	AG	77444 AG Berlin-Charlottenburg	nein
ADVANTEC Wagniskapital AG & Co. Kommanditgesellschaft auf Aktien	AG	72275 AG Berlin-Charlottenburg	Freiverkehr
AFINUM Beteiligungsgesellschaft mbH & Co. Kommanditgesellschaft auf Aktien	GmbH	134941 AG München	nein
Agens Consulting GmbH & Co. KGaA	GmbH & Co. KG	2024 AG Norderstedt	nein
AIG International Real Estate GmbH & Co. KGaA	GmbH	54695 AG Frankfurt a.M.	Amtlicher Handel
Allergo protect Pharmazeutika GmbH & Co. KGaA	GmbH	76838 AG Hamburg	nein
Allied Management + Consulting Pancke & Cie. KGaA	natürliche Personen	4517 AG Norderstedt	nein
altera pars Vermögensverwaltungs und Beteiligungs Kommanditgesellschaft auf Aktien	natürliche Person	35586 AG Bielefeld	nein
Autohaus Breisgau Prinz zu Fürstenberg KGaA	natürliche Person	1003 AG Freiburg i. Br.	nein
Bankhaus Maffei & Co. KGaA	natürliche Personen	116480 AG München	nein

Bankhaus Partin GmbH & Co. Kommanditgesellschaft auf Aktien	GmbH	551 AG Crailsheim	nein
Barclays GmbH & Co. Vermögens-verwaltung KGaA	GmbH + Plc.	1694 AG Husum	nein
Baveg GmbH & Co. KGaA	GmbH & Co. KG	126767 AG München	nein
bellobene Zentrale GmbH & Co. KGaA	GmbH & Co. KG	5137 AG Heidelberg	nein
Berlin & Co. KGaA	natürliche Personen	79457 AG Hamburg	nein
Berliner Glas KGaA Herbert Kubatz GmbH & Co. KG	GmbH & Co. KG	81295 AG Berlin-Charlottenburg	nein
Best Practise. Venture Capital GmbH & Co. KGaA	GmbH	8810 AG Mannheim	nein
BIBO International INC. & Co. World Wide Oxygen-Water KG a.A.	Inc. (USA)	140151 AG München	nein
Biemann Einzelhandels- und Gaststätten Betriebsgesellschaft Kommanditgesellschaft auf Aktien	natürliche Person	1289 AG Oldenburg	nein
B.I.G. Business Ideas Group GmbH & Co. KGaA	GmbH	77426 AG Hamburg	nein
B. Metzler seel. Sohn & Co. KGaA	natürliche Personen	27515 AG Frankfurt a.M.	nein
Borussia Dortmund GmbH & Co. Kommanditgesellschaft auf Aktien	GmbH	14217 AG Dortmund	Amtlicher Handel
Böttcher Internet-Kaufhaus KGaA	natürliche Person + GmbH	6028 AG Dessau	nein
Bristol-Myers Squibb GmbH & Co. KGaA	GmbH	154472 AG München	nein
Careerstoxx VC GmbH & Co. KGaA	GmbH & Co. KG	76252 AG Hamburg	nein
Christian Adalberg Kupferberg & Compagnie KGaA	natürliche Person	0108 AG Mainz	Amtlicher Handel
C & C Cinema und Capital Design GmbH & Co. KG auf Aktien	GmbH + GmbH	75799 AG Berlin-Charlottenburg	nein
Citibank Privatkunden AG & Co. KGaA	AG	48380 AG Düsseldorf	nein
Citigroup Global Markets Deutschland AG & Co. KGaA	AG	57295 AG Frankfurt a.M.	nein

Claas Kommanditgesellschaft auf Aktien mbH	GmbH	3027 AG Gütersloh	Anleihen
CWI Immobilien KGaA	natürliche Personen	3066 AG Hof	nein
DBG Second Equity Team GmbH & Co. KGaA	GmbH & Co. KG	52733 AG Frankfurt a.M.	nein
DBG Third Equity Team GmbH & Co. KGaA	GmbH & Co. KG	52734 AG Frankfurt a.M.	nein
DBG Fourth Equity Team GmbH & Co. KGaA	GmbH & Co. KG	52735 AG Frankfurt a.M.	nein
DBG Fifth Equity Team GmbH & Co. KGaA	GmbH & Co. KG	52736 AG Frankfurt a.M.	nein
dent.apart GmbH & Co. KGaA	GmbH & Co. KG	14977 AG Dortmund	nein
Deutsche Immobilien Chancen AG & Co. KGaA	AG	54220 AG Frankfurt a.M.	nein
DOCPHARM Arzneimittelvertrieb GmbH & Co. Kommanditgesell-schaft auf Aktien	GmbH	4253 AG Karlsruhe	nein
doculand GmbH & Co. KG a.A.	natürliche Personen + GmbH	80959 AG Hamburg	nein
DORMA Holding GmbH & Co. Kommanditgesellschaft auf Aktien	GmbH	6545 AG Hagen	nein
Dow Deutschland Holding GmbH & Co. KGaA	GmbH	5856 AG Stade	nein
Dr. Neuhaus Computer KGaA	GmbH	28945 AG Hamburg	nein
Dräger Medical AG & Co. KGaA	AG	4096 AG Lübeck	nein
Dräger Safety AG & Co. KGaA	AG	4097 AG Lübeck	nein
DSC Arminia Bielefeld GmbH & Co. KGaA	GmbH	37377 AG Bielefeld	nein
Düker Eisenwerke Friedrich Wilhelm AG & Co. KGaA	AG & Co. KG	7009 AG Würzburg	nein
Dussmann AG & Co. KGaA	AG & Co. KG	78064 AG Berlin-Charlottenburg	nein
Düsterloh KGaA Anlage- und Beteiligungsgesellschaft	natürliche Person	418 AG Hattingen	nein

eff-eff Fritz Fuss GmbH & Co. Kommanditgesellschaft auf Aktien	GmbH & Co. KG	991 AG Albstadt	Amtlicher Handel
Emz Hanauer Holding GmbH & Co. KGaA	GmbH & Co. KG	2242 AG Amberg	nein
Enders GmbH & Co. Kommanditgesellschaft a.A.	GmbH	926 AG Altena	nein
Engelhorn KGaA	natürliche Personen + GmbH & Co. KG	7904 AG Mannheim	nein
EQUITA GmbH & Co. Beteiligungen KGaA	GmbH + GmbH & Co. KG	6060 AG Bad Homburg	nein
Essential Invest GmbH & Co. KGaA	GmbH	1448 AG Schwäbisch Hall	nein
Eurogate GmbH & Co. KGaA	GmbH	18878 AG Bremen	nein
EUROKAI Kommanditgesellschaft auf Aktien	GmbH & Co. KG	10018 AG Hamburg	Geregelter Markt
FIDA Holding Kommanditgesellschaft auf Aktien	GmbH	2229 AG Plön	nein
Flexa Holding KGaA	natürliche Personen + GmbH	6587 AG Hanau	nein
Flottweg GmbH & Co. KGaA	GmbH	5945 AG Landshut	nein
Franz Hoffmann Holding GmbH & Co. Kommanditgesellschaft auf Aktien	GmbH & Co. KG	115004 AG München	nein
Friseur Klinck KGaA	natürliche Person	7976 AG Kiel	nein
Fürstlich Castell'sche Bank, Credit-Casse Kommanditgesellschaft auf Aktien	natürlich Personen + GmbH	7529 AG Würzburg	nein
Future Business KG auf Aktien	natürliche Person	18735 AG Dresden	nein
Gabriel Sedlmayr Spaten-Franziskaner-Bräu Kommanditgesellschaft auf Aktien	natürliche Personen + GmbH	45405 AG München	Freiverkehr
Glasauer Wagniskapital KGaA	natürliche Person	1307 AG Schwäbisch Hall	Freiverkehr
Glas Trösch Euroholding AG & Co. KGaA	AG (schw.)	877St AG Freiburg i.B.	nein
Global Private Equity GmbH & Co. KGaA	GmbH	141373 AG München	nein

7 a GUB Glasauer Venture Capital Fund KGaA	natürliche Person	1448 AG Schwäbisch Hall	nein
Golf und Country Club Am Motzener See bei Berlin GmbH & Co. Kommanditgesellschaft auf Aktien	GmbH	43910 AG Berlin-Charlottenburg	nein
Göttinger Gruppe Vermögens- und Finanzholding GmbH & Co. Kommanditgesellschaft auf Aktien	GmbH	2103 AG Göttingen	nein
Grenke Investitionen Verwaltungs Kommanditgesellschaft auf Aktien	natürliche Personen	1845 AG Baden-Baden	nein
Günther Bernhardt GmbH & Co. KGaA	GmbH	6472 AG Heidelberg	nein
Hannover 96 GmbH & Co. KGaA	GmbH	58358 AG Hannover	nein
Hannover Stage Lighting GmbH & Co. KGaA	GmbH	59455 AG Hannover	nein
Häring Service Company AG & Co. KGaA	AG & Co. KG	1315 AG Passau	nein
Harting KGaA	natürliche Person	1642 AG Lübbecke	nein
Has und Igel GmbH & Co. KGaA	GmbH	3773 AG Buxtehude	nein
Hauck & Aufhäuser Privatbankiers Kommanditgesellschaft auf Aktien	natürliche Personen	20065 AG Frankfurt a.M.	nein
Heidelberg Innovation Parallel-Beteiligungs GmbH & Co. KGaA	GmbH	52732 AG Frankfurt a.M.	nein
Heliad Equity Partners GmbH & Co. KGaA	GmbH	73524 AG Frankfurt a.M.	Geregelter Markt/ Freiverkehr
Hella KGaA Hueck & Co.	natürliche Person + GmbH	6857 AG Paderborn	nein
Henkel KGaA	natürliche Personen	4724 AG Düsseldorf	DAX
HPC Immobilien & Holding GmbH & Co. KGaA	GmbH & Co. KG	85554 AG Berlin-Charlottenburg	nein
Hertha BSC Berlin KGaA	GmbH	84666 AG Berlin-Charlottenburg	nein
Hettlage Kommanditgesellschaft auf Aktien (Insolvenzverfahren eröffnet)	GmbH	44551 AG München	nein

HSBC Trinkaus & Burkhardt Kommanditgesellschaft auf Aktien	natürliche Personen	20004 AG Düsseldorf	Amtlicher Handel
HT Finanz- und Beteiligungsmanagement KGaA	natürliche Person	4363 AG Königstein	nein
IG Interessengemeinschaft Gewerbetreibender GmbH & Co. System KGaA	GmbH	13732 AG Traunstein	nein
IHG Immobiliengesellschaft KGaA	natürliche Person	35566 AG Bielefeld	nein
ILN International Logistic Network GmbH & Co. KG a.A.	GmbH	4946 AG Andernach	nein
Jack Wolfskin Ausrüstung für Draussen GmbH & Co. KGaA	GmbH	19421 AG Wiesbaden	nein
Jakob W. Mengler Die Stadtgestalter KGaA	natürliche Person + KG	7258 AG Darmstadt	nein
Janox GmbH & Co. KG aA	GmbH & Co. KG	4704 AG Mühlhausen	nein
JM Gesellschaft für industrielle Beteiligungen mbH & Co. KGaA	GmbH	2282 AG Worms	nein
Jupiter Technologie GmbH & Co. KGaA	GmbH	1307 AG Schwäbisch Hall	Freiverkehr
GMF Mittelstand Fund GmbH & Co. KGaA	GmbH	56722 AG Frankfurt a. M.	nein
Kirch Media GmbH & Co. Kommanditgesellschaft auf Aktien	GmbH & Co. KG + GmbH & Co. KG	126210 AG München	nein
Kirch PayTV GmbH & Co. Kommanditgesellschaft auf Aktien	GmbH & Co. KG + GmbH & Co. KG	123485 AG München	nein
Knut Vermögensverwaltung GmbH & Co. KG auf Aktien	GmbH	141162 AG München	nein
Konditorei Junge GmbH & Co. KGaA	GmbH	5198 AG Lübeck	nein
Leonardo Venture GmbH & Co. KGaA	GmbH	8606 AG Mannheim	nein
Lindner Holding Kommanditgesellschaft auf Aktien	natürliche Person + GmbH	2811 AG Landshut	Amtlicher Handel
LOSA Vermögensverwaltung GmbH & Co. KG auf Aktien	GmbH	141161 AG München	nein
LUKULLUS Vermögensverwaltung GmbH & Co. KGaA	GmbH	138247 AG München	nein

LWB Dentale Servicegesellschaft mbH & Co. Kommanditgesellschaft aus Aktien	GmbH & Co. KG	14977 AG Dortmund	nein
MAC Mode GmbH & Co. Produktion + Vertrieb KGaA	GmbH & Co. KG	6757 AG Wald OT Rossbach	nein
Max Streicher GmbH & Co. KGaA	GmbH & Co. KG	2351 AG Deggendorf	nein
medi Bayreuth GmbH & Co. KGaA	GmbH & Co. KG	2775 AG Bayreuth	nein
Media Venture Capital AG & Co. KGaA Beteiligungsgesellschaft	AG	33116 AG Köln	nein
Merck Kommanditgesellschaft auf Aktien	natürliche Personen + oHG	6164 AG Darmstadt	Amtlicher Handel
Merkur Bank KGaA	natürliche Person + GmbH	122853 AG München	Freiverkehr
Merz & Krell GmbH & Co. KGaA	GmbH	33502 AG Darmstadt	nein
Merz GmbH & Co. KGaA	GmbH	53797 AG Frankfurt a.M.	nein
Merz Pharma GmbH & Co. KGaA	GmbH	54072 AG Frankfurt a.M.	nein
Messer Griesheim Group GmbH & Co. KGaA	GmbH	53423 AG Frankfurt a.M.	nein
Metanomics GmbH & Co. KGaA	GmbH	70537 AG Berlin-Charlottenburg	nein
Meteor AG & Co. Personaldienste KGaA	AG & Co. KG	22643 AG Köln	nein
MICHELIN REIFENWERKE Kommanditgesellschaft auf Aktien	natürliche Personen	1879 AG Karlsruhe	z.T. Börse Paris
Micro Venture GmbH & Co. KGaA	GmbH	34257 AG Köln	nein
M.M. Warburg & Co. KGaA	natürliche Personen	56866 AG Hamburg	nein
MSV Duisburg GmbH & Co. KGaA	GmbH	9320 AG Duisburg	nein
Mühlbauer Holding AG & Co. Kommanditgesellschaft auf Aktien	AG & Co. KG	7038 AG Regensburg	TecDAX
MVV Innovationsportfolio AG & Co. KGaA	AG	9031 AG Mannheim	nein

NGV Norddeutsche Getränke Vertriebsges. mbH & Co. KGaA	GmbH	83335 AG Hamburg	nein
Nolte moebel-industrie Holding GmbH & Co. Kommanditgesellschaft auf Aktien	GmbH & Co. KG	1485 AG Landau i. d. Pfalz	nein
NRP Projekt Investition AG & Co. KGaA	AG	40568 AG Düsseldorf	nein
N-Venture AG & Co. KGaA	AG	18634 AG Nürnberg	nein
OCEANICA GmbH & Cie. KGaA (seit 15. November 2002 umgewandelt in Oceanica AG)	GmbH & Co. KG	76455 AG Hamburg	Freiverkehr
Ökolonomonia Vermögensverwaltungs Kommanditgesellschaft auf Aktien	natürliche Person	6922 AG Frankfurt/Oder	nein
OTS Original Teile und Service GmbH & Co. Kommanditgesellschaft auf Aktien	GmbH	1428 AG Hattingen	nein
PET Rhein-Neckar Medical Services GmbH & Co. KGaA	GmbH	4602 AG Ludwigshafen	nein
Peter Kölln KGaA	natürliche Person	1793 AG Elmshorn	nein
Pfefferberg-Grundstücke Kommanditgesellschaft auf Aktien	GmbH	50833 AG Berlin-Charlottenburg	nein
PRIAG Prime Resource Invest KGaA	natürliche Person + GmbH & Co. KG	1328-A AG Aalen	nein
pro-beam GmbH & Co. Kommanditgesellschaft auf Aktien	GmbH & Co. KG	122635 AG München	nein
ProInva Vermögensverwaltung GmbH & Co. KGaA	GmbH	77444 AG Berlin-Charlottenburg	nein
REWE KG a.A.	natürliche Person	10341 AG Wiesbaden	nein
Richter Baustoffe GmbH & Co. KGaA	GmbH	5154 AG Lübeck	nein
Sal Oppenheim jr. & Cie. KGaA	natürliche Personen	20121 AG Köln	nein
Sana Kliniken GmbH & Co. KGaA	GmbH	113653 AG München	nein

Schauerte Verwaltungs KGaA	natürliche Person	47435 AG Frankfurt a.M.	nein
Schenkelberg Stiftung & Co. KGaA	Stiftung	964 AG Bonn	nein
Schmidt Bank KGaA	natürliche Personen + GmbH	1798 AG Hof	nein
Schmidt Beteiligungs Kommandit-gesellschaft auf Aktien	natürliche Personen	3130 AG Hof	nein
Schröder Consulting GmbH & Co. KGaA	GmbH & Co. KG	1194 AG Menden	nein
Schütz GmbH & Co. KGaA	GmbH & Co. KG	6405 AG Montabaur	nein
Schuhkraft Spezialtiefbau GmbH & Co. Kommanditgesellschaft auf Aktien	GmbH	472 T AG Tauberbi-schofsheim	nein
Schwartauer Werke GmbH & Co. KGaA	GmbH	0859 AG Bad Schwartau	nein
Seed Venture GmbH & Co. KGaA	GmbH	9640 AG Karlsruhe	nein
SHS - Struktur-Holding-Stahl GmbH & Co. KGaA	GmbH	26590 AG Saarbrücken	nein
SIG Euro Holding AG & Co. KGaA	AG (schweiz.)	1259 AG Waldshut-Tiengen	nein
Sixt Allgemeine Leasing GmbH & Co. KGaA	AG + GmbH & Co. KG	144676 AG München	nein
Stars GmbH & Co. KGaA	GmbH	143050 AG München	nein
Steu 15 GmbH & Co. KGaA	GmbH	4716 AG Oldenburg	nein
Süd Private Equity GmbH & Co. Kommanditgesellschaft auf Aktien	GmbH	21971 AG Stuttgart	nein
SunGene GmbH & Co. KGaA	GmbH	11421 AG Magdeburg	nein
Tennis Borussia Berlin Fußball GmbH & Co. KGaA	GmbH	71548 AG Berlin-Charlottenburg	nein
TFG Venture Capital AG & Co. KGaA Unternehmensbeteiligungsge-sellschaft	AG	3513 AG Frankfurt a.M.	SMAX

Thomas Technologie KGaA	natürliche Person	29820 AG Düsseldorf	nein
thorborgnet GmbH & Co. KGaA	GmbH	51425 AG Frankfurt a.M.	nein
Trinkhaus Private Equity Pool I GmbH & Co. KGaA	GmbH	42625 AG Düsseldorf	nein
TSV München von 1860 GmbH & Co. Kommanditgesellschaft auf Aktien	GmbH	143565 AG München	nein
Turn-Around-Partners GmbH & Co. KGaA	GmbH	135586 AG München	nein
Tyczka GmbH & Co. Kommanditgesellschaft auf Aktien	GmbH	111831 AG München	nein
UBL Informationssysteme GmbH & Co. Kommanditgesellschaft auf Aktien	GmbH	11717 AG Offenbach	nein
UPM Kymmene Administrations GmbH & Co. KGaA (ehemals G. Haindl´sche Papierfabriken KGaA)	GmbH	56 AG Augsburg	nein
UPM Kymmene Dienst GmbH & Co. KGaA	GmbH & Co. KGaA	11132 AG Augsburg	nein
Varta Consumer Batteires GmbH & Co. KGaA	GmbH	581 E AG Aalen	nein
VCA GmbH Vertriebsgesellschaft der Cavalier Reitsport GmbH & Co. Fashion KGaA	GmbH	56557 AG Frankfurt a. M.	nein
VCH BEST-OF-VC GmbH & Co. KGaA	GmbH	3482 AG Bayreuth	Geregelter Markt
VCH Private Ventures GmbH & Co. KGaA	GmbH	3300 AG Bayreuth	nein
Vitanas GmbH & Co. KGaA	GmbH & Co. KG	60718 AG Hannover	nein
Weberbank Berliner Industriebank KGaA	natürliche Personen	736 AG Berlin-Charlottenburg	nein
H. Weidemann Fashion AG & Co. KGaA	AG	2326 AG Bocholt	nein
WEIDMÜLLER Holding AG & Co. KG auf Aktien	AG + GmbH & Co. KG	242 AG Detmold	nein
Wiley-VCH Verlag GmbH & Co. KGaA	GmbH	2833 W AG Mannheim	nein

Willy Bogner GmbH & Co. KGaA	GmbH & Co. KG	104636 AG München	nein
Windpark Norderland GmbH & Co. An´t Grotschloot KG aA	GmbH & Co. KG	496 AG Wittmund	nein
Zenner GmbH & Co. KGaA	GmbH	12429 AG Saarbrücken	nein

Die Aufzählung hat keinen Anspruch auf Vollständigkeit.

Anhang 3: Struktur der persönlich haftenden Gesellschafter

Anzahl

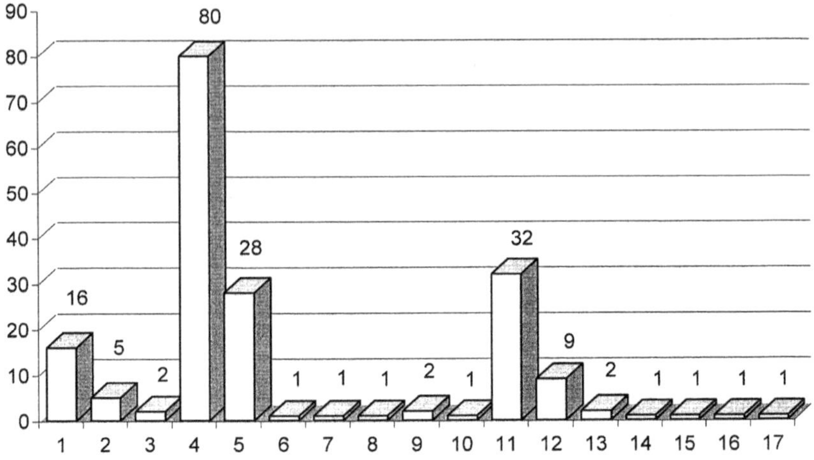

Rechtsform der persönlich haftenden Gesellschafter

Legende:

1 AG
2 AG & Co. KG
3 AG und GmbH & Co. KG
4 GmbH
5 GmbH & Co. KG
6 GmbH & Co. KGaA
7 GmbH und GmbH
8 GmbH und GmbH & Co. KG
9 GmbH & Co. KG und GmbH & Co. KG
10 GmbH und plc.
11 Natürliche Person(en)
12 Natürliche Person(en) und GmbH
13 Natürliche Person(en) und GmbH & Co. KG
14 Natürliche Person(en) und KG
15 Natürliche Person(en) und oHG
16 Stiftung
17 Inc. (USA)

Literaturverzeichnis

Ahlers, Martin/Schiffmacher, Christian, IPO-Rückblick 2002, GoingPublic 12/2002, S. 8

Ammenwerth, Michael, Die Kommanditgesellschaft auf Aktien (KGaA) – Eine Rechtsformalternative für personenbezogene Unternehmen, Münster 1996

Armbrüster, Christian, Wettbewerbsverbote im Kapitalgesellschaftsrecht, ZIP 1997, S. 1269-1279

Arnold, Arnd, Die GmbH & Co. KGaA, Köln 2001

Assmann, Heinz-Dieter/Sethe, Rolf, Großkommentar zum AktG, 17. Lieferung: §§ 278-290, 4. Aufl., Berlin 2001

Assmann, Heinz-Dieter, Prospekthaftung als Haftung für die Verletzung kapitalmarktbezogener Informationsverkehrspflichten nach deutschem und US-amerikanischem Recht, Köln, Frankfurt a.M. 1985

Bacher, Hanns, Die Stellung des persönlich haftenden Gesellschafters einer Kommanditgesellschaft auf Aktien (KGaA) im Steuerrecht, DB 1985, S. 2117-2119

Bälz, Ulrich, Buchbesprechung zu Peter Ulmer (Hrsg.), Die GmbH & Co. KGaA nach dem Beschluß BGHZ 134, 392, WM 1999, S. 351-352

Baumann, Horst/Kusch, Carsten, Die Kapitalgesellschaft & Co. KG auf Aktien – Faktizität und Recht, in Festschrift für Karl-Heinz Boujong zum 65. Geburtstag, „Verantwortung und Gestaltung", München 1996, S. 3-18

Baumann, Horst, Die Vereinigungs- und Berufsfreiheit der juristischen Person - verfassungsrechtliche Aspekte der Zulässigkeit der GmbH & Co. KGaA, BB 1997, S. 2281-2288

Ders., Re-Mutualisierung des VVaG – Neue gesellschaftsrechtliche Modelle gesucht, VW 2000, S. 1117-1119

Baumbach, Adolf/Hueck, Götz, GmbH-Gesetz, 17. Aufl., München 2000

Baumbach, Adolf/Hueck, Alfred, Aktiengesetz, 13. Aufl. 1968, ergänzt 1970

Baumbach, Adolf/Hopt, Klaus J., Handelsgesetzbuch, 30. Aufl., München 2000

Baums, Theodor, Aktienmarkt und Finanzierung kleiner Unternehmen, ZIP 1997, S. 1942-1948

Bayer, Wilhelm F., Der Anwendungsbereich des Mitbestimmungsgesetzes, ZGR 1977, S. 173-194

Bayreuther, Frank, Die Kapitalgesellschaft & Co. KGaA, JuS 1999, 651-656

Becker, Michael, Der Ausschluß aus der Aktiengesellschaft, ZGR 1986, S. 383-417

Beyer, Christiane, Die Kommanditgesellschaft auf Aktien, in: Albach, Horst; Corte, Christiane; Lutter, Markus; Richter, Wolf, (Hrsg.): „Die private Aktiengesellschaft“, Stuttgart 1988, S. 431-515

Biagosch, Patrick, Die Kommanditgesellschaft auf Aktien, NWB 1996, S. 1073-1080

Ders., Zulässigkeit der GmbH & Co. KGaA – BGH-Beschl. v. 24.2.1997 – II ZB 11/96, NWB 1998, S. 3545-3548

Binz, Mark K., GmbH & Co., 8. Aufl., München 1992

Binz, Mark K./Sorg, Martin H., Die GmbH & Co. Kommanditgesellschaft auf Aktien, BB 1988, S. 2041-2051

Dies., Die KGaA mit beschränkter Haftung – quo vadis?, DB 1997, S. 313-319

Dies., Vermögenssteuerliche Folgen des going public von Familien-Unternehmen, BB 1987, S. 1996-1998

Dies., Die GmbH & Co. KGaA – eine geeignete Rechtsform zum Going Public?, in: Dr. Wieselhuber & Partner (Hrsg.): „Börseneinführung mit Erfolg“, Wiesbaden 1996, S. 19-31

Dies., Die KGaA mit beschränkter Haftung – Ein neues Unternehmensmodell für Familienunternehmen, in: Dr. Wieselhuber & Partner (Hrsg.): AR-support, Juli 1997, S. 4-9

Bödefeld, Axel, Die steuerliche Behandlung von Mischformen des europäischen Gesellschaftsrechts am Beispiel der Plc. & Co. KGaA, in Festschrift für Albert J. Rädler zum 65. Geburtstag, „Steuerrecht und europäische Integration“, München 1999, S. 33 ff.

Bokelmann, Gunther, Das Recht der Firmen- und Geschäftsbezeichnungen, 4. Aufl., Freiburg i. Breisgau 1997

Brandes, Helmut, Die Rechtsprechung des Bundesgerichtshofes zur Personengesellschaft, WM 1998, S. 261-312; WM 1994, S. 569-612; WM 1990, S. 1221-1232; WM 1989, S. 1357-1364

Brönner, Herbert/Rux, Hans-Joachim/Wagner, Heidemarie, Die GmbH & Co. KG, 8. Aufl., Freiburg, Berlin 1998

Bundschuh, Otto, Die wirtschaftliche Entwicklung der deutschen Kommanditgesellschaft auf Aktien, Heidelberg 1914

Bydlinski, Peter, Zentrale Änderungen des HGB durch das Handelsrechtsreformgesetz, ZIP 1998, S. 1169-1178

Canaris, Carl-Wilhelm, Handelsrecht, 23. Aufl., München 2000

Claussen, Carsten Peter, Bank- und Börsenrecht, 3. Aufl., München 2003

Ders., Überlegungen zur Rechtsform der GmbH – Ist die KGaA eine Alternative?, GmbHR 1996, S. 73-80

Ders., Börsenzugang für mittelständische Unternehmen, GmbHR 1988, S. 417-423

Ders., Perspektiven für die Kommanditgesellschaft auf Aktien, in Festschrift für Theodor Heinsius zum 65. Geburtstag“, Berlin, New York 1991, S. 61-77

Deutsche Bundesbank (Hrsg.), Jahresabschlüsse westdeutscher Unternehmen 1971-1996, in Statistische Sonderveröffentlichungen, März 1999, Frankfurt a. M. 1999

Deutsche Schutzvereinigung für Wertpapierbesitz (DSW), Die Kommanditgesellschaft auf Aktien und der Anlegerschutz, Das Wertpapier 10/1996, S. 70-71

Diehl, Frank, VVaG & Co. KGaA. Wirklich eine Alternative für VVaG-Konzerne?, VW 2000, S. 110-112

Diezel, Gerald/ Hein, Thomas, KGaA macht Familienunternehmen börsenfähig, in: Dr. Wieselhuber & Partner (Hrsg.): Börseneinführung mit Erfolg, Wiesbaden 1996, S. 33-39

Dirksen, Dirk/Möhrle, Florian, Die kapitalistische Kommanditgesellschaft auf Aktien, ZIP 1998, S. 1377-1386

Dreisow, Rudolf, Zu den Stimmverboten für die Komplementäre einer KGaA, DB 1977, S. 851-854

Ders., Die Kommanditgesellschaft auf Aktien als echte Einmanngesellschaft, WPg 1976, S. 658-661

Drosdeck, Thomas, Die herrschende Meinung – Autorität als Rechtsquelle, Berlin 1989

Durchlaub, Wolfgang, Fortsetzung der Kommanditgesellschaft auf Aktien mit den Erben des Komplementärs, BB 1977, S. 875-876

Ders., Mitwirkung der Hauptversammlung und des Aufsichtsrats bei Geschäftsführungsmaßnahmen in der Kommanditgesellschaft auf Aktien, BB 1977, S. 1581-1582

Elschenbroich, Manfred, Die Kommanditgesellschaft auf Aktien – Rechtliche Gestaltung und wirtschaftliche Bedeutung, Wiesbaden 1959

Erhard, Christian Daniel, Napoleons I Handelsgesetzbuch, 2. Aufl., Leipzig 1908

Fabricius, Fritz/Kraft, Alfons/Wiese, Günther/Kreutz, Peter, Betriebsverfassungsgesetz, Band II; §§ 74-132, Formulierung des BetrVG 1952, 7. Aufl., Neuwied, Kriftel, Berlin 2002

Farnschläder, Marion/Dörschmidt, Beate, Die ertragssteuerneutrale Übertragung des Betriebs einer GmbH & Co. KG auf eine GmbH & Co. KGaA, DB 1999, S. 1923-1929

Fischer, Lothar, Die Kapitalgesellschaft auf Aktien nach dem Mitbestimmungsgesetz, Heidelberg 1982

Fischer, Michael, Die Besteuerung der KGaA und ihrer Gesellschafter, DStR 1997, S. 1519-1526

Fitting, Karl/Kaiser, Heinrich/Heither, Friedrich/Engels, Gerd/Schmidt, Ingrid, Kommentar zum Betriebsverfassungsgesetz, 21. Aufl., München 2002

Freudenberg, Götz/Sorg, Martin H., Die KGaA mit beschränkter Haftung (GmbH & Co. KGaA), in Heidelberger Musterverträge, Heidelberg 1999

Fritsch, Ulrich, Die Eigenkapitallücke in der Bundesrepublik Deutschland, Köln 1981

Gadow, Wilhelm/Heinichen, E., Großkommentar zum Aktiengesetz, Zweiter Band: §§ 145-304 AktG, 2. Aufl., Berlin 1965

Gail, Winfried, Auswirkungen des Aktiengesetzes 1965 auf die Kommanditgesellschaft auf Aktien, WPg 1966, S. 425-429

Geck, Reinhard, Überlegungen zur Verwendung der GmbH & Co. KGaA in der mittelständischen Wirtschaft, NZG 1998, S. 586-589

Geßler, Ernst/Hefermehl, Wolfgang/Eckardt, Ulrich/Kropff, Bruno, Aktiengesetz, Band II: §§ 76-147, München 1973, 1974, Band V: §§ 241-290, München 1986

Godin, Reinhard von/Wilhelmi, Hans, Aktiengesetz, 4. Aufl., Berlin 1971

Goette, Wulf, KGaA: Zulässigkeit einer GmbH als persönlich haftende Gesellschafterin - Besprechung des BGH-Beschlusses vom 24.2.1997, DStR 1997, S. 1012-1015

Goldschmidt, Levin, Handbuch des Handelsrechts, Bd. 1, 1. Lfg., Erlangen 1874

Gonnella, Robert/Mikic, Sanja, Die Kapitalgesellschaft & Co. KGaA als Einheitsgesellschaft, AG 1998, S. 508-514

Graf, Helmut Andreas, Die Kapitalgesellschaft & Co. KG auf Aktien, Heidelberg 1993

Ders., Die Gewerbeertragsbesteuerung der Kapitalgesellschaft & Co. KG auf Aktien, DStR 1991, S. 1374-1379

Grafmüller, Frank, Die Kommanditgesellschaft aus Aktien als geeignete Rechtsform für börsenwillige Familienunternehmen, Frankfurt am Main 1994

Groß, Wolfgang, Kapitalmarktrecht, 2. Aufl., München 2002

Haase, Karsten, Die Vorteile der GmbH oder der GmbH & Co. KGaA in gesellschaftsrechtlicher Sicht, GmbHR 1997, S. 917-923

Habel, Michael/Strieder, Thomas, Die Kommanditgesellschaft auf Aktien – ein Überblick, MittBayNot 1998, S. 65-71

Dies., Ist die Kommanditgesellschaft auf Aktien eine geeignete Rechtsform für einen Börsengang von Vereinen der Fußball-Bundesliga?, NZG 1998, S. 929-932

Hachenburg, Max, Großkommentar zum GmbH-Gesetz, 8. Aufl., Berlin 1990 ff.

Hahn, Jürgen, Kleine AG, eine rechtspolitische Idee zum unternehmerischen Erfolg, DB 1994, S. 1659-1665

Halasz, Christian/Kloster, Lars/Kloster, Anja, Die GmbH & Co. KGaA, Teil I: GmbHR 2002, S. 77-92

Dies., Umwandlungen von GmbH und GmbH & Co. KG in eine GmbH & Co. KGaA, Teil II: GmbHR 2002, S. 359-369

Hansen, Herbert, Die unbefriedigende Kapitalstruktur deutscher Unternehmen, GmbHR 1996, S. 327-330

Ders., Die zentrale Unternehmensstrategie der Börse, AG 1995, R 267-273

Happ, Wilhelm, Aktienrecht – Handbuch – Mustertexte - Kommentar, Köln, Berlin, Bonn, München 1995

Härer, Ralf-Dietmar, Erscheinungsformen und Kompetenzen des Beirats in der GmbH, Frankfurt a.M. 1991

Haritz, Detlef, Verschmelzung einer GmbH auf eine KGaA – eine steuerrechtliche Mischumwandlung, DStR 1996, S. 1192-1193

Hartel, Ulrich M., Die Unternehmer-AG – Rechtsformoptimierung für mittelständische Unternehmen, München 1996

Ders., Ein neuer Weg für mittelständische Unternehmen: GmbH & Co. KG auf Aktien, in: Arbeitsgemeinschaft der bayrischen Industrie- und Handelskammern (Hrsg.), „Eigenkapital für mittlere Unternehmen", 1995

Ders., Registerprobleme bei der GmbH als einziger Komplementärin einer KGaA, WiB 1997, S. 298-299

Ders., Umwandlung einer GmbH & Co. KG in eine KG auf Aktien, DB 1992, S. 2329-2335

Hau, Wolfgang, Die Juristische Person & Co. Kommanditgesellschaft auf Aktien zwischen Rechtsdogmatik und Rechtspolitik, Jura 1999, S. 190-194

Heermann, Peter W., Die Ausgliederung von Vereinen auf Kapitalgesellschaften, ZIP 1998, S. 1249-1260

Ders., Unentziehbare mitwirkungsrechte der Minderheitsaktionäre bei außergewöhnlichen Geschäften in der GmbH & Co. KGaA, ZGR 2000, S. 61-85

Hein, Thomas, Zulässigkeit einer GmbH als persönlich haftende Gesellschafterin einer KGaA, WuB II B. § 278 AktG 1.97, S. 765-768

Heindl, Ursula, Die Börseneinführung von GmbH-Anteilen, Frankfurt, 1987

Henn, Günter, Handbuch des Aktienrechts, 7. Aufl., Heidelberg 2002

Hennerkes, Brun-Hagen/Binz, Mark K., Die GmbH & Co., 7. Aufl., München 1984

Ders., Die GmbH & Co. KGaA – eine ideale Rechtsform für börsenwillige Familienunternehmen?, StbJb 1988/1989, S. 303-322

Hennerkes, Brun-Hagen/Lorz, Rainer, Roma locuta causa finita: Die GmbH & Co. KGaA ist zulässig, in DB 1997, S. 1388-1394

Hennerkes, Brun-Hagen /May, Peter, Überlegungen zur Rechtsformwahl in Familienunternehmen, Teil I, DB 1988, S. 483-489, Teil II, DB 1988, S. 537-542

Dies., Noch einmal: Die GmbH & Co. KG auf Aktien als Rechtsform für börsenwillige Familienunternehmen?, BB 1988, S. 2393-2405

Henze, Hartwig, Die Treuepflicht im Aktienrecht, BB 1996, S. 489-499

Ders., Prüfungs- und Kontrollaufgaben des Aufsichtsrats in der Aktiengesellschaft, NJW 1998, S. 3309-3312

Herfs, Achim, Die Kapitalgesellschaft & Co. KGaA als Rechtsformoptimierung für mittelständische Unternehmen, WiB 1997, S. 688-691

Ders., Die Satzung der börsennotierten GmbH & Co. KGaA – Gestaltungsfreiheit und ihre Grenzen, in: Gesellschaftsrechtliche Vereinigung (Hrsg.), „Gesellschaftsrecht in der Diskussion", 1999, S. 24-55

Hergenhahn, Weiland, Die Kommanditgesellschaft auf Aktien, insbesondere ihre Entstehungsgeschichte, rechtliche und wirtschaftliche Natur, ZHR 42 (1894), S. 69-95

Hesselmann, Malte, GmbH & Co. Kommanditgesellschaft auf Aktien – 20 Jahre Beschluß des Hanseat. OLG Hamburg über die Zulässigkeit dieser Gesellschaftsform, GmbHR 1988, S. 472-477

Ders., Die kapitalistische Kommanditgesellschaft auf Aktien, BB 1989, S. 2344-2349

Hesselmann, Malte /Tillmann, Bert, Handbuch der GmbH & Co., 18. Aufl., Köln 1997

Heymann, Ernst, Handelsgesetzbuch, Band 2: Zweites Buch, §§ 105-237, Horn, Norbert (Hrsg.), 2. Aufl., Berlin 1996

Hinterhuber, Hans H./Minrath, Rainer, Der Beirat einer mittelständischen Familienunternehmung, BB 1991, S. 1201-1210

Hirte, Heribert, Genußscheine mit Eigenkapitalcharakter in der Aktiengesellschaft, ZIP 1988, S. 477-490

Hofbauer, Peter, Die Kompetenzen des (GmbH-)Beirats, Köln 1996

Hoffmann, Dietrich/Preu, Peter, Der Aufsichtsrat, 5. Aufl., München 2003

Hoffmann-Becking, Michael (Hrsg.), Münchener Handbuch des Gesellschaftsrechts, Band 4: Aktiengesellschaft, 2. Aufl., München 1999

Hölters, Wolfgang, Der Beirat in der GmbH und der GmbH & Co. KG, Köln 1979

Hommelhoff, Peter, Anlegerschutz in der GmbH & Co. KGaA, in: Ulmer, Peter (Hrsg.): „Die GmbH & Co. KGaA nach dem Beschluß BGHZ 134, 392", ZHR 1998, Beiheft 67, S. 9-29

Ders., Börsenhandel von GmbH- und KG-Anteilen, ZHR 1989, S. 181- 215

Hopt, Klaus J., Handels- und Gesellschaftsrecht, Band I: Handelsrecht, 2. Aufl., München 1999

Ders., Zur Abberufung des GmbH-Geschäftsführers bei der GmbH & Co., insbesondere der Publikumskommanditgesellschaft, ZGR 1979, S.1-30

Ders., Familien- und Aktienpools unter dem Wertpapierhandelsgesetz, ZGR 1997, S. 1-31

Hueck, Götz, Gesellschaftsrecht, 19. Aufl., München 1991

Hüffer, Uwe, Aktiengesetz – Kurzkommentar, 5. Auflage, Heidelberg 2003

Hüffer, Jens, Das Wertpapier-Verkaufsprospektgesetz – Prospektpflicht und Anlegerschutz, Köln, Berlin, Bonn, München 1996

Hundertmark, Dedo, Die Kommanditgesellschaft auf Aktien, BB 1968, S. 1285-1286

Ihrig, Hans-Christoph/Schlitt, Michael, Die KGaA nach dem Beschluß des BGH vom 24.2.1997 – organisationsrechtliche Folgerungen, in: Ulmer, Peter (Hrsg.): „Die GmbH & Co. KGaA nach dem Beschluß BGHZ 134, 392“, ZHR 1998, Beiheft 67, S. 33-83

Dies., Vereinbarungen über eine freiwillige Einführung oder Erweiterung der Mitbestimmung, NZG 1999, S. 333-337

Immenga, Ulrich, Kapitalersetzende Aktionärsdarlehen als Haftkapital?, ZIP 1983, S. 1405-1412

Jaques, Henning, Börsengang und Führungskontinuität durch die kapitalistische KGaA, NZG 2000, S. 401-409

Jäger, Axel, Thema Börse (4): Wahl der richtigen Rechtsform, NZG 1999, S. 101-104

Joost, Detlev, Mitbestimmung in der kapitalistischen Kommanditgesellschaft auf Aktien, ZGR 1998, S. 334-351

Jung, Peter, Firmen von Personenhandelsgesellschaften nach neuem Recht, ZIP 1998, S. 677-684

Jünger, Paul, Zur Stellung des persönlich haftenden Gesellschafters einer KGaA im Steuerrecht, DB 1988, S. 1969-1974

Kallmeyer, Harald, Anmerkung zu BGH, Beschluß v. 24.2.1997 – II ZB 11/96, DZWiR 1998, S. 235-240

Ders., Rechte und Pflichten des Aufsichtsrats in der Kommanditgesellschaft auf Aktien, ZGR 1983, S. 57-75

Ders., Die Kommanditgesellschaft auf Aktien – eine interessante Rechtsformalternative für den Mittelstand?, DStR 1994, S. 977-982

Ders., Das neue Umwandlungsgesetz, ZIP 1994, S. 1746-1759

Ders., Umwandlungsgesetz, 2. Aufl., Köln 2001

Kecker, Jan-Peter, Die Fungibilisierung von GmbH-Anteilen, Köln, Berlin, Bonn, München, 1991

Kersting, Mark Oliver, Der Neue Markt der Deutsche Börse AG, AG 1997, S. 222-228

Kindler, Peter, Hauptfragen des Konzernrechts in der internationalen Diskussion, ZGR 1997, S. 449-463

Kleindiek, Detlef, Anmerkung zum BGH-Urteil v. 8.2.1988, WuB II A § 112 AktG 1.88

Knur, Alexander, Die Eignung der Kommanditgesellschaft auf Aktien für Familienunternehmen, in Festschrift für Werner Flume zum 70. Geburtstag, Band II, Köln 1978, S. 173-200

Koch, Stefan, Mitwirkungsrechte der Kommanditaktionäre bei der GmbH & Co. KGaA: Grenzen satzungsmäßiger Einschränkung, DB 2002, S. 1701-1704

Koller, Ingo/Roth, Wulf-Henning/Morck, Winfried, Handelsgesetzbuch", 3. Aufl., München 2002

Kopp, Beate, Stückaktie und Euro-Umstellung, BB 1998, S. 701-706

Korts, Sebastian/Korts, Petra, Der Weg zur börsennotierten Aktiengesellschaft, Heidelberg 1999

Kothe-Heggemann, Claudia/Dahlbender; Frank, Ist der GmbH-Geschäftsführer nach Abberufung weiterhin zur Arbeitsleistung verpflichtet?", GmbHR 1996, S. 650-653

Kropff, Bruno, Aktiengesetz, Düsseldorf 1965

Kropff, Bruno /Semler, Johannes, Münchener Kommentar zum Aktiengesetz, Band 8: §§ 278-328, 2. Aufl., München 2000

Krug, Tobias, Gestaltungsmöglichkeiten bei der KGaA durch Umwandlung von Komplementäranteilen in Aktiengesellschaft, AG 2000, S. 510-515

Kümpel, Siegfried, Bank- und Kapitalmarktrecht, 2. Aufl., Köln 2000

Kusterer, Stefan, Die Bedeutung von § 32 c EStG bei Kommanditgesellschaften auf Aktien, DStR 1997, S. 11-15

Ders., Anteilsumwandlung bei atypisch ausgestalteter KGaA, DStR 1999, S. 1681-1683

Ders., Die ertragssteuerneutrale Übertragung des Betriebs einer GmbH & Co. KG auf eine GmbH & Co. KGaA, DB 2000, S. 250-251

Ladwig, Peter/Motte, Frank, Die GmbH & Co. KGaA nach der Zulassung durch den BGH – die neue Rechtsform für den Mittelstand?, DStR 1997, S. 1539-1542

Dies., Die Kommanditgesellschaft auf Aktien – Eine Alternative für börsenwillige mittelständische Unternehmen?, Teil I, DStR 1996, S. 800-807, Teil II, DStR 1996, S. 842-847

Lamprecht, Philipp, Fortsetzung der OHG bei Ausscheiden eines Gesellschafters, ZIP 1997, S. 919-923

Lehmann, Karl, Die geschichtliche Entwicklung des Aktienrechts bis zum Code de Commerce, Berlin 1895

Lorz, Rainer, Die GmbH & Co. KGaA und ihr Weg an die Börse, in: Gesellschaftsrechtliche Vereinigung (Hrsg.), Gesellschaftsrecht in der Diskussion, 1999, S. 57-85

Lunk, Stefan, Rechtliche und taktische Erwägungen bei Kündigung und Abberufung des GmbH-Geschäftsführers, ZIP 1999, S. 1777-1787

Lutter, Marcus/Hommelhoff, Peter, GmbH-Gesetz, 15. Aufl., Köln 2000

Lutter, Marcus /Welp, Marcus, Das neue Firmenrecht der Kapitalgesellschaften", ZIP 1999, S. 1073-1083

Martens, Klaus-Peter, Der Beirat in der Kommanditgesellschaft auf Aktien, AG 1982, S. 113-122

May, Peter, Der Beirat im Familienunternehmen, in Hennerkes, Brun-Hagen; Kirchdörfer, Rainer (Hrsg.), Unternehmenshandbuch Familiengesellschaften, 2. Aufl., Köln, Berlin, Bonn, München 1998

Mayer, Dieter, Der Komplementär in GmbH & Co. KGaA, in: Hommelhoff, Peter; Röhricht, Volker (Hrsg.): RWS-Forum Gesellschaftsrecht 1997, Köln 1997, S. 263-276

Ders., Der Komplementär in der GmbH & Co. KGaA, MittBayNot 1997, S. 329-333

Meixner, Rüdiger, Das Dritte Finanzmarktförderungsgesetz, NJW 1998, S. 1896-1902

Menzel, Arno H., Die Besteuerung der Entgelte der Kommanditgesellschaft auf Aktien (KGaA) an ihren persönlich haftenden Gesellschafter, StuW 1971, S. 204-214

Mertens, Hans-Joachim, Die Handelsgesellschaft KGaA als Gegenstand gesellschaftsrechtlicher Diskussion und die Wissenschaft vom Gesellschaftsrecht, in Festschrift für Wolfgang Ritter zum 70. Geburtstag, Köln 1997, S. 731-743

Ders., Zur Existenzberechtigung der Kommanditgesellschaft auf Aktien, in Festschrift für Carl Hans Barz zum 65. Geburtstag, „Wirtschaftsfragen und Gegenwart“, Berlin 1974, S. 253-269

Ders., Abhängigkeitsbericht bei Unternehmenseinheit in der Handelsgesellschaft KGaA?, in Festschrift für Carsten Peter Claussen zum 70. Geburtstag, Köln 1997, S. 297-305

Meyer-Cording, Ulrich, Belebung des Kapitalmarktes durch Möglichkeit der Zertifizierung, BB 1982, S. 896-899

Michalski, Lutz, Treuepflichten persönlich haftender Gesellschafter (OHG, KG), NZG 1998, S. 460-461

Möllers, Thomas M. J., Anlegerschutz durch Aktien- und Kapitalmarktrecht – Harmonisierungsmöglichkeiten nach geltendem und künftigen Recht, ZGR 1997, S. 334-367

Müller, Welf/Hense, Burkhard, Beck´sches Handbuch der GmbH”, 3. Aufl., München 2002

Müller, Welf/Hoffmann, Wolf-Dieter, Beck´sches Handbuch der Personengesellschaften, 2. Aufl., München 2002

Müther, Peter-Hendrik, Überlegungen zum neuen Firmenbildungsrecht bei der GmbH, GmbHR 1998, S. 1058-1061

Niederlag, Hans Hermann, Juristische Person als persönlich haftender Gesellschafter einer Kommanditgesellschaft auf Aktien, Münster 1973

Niedner, Jochen/Kusterer, Stefan, Die atypisch ausgestaltete Familien-KGaA als Instrument zur Gestaltung des Generationenwechsels in mittelständischen Unternehmen, DB 1997, S. 2010-2013

Dies., Die atypisch ausgestaltete Familien-KGaA aus Sicht des Kommanditaktionärs, DB 1997, S. 1451-1454

Dies., Gesellschaftsrechtliche Wege aus der Personengesellschaft in die GmbH & Co. KGaA, DB 1998, S. 2405-2407

Dies., Der Weg von der GmbH in die GmbH & Co. KGaA, GmbHR 1998, S. 584-587

Osten, Dinnies von der, Das Wettbewerbsverbot von Gesellschaftern und Gesellschafter-Geschäftsführern in der GmbH, GmbHR 1989, S. 450-455

Ott, Jürgen, Die Kommanditgesellschaft auf Aktien – Eine Untersuchung ihrer wirtschaftlichen Bedeutung und der Motive bei Neugründung, Tübingen 1961

o.V., Der Börsengang von eff-eff stößt auf Widerspruch, FAZ v. 6.11.1995, S. 24

o.V., Die Rechtsform KGaA wird zum Exoten, FAZ v. 22.9.1994, S. 21

Overlack, Arndt, Der Komplementär in der GmbH & Co. KGaA, in: Hommelhoff, Peter; Röhricht, Volker (Hrsg.): „RWS-Forum Gesellschaftsrecht 1997“, Köln 1997, S. 237-261

Palandt, Otto, Bürgerliches Gesetzbuch, 63. Aufl., München 2004

Patt, Joachim/Rasche, Ralf, Besteuerung der Pensionszusage an den persönlich haftenden Gesellschafter einer KGaA nach den Grundsätzen der Mitunternehmerschaft?, DB 1993, S. 2400-2405

Pflug, Hans-Joachim, Der persönlich haftende Gesellschafter in der Kommanditgesellschaft auf Aktien, NJW 1971, S. 345-351

Picot, Gerhard, Unternehmenskauf und Restrukturierung", 2. Aufl., München 1998

Potthoff, Erich/Trescher, Karl, Das Aufsichtsratsmitglied – Ein Handbuch für seine Aufgaben, Rechte und Pflichten, 4. Aufl., Stuttgart 1999

Pötzsch, Thorsten, Der Diskussionsentwurf des Dritten Finanzmarktförderungsgesetzes, AG 1997, S. 193-206

Ders., Das Dritte Finanzmarktförderungsgesetz, WM 1998, S. 949-966

Priester, Hans-Joachim, Die Kommanditgesellschaft auf Aktien ohne natürlichen Komplementär, ZHR 160 (1996), S. 250-264

Priester, Hans-Joachim/Mayer, Dieter, Münchener Handbuch des Gesellschaftsrechts", Band 3: Gesellschaft mit beschränkter Haftung, München 1996

Raiser, Thomas, Recht der Kapitalgesellschaften, 3. Aufl., München 2001

Ders., Mitbestimmungsgesetz-Kommentar, 3. Aufl., Berlin, New York 1998

Reuter, Dieter, Der Beirat der GmbH, in Lutter, Marcus; Ulmer, Peter; Zöllner, Wolfgang (Hrsg.): „Festschrift 100 Jahre GmbH-Gesetz“, Köln 1992

Reuter, Dieter /Körnig, Jürgen, Mitbestimmung und gesellschaftsrechtliche Gestaltungsfreiheit, ZHR 140 (1976), S. 494-519

Riegger, Bodo, Unterliegt die Komplementär-GmbH dem gesetzlichen Wettbewerbsverbot?, BB 1983, S. 90-91

Riegger, Bodo /Weipert, Lutz, Münchener Handbuch des Gesellschaftsrechts, Band 2: Kommanditgesellschaft, Stille Gesellschaft, München 1991

Röhricht, Volker/Graf von Westphalen, Friedrich (Hrsg.), Handelsgesetzbuch – Kommentar, 2. Aufl., Köln 2001

Rosen, Rüdiger von, Neuemittenten haben den Börsengang nicht bereut, Börsen-Zeitung v. 10.6.2000

Ders., Emissionsflut an deutschen Börsen, Frankfurter Presse v. 12.6.1999, S. 5

Ders., Corporate Governance: Frischer Wind in deutschen AGs, Bank Magazin 2000, S. 27

Salfeld, Rainer, Wettbewerbsverbote im Gesellschaftsrecht, Frankfurt a.M. 1987

Schaefer, Erich, Das Handelsrechtsreformgesetz, 1. Aufl., Köln 1999

Schanz, Kay-Michael, Börseneinführung, 2. Aufl., München 2002

Schaumburg, Harald/Schulte, Christoph, Die KGaA – Recht und Steuern in der Praxis, Köln 2000

Schaumburg, Harald, Die KGaA als Rechtsform für den Mittelstand, DStZ 1998, S. 525-545

Schieber, Dietmar, Der Gang an die Börse: Chancen für ihr Unternehmen, in Deutsches Aktieninstitut e.V. (DAI) (Hrsg.), 2. Aufl., Frankfurt a.M. 1998

Schilling, Ulrich, Die GmbH & Co. KGaA zwischen Unternehmensgeist und Aktionärs- bzw. Anlegerschutz, BB 1998, S. 1905-1909

Schimansky; Herbert/Bunte, Hermann-Josef/Lwowski, Hans-Jürgen, Bankrechts-Handbuch, Band III, 2. Aufl., München 2001

Schlegelberger, Franz, HGB-Kommentar, Band III: 2. Halbband, §§ 161-177a, 5. Aufl., München 1986

Schlitt, Michael, Die Satzung der Kommanditgesellschaft auf Aktien, München 1999

Ders., Die Auswirkungen des Handelsrechtsreformgesetzes auf die Gestaltung von GmbH & Co. KG-Verträgen, NZG 1998, S. 580-586

Schloßmacher, Stefan, Mehr Spielraum für den VVaG: Die VVaG & Co. KGaA, VW 1999, S. 1758-1762

Schlütter, Egon, Handelsrechtliche und steuerrechtliche Behandlung der Gewinnanteile der Komplementäre einer Kommanditgesellschaft auf Aktien, StuW 1978, S. 295-299

Schmidt, Karsten (Hrsg.), Münchener Kommentar zum Handelsgesetzbuch Loseblatt-Ergänzungsband, München 1999

Ders., Gesellschaftsrecht, 3. Aufl., Köln, Berlin, Bonn, München 1997

Ders., Gesellschaftsrecht, 4. Aufl., Köln, Berlin, Bonn, München 2002

Ders., Handelsrecht, 5. Aufl., Köln, Berlin, Bonn, München 1999

Ders., Deregulierung des Aktienrechts durch Denaturierung der Kommanditgesellschaft auf Aktien?, ZHR 160 (1996), S. 265-287

Ders., HGB-Reform und gesellschaftsrechtliche Gestaltungspraxis, DB 1998, S. 61-65

Schmidt, Wolfgang/Levedag, Christian, Die KGaA nach dem BGH-Beschluss vom 24.2.1997: Grundprofil und Einsatzfelder einer hybriden Rechtsform, INF 24, 1997, S. 749-755

Schmitt, Ralph, Der Entwurf eines Handelsrechtsreformgesetzes, WiB 1997, S. 1113-1125

Schneider, Uwe H., Stimmverbote im GmbH-Konzern, ZHR 159 (1986), S. 609-634

Scholz, Franz, Kommentar zum GmbH-Gesetz, I. Band: §§ 1-44, 9. Aufl. Köln 2000, II. Band: §§ 45-85, 9. Aufl., Köln 2002

Schreiber, Otto, Die Kommanditgesellschaft auf Aktien, München 1925

Schrick, Alexandra, Überlegungen zur Gründung einer kapitalistischen KGaA aus dem Blickwinkel der Unternehmerfamilie, NZG 2000, S. 409-413

Dies., Die GmbH & Co. KGaA in der Form der Einheitsgesellschaft als börsenwilliges Unternehmen?, NZG 2000, S. 675-679

Schubert, Werner/Schmiedel, Burkhard/Krampe, Christoph, Quellen zum Handelsgesetzbuch von 1897, Band I: Gesetze und Entwürfe, Frankfurt, 1986

Schulze-Osterloh, Joachim, Unternehmensüberwachung und Prüfung des Jahresabschlusses durch den Aufsichtsrat, ZIP 1998, S. 2129-2135

Schürmann, Walter/Groh, Elmar, KGaA und GmbH & Co. KGaA – Neue Aspekte einer interessanten Gesellschaftsform, BB 1995, S. 684-688

Schwark, Eberhard, Börsengesetz - Kommentar zum Börsengesetz und zu den börsenrechtlichen Nebenbestimmungen, 2. Auflage, München 1994

Semler, Johannes, Die GmbH auf Aktien als Ausprägung der GmbH für das Publikum, in Festschrift für Walter Stimpel zum 68. Geburtstag, Berlin 1985, S. 507-532

Sethe, Rolf, Die personalistische Kapitalgesellschaft mit Börsenzugang, Köln 1996

Ders., Bewegung im Recht der Kommanditgesellschaft auf Aktien?, ZIP 1996, S. 2053-2058

Ders., Aufsichtsratsreform mit Lücken – Die Einbeziehung der Kommanditgesellschaft auf Aktien in die gegenwärtige Reformdiskussion, AG 1996, S. 289-301

Ders., Die Besonderheiten der Rechnungslegung bei der KGaA, DB 1998, S. 1044-1048

Siebold, Michael/Wichert, Joachim, Die KGaA als Rechtsform für die Profiabteilungen der Vereine der Fußball-Bundesligen, SpuRt 1998, 138-142

Sirey, Francois, Lois annotées ou lois, décrets, ordonnances, 1e Serie, 1807

Sittmann, Jörg W., Die Prospekthaftung nach dem Dritten Finanzmarktförderungsgesetz, NZG 1998, S. 490-496

Skibbe, Manfred, Die dreistufige GmbH & Co. KG im Gesellschafts-, Mitbestimmungs- und Umwandlungsrecht, WM 1978, S. 890-892

Spalcke, Karl, Die Kommanditgesellschaft auf Aktien – Organisationsidee und Interessenlage, Köln 1961

Spindler, Gerald, Deregulierung des Aktienrechts, AG 1998, S. 53-74

Staub, Hermann, Handelsgesetzbuch, Großkommentar, Canaris, Claus-Wilhelm; Schilling, Wolfgang; Ulmer, Peter (Hrsg.), 9. Lieferung: §§ 161-177a, 4. Aufl., Berlin 1987

Steding, Rolf, Verstärkung der Atypizität – Entwicklungstrend des typisierten Gesellschaftsrechts, NZG 2000, S. 182-185

Steindorff, Ernst, Kommanditgesellschaft auf Aktien und Mitbestimmung, in Festschrift für Kurt Ballerstedt zum 70. Geburtstag, „Beiträge zum Zivil- und Wirtschaftsrecht", Berlin 1975, S. 127-140

Stimpel, Werner, Anlegerschutz durch Gesellschaftsrecht in der Publikums-Kommanditgesellschaft, in Festschrift für Robert Fischer, Berlin 1979, S. 771-783

Strieder, Thomas, Die Genossenschaft als persönlich haftender Gesellschafter einer KGaA, BB 1998, S. 2276-2278

Ders., Eine Genossenschaft als einziger Komplementär einer Kommanditgesellschaft auf Aktien – Ein Zugang zum Kapitalmarkt, DB 1996, S. 2065-2067

Strieder, Thomas /Habel, Michael, Anmerkung zu BGH, Beschluß v. 24.2.1997 – II ZB 11/96, BB 1997, S. 1375-1377

Dies., Zur Problematik einer Genossenschaft bzw. einer Kapitalgesellschaft als einzigem persönlich haftenden Gesellschafter einer Kommanditgesellschaft auf Aktien, DB 1994, S. 1557-1561

Dies., Die Kommanditgesellschaft auf Aktien als Lösungsansatz zur Eigenkapitalproblematik bei Genossenschaften, BB 1995, S. 1857-1865

Sudhoff, Heinrich/Sudhoff, Martin, Rechte und Pflichten des Geschäftsführers, 14. Aufl., Köln 1994

Theisen, Manuel R., Die Besteuerung der KGaA – Zugleich Besprechung des BFH-Urteils vom 21.6.1989 X R 14/88, DB 1989 S. 2203, DB 1989, S. 2191-2197

Ders., Die Kommanditgesellschaft auf Aktien (KGaA) auf dem Prüfstand, DBW 49 (1989), S. 137-183

Thümmel, Roderich, Möglichkeiten und Grenzen der Kompetenzverlagerung auf Beiräte in der Personengesellschaft und in der GmbH, DB 1995, S. 2461-2465

Timm, Wolfram, Treuepflichten im Aktienrecht, WM 1991, S. 481- 494

Veil, Rüdiger, Die Kündigung der KGaA durch ihre persönlich haftende Gesellschafter und Kommanditaktionäre, NZG 2000, S. 72-77

Vollmer, Lothar, Eigenkapitalbeschaffung für die GmbH durch Börsenzugang, GmbHR 1984, S. 329-339

Voormann, Volker, Der Beirat im Gesellschaftsrecht, 2. Aufl., Köln, Berlin, Bonn, München 1990

Wachter, Thomas, Die GmbH & Co. KGaA nach dem Beschluß BGHZ 134, 392 – Buchbesprechung, NotBZ 1999, S. 36-40

Wagner, Gerhard, Bundesliga Going Public: Traumpaß oder Eigentor?, NZG 1999, S. 469-478

Wassermeyer, Franz, Das Wettbewerbsverbot des Gesellschafters und des Gesellschafter-Geschäftsführers einer GmbH, GmbHR 1993, S. 329-336

Weimar, Robert/Grote, Klaus-Peter, Grundlagen und neuere Entwicklung des Konzernrechts, NWB 1998, S. 3549-3558

Werner, Winfried, Vertretung der Aktiengesellschaft gegenüber Vorstandsmitgliedern – Ein Beitrag zur Auslegung des § 112 AktG, ZGR 1989, S. 369-395

Westermann, Harm Peter, Die geltungserhaltende Reduktion im System der Inhaltskontrolle im Gesellschaftsrecht, in Festschrift für Walter Stimpel zum 68. Geburtstag, Berlin 1985, S. 69-92

Westermann, Harm Peter/Pöllath, Reinhard, Abberufung und Ausschließung von Gesellschaftern/Geschäftsführern in Personengesellschaften und GmbH, 4. Aufl., Köln 1988

Wichert, Joachim, Die Finanzen der Kommanditgesellschaft auf Aktien, Frankfurt a. M. 1999

Ders., Satzungsänderungen in der Kommanditgesellschaft auf Aktien, AG 1999, S. 362-369

Ders., Die GmbH & Co. KGaA nach dem Beschluß BGHZ 134, 392 – Besprechung des Beihefts 67/1998 zur ZHR, AG 2000, S. 268-276

Wiedemann, Herbert, Gesellschaftsrecht, Band 1, München 1980

Ders., Die Legitimationswirkung von Willenerklärungen im Recht der Personengesellschaften, in Festschrift für Harry Westermann zum 65. Geburtstag, Karlsruhe 1974, S. 585-595

Wiesner, Georg, Die Enthaftung ausgeschiedener persönlich haftender Gesellschafter einer KGaA, ZHR 148 (1984), S. 56-73

Winterstetter, Bernhard/Paukstadt, Maik/Hegmann, Gerd/Wonnemann, Ralph, Going Public: Börseneinführung mittelständischer Unternehmen und ihre Emissionsbegleiter, DStR 2000, S. 1322-1328

Würdinger, Hans, Aktienrecht und das Recht der verbundenen Unternehmen – Eine systematische Darstellung, 4. Aufl., Heidelberg 1981

Yanli, Veliye, Stichwort: Der Beirat der GmbH, DStR 1991, S. 1352-1355

Zacharias, Erwin, Börseneinführung mittelständischer Unternehmen, 2. Aufl., Bielefeld 2002

Ders., Going Public einer Fußball-Kapitalgesellschaft, 2. Aufl., Bielefeld 2002

Ziegenhain, Hans-Jörg/Helms, Dieter, Der rechtliche Rahmen für das Going Public mittelständischer Unternehmen, WM 1998, S. 1417-1429

Zöllner, Wolfgang, Wertpapierrecht, 15. Aufl., München 1999

Ders., GmbH und GmbH & Co. KG in der Mitbestimmung, ZGR 1977, S. 319-334

Thomas Ullrich

Unternehmensmitbestimmung in der kapitalistischen Kommanditgesellschaft auf Aktien

Frankfurt am Main, Berlin, Bern, Bruxelles, New York, Oxford, Wien, 2002.
285 S.
Schriften zum Handels- und Wirtschaftsrecht. Bd. 8
Herausgegeben von Herbert Leßmann
ISBN 3-631-39500-0 · br. € 51.50*

Nach ihrer Zulassung durch den BGH im Jahre 1997 stellt die Kapitalgesellschaft & Co KGaA eine reizvolle Gestaltungsalternative für expansive, mittelständische Unternehmen dar. Hier existiert eine börsenfähige Rechtsform, die durch starke personengesellschaftliche Elemente eine optimale Gestaltung der Führungsstruktur und der Nachfolgesicherung ermöglicht. Fraglich ist angesichts der starken Privilegierung der KGaA im Mitbestimmungsrecht allerdings, ob diese Bevorzugung bei Verwendung einer Kapitalgesellschaft als Komplementär noch verdient ist. Diese Frage wird von der Arbeit untersucht und schließlich verneint. Sodann wird ein Vorschlag für die mitbestimmungsrechtliche Gestaltung der kapitalistisch verfaßten KGaA vor dem Hintergrund des geltenden Mitbestimmungs- und Gesellschaftsrechts unterbreitet.

Aus dem Inhalt: Die kapitalistische KGaA als Möglichkeit zur „Umgehung" des Mitbestimmungsgesetzes · Erfordernis und Möglichkeit zur Klärung der mitbestimmungsrechtlichen Situation in der atypischen KGaA · Dogmatische Anknüpfungsmöglichkeiten einer erweiterten Mitbestimmung · Praktische Ausgestaltung der erweiterten Mitbestimmung

Kolibri 360 GmbH
Ferdinand-Jühlke-Straße 7
99095 Erfurt, Deutschland
produktsicherheit@kolibri360.de

Druck:
CPI Druckdienstleistungen GmbH
im Auftrag der
Kolibri 360 GmbH
Ferdinand-Jühlke-Str. 7
99095 Erfurt